중남미 이해

01

중남미 이해
01
기현서

2023년 3월 30일 초판 1쇄 발행

지은이   기현서
펴낸이   조동욱
기 획   조기수
펴낸곳   헥사곤 Hexagon Publishing Co.
등 록   제 2018-000011호 (2010. 7. 13)
주 소   경기도 성남시 분당구 성남대로 51, 270
전 화   070-7743-8000
팩 스   0303-3444-0089
이메일   joy@hexagonbook.com
웹사이트 www.hexagonbook.com

ISBN 979-11-92756-12-7 04950
ISBN 979-11-92756-11-0 (세트)

중남미 이해

01

기현서

HEXAGON

머리말

 이 책을 쓰게 된 동기는 2008년 늦가을 중남미 관련 강의 요청에 대한 자료를 준비하면서 느꼈던 필자 스스로에 대한 실망감이었다.

 필자는 대학에서 스페인어를 전공한 것을 인연으로 30년 넘게 중남미 지역에 대해 많은 관심을 가지고 공무를 수행했다. 1981년 베네수엘라에서 시작한 해외 생활은 도미니카(공), 미국 마이애미, 아르헨티나, 스페인, 멕시코, 칠레 등으로 이어지며 중남미와 그 연관지역에서 거주한 기간만 해도 20년에 이른다.

 이제는 역사가 되어버린 많은 사건들을 현장에서 보고 느꼈고 여기에 공무를 수행하면서 많은 자료와 서적을 접하며 끊임없이 정보와 지식을 흡수해왔기 때문에 나름대로 중남미에 대한 높은 이해도를 가지고 있다고 생각했다.

 그런데 실상은 그렇지 못했다. 필자는 당시 자료를 충분하게 잘 작성할 정도로 체계적인 준비가 되지 않았음을 스스로 알게 되었고 크게 당황하며 충격을 받았다. 이 충격을 계기로 마음을 새롭게 하며 중남미 지역 연구를 2~3년 해보자 하고 시작했던 것이 벌써 14년이 지났다. 그리고 이제 겨우 중남미에 대한 원론적 성격의 책의 집필을 마치고 머리말을 쓰고 있다.

 바로 이 순간 또다시 마음에 스며들고 있는 생각은 이 정도의 책을 쓰는 데 이 긴 시간을 보내야만 했는가에 대한 필자의 무능에 대한 부끄러움과 집필의 결과물인 책의 내용에 대한 독자의 평가에 대한 두려움이다. 그럼에도 불구하고 이제 출간의 용기를 가져본다.

 이 책이 추구하고 있는 것은 중남미 정치와 경제 그리고 사회적 사건이나 현상의 배경이 된다고 생각되는 이슈들을 가급적 제한된 공간에서 최대한 객관적으로 자세히 설명하는 것이다. 따라서 필자가 개인적으로 특별하게 주장하는 내용은 없다. 다만 이슈의 선정, 설명, 편집 과정에서 필자의 의도가 개입될 수 있다는 점은 부정하지 않겠다.

　이슈를 선정하고 조정하는 데 있어서 의외로 많은 고민이 있었고 시간이 필요했다. 이 책에 나오는 17개 이슈와 세부 목차를 지금 볼 때 이 정도를 가지고 그래야만 했을까 하고 생각되지만 필자는 오랜 시간 동안 선택과 조정을 했으며 구체적 표현을 두고 고민했다. 이슈들은 중남미 지역 정치와 경제 그리고 사회적 사건과 현상을 이해하고 분석하며 앞으로의 동향을 예측하는 데 필요한 분석의 틀을 제공해야 한다는 데 초점을 맞춰 선정했음을 밝혀둔다.

　다만 이 이슈들은 모두 동등한 가치들이 있다거나 절대적이지는 않다는 것을 미리 말해둔다. 즉 이슈의 주제와 범위는 이 글을 읽는 학자, 전문가, 독자들의 견해에 따라 더 넓어질 수도 있고 좁아질 수도 있으며 빠지거나 더해질 수 있을 것이다. 바라는 것은 독자들이 이슈라는 현미경을 가지고 중남미에서 일어나고 있는 사건과 현상을 보다 균형감 있게 분석하고 이해하여 미래에 일어날 일에 대한 합리적 전망을 할 수 있게 되는 것이다.

　참고로 선정된 개별 이슈에 대한 분석을 위해 필요한 자료와 서적을 확보하는 데 적지 않은 시간과 비용이 필요했다는 것과 이들을 읽어내고 조각 정보들을 찾아내 연결하고 정리하는 일련의 과정이 결코 만만하지 않았음을 밝혀둔다.

이 책은 크게 환경, 정치, 경제, 사회, 대외관계 등 5개의 부문으로 나뉘어 있다. 환경 부문은 자연, 자원, 문화, 비즈니스 환경 등 4개 이슈를 포함하고 있다. 이어서 정치 부문은 정치, 통합, 전쟁 등 3개 이슈, 경제 부문은 경제사, 산업, 소비시장 등 3개 이슈, 사회 부문은 부패, 범죄와 폭력, 사회운동 등 3개 이슈, 대외관계 부문은 미국, 중국, 쿠바, 한국 등 4개 이슈로 총 17개 이슈로 구성되어 있다. 이들 17개 이슈들을 5개 부문으로 분류하는 것도 전적으로 필자의 판단에 의한 것인데 이견이 있을 수 있다.

필자가 상정하고 있는 이 책의 독자들은 우선 중남미 지역 진출 정책을 입안하고 시장개척을 하고자 하는 우리 기업의 정책입안자들과 비즈니스맨들이다. 이는 평생을 이 영역에서 일해 온 필자의 당연한 바램이다. 이 책이 중남미 시장에 대한 단편적 이해에서 올 수 있는 편견을 최대한 떨치고 보다 균형감이 있는 관점을 가질 수 있도록 기여했으면 좋겠다.

다음은 중남미 지역에 관심을 가지고 있는 미래의 자산인 학생들이다. 필자가 교수 등으로 대표되는 학자가 아니라는 분명한 한계가 있음을 인정하면서 평생을 이 지역에서 활동해왔고 중남미 지역 현장경험을 충실하게 가지고 있으며 문제해결에 능한 전문가로서 말해주고 싶은 관점이기 때문이다.

문득 생각해보니 필자는 칠레의 경우 오랜 시간에 걸쳐 피노체트, 아윌린, 프레이, 라고스, 바첼레트, 피녜라 등 6명의 대통령을 모두 만나 악수하거나 면담 또는 오찬을 했으며 페루의 후지모리 대통령, 브라질의 룰라 대통령, 도미니카(공)의 발라게르 대통령, 베네수엘라의 에르레라 캄핀스, 차베스 대통령, 아르헨티나의 키르츠네르, 크리스티나 대통령을 통역, 면담, 행사 참가 등을 계기로 만나거나 악수한 적이 있다. 이러한 경험도 중남미를 연구해온 사람으로서 느낄 수 있는 잔잔한 만족감이다.

끝으로 중남미 지역에 대한 관심을 가지고 있는 여행자들을 포함한 일반 독자들인데 모쪼록 생소한 지역에 대한 보다 많은 이해를 도모하는 데 도움이 되기를 바란다.

이 책은 개정판을 출간하지 않을 생각을 가지고 집필하였다. 그 이유는 필자의 연령이 이미 일흔을 넘겼기 때문에 시간적인 제약이 있을 것이라는 생각 때문이었다. 그러나 기술상 불가피하게 통계를 인용하다 보니 종종 개정의 필요성이 나타날 수밖에 없다. 그럼에도 불구하고 전체의 맥락을 이해하는데 무리가 없는 한 앞으로 개정할 일은 없을 것이다.

마지막으로 이 책을 집필하는 오랜 기간 동안 음양으로 필자를 지원해준 아내 수연, 딸과 아들 영현과 호재 그리고 며느리 영은 에게 감사하다는 마음을 전한다.

2023년 3월

필자 씀

차 례

Part 1. 환경

CHAPTER 1. 　　　　　　　　　　　　　　　　　　　　　　　　　　　　　　**자연**

1. 개관 ·· **021**
2. 위도와 산맥 ·· **024**
　가. 위도(Latitude) 　∥ 026
　나. 산맥(Mountains) 　∥ 030
　　1) 경사방향 (Aspects) 　∥ 032
　　2) 고도(Altitude) 　∥ 034
　　　가) 티에르라 칼리엔테(Tierra Caliente: 더운 땅, 0~1,000미터)
　　　나) 티에르라 템플라다(Tierra Templada: 온난한 땅, 1,000~2,000미터)
　　　다) 티에르라 프리아(Tierra Fria: 추운 땅, 2,000~3,000미터)
　　　라) 푸나(Puna: 춥고 황폐한 땅, 3,000~4,500미터)
　　　마) 티에르라 엘라다(Tierra Helada: 언 땅, 4,500미터 이상)
　다. 기후 　∥ 038
　라. 지형(Topography) 　∥ 041
　　1) 안데스(The Andes) 　∥ 042
　　2) 아마존과 오리노코(Amazon and Orinoco) 　∥ 044
　　3) 브라질 및 가이아나 고원(Brazilian and Guiana Highlands) 　∥ 044
　　4) 팜파스와 파타고니아(The Pampas and Patagonia) 　∥ 045
　　5) 멕시코와 중미 고원 그리고 카리브
　　　(Mexico, Central America and The Caribbean) 　∥ 045
　마. 토양(Soil Type) 　∥ 046
　바. 기단(Air Mass)과 대기 순환 　∥ 048
　사. 강수량(Precipitation) 　∥ 049
　아. 자연환경과 재해 　∥ 051
　자. 자연지리환경과 경제개발 　∥ 056
　차. 콜럼버스의 교환(The Colombian Exchange) 　∥ 057

1. 개관 ·· 063
2. 자원과 중남미 경제 ·· 066
　　가. 벼락경기와 불경기의 순환(Boom and Bust Cycle) ∥067
　　나. 자원과 경제개발이론 ∥070
　　　　1) 경제개발 원동력으로서의 자원 ∥071
　　　　2) 구조주의이론(Structuralism) 시대(1948~1990년) ∥072
　　　　3) 신구조주의이론(Neo-Structuralism) 시대(1990~2018년) ∥073
　　다. 신채굴주의(Neo-Extractivism) ∥075
　　　　1) 채굴주의(Extractivism) ∥076
　　　　　　가) 주역들(Actors) ∥077
　　　　　　나) 영향(Impacts) ∥078
　　　　　　　　① 경제적 측면
　　　　　　　　② 환경적 측면
　　　　　　　　③ 사회적 측면
　　　　　　　　④ 정치적 측면
　　　　　　　　⑤ 몇 가지 사례
　　　　　　　　　　페루: 야나코차(Yanacocha) 금광
　　　　　　　　　　에콰도르: 야수니 국립공원(Yasuni National Park) 원유개발
　　　　2) 신채굴주의(Neo-extractivism) ∥083
　　　　　　가) 채굴주의와의 차이 ∥083
　　　　　　나) 상품 컨센서스(Commodity Consensus) ∥084
　　라. 자원민족주의 ∥086
　　　　1) 자원민족주의와 경제개발 ∥087
　　　　2) 법과 제도의 변화 ∥089
　　　　3) 주요국별 상황 ∥091
　　　　　　콜롬비아 · 멕시코 · 브라질 · 페루 · 볼리비아 · 베네수엘라
3. 자원개발과 환경파괴 그리고 사회적 저항 ······································ 112
　　가. 환경과 지속가능 경제개발 ∥113
　　나. 사회적 저항 ∥115

CHAPTER 3.   **문화**

1. 개관 ·· 117

2. 역사적 유산 ··· 118

3. 비즈니스 문화와 경영가치 ·· 120
    가. 개요 // 120
    나. 문화형성의 변수들(Cultural Variables) // 121
        사회구조(Social Structures) · 호프스테드 문화적 관점
        종교 · 개인 소통 · 비즈니스 관련 그 밖의 몇 가지 문화적 특징

4. 주요 국가별 비즈니스 문화 ··· 130
    가. 아르헨티나 // 130
    나. 볼리비아 // 134
    다. 브라질 // 138
    라. 칠레 // 142
    마. 콜롬비아 // 146
    바. 에콰도르 // 151
    사. 멕시코 // 154
    아. 파나마 // 159
    자. 파라과이 // 162
    차. 페루 // 166
    카. 우루과이 // 171
    타. 베네수엘라 // 175

CHAPTER 4.   **비즈니스**

1. 개관 ·· 179

2. 글로별경쟁력지수(GCI:Global Competitiveness Index) ·········· 179

3. 기업환경지수(Doing Business Index) ····································· 181

4. 민주주의지수(Democracy Index) ·· 183

5. 인간개발지수(Human Development Index) ······························ 186

6. 부패인식지수(Corruption Perception Index) ·························· 187

7. 경제자유지수(Index of Economic Freedom) ·························· 189

8. 여행관광경쟁지수(Travel and Tourism Competitiveness Index) ··· 190

9. 글로벌성별격차지수(Global Gender Gap Index) ····················· 192

10. 세계화지수(Globalisation Index) ·· 193

Part 2. 정치

CHAPTER 5.   **지역정치**

1. 개관 ··· **199**
  가. 정치문화의 변화 // 201
  나. 경제변화 // 201
  다. 사회변혁 // 202
  라. 정치제도(Political Institutions) // 202
  마. 공공정책 // 203
  바. 국제환경 // 203

2. 중남미 정치 환경 ··· **204**
  가. 영토와 사람 // 204
  나. 경제개발 // 205
  다. 계층과 사회적 세력 // 207
  라. 정치적 가치의 변화 // 208

3. 중남미 정치의 주역 ··· **210**
  가. 개요 // 210
  나. 전통적 과두정치 세력(The Traditional Oligarchy) // 211
    군부(The Armed Forces) · 로마 가톨릭교회(The Roman Catholic Church)
    대농장 소유자들(Large Landowners)
  다. 새로운 정치세력 // 215
    상공업 엘리트 · 중산계층(the Middle Sectors) · 노동조합(Labor Unions) · 농민
  라. 기타 신흥 세력들 // 220
    인디오 원주민 그룹 · 여성 단체(Women's Groups) · 비정부기구(NGOs)
  마. 정당 // 222

4. 국가기구와 제도 그리고 정책 ··· **223**
  가. 역사적 유산 // 224
  나. 중앙 정부 // 225
    행정부-대통령 · 입법부 · 사법부
  다. 지방정부 // 228
  라. 국가자치기관(Autonomous State Agencies) // 228
  마. 공공정책 // 229

5. 중남미 민주주의 여정 ··· **231**
  가. 최근 동향 // 231

    나. 중남미 민주주의에 대한 도전들 ∥ 232
       1) 역사적 유산으로서 이베리아 전통 ∥ 233
       2) 1980년대 이전의 민주주의 남용 ∥ 233
       3) 저개발과 소득불평등의 함정 ∥ 235
       4) 내전의 유산 ∥ 236
       5) 정부효율성 부족 ∥ 237
    다. 1978년 이후 민주주의 ∥ 237
       1) 자유민주주의(Liberal Democracy) ∥ 238
       2) 위임민주주의(Delegative Democracy) ∥ 239

6. 주요 국가별 정치   240

    가. 멕시코 ∥ 241
       1) 개관 ∥ 241
       2) 주요 정치사 ∥ 242
       3) 정치민주화 ∥ 248
    나. 아르헨티나 ∥ 249
       1) 개관 ∥ 249
       2) 역사적 유산 ∥ 250
       3) 페론주의 등장 ∥ 252
       4) 군부의 등장과 인권유린 ∥ 253
       5) 민주주의로의 이행 ∥ 255
       6) 페론 없는 페론주의: 메네미즘(Menemism) ∥ 256
       7) 키르츠네르주의(Kirchnerism) ∥ 257
       8) 마크리 우파정부 재집권 실패와 페론주의 정권 복귀 ∥ 258
    다. 브라질 ∥ 259
       1) 개관 ∥ 259
       2) 역사적 유산 ∥ 260
       3) 정치제도와 문화 ∥ 268
       4) 사회구조 ∥ 269
    라. 칠레 ∥ 270
       1) 개관 ∥ 270
       2) 초기 과두정치(Oligarchic Politics)와 칠레 민주주의 근간 ∥ 271
       3) 의회 주도 정치시기(1891~1925) ∥ 272
       4) 1925년 헌법과 정치적 연합의 시기(1925~73) ∥ 274
       5) 1973년 군부 쿠데타 ∥ 276
       6) 민주주의정당연합(Concertación)과 칠레연합의 통치 ∥ 277

마. 콜롬비아 // 278
　1) 개관 // 278
　2) 주요 정치사 // 279
　3) 정치제도 // 283
바. 페루 // 284
　1) 개관 // 284
　2) 주요 정치사 // 285
　3) 정치제도 // 291
사. 베네수엘라 // 293
　1) 개관 // 293
　2) 주요 정치사 // 295
　3) 정치제도 // 301

CHAPTER 6.　　　　　　　　　　　　　　　　　　　　　　　　　　　　　　　지역통합

1. 개관 ··· 305
2. 주요 지역통합기구 ··· 307
　가. 미주기구(OAS) // 307
　나. 중남미자유무역연합(LAFTA) // 310
　다. 중남미통합연합(LAIA, ALADI) // 311
　라. 안데스공동체(Andean Community, CAN) // 312
　마. 중미통합시스템(SICA) // 313
　바. 남미공동시장(MERCOSUR) // 314
　사. 카리브공동체(Caribbean Community) // 317
　아. 태평양동맹(Pacific Alliance) // 318
　자. 아메리카 볼리바르 동맹(ALBA) // 319
　차. 남미국가연합(UNASUR) // 321
　카. 라틴아메리카 카리브 국가공동체(CELAC) // 322
3. 중남미통합 평가와 과제 ··· 323
　가. 구지역주의(Old Regionalism)의 실패
　　　-중남미자유무역연합(LAFTA)과 중남미통합연합(LAIA) // 325
　나. 신개방적지역주의(New-open Regionalism) // 327
　다. 향후 도전과제 // 328

1. 개관 ·· 333
2. 중남미 주요 전쟁 ··· 336
    가. 독립전쟁 ∥336
        1) 아이티 독립전쟁(1791~1803) ∥336
        2) 중남미 독립전쟁 ∥341
            가) 뉴그라나다 부왕령과 베네수엘라 총독령 독립전쟁 ∥342
            나) 리오 데 라플라타 부왕령 독립전쟁 ∥346
            다) 페루 부왕령 독립전쟁 ∥350
            라) 뉴스페인 부왕령 독립전쟁 ∥351
            마) 브라질 부왕령 독립전쟁 ∥355
    나. 국가건설 초기 국경전쟁 ∥358
        1) 리오 데 라플라타 연방과 브라질 간 전쟁 그리고 우루과이 독립 ∥358
        2) 페루-그란 콜롬비아 전쟁 ∥359
    다. 국가분리 전쟁 ∥362
        1) 아르헨티나 내전 ∥362
        2) 중미연방 ∥364
        3) 페루-볼리비아 연방과 칠레 간 연방전쟁(War of Cofederation) ∥366
        4) 에콰도르 과야킬(Guayaquil)-키토(Quito)간 내전 ∥368
    라. 미국-멕시코 전쟁 ∥370
        1) 텍사스 독립전쟁(1835~1836) ∥371
        2) 제2차 텍사스-멕시코전쟁(1836~1844) ∥372
        3) 미-멕시코 전쟁(1846~48) ∥373
    마. 멕시코혁명(The Mexican Revolution) ∥374
    바. 삼국동맹전쟁(1864~70) ∥377
    사. 쿠바 독립전쟁 ∥379
    아. 태평양전쟁(The War of the Pacific) ∥382
    자. 미서전쟁 ∥384

Part 3. 경제

CHAPTER 8.   지역경제

1. 개관 ··· 389
2. 시기별 중남미 경제 ·· 392
    가. 1820~70년대: 국가건설시기 // 394
    나. 1870년~제1차 세계대전: 수출 붐 시기 // 396
    다. 1900~1920년대 // 399
    라. 수입대체산업시기 // 401
    마. 냉전시기 // 404
    바. 외채위기시기: 잃어버린 10년 // 409
    사. 1990년대 이후: 신자유주의 경제정책 실시와 평가 // 414
        1) 신자유주의 경제정책 도입과 실시 // 414
        2) 신자유주의경제 패러다임과 역내경제통합 // 417
        3) 신자유주의경제정책의 평가 // 419
3. 20세기 중남미 경제 회고 ··· 425

CHAPTER 9.   지역산업

1. 개관 ··· 429
2. 1차산업 ·· 430
    가. 임업 // 430
    나. 수산업 // 432
    다. 농업 // 433
        1) 동향 // 433
        2) 주요 국가별 농업생산 // 435
    라. 광업 // 436
3. 2차산업: 제조업 ··· 438
4. 3차산업: 서비스업 ·· 440
5. 중남미 산업과 외국인직접투자 ·· 442

1. 개관 ·· 445
2. 시장규모와 성장세 ·· 445
    가. 개요 // 445
    나. 중산층(Emerging Middle Class) // 446
    다. 소비 피라미드 바닥계층(the Base of the Pyramid) // 447
3. 구매동력 ··· 449
    가. 경제적 동력 // 449
        1) 경제성장과 안정 // 449
        2) 빈곤감소와 사회적 계층이동(Social Mobility) // 449
        3) 금융접근성 // 450
    나. 사회인구적 동력 // 451
        1) 이중소득가구(Dual Income Household) // 451
        2) 젊은 소비계층 // 451
        3) 노인 소비계층 // 452
        4) 연결성(Connectivity) // 452
        5) 사회규범과 가치관 변화 // 453
    다. 지리적 동력 // 454
        1) 지리적 단편화(Fragmentation) // 454
        2) 도시화(Urbanization) // 455
4. 연결성(Connectivity) ··· 456
5. 소비형태 ··· 458
    가. 소비자 특성(Consumer Profile) // 458
    나. 소비자모순과 가치충돌 // 459
        1) 개인주의와 공동체주의 모순 // 460
        2) 회의주의(Skepticism)와 신뢰모순(Trust Contradiction) // 460
        3) 빠르고 안이함과 느리고 복잡함 // 461
        4) 수동성과 능동성 // 462
    다. 주요국별 소비형태 // 462
        1) 브라질 소비시장 // 462
        2) 칠레 소비시장 // 463
        3) 멕시코 소비시장 // 464

6. 소비시장 접근 ··· **464**

가. 개요 //464

나. 소비자 우선순위 및 가치관 //466

1) 핵심적 가치 //466

가) 점점 강해지는 '자신(Me)'에 대한 정체성 //466

나) 소비여력과 현금선호 //467

다) 신속함과 편리성 //467

라) 정직함과 신뢰성 //468

마) 보건과 안정성 //468

바) 소비자 주권 //468

사) 사회적 연결성 //468

2) 주변적 소비자 가치 //469

다. 브랜드 세우기 //469

1) 개요 //469

2) 중남미 브랜드 구조 //470

라. 중남미 미디어 형태 및 활용 //471

1) 미디어 형태 //471

2) 광고비용 //474

마. 소매시장 //475

1) 개요 //475

2) 소매시장 매력 //475

3) 소비자 구매 가치관 //476

4) 소매전략 //478

Part 00. 참고문헌

Part 1.
환경

CHAPTER 1

자연

1. 개관

안데스산맥 서쪽에 위치한 칠레는 왜 세계적인 구리 생산지가 되었는가? 왜 하필이면 안데스 국가 중에서도 칠레에서 많은 구리가 채굴되는 것인가? 이러한 의문은 자연지리학으로 설명될 수 있다.

경제적 가치를 가지고 있는 지하자원이 한군데 모여 있는 곳을 광상이라고 하는데 광상은 오랜 기간 동안 광물의 반복된 농축 작용을 통해 형성된다. 안데스 일대의 구리 광상 분포를 보면 크게 두 가지 특징을 발견할 수 있다. 첫째 광상 대부분이 산맥 서쪽을 따라 발달해 있다. 둘째 해발고도가 높은 곳에 위치한다. 그런데 이 두 지역의 공통점은 모두 화산활동이 활발하고 건조기후 지대라는 점이다. 그러면 화산활동과 건조기온이 구리 광상의 형성에 어떻게 영향을 준 것일까?

안데스 산맥은 판구조론(plate tectonic)에 따르면 지구 판의 운동, 즉 태평양판과 남아메리카 판이 충돌하면서 만들어진 습곡산지다. 이 충돌과정에서 화산활동이 활발해졌는데 특히 판과 판이 만나는 태평양 쪽 산맥 경사면에 집중되었다. 그리고 화산이 분출하면서 나온 마그마가 식어가는 과정 중 그 속에 녹아있던 구리 성분이 농축되어 황동광이 생성되었다.

그런데 황동광이 존재하는 지표면은 매우 건조한 사막기후 지대로 건조기후와 땅속의 지하수가 상호 작용 농축 황동광을 다시 용해하고 재결합시켜 농축 휘동광을 만들어 두꺼운 구리 광상을 형성한 것이다.

이렇게 형성된 구리자원은 칠레 전체 수출의 50% 이상을 차지하며 경제의 중심축으로 자리하고 있다.

자연지리학(Physical Geography)은 지표의 자연현상을 지역적 관점에서 구명하려는 학문이다. 학문의 목표는 지표의 자연현상에 관한 정보를 종합해서 인류의 생활무대로서의 자연환경을 총체적으로 파악하는데 있다.

따라서 자연지리학 연구 대상은 자연적 요소의 특성에 따라 지형, 기후, 토양, 수문, 생물 등으로 세분화되는데 이들을 지역이라는 공간적 관점에서 이해하고 해석하고 있다. 또한 자연지리학은 지역적 관점뿐만 아니라 인류가 활동하고 있는 환경으로서의 자연이라는 측면을 강조하여 환경지리학과 동일시되기도 한다.[1]

중남미는 남북으로는 북위 30도와 남위 60도 동서로는 동경 12도와 서경 35도 구간에 위치해 있는 19,197천 평방킬로미터의 광대한 대륙으로 매우 다양한 자연지리환경을 가지고 있다.

지형은 남북 7,000 킬로미터의 안데스 산악지대, 6개의 고원[2], 총길이 1,000 킬로미터가 넘는 세계에서 가장 건조하다는 아타카마(Atacama) 사막, 700만 평방킬로미터의 아마존 열대우림, 75만 평방킬로미터의 비옥한 팜파스[3], 긴 브라질 해안지대, 칠레 중부계곡, 카리브 해 도서, 중미 카리브 해안지대, 오리노코(Orinoco) 평원, 65만 평방킬로미터의 건조한 아열대 차코 평원(Gran Chaco), 브라질의 새로운 곡창지대 마토 그로소(Matto Grosso), 일백만 평방 킬로미터가 넘는 파타고니아(Patagonia) 고원 등으로 이루어져 있다.

강 시스템은 중남미 3대 강인 아마존(Amazon, 6,679 Km)강, 파라나(Parana, 4,880 Km)강, 오리노코(Orinoco, 2,140Km)강이 안데스 산맥과 아마존 고원지대에서 발원해 흐르는 많은 지류로부터 물을 받아 대서양과 카리브 해로 흐른다. 이 과정에서 이 강들은 독특한 자연 및 인문지리 환경을 만들어 내고 있다.

세계 최대 수량을 자랑하고 있는 아마존 강은 페루 남부 안데스 빙하지대

---

1 W. M, Davis(1850~1934), Arthur Newell Strahler(1918~2002)

2 멕시코 중부고원(Mexican Central Highland), 중미 고원(Central American Highlands), 알티플라노(Altiplano), 가이아나 고원(Guiana Highland), 브라질 고원(Brazilian Highland)

3 팜파스(Pampas)는 평야(Plain)이라는 뜻을 가진 케추아(Quechua) 원주민 언어에서 유래

오리노코강

아마존강

파라나강

[중남미 3대 강]

에서 발원하여 많은 지류와 연결되며 대서양으로 흐르고 있다. 대서양에서 아마존 강을 따라 페루 내륙의 이키토스(Iquitos) 항구까지는 선박 항해가 가능하다. 이 여정에 형성되어 있는 강 주변부의 마을과 도시에서는 다양한 산업 활동이 이루어지고 있다.

베네수엘라의 오리노코 평원을 가로질러 흐르는 오리노코 강은 우기에는 범람하지만 건기에는 강 수위가 매우 낮아지는 특성을 가지고 있다. 이 강은 대서양으로 흘러나가기 전에 하구에 넓은 삼각주를 만들었으며 강이 흐르는 오리노코 평원은 세계 최대 석유매장지이다.

파라나 강은 중남미에서 아마존 강에 이어 두 번째로 긴 강으로 브라질 고원에서 발원해 아르헨티나, 우루과이, 파라과이를 통과하여 하구에서 라플라타 강과 만난 후 대서양으로 흘러들어 간다. 파라나 강물은 많은 침적토를 함유하고 있어 진흙 언덕을 형성하기 때문에 대서양에서 파라과이 아순시온(Asunción)까지만 항해가 가능하다.

태평양과 카리브에 형성되어 있는 판구조 지형은 화산과 지진을 일으키는 중요한 자연지리 환경이다. 나즈카판(Nazca Plate)과 남미판(South American Plate)이 만나는 페루-칠레 해구 섭입대(Peru-Chile Trench Subduction Zone), 코코판(Cocos Plate)과 카리브판(Caribbean Plate)이 충돌하는 중미 해구 섭입대(Middle America Trench Subduction Zone), 카리브판과 북미판(North American Plate)이 만나는 곳에 형성된 푸에르토리코 해구 섭입대(Puerto Rico Subduction Zone)가 주변지역에 지진과 화산폭발을 일으키고 있다.

2. 위도와 산맥

자연환경에 영향을 미치는 가장 중요한 요소는 위도와 산맥이다. 중남미

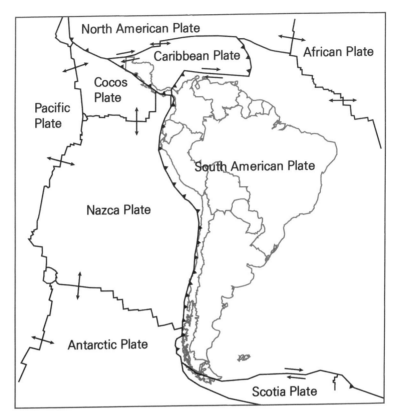

[중남미 판 구조]

대륙은 북반구와 남반구 양쪽에 걸쳐 있다. 따라서 위도에 따라 열대, 아열대, 온대, 한대 등 다양한 기후분포를 나타내고 있다. 여기에 안데스 산맥과 다양한 중소규모 산맥의 흐름과 고도가 위도에 따른 통상적인 기후에 영향을 주어 매우 다양한 기후형태를 만들어내고 있다.

이렇게 생성된 다양한 기후상황은 동물과 식물의 생태환경에 영향을 줄 뿐만 아니라 중남미인의 주거환경을 형성하고 있다.

가. 위도(Latitude)

중남미는 미국 북서부 캘리포니아 산디에고 부근의 북위 30도에서부터 남미 대륙의 끝을 지나가는 남위 55도 사이에 위치한 광활한 지역으로 위도에 상응하는 다양한 기후대를 가지고 있다.

중남미 기후대는 위도에 따라 크게 북위 30도에서 23.5도(북회귀선) 사이의 북반구 아열대 지대, 북회귀선과 남회귀선(남위 23.5도) 사이의 열대 지대, 남회귀선과 남위35도 사이의 남반구 아열대 지대, 남위 35도와 55도 사이의 남반구 중위도 온대 지대 등 4개 기후대로 구분된다.

북반구 아열대 지대에는 주로 멕시코 북부지역인데 강수량이 적어 매우 건조하다. 여름에는 더운 날씨이지만 겨울에는 상대적으로 온화하다. 그럼에도 불구하고 멕시코 고원, 옥시덴탈(Sierra Madre Occidental) 산맥, 오리엔탈(Sierra Madre Oriental) 산맥 등 높은 지대에서는 서리가 내린다.

강수량은 태평양해안 저지대는 적은 반면 걸프 만 저지대와 오리엔탈 산맥 동쪽 경사면은 많다.

열대지대는 북반구와 남반구를 포함하여 위도 기준 50도에 가까운 넓은 범위를 포함하고 있는데 중남미 국가 대부분이 이 기후대에 속해 있다. 아르헨티나와 칠레는 국토의 일부분만 이 지대에 포함되어 있다.

이 지대는 강수량의 다과에 따라 크게 3개 지역으로 구분된다. 첫째는 적도를 중심으로 두고 북반구와 남반구 각각 10~15도 사이에 위치하며 연중 내리는 비로 강수량이 풍부한 지역이다. 이는 적도수렴대(ITCZ)[4]로 불리는 광활한 습윤 저기압이 적도 복사열을 받아 수직 상승한 뒤 차가워져 비가

---

4 Intertropical Convergence Zone 이라고 하며 북반구의 북동 무역풍과 남반구의 남동 무역풍이 만나 수렴하는 지대를 말한다. 수렴에 의해 상승기류가 활발하며 적운형 구름과 소나기성 강수가 빈번하게 발생하며 상대적으로 수평기류가 약해 적도 무풍지대라고 불린다. '해들리 세포(hadley Cell)의 상승기류를 지배하며 계절에 따라 적도를 중심으로 북반구의 여름철에 북상하며 겨울철에 남하한다.

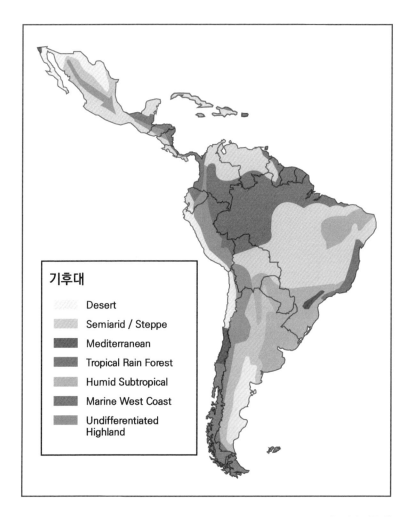

[중남미 기후대]

기후대

- Desert
- Semiarid / Steppe
- Mediterranean
- Tropical Rain Forest
- Humid Subtropical
- Marine West Coast
- Undifferentiated Highland

내리는 과정을 반복하고 있기 때문이다.

둘째는 적도수렴대 북반구 끝자락 즉 북위 10~15도에서 북회귀선까지 속한 지역으로 열대성 건기와 우기를 반복하는 지역이다. 적도수렴대가 계절풍의 영향으로 북쪽으로 이동하면서 비를 내리는 이 시기를 우기라고 하는데 대강 매년 4~5월에서 8~9월 사이에 해당된다.

셋째는 남위 10~15도에서 남회귀선까지 속한 지역인데 적도수렴대가 남쪽으로 이동하며 비를 내리는 우기는 매년 10~11월에서 다음해 2~3월까지이다.

기후는 적도 중심지역의 경우 연중 변화가 없는 열대기후 이다. 다만 적도를 중심으로 북쪽과 남쪽으로 멀어지면서 기온의 변화가 있다. 그러나 연중으로 볼 때 그 차이는 미미하다. 오히려 일교차가 커서 '밤은 적도지대의 겨울(Night is the winter of the tropics)'라는 표현이 있다.

남반구 아열대 지대는 북반구와 비슷하게 남회귀선과 남위 35도 사이에 있다. 우루과이, 파라과이의 대부분, 브라질 남부, 아르헨티나와 칠레 북부를 포함하는데 북반구 아열대 지대 기후와 비슷하다.

강수는 지역에 따라 차이가 있다. 안데스 산맥 동부 해안과 가까워질수록 강수량이 많아지고 안데스 산맥 서부 경사지대로 가면서 적어진다. 안데스 산맥을 넘어 태평양 연안지대는 강수량이 매우 적어 건조한 기후를 보여주고 있다.

기후는 대체적으로 전 지역이 온화하다. 그러나 차코 지역과 안데스 산맥 서쪽 태평양 연안지역은 기온차이가 크다. 여름에는 40도 가까운 높은 기온을 보여주지만 겨울에는 얼어붙는 수준까지 내려간다.

남반구 중위 온대 지대는 남위 35도에서 55도 사이의 지역으로 기온과 강수량은 지역에 따라 변화가 많다. 이 지대의 북부지역은 대체적으로 온화하여 서유럽 지역 기후와 흡사하며 남부로 내려오면서 기온이 하강하기 시작한다.

그럼에도 불구하고 남미 대륙은 남쪽으로 내려오면서 양안의 폭이 급하게 좁아져 대서양과 태평양 양측으로부터 조류 영향을 동시에 받기 때문에 통상적인 기온은 위도보다 다소 온화하게 조정되고 있다.

강수량은 북에서 남으로 내려오며 전체적으로 적어지는데 이도 안데스산맥 동서 지역 간 차이가 있다. 안데스산맥 동쪽은 강수량이 많다. 소위 팜파스로 불리는 북동부 사분면 지역은 강수량이 풍부하여 물을 많이 소모하는 농작물의 경작이 가능하다.

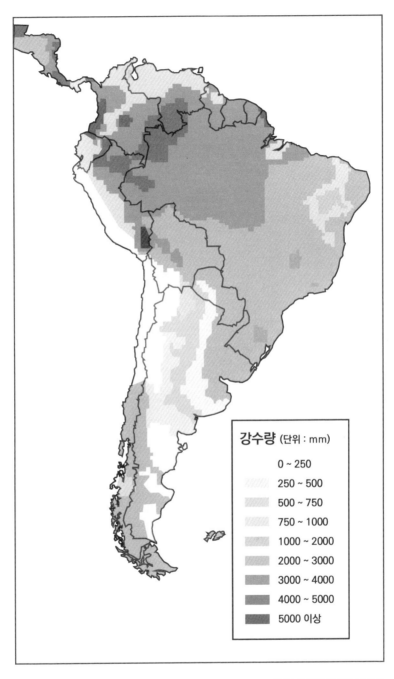

강수량 (단위 : mm)

0 ~ 250
250 ~ 500
500 ~ 750
750 ~ 1000
1000 ~ 2000
2000 ~ 3000
3000 ~ 4000
4000 ~ 5000
5000 이상

[중남미 연간 강수량 분포도]

그러나 서쪽으로 가면서 강수량이 적어지는데 특히 안데스 산맥을 넘어 태평양 쪽은 건조하다. 대륙 남단 파타고니아도 건조한 스텝지역이다.

칠레 중부는 포도를 비롯한 과수 생산지대로 겨울을 제외하고는 강수량이 충분하지 않다. 다만 남부로 내려오면 태평양의 습윤한 편서풍(Weterlies)[5] 이 안데스산맥과 부딪쳐 비를 만들어 내면서 해안지대를 중심으로 강수량이 많아진다. 반면 안데스산맥 동쪽 파타고니아 쪽은 이 편서풍의 영향이 미치지 못해 차고 건조하다.

나. 산맥(Mountains)

산맥, 고원, 굽이치는 고지들 모두 중남미 자연환경을 구성하는 대표적인 모습들이다.

멕시코는 국토의 80~90%가 산악지형이다. 중북부에 중앙고원(Mesa Central)과 북부고원(Mesa del Norte)으로 이루어진 멕시코 평원(Mexican Plateau)이 있고 그 주변부를 오리엔탈(Sierra Madre Oriental) 산맥과 옥시덴탈(Sierra Madre Oriental) 산맥이 감싸고 있다. 남부는 마드레 델 술(Sierra Madre del Sur)산맥과 오하카(Sierra de Oaxaca)산맥이 대부분을 차지하고 있다.

중미지역도 화산을 포함하고 있는 마드레(Sierra Madre) 산맥과 코르디에라 이사벨라(Cordillera Isabela) 산맥 등 산악지대와 고원분지를 포함하고 있는 특징을 가진 지리환경이다.

카리브 해의 도미니카공화국과 푸에르토리코, 쿠바에도 산악지대가 발달되어 있다. 도미니카공화국 중부에는 3,098미터의 피코 두아르테(Pico

---

5 중위도 지역(30~60도)에서 서쪽에서 동쪽으로 지구 전체에 걸쳐 부는 바람이다. 높은 고도에서 부는 제트 기류 역시 편서풍에 해당한다.

[멕시코 산맥과 고원]

Duarte) 산이 있고 푸에르토리코도 1,300미터의 산악지대가 무역풍이 불어오는 방향에 위치하여 섬의 기후와 강수에 영향을 주고 있다. 쿠바는 대체적으로 평지로 이루어졌지만 동부에 마에스트라(Sierra Maestra) 산맥이 자리하고 있다.

남미는 멕시코, 중미와 같이 대부분 산악지형으로 이루어져 있지는 않다. 그럼에도 불구하고 안데스산맥과 함께 알티플라노(Altiplano), 브라질 고원(Brazilian Highlands), 가이아나 고원(Guayana Highlands) 등 고원지대가 넓게 차지하고 있어 지역 전체의 기후와 자연지리 환경에 영향을 주고 있다.

안데스 산맥은 3,000~4,000 미터의 높이로 북위 10도선에 위치한 베네수엘라 카리브 해안을 따라 서쪽으로 뻗은 뒤 콜롬비아에서 남하하여 남위 50도선까지 길게 굽이쳐 뻗어있다. 따라서 베네수엘라, 콜롬비아, 에콰도르, 페루, 볼리비아, 칠레의 많은 영토가 안데스산맥 지대에 속해있고 아르헨티나 영토도 일부분 여기에 포함되어 있다.

안데스산맥은 남북으로 길게 뻗어있기 때문에 위도 상 열대기후 지대라고 하더라도 6,000 미터가 넘는 정상이 많기 때문에 산정에는 만년설과 빙하가 형성되어 있다.

브라질 고원은 남위 5도에서 30도까지 대서양 해변을 따라 남쪽으로 길게 이어지면서 대서양 해안으로부터 서쪽으로 내륙 1,000~1,500 킬로미터까지 넓게 펼쳐있다. 따라서 브라질 남동부 대부분이 이 지역에 포함되어 있다.

브라질 고원은 1억 년 전 형성된 안데스산맥보다 훨씬 앞선 3억 년 전에 형성되었다. 그동안 토양침식이 크게 진행되었는데 현재 3,000 미터를 넘는 고지도 있지만 대부분 지역은 1,500 미터 정도의 고도를 가지고 있다.

가이아나 고원은 북위 7도와 적도 사이에서 대서양 쪽에 위치한 고원으로 대부분은 베네수엘라 영토이다. 다만 동쪽 일부 지역을 브라질, 가이아나, 수리남이 나누어 가지고 있다. 3,000미터 고지도 있으나 평균 고도는 500~1,500 미터이다.

중남미의 지역별 기후는 기본적으로 위도와 풍향 그리고 기압골 등으로 형성되지만 앞서 언급한 산악지대의 다양한 형태가 그 양상을 변화시키고 조정하고 있다. 이러한 현상은 특히 열대기후 지역에서 뚜렷하다.

산악지대에서는 그 경사방향(aspects)과 고도(altitude)가 기후에 영향을 주고 있다.

1) 경사방향 (Aspects)

산맥의 경사방향은 탁월풍(prevailing wind)[6] 그리고 표고(elevation)와

---

6 탁월풍은 어느 한 지역에서 일정 기간 동안 가장 우세하게 나타나는 바람을 말하며 저위도 지방에서는 무역풍이 불고 위도 30~60도 사이의 중위도 지방에서는 편서풍 그리고 극지방에서는 극동풍이 불며 이를 각 지역의 탁월풍이라고 할 수 있다. 네이버 백과

상호작용을 하며 날씨, 기후, 생태 환경에 영향을 주고 있다. 예를 들어 북반구에서 남향 경사면은 북향 경사면 보다 훨씬 많은 양의 태양 에너지를 받는다.

강수량도 경사방향의 영향을 받는다. 탁월풍이 가져오는 기단(air mass)[7]이 산맥 경사면과 만나면 상승하게 되는데 이 때 상승된 기단은 높은 고도에서 차가와지게 되고 기단에 내포된 수증기가 응결되어 비가 된다. 따라서 풍상 측(windward)[8] 경사면 지대는 충분한 강수량 덕분에 초목이 무성하다. 그러나 풍하 측(leeward) 지역은 반대로 강수량이 적어 소위 '비 그늘(rain shadow)' 지역이 된다.

지역적으로 보면 북회귀선과 남위 10~15도 사이에 있는 멕시코 고원지대와 중미 열대지대의 경우 고원과 산맥을 중심으로 동부지역은 강수량이 충분하고 서부지역은 매우 건조한 날씨를 보여주고 있다.

남미지역에서는 남위 10~15도에서 남회귀선 사이에 있는 안데스 산맥을 중심으로 동부와 서부 지역에 역시 비슷한 양상이 나타난다. 남동쪽에서 불어오는 무역풍이 아마존 저지대를 지나 북서쪽으로 올라가며 안데스 산맥 풍상 측면에 부딪혀 동부지역에 많은 강수를 내린다. 그러나 그 풍하 측면인 태평양 연안지역은 매우 적은 강수로 건조한 기후를 보여주고 있다.

더군다나 남극에서 발원하여 칠레를 거쳐 에콰도르 적도 부근을 향해 흐르는 훔볼트 한류는 이 지역의 기단을 차갑게 만들어 기단 상승을 저지하기 때문에 강수 가능성은 더욱 줄어든다. 이 지역에 세계에서 가장 건조하

---

7 기단이란 기온, 습도 등의 대기 상태가 거의 같은 성질을 가진 공기덩어리이다. 수평방향으로 수천 킬로미터 수직방향으로 수 킬로미터 이상이다. 기단이 만들어지는 지역은 넓은 대륙의 빙설원이나 사막 그리고 바다 등이다. 대륙에서 발생하면 대륙성 기단이라고 하는데 건조하며 바다에서 발생하면 해양성 기단이라고 하는데 습윤하다. 기단의 기온에 따라 한대기단과 열대기단으로 구분한다(네이버 백과)

8 기상학 용어로 바람이 불어오는 쪽을 말한다. 바람이 산을 향해 불 때 바람에 부딪히는 쪽을 풍상측(windward)이라 하며 반대편은 풍하측(leeward)이라고 한다. 이러한 개념은 해상에서도 사용되는데 바람이 선박을 향해 불어오는 방향을 말한다. 풍상 측에서 나타나는 특징으로는 반대쪽인 풍하 측에 비하여 풍랑이 거칠게 나타난다.

다는 칠레 아타카마(Atacama) 사막과 페루 세추라(Sechura) 사막이 있다.

그러나 남위 30도를 넘어 남부로 가면 반대 현상이 나타난다. 태평양에서 불어오는 습윤한 편서풍(Westerlies)이 안데스 산맥과 충돌하면서 태평양 연안에 많은 강수를 가져오지만 그 반대편인 풍하 측면 지역에는 비 그늘 현상을 겪게 된다. 동시에 존다(Zonda)라고 불리는 매우 건조하고 차가운 바람이 불고 있다.

2) 고도(Altitude)

산맥의 경사방향과 같이 고도가 동식물 생태계, 토지이용방식, 농업형태에 미치는 영향도 무시할 수 없다. 산맥의 고도가 높아지면서 나타나는 기온체감률(lapse rate)은 100미터 당 0.65도 이다.

안데스산맥은 해발 수천 미터에 이르기까지 다양한 고도를 가진 지대를 포함하고 있다. 따라서 동일 지역, 기후대에 있다하더라도 기후는 고도에 따라 열대에서 한대 기후까지 다양하게 나타날 수 있다.

고도에 따라 동식물의 생태계가 다르기 때문에 토지 이용방식과 농업형태도 차이가 난다. 이러한 차이는 특히 열대기후대에서 뚜렷한데 중남미 대부분 지역이 열대기후대에 속해있다.

예를 들면 남위 8도 부근에 위치한 페루 중부 7,000미터 높이의 블랑카(Sierra Blanca) 산맥 지대는 빙설로 덮혀 있는데 이 곳으로부터 100킬로미터 떨어져 있는 우아야강 계곡(Huallaga River Valley)은 열대우림 지역이다.

열대기후대에 있는 안데스산맥 지대는 고도에 따라 티에르라 칼리엔테(Tierra Caliente: 더운 땅, 0~1,000미터), 티에르라 템플라다(Tierra Templada: 온난한 땅, 1,000~2,000미터), 티에르라 프리아(Tierra Fria:

추운 땅, 2,000~3,000미터), 푸나 또는 파라모(Puna 또는 Paramo: 춥고 황폐한 땅, 3,000~4,500미터), 티에르라 엘라다(Tierra Helada: 언 땅, 4,500미터 이상) 등 다섯 가지로 분류된다.

가) 티에르라 칼리엔테(Tierra Caliente: 더운 땅, 0~1,000미터)

티에르라 칼리엔테는 경사방향과 위도에 따라 지역별로 강수량이 다르지만 연평균 23~28도의 더운 기후대 이다. 유카(Yuca), 마니오카(Manioca), 쌀, 콩, 감자, 식용 바나나(Platano) 등 열대 자급자족용 작물과 망고(Mango), 파파야(Papaya), 파인애플, 감귤(Citrus), 바나나 등 열대 과일이 재배되고 있다.

콜롬비아, 페루, 볼리비아의 다소 높은 지대에서는 코카인의 원료가 되는 코카가 생산되고 있다.

카리브, 멕시코, 중미, 남미 북부 해안 지대에는 맹그로브가 서식하고 있는데 최근 개발과 이에 따른 오염으로 생태계가 파괴되고 있다. 맹그로브 습지는 주로 새우양식장으로 개발되고 있다.

이 지역의 목축업은 소를 중심으로 이루어지고 있다.

나) 티에르라 템플라다(Tierra Templada: 온난한 땅, 1,000~2,000미터)

티에르라 템플라다는 아열대기후 특성을 보여주고 있는데 일명 '상춘(eternal spring)' 기후라고 한다. 연평균 18~24도의 기온을 유지하고 있다.

농작물은 소규모 자작농들이 티에르라 템플라다와 티에르라 프리아 경계선 상에서 재배되는 작물을 자급자족 목적으로 생산한다. 옥수수, 콩, 감자 등 각종 줄기식물과 토마토와 같이 텃밭에서 재배될 수 있는 야채 등이 여기에 속해 있다.

상업용 작물로 커피가 재배되고 있는데 커피는 콜롬비아의 가장 중요한 수출상품이다. 베네수엘라, 페루, 에콰도르, 볼리비아에서도 커피는 재배되고 있지만 주로 내수에 충당하고 있다.

목축업은 낙농과 같이 시장을 지향하기 보다는 소, 돼지, 닭, 염소 등을 자급자족 즉 육류식량 확보를 목적으로 하고 있다. 짐 수레용으로 말이나 당나귀도 사육한다.

다) 티에르라 프리아(Tierra Fria: 추운 땅, 2,000~3,000미터)

티에르라 프리아는 온난한 중위도기후(temperate mid-latitude climate)와 비슷하다. 연평균 기온은 12~18도이다. 낮은 중위도 기후대의 여름 날씨와 비슷하고 밤에는 차가운 가을 날씨를 보여 일교차가 크다. 눈은 오지 않는다.

이 지역의 농작물은 온난한 중위도기후대의 그 것들과 비슷한데 감자, 오카(Oca), 메요코(Melloco), 옥수수, 키노아(Quinoa) 등이 자급자족용으로 재배되고 있다. 밀, 보리, 파바(fava) 등 곡물도 재배되고 있다. 당근, 양배추, 꽃양배추, 양파, 브로콜리 등 밭작물과 복숭아, 자두, 사과 등 과일도 재배되고 있다.

상업용 농작은 대규모 기업농들을 중심으로 이루어지고 있다. 콜롬비아와 에콰도르에서 미국 수출용으로 재배되는 장미, 카네이션 등과 같은 화훼 농업이 대표적인 사례이다.

가축의 먹이인 알팔파(alfalfa)와 클로버가 풍부하여 소 목축 사업이 활발하다. 티에르라 템플라다와 다르게 이 기후대에서는 목축업이 자급자족용 육류 확보 보다는 상업용 낙농에 더 많은 비중을 두고 있다.

티에르라 프리아는 농작과 목축의 상위 한계지대 이다.

라) 푸나(Puna: 춥고 황폐한 땅, 3,000~4,500미터)

춥고 황폐한 땅이라고 불리는 이 지대는 콜롬비아, 페루, 에콰도르, 볼리비아, 칠레, 아르헨티나 고지대를 지칭하고 있다. 서늘하며 차갑고 일상적

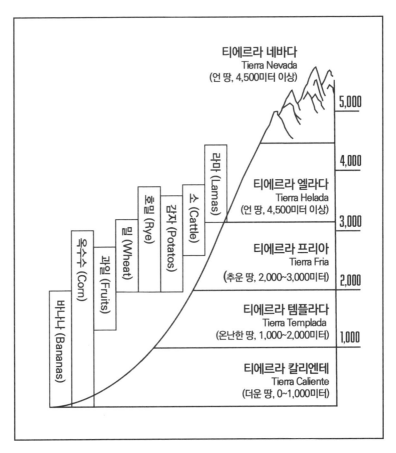

[고도와 농작물]

으로 서리가 내린다. 눈도 내리기는 하나 통상적으로 24시간을 넘기지 않는다.

　연중 평균기온은 2~12도 이다. 강수량이 적고 반 건조(semi-arid) 기후로 농작물 재배가 제한되어 있다. 서리에 강한 키노아(quinoa), 카니후아(canihua), 타르위(tarwi) 등 인디오 원주민들의 자급자족용 식물만이 재배되고 있다.

　목축은 추위에 강한 야마(llama)와 알파카(alfaca)가 주종이다.

마) 티에르라 엘라다(Tierra Helada: 언 땅, 4,500미터 이상)

티에르라 엘라다는 농작과 목축 모두 가능하지 않은 지대이다. 산봉우리는 눈과 얼음으로 덮여 있고 거주가 어렵기 때문에 광산과 고산관광을 제외한 일상적인 경제활동을 할 수 없다.

다. 기후

중남미 대륙은 북위 30도와 남위 60도 사이에 위치하기 때문에 온대, 열대, 냉대 등 다양한 기후 분포를 가지고 있다. 역내 주요지역이 위치하고 있는 북회귀선(북위 23.5도, 하지선)과 남회귀선(남위 23.5도, 동지선)[9] 사이는 열대기후이고 남회귀선을 넘어가면서 온대기후를 보이다가 남쪽으로 더 내려가면 한대기후로 변한다.

그러나 이러한 기후분포는 주변의 해류, 기류, 고도의 영향으로 다시 조정을 받게 된다. 이 결과 조금 더 세부적으로 열대우림기후, 열대계절풍기후, 사바나기후, 사막기후, 온대계절풍기후, 지중해성기후, 냉대습윤기후, 냉대건조기후, 저위도고산기후, 중위도고산기후 등 다양한 기후양상을 보여주고 있다.

안데스 산악지대는 위도 상 베네수엘라, 콜롬비아에서 에콰도르, 페루, 볼리비아, 칠레 북부까지 열대기후이고 칠레 중부지역은 온대기후 그리고 남위 40도를 넘어서면서 냉대기후대에 속한다.

그러나 실제는 안데스산맥에 의해 형성된 고도[10], 태평양연안을 따라 흐

---

9 북회귀선은 멕시코 중부 태평양 연안의 마자틀란(Mazatlan)-쿠바 아바나(La Habana) 북부를 지나가고 남회귀선은 칠레 북부 안토파가스타(Antofagasta)-브라질 리오 데 자네이로(Rio de Janeiro)를 통과한다.

10 그 예로 적도가 지나가고 있는 에콰도르 키토(남위 0도, 2,850 미터)의 평균 기온이 12.5도인 반면 태평양 연안의 과야킬(남위 2도, 4 미터)의 평균기온은 25.6도이다. 100미터 올라갈수록 0.65도가 낮아진다.

르는 한류와 난류[11], 대서양에서 불어오는 무역풍[12] 등의 영향으로 지역별로 다양하게 기후가 형성되고 있다. 이에 따라 농작물을 포함한 동식물의 분포도 위도와 고도에 따라 매우 큰 차이를 나타내고 있다.

특히 안데스산맥을 중심으로 중북부 태평양연안 지역의 강수량은 매우 적다. 이는 대서양의 습한 무역풍이 안데스산맥에 의해 차단되고 동시에 건조한 태평양고기압 영향을 받기 때문이다.

이와 반대로 동부지대는 대서양에서 불어오는 습한 무역풍이 안데스산맥과 부딪치면서 비를 만들어 강수량이 풍부하다. 그러나 안데스산맥 남부로 내려가면 다시 기류가 변하여 그 반대 현상이 나타난다.

안데스산맥 동쪽의 기후도 매우 다양하다. 야노(llano)라고 불리는 베네수엘라의 광활한 오리노코(Orinoco) 열대초원은 우기(4월~10월)와 건기(11월~3월)별로 기후와 강수의 양상이 크게 다르다. 우기에는 강이 범람하고 수풀이 무성하지만 건기에는 물이 말라 황량한 초원으로 변한다.

아마존열대우림은 연중 비가 내리며 낮 평균 기온이 31도를 넘는다. 아마존 강과 그 지류에 매우 다양한 동식물 생태계가 형성되어 있다.

아마존열대우림 남부에 위치한 마토그로소(Matto Grosso) 지역은 아열대기후의 건기와 우기가 교차하는 지역으로 세계 최대 대두 생산지이다. 브라질 정부는 경제개발을 명분으로 대두 생산 토지확보를 위해 이 지역의 자연숲을 크게 파괴하고 있어 국제적인 비난을 받고 있다.

차코평원(Gran Chaco)은 볼리비아 동부에서 파라과이를 가로지르고 아르헨티나 북부까지 이르는 대평원이다. 강수량이 적고 해안으로부터도 멀리 떨어져 있어 덥고 건조한 지역이다. 식물도 케브라쵸(Quebracho)등 건

---

11 칠레 남부에서 시작되어 페루 북부까지 올라가는 폭 500~1,000 킬로미터의 훔볼트 해류(Humboldt Current, 일명 Peru Current, 한류)와 북위 5도~10도 사이 태평양에서 중남미 해안 방향으로 수면 150미터에서 흐르는 북적도 반류(North Equatorial Counter Current, 난류)가 있다.
12 열대 지역 특히 적도를 중심으로 서쪽에서 동쪽으로 낮게 부는 습한 바람이다. 북반구에서 불어오는 것과 남반구에서 불어오는 것이 있는데 바람의 속도가 약할 때 많은 비를 수반한다.

조한 기후에 강한 것만 살아 남아있다.

팜파스(Pampas)는 대서양연안에서 우루과이와 아르헨티나를 거친 후 안데스 산맥에까지 연결되어 있는 광활한 초원지대이다. 특히 아르헨티나 쪽 팜파스는 안데스산맥에서 오랫동안 풍화된 결이 고운 황토가 바람에 실려와 형성된 기름진 초원이다. 팜파스는 대서양에 가까울수록 강수량이 많아지고 안데스산맥과 가까워질수록 건조한 기후를 가지고 있다.

파타고니아(Patagonia)는 안데스산맥과 대서양남부 사이 곤드와나 대륙의 잔재인 바위 블록으로 형성된 고원이다. 태평양 쪽에서 불어오는 습한 바람을 안데스산맥이 차단하기 때문에 아르헨티나 쪽 파타고니아는 차고 건조한 반면 칠레 쪽 파타고니아는 많은 강수량을 보여주고 있다.

아타카마(Atacama)사막은 칠레 북부에서 페루를 거쳐 에콰도르 남부까지 이어지고 있는데 세계에서 가장 건조하고 고도가 높은 사막이다. 태양열이 매우 강해 태양열발전 대상지역으로 부상하고 있으며 칠레 구리광산이 대부분 이 지역에 위치하고 있다.

카리브 해는 난류가 흐르는 가운데 습한 북동 무역풍의 영향으로 윈드워드 (windward)지역에는 많은 강수량과 함께 열대우림이 조성되어 있다. 그러나 리워드(leeward) 지역은 높은 산악에 막혀 건조하다.

카리브 해 대부분의 섬들은[13] 푸에르토리코 해구 섭입대 선상에 위치해 있어 상시적으로 지진 위험에 노출되어 있다. 특히 마르티니크, 세인트 킷, 몬세라트, 세인트 빈센트 등은 종종 화산폭발로 생활환경이 파괴되기도 한다.

---

13 The Greater and Lesser Antilles Islands

라. 지형(Topography)[14]

지형은 땅 표면의 생김새로 지형의 형성에는 암석의 구성과 성질, 지질구조, 지각변동, 화산활동, 기후 등 다양한 요소가 영향을 미친다. 유수, 빙하, 파랑, 바람 등도 에너지 또는 힘을 가지고 다양한 지형을 만들어 나간다. 이들에 의한 지형 형성 작용을 외적 작용이라고 한다[15].

남미의 좁은 태평양연안 평야와 경사가 큰 절벽으로 이루어진 해안선 그리고 내륙으로 조금 더 들어가 만나게 되는 안데스산맥은 모두 젊은 지형으로 페루-칠레 해구의 단층작용이 만들어낸 것이다.

즉 안데스산맥과 해안은 태평양의 나즈카판(Nazca Plate)과 남극판(Antarctic Plate)이 남미판(South American Plate)에 섭입(subduction)하면서 발생한 고산 조산작용(alpine orogeny) 결과로 만들어졌다. 이 결과 안데스[16] 산맥은 조산작용 중 일어난 화성활동(igneous activity)으로 금, 은, 납, 주석, 아연 등 풍부한 광맥을 가지고 있는 지하자원의 보고이다.

안데스산맥보다 더 오래된 지형인 브라질과 가이아나고원(Brazilian and Guiana Highlands)도 철, 다이아몬드, 준보석, 망간, 니켈 등을 함유한 화성암이 부스러져 퇴적한 지형으로 풍부한 지하자원을 보유하고 있다.

가이아나고원에서 생산된 철광은 오리노코 강을 따라 카리브 해로 나온 뒤 북미, 유럽, 아시아로 수출되고 있다. 브라질 고원에서 생산된 철광은 대서양연안 상루이(Sao Luis) 항구를 통해 수출된다.

중남미 지형은 크게 안데스, 아마존과 오리노코, 브라질과 가이아나 고

---

14 지구표면의 특징적인 형태나 지표의 고저기복, 즉 산, 골짜기, 평야, 하천, 해안, 해저 등의 각종 지표형태를 의미한다. 지형은 지각운동, 화산활동 등의 지구 내적인 힘에 의하여 만들어진 지표면이 유수, 빙하, 바람, 파도 등의 외적인 힘에 의하여 변형되어 형성되었다.

15 한국민족문화대백과사전, 지형

16 안데스 어원으로 케추아(Quechua)어의 동쪽 또는 동쪽 땅을 뜻하는 안티스(antis)라는 주장이 있다(wikipedia)

원, 팜파스와 파타고니아, 멕시코와 중미고원 그리고 카리브 등 5개로 구
분한다.[17]

1) 안데스(The Andes)

안데스산맥은 남미 대륙 서쪽에 남북으로 길게 뻗어있으며 아르헨티나 아
콩가과(Aconcagua, 23,003 피트), 페루 우아스카란(Huascarán, 22,205
피트), 에콰도르 침보라조(Chimborazo, 22,205 피트) 등 고봉을 가지고
있다.

산맥의 폭이 가장 높은 지역은 알티플라노(Altiplano)로 불리는 고원지대
인데 볼리비아가 이 지역을 대부분을 차지하고 있고 페루, 칠레, 아르헨티
나가 일부 영토로 가지고 있다.

알티플라노(Altiplano) 고원은 그 크기가 티베트 고원 다음이다. 고원 북
부에는 티티카카(Titicaca) 호수가 있고 남부에는 세계 최대 리튬 산지인
유유니 소금사막(Salar de Uyuni)이 있다.

지리적으로 볼 때 남부 안데스에는 칠레, 아르헨티나, 중부 안데스에는
페루, 볼리비아, 북부 안데스에는 에콰도르, 콜롬비아, 베네수엘라가 위치
하고 있다.

안데스 산맥은 콜롬비아에서 세 갈래로 나뉜다. 이 중 북쪽 지맥은 베네수
엘라 카리브 해안선을 따라 동쪽으로 흐르는데 베네수엘라 주요 도시들은
모두 이 지류 상에 소재하고 있다.

또한 콜롬비아 막달레나(Magdalena)강과 카우카(Cauca)강이 산맥사이
를 남쪽에서 북쪽으로 흘러 카리브 해에 이른다.

---

17 Brian W. Blout and Olwyn M. Blout, Latin America and The Caribbean, p.23.

[안데스 산맥]

안데스 지역에서는 지진과 화산분출이 자주 발생한다.

2) 아마존과 오리노코(Amazon and Orinoco)

아마존 강은 강수량이 많은 안데스 산맥 동쪽 측면에서 발원하여 동쪽으로 흘러 대서양으로 들어간다. 이 과정 중 안데스산맥과 브라질 고원에서 발원하는 많은 지류들이 합해지며 거대한 물줄기를 형성한다.

오리노코 강은 가이아나 고원의 파리마(Parima) 산에서 발원하여 콜롬비아 국경을 따라 북서쪽으로 흐른 뒤 북동쪽으로 방향을 바꿔 카리브 해로 향한다. 이 과정 중 오리노코 강은 상류의 지류인 카시키아레(Canal of Cassiquiare) 강을 통해 아마존 강과 연결된다.

아마존 강과 오리노코 강은 안데스산맥과 브라질 및 가이아나 고원의 유기물과 광물 퇴적을 범람원(floodplain)에 운반한다.

3) 브라질 및 가이아나 고원
(Brazilian and Guiana Highlands)

가이아나 고원에서 발원하는 강 중 북쪽으로 흐르는 강은 오리노코 강 그리고 남쪽으로 흐르는 강은 아마존 강에 합류하고 있다.

브라질 고원에서 북쪽으로 흘러 아마존 강에 합류하는 지류 중 가장 중요한 강은 징구(Xingu)와 타파호스(Tapajós)이다. 사웅 프란시스코(Sao Francisco)강은 리오에서 발원하여 북쪽으로 해안선을 따라 흐른 뒤 동쪽의 대서양으로 빠진다.

대서양과 브라질 고원 사이 해안에 형성된 평야는 대체적으로 좁다. 이 해안평야와 고원사이에는 높은 절벽지형이 형성되어 있다.

브라질 고원 남부지대는 현무암 용암지대로 이 곳에서 발원하는 지류들은 남쪽으로 흘러 파라과이 강(Paraguay River)을 이루고 이어 라플라타(Rio de la Plata)강에 이른다. 이구아수(Iguazu) 폭포는 이 흐름 속에 위치하고 있다.

4) 팜파스와 파타고니아(The Pampas and Patagonia)

아르헨티나의 팜파스는 초원지대 기름진 토양을 모재(Parent Material)로 결이 곱고 풍화된 황토로 이루어져 있다.

파타고니아 남부는 나무가 자라지 않는 소위 스텝(steppe) 고원평지와 곤드와나(Gondwana) 대륙 시기에 형성된 바위들로 이루어져 있다.

5) 멕시코와 중미 고원 그리고 카리브
(Mexico, Central America and The Caribbean)

중미와 카리브 지역은 코코스 판(Cocos Plate)과 북미 판(North American Plate)의 충돌, 태평양쪽 멕시코에서 코스타리카에까지 뻗어있는 중미 해구(Middle America Trench)의 단층운동과 화산활동의 계속으로 지진과 화산 분출 위험이 상존하고 있다.

멕시코 태평양연안 해안평야는 좁으며 지진에 노출되어 있다. 마드레 옥시덴탈(Sierra Madre Occidental)산맥 경사지대는 평균 4,000 미터 고지이다.

중앙 고원(Mesa Central)은 대체적으로 평지이고 대서양연안 평야는 태

평양 쪽보다는 더 광활하며 카리브에서 불어오는 무역풍의 영향으로 강수
가 충만하다.

대부분의 카리브 섬들은 카리브 판(The Caribbean Plate)의 북쪽과 동
쪽 가장자리에 위치해 있다. 대안틸러스(The Greater Antillus)와 소안틸
러스(The Lesser Antillus)의 모든 섬들은 모두 지진과 화산분출의 위험
을 안고 있다.

마. 토양(Soil Type)[18]

토양은 지표상에 존재하는 모든 생물의 근본적인 토대이며 인간에게도 매
우 중요하다. 이는 암석이 풍화와 생물의 작용을 받아 세립질의 흙 물질로
변화한 것으로 유기물을 많이 포함하고 있다.

암석이 풍화되면 표토라고 하는 크고 작은 암석 부스러기들이 형성되는데
다시 물리화학적 그리고 생물학적 작용으로 토양으로 변한다. 토양은 형성
과정의 특성에 따라 서로 구분되는 세 가지 형태의 층으로 구성되는데 최상
층은 풍화작용과 용탈작용이 매우 활발하게 일어나는 영역으로 주로 풍화
된 암석물질로 이루어져 있다. 중간층은 풍화가 덜 일어나며, 최상층으로
부터 제거된 많은 물질들이 집적된다. 최하층은 최상층과 중간층의 모질물
(parent materials)을 포함하고 있다.

토양의 분류는 논쟁의 대상이 되고 있다. 토양학자, 공학자, 농학자, 지
질학자 등 각 분야의 전문가들은 토양에 대해 서로 다른 관점을 가지고 있
기 때문에 서로 다르게 이름을 부여하고 분류한다. 따라서 토양의 분류체

---

18 토양의 분류 체계 중 자연분류계통방식에서 토양군(soil great group), 토양아군(soil sub-
group) 아래의 단위. 지형에 따른 수분환경을 감안하여 토양단면 형태의 차이, 층위의 발달정도, 각
층의 구조, 토양색의 차이 등에 따라 구분되고 있다(산림임업용어사전)

계는 여러 종류가 있어 한 토양이 한 가지 이상의 군으로 분류되기도 한다.

한국은 1975년에 발표된 미국 토양분류법(Soil Texonomy)을 따르고 있다. 토양의 생성수준, 조직, 화학적 특성, 색 등과 같은 성질에 기초하여 이를 12목(目, Order)[19]으로 분류한다.

아마존 열대 우림과 초지의 토양은 옥시졸 이다. 옥시졸은 표토(topsoil)에 있는 가용성 물질이 비에 의해 크게 씻겨 용탈된 후 철과 산화된 알루미늄만 남아 적갈색을 띄고 있는 토양이다.

아마존 열대우림이 옥시졸 토양을 강한 비와 태양으로부터 보호하여 식물이 번성한다. 그러나 옥시졸 토양은 열대우림이 사라지고 태양에 노출되면 포함하고 있던 유기물과 부식토가 곧 바로 부패하여 황폐해진다. 따라서 이러한 옥시졸 토양에서 경작하기 위해서는 비료를 사용해야 하며 강한 비와 햇볕을 이겨낼 수 있는 작물을 재배해야 한다.

아마존 강과 그 지류에 형성된 범람원(floodplain)지대는 강이 범람할 때 흘러들어온 많은 유기물로 인해 경작하기가 좋은 지역이다. 그러나 강이 수시로 범람하고 습지 또는 소택지가 많아 거주지로서는 적당하지 않다. 범람원을 벗어나 내륙으로 옮겨가면 토양은 옥시졸로 변한다.

브라질 고원과 대서양연안 지역은 얼티졸(ultisol)이다, 얼티졸은 옥시졸

---

19 ①엔티졸(entisol)-충적토, 암설토 등으로 최신의 충적면이나 최근에 침식된 사면에 있는 젊은 토양으로 모든 기후에서 생성된다 ②버티졸(vertisol)-열대흑색토로 열대 또는 아열대에서 건기와 우기가 교대로 찾아오는 곳에 있는 점토함량이 높은 토양 ③인셉티졸(inceptisol)-화산회토양, 갈색삼림토 등과 같이 층의 발달이 미약한 초기 토양으로 용탈작용과 변질작용을 많이 받지않았음. 새로 생긴 화산지역, 툰드라 지역, 빙하가 후퇴한 지역에서 생성됨 ④아리디졸(aridisol)-사막토,염류토 등 사막을 비롯한 건조지대 토양. 소금, 석고, 탄산염 등이 농집되어 나타남 ⑤몰리졸(molisol)-온대지방의 초지 및 숲에서 발달하는 토양으로 칼슘이 많이 함유되어 있으며 유기물이 많은 검은 색의 두꺼운 표층이 발달함 ⑥스포도졸(spodosol)-비가 많이 내리는 숲에 발달하는 토양으로 A층(표토-용탈대)은 회색을 띄며 B층(심토-집적대)은 유기물과 함께 A층에서 용탈된 점토광물을 많이 포함하고 있음 ⑦알피졸(alfisol)-회색삼림토와 같이 점토가 풍부한 산성의 토양으로 낙엽수로 덮여있는 경우가 많음 ⑧얼티졸(ultisol)-알피졸과 유사하지만 풍화작용이 더욱 진행된 후기의 토양으로 붉은 색을 띄는 라데라이트를 일부 포함함 ⑨옥시졸(oxisol)-풍화작용이 가장 많이 진행된 토양으로 열대 및 아열대 기후에서 생성됨. 대부분의 라데라이트는 옥시졸 내에 포함됨 ⑩히스토졸(histosol)-이탄도, 흑니도와 같이 소택지 토양으로 기후에 관계없이 생성되며 유기물이 매우 풍부함 ⑪안디졸(andisol)-화산회토로 알로펜(allophane)과 유기물 함량이 높은 토양 ⑫젤리졸(gelisol)-영구동결층을 가지고 있는 토양(다음백과 등)

과 비슷하지만 상대적으로 덜 용탈되어 경작하는데 옥시졸 보다 비료가 적게 소모되는 토양이다.

아르헨티나와 우루과이의 팜파스는 곡창지대로 몰리졸(molisol) 이다. 바람과 함께 실려 오는 황토로 인해 자양성분이 높은 토양이 만들어지고 있어 농작물 재배에 적합하며 초지가 형성되어 있다. 그러나 팜파스는 안데스산맥 방향인 서쪽으로 가면서 건조해지고 토양도 아리디졸(aridisol)로 바뀐다. 아리디졸 토양도 관개를 하고 비료를 사용하면 경작이 가능하다.

브라질 동북지대, 칠레 중부지대 등은 알피졸 토양 지역이다. 대부분 지중해성 기후를 보이고 있는 지역인데 비료를 사용하면 작물의 생산능력이 좋다.

바. 기단(Air Mass)[20]과 대기 순환[21] ─────────

중남미 주요 기단 중 하나는 북동 그리고 남동 무역풍이다. 이 무역풍은 남과 북 각각 위도 30도상의 아열대성 고기압 대에서 적도방향으로 불어 적도부근 에서 서로 만나는데 이 지역을 열대수렴대(ITCZ, Intertropical Convergence Zone)라고 한다.

열대수렴대에서 형성된 불안정한 대기가 상승하여 폭우와 폭풍을 일으킨다. 여기에 종종 불안정한 해파(ocean waves)가 열대저기압을 형성하여 허리케인으로 발전한다.

─────────────────────────────

20 기단(氣團, air mass)은 공기가 한 곳에 머물면서 지표면의 성질을 닮아 수평 방향으로 기온, 습도 등의 대기 상태가 거의 같은 성질을 가진 공기 덩어리다. 기단은 발생지의 열적 특성에 따라 열대(T, tropical), 한대(P, polar), 극(A, arctic), 적도(E, equatorial) 네 가지로 분류한다. 또 습도 조건에 따라서 대륙에서 발생한 기단을 대륙성 기단 m(continental)로 표시하고, 해양에서 발생한 기단을 해양성 기단 m(marine)으로 표시한다(다음백과)

21 대기순환은 지구를 둘러싸며 동서방향의 대상 형태로 나타나는 대규모 풍계이다. 공기는 북위 30° 및 남위 30° 주변의 아열대고압대에서 하강하여 무역풍을 형성하고, 지표면에서 적도 쪽과 서쪽으로 불게 된다. 이러한 무역풍들은 적도를 중심으로 남북에서 모두 형성되어 적도 주변의 열대수렴대로 수렴하게 된다. 열대수렴대에서 상승한 공기는 2~12㎞의 상공에서 무역풍의 반대방향인 동쪽과 극지방 쪽으로 불게 된다(다음백과)

전반적으로 적도지대는 강수량이 많다. 특히 불안정한 대기가 산맥의 통로를 따라 상승한 뒤 차가워져 내리는 산악지형성 강우(orographic rain relating to mountains)가 잦다. 안데스산맥 동쪽 지역의 연 강수량은 평균 200인치인데 이는 적도를 향해 불어오는 무역풍들이 안데스 산맥과 부딪쳐 상승한 후 냉각되어 강수하기 때문이다.

남부지역은 한대전선(Polar Front)의 영향권에 있다. 한대전선은 중위도 부근 즉 남북위도 각각 60도 상에서 열대기단과 한대기단 사이에 형성되는 전선인데 열대기단과 한대기단의 경계선상에 있기 때문에 기온의 변화가 심하고 한 곳에 머무르는 성향이 있다. 한대전선은 남반구의 겨울에는 다소 북쪽에 형성되고 여름에는 남쪽으로 이동한다.

중남미 대기 순환은 계절에 따라 무역풍 영향을 받아 열대수렴대와 한대전선 간 상호 조우 그리고 남북이동을 통해 기후와 강수에 영향을 주고 있다.

사. 강수량(Precipitation)

중남미 강수량을 나타내는 지도나 통계는 평균적인 강수량 수준을 나타낼 뿐 계절별 강수량 분포, 강우형태 즉 홍수, 산사태, 우박 피해 등을 야기하는 폭풍, 허리케인 등은 보여주지 못한다.

멕시코와 중미 산악지대 그리고 안데스 산맥 지대에서는 습한 공기가 산악의 높은 지형의 영향으로 상승한 뒤 응결되어 소나기로 내리는 지형성 강우가 발생하고 열대 저지대는 지표면 근처의 습한 공기가 태양으로 데워져 상승한 뒤 적란운이 되어 뇌우를 동반한 폭풍우로 변하는 대류성 강우가 일어난다. 대류성 강우는 열대와 아열대 지역에서 일반적으로 일어나는 현상이다.

사이클론은 한대전선(Polar Front)이 해양성 열대기단과 만날 때 발생하는데 이 때 차고 무거운 기단은 지표와 가까이 머물고 습하고 따뜻하며 가벼운 열대기단은 상승하여 구름과 비를 형성한다.

미국에서 자주 일어나는 사이클론 강우는 걸프 만에서 만들어진 해양성 열대기단이 미시시피-미주리 계곡까지 북상해 캐나다에서 남하한 한대전선과 만나 발생하곤 한다. 이러한 한대전선이 남쪽으로 더 내려와 북부 멕시코와 카리브 지역이 사이클론의 영향권에 들어간다.

지역적으로 보면 아마존 지역의 연간 강수량이 높은 이유는 북동 그리고 남동 방향에서 불어오는 무역풍에 실린 습하고 따뜻한 열대기단과 열대수렴대에서 일어나는 기상교란(weather disturbances)이 상호작용하고 있기 때문이다.

중미의 대서양연안 해변지대도 강수량이 많다. 이는 카리브 해의 습하고 따뜻한 열대기단이 북동 무역풍에 실려 오고 이 기단이 높은 산맥 등 고지대와 충돌한 뒤 상승 냉각된 후 강력한 강우를 만들어 낸 것에 기인하고 있다.

그러나 고지대가 없는 유카탄(Yucatán) 반도 같은 경우는 강수량이 낮아 건조하다. 전반적으로 이 지역은 겨울보다 여름에 강수가 더 많다. 이는 여름에는 열대수렴대가 북쪽으로 이동하기 때문이다.

칠레 남부는 태평양의 남반구 편서풍(Westerly)[22]의 영향으로 강수량이 많다.

파타고니아(Patagonia)는 대부분이 아르헨티나 국토로 서쪽에서 불어오는 습한 편서풍이 안데스 산맥에 막혀 넘어가지 못하기 때문에 건조한 기후를 보여주고 있다.

아타카마 사막(Atacama Desert)은 남태평양의 고기압과 남극에서 올라오는 훔볼트(Humboldt) 한류의 영향으로 세계에서 가장 건조한 사막이 되었다.

---

22 남·북반구의 아열대 고압대에서부터 극에 이르는 지역에 나타나고 서쪽에서 동쪽으로 부는 바람

차코평원(Gran Chaco)은 서쪽의 안데스 산맥, 동쪽의 파라과이 강과 파라나(Parana) 강, 북쪽의 치키토스 초원과 볼리비아의 이소소그(Bañados de Izozog) 늪지대, 남쪽의 아르헨티나의 살라도(Salado) 강과 맞닿아 있는 지역으로 면적은 약 72.5만 평방킬로미터 이다. 기후는 북부의 열대성 기후에서 남부의 따뜻한 온대기후에 이르기까지 다양하다. 연평균 강우량은 동부지역이 1,320 밀리미터로 가장 많아 울창한 숲과 관목 사이에 키가 큰 풀이 있는 초원이 여기저기 흩어져 있으나 서쪽으로 가면서 아르헨티나 팜파스 북부에 이르기까지 건조한 기후로 바뀐다.

브라질 북동지역은 강수가 매우 적은 지역으로 연중 강수가 충분하지 않거나 가뭄이 들 경우 농사가 실패하여 유민이 발생한다.

멕시코와 카리브 북부지역은 북쪽에서 내려오는 한대기단(Polar Air Mass)의 영향으로 봄, 가을, 겨울에 폭우가 쏟아진다. 이는 한대기단과 열대기단의 경계에서 심한 상승기류가 형성되어 발생하는 계뢰(Frontal Storms) 때문이다. 이 계뢰는 강력한 강우를 수반하면서 코스타리카 남부 또는 카리브를 통해 쿠바까지 이른다.

남반구 겨울에는 남극에서 발원하는 한대기단이 파타고니아 기후를 크게 떨어뜨린다. 특히 강수를 수반하지 않은 돌풍(Squalls)도 자주 발생하고 있다. 이 한대기단은 때때로 회귀선(Tropics) 또는 적도지대(Equatorial Zone)까지 침투하여 그곳의 기후에 영향을 줄 때도 있다.

아. 자연환경과 재해 ─────────────

중남미 자연지리환경은 글로벌 환경시스템에서 매우 중요한 위치를 차지하고 있다. 특히 최근 지구 기후변화 논의에 있어 가장 중요한 이슈이다. 이슈의 초점은 세계에서 가장 넓은 아마존 열대우림이 줄어들고 있다는 것이다. 상업용 목재가 베어지고 삼림이 가축을 기르기 위한 목초지로 변하고 있으며 숲이 대두 생산을 위한 들판으로 바뀌고 있다. 이 결과 대기의 이산화탄소를 다량 흡수하고 있는 아마존 열대우림의 역량이 줄어들고 오히려 숲을 태우면서 발생한 이산화탄소로 대기가 오염되고 있다. 지구온난화가 아마존지역에서 시작한 것은 아니지만 아마존 열대우림의 파괴는 지구온난화를 재촉할 것은 확실하다.

자연재해는 지진, 화산분화, 진흙사태, 가뭄, 홍수, 허리케인 등 다양한 형태로 찾아온다. 중남미 자연지리환경은 매우 다양하기 때문에 그 재해도 다양하고 빈발하고 있다.

중미와 카리브 지역 그리고 태평양연안 국가인 칠레에서 빈발하고 있는 화산분화는 상대적으로 젊은 안데스 산맥시스템, 태평양 불의 고리(Pacific Ring of Fire), 카리브 화산호(volcanic arc)가 그 원인이다.

최악의 화산분화 중 하나인 1902년 카리브 마르티니크(Martinique) 플레(Pelee) 화산분화는 3만 명의 사망자를 냈다. 칠레에는 야이마(Llaima), 차이텐(Chaiten)을 포함한 60여 개의 화산이 활동하고 있다. 에콰도르 코토팍시(Cotopaxi) 화산은 고도가 5,897 미터인 성층화산으로 1738년부터 현재까지 50회 이상 분출하였다. 5,230 미터의 산게이(Sangay) 화산도 매우 활발하며 현재까지 3회 분출하였다. 레벤타도르(Reventador) 화산은 1541년 이후 25회 분출하였으며 최근에는 2009년에 분출하였다. 페루의 사방카야(Sabancaya) 화산은 5,976 미터의 성층화산으로 매우 활발하며 2014년 8월 분출하였다. 5,672 미터의 성층화산인 우비나스(Ubinas) 화산도 2014년 4월 분출하였다.

지진은 리히터 규모 7 이상이면 강진(major quake)으로 분류한다. 1960년에 발생한 칠레 지진은 리히터 규모 8.9로 가장 강했던 지진으로 기록되고 있다.[23] 1985년에 발생한 멕시코시티 지진은 리히터 규모 7.8로 5,000여 명의 사망자를 냈다. 2010년 아이티 지진은 규모가 7.0이었지만 현지의 열악한 건축 인프라 환경으로 무려 230,000명의 사망자를 냈다.

특히 중미지역은 카리브 판 북서쪽에 위치하면서 코코 판, 나스카 판, 북미 판이 상호 접해 있는 중미 해구 섭입대와 가까워 지진이 자주 발생하고 있는데 1931년과 1972년에 발생한 마나구아(Managua) 지진은 이 도시를 초토화시킨 바 있다.

리마와 산티아고도 역사적으로 볼 때 항상 대형지진에 노출되어 있었다.[24] 1730년 산티아고 지진(8.5)과 1746년 리마 지진(8.6)은 1812년 카라카스 지진(7.7)과 함께 많은 피해를 기록하고 있다.

진흙사태는 중미와 안데스 산악지대에서 발생하기도 하지만 주로 브라질 고원(Brazilian Highlands)과 대서양해안 평야지대를 가로지르는 층애(Great Encarpment)를 따라 많이 발생한다. 대서양에서 불어오는 따뜻하고 습한 바람이 층애를 만나 상승 후 냉각되면 폭우가 쏟아지는데 지반이 약한 언덕의 진흙이 밀려 참사를 빚어내곤 한다.

최근 몇 년 점점 뚜렷해지고 있는 엘니뇨(El Niño)현상도 자연재해를 만들어내고 있다. 엘니뇨는 통상적으로 태평양 쪽 남미해안을 따라 남극에서 발생하여 북으로 흐르고 있는 훔볼트 한류를 태평양 적도 부근에서 발생한 난류가 페루 중부까지 내려오며 이 한류를 대체하여 해수온도를 정상보다 상승시키면서 일으키는 변칙적인 기후 양상이다.

엘니뇨현상은 부정기적으로 발생하며 중남미 지역 기후뿐만 아니라 전 세계 기후에 영향을 주고 있다. 해수온도가 상승하면 기상변화가 일어나

---

23 리히터 규모는 1~9단계가 있으며 한 단계 오를 때 마다 그 강도는 10배 증가한다.

24 1900년 이후 중남미 5대 강진 - 칠레 발디비아(9.5, 1960.5.22.), 에콰도르 해안(8.8, 1922.1.31.), 칠레 콘셉시온(8.8, 2010.2.27.), 칠레 바에나르(8.5, 1922.10.10.), 페루 남부(8.4, 2001.6.23.)/리마 주요 지진-1586,6.6(8.6), 1687.10.20.(8.5), 1746.10.28.(8.6), 1828.3.28.(7.9), 1940.5.24.(8.2), 1966.10.17.(8.1), 1974.10.3.(7.6)/산티아고 주요 지진-1647.5.13.(8.5), 1730.7.8.(8.7), 1906.8.8.(8.2), 1985.3.3.(8.0)

일명 엘니뇨 남방진동(ENSO- El Nino Southern Osciliation) 현상이 나타난다.

이 경우 중남미에는 통상적으로 건조한 기후인 남미 태평양연안의 강수량이 늘어나 홍수와 산사태가 일어나고 안데스산맥 동쪽 아마존 지역을 포함한 브라질 동북부, 중미, 북미에 건조한 기후가 계속되며 농작물 재배와 어업에 어려움을 준다.

이 현상은 매 7~11년 만에 한 번씩 부정기적으로 발생하며 홍수, 산사태, 가뭄을 유발해 인명피해와 함께 경제적 피해를 야기한다.

예를 들면 엘니뇨현상으로 페루와 에콰도르 연안지대 해수면 온도가 상승하면 한류를 타고 올라오던 플랑크톤이 사라지고 이로 인해 어족의 먹이사슬이 끊어진다. 이 결과 연안어업은 폐업되고 연관 제조업이 가동을 하지 못한다.

또한 안데스산맥 동쪽에서는 극심한 가뭄으로 곡물생산이 감소하여 국제 곡물가격 상승 요인으로 작용한다.

허리케인은 통상적으로 대서양에서 발생한 뒤 북서쪽 방향인 카리브 해를 지나 멕시코와 북미로 진행한다. 남위 10도 이남 대서양 쪽 해변에는 영향을 주지 않는다.

허리케인은 해마다 중미, 카리브, 멕시코 태평양연안을 지나며 폭풍우로 많은 피해를 일으키고 있다. 특히 카리브 해를 지나면서 폭풍우와 함께 해수면 수위를 높이기 때문에 카리브 해 도서 국가들의 피해는 매우 막대하다. 2004년도 이반(Ivan) 허리케인으로 그레나다(Grenada)는 건물의 90%가 파괴되는 피해를 입었다.

허리케인은 5단계로 분류하여 강도를 측정하는데 4~5단계 허리케인은 해변홍수, 농작물 유실, 건물붕괴를 일으킨다.[25] 1998년의 미치(Mitch) 허

---

25 Category one: Winds of 74 to 95 mph, A storm surge a meter above normal, Category Two: Winds of 96 to 110 mph, A storm surge 2 meters above normal Category Three: Winds of 111 to 130 mph, A storm surge 3 meters above normal, Category Four: Winds of 131 to 155 mph, A storm surge 4 to 5 meters above normal Category Five: Winds of

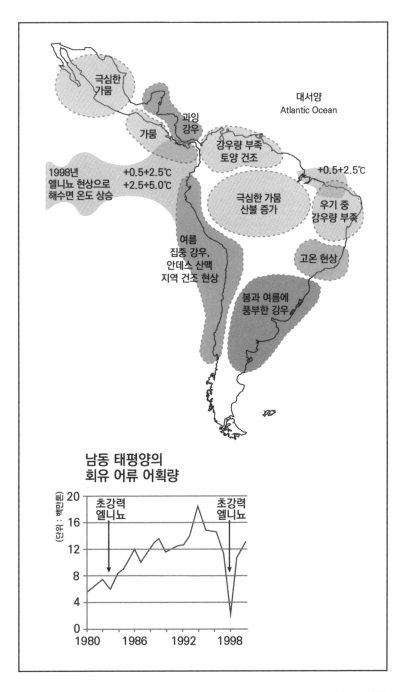

[엘니뇨 현상]

리케인은 5단계 허리케인으로 중미지역에 막대한 피해를 안겨주었다.

자. 자연지리환경과 경제개발 ───────────

자연지리환경이 경제사회개발에 미치는 영향은 강하고 광범위하다. 예를 들면 세계적 규모로 볼 때 열대지방에 위치한 국가들은 거의 대부분이 가난한 반면 비 열대지방에 속해 있는 국가들 중에는 극도로 가난한 국가는 드물다. 만약 자연지리환경이 경제사회개발에 영향을 주지 않는다면 이러한 현상들이 일관성 있게 나타나지 않을 것이다.

자연지리환경은 기본적으로 접근성, 농업생산성, 질병 등 세 가지 경로를 통해 경제사회개발에 영향을 주고 있다.[26]

접근성(accessibility)은 특정 지역 또는 국가가 해양으로부터의 접근성을 확보하고 있는 것인가 인데 매우 중요하다.

해양 접근성은 특정 지역 또는 국가의 산업과 서비스 생산품이 세계시장에서 경쟁력을 확보하는 데 있어서 결정적인 역할을 한다. 산업과 서비스 활동이 왕성하게 이루어지고 있는 대도시들은 대부분 해안이나 항해가 가능한 강안에 위치해 있다.

다음은 농업생산성(agricultural productivity)과 질병(disease)으로 낮은 농업생산과 높은 질병 수준은 열대지방이 가지고 있는 경제적 불이익이 되고 있다.

자연재해, 특히 허리케인, 지진 등이 농업생산과 관련 인프라에 미치는 영향은 매우 크다. 열대지역과 온대지역의 농산물 수확도 각 기후대의 기온과

---

more than 155 mph, A storm surge greater than 5 meters

26 John Luke Gallup, Center for International Development, Harvard Univ. Geography and Socioeconomic Development in Latin America and Caribbean, Pp2~4

토양 형태 및 구성에 따라 매우 차이가 난다.

질병의 범위와 강도도 다르다. 특히 말라리아, 십이지장충병(hook-worm), 주혈흡충증병(schistosomiasis) 등 병원체 매개 질병은 온대지방보다는 열대지방에서 더 많이 발생하고 그 범위도 넓다.

중남미에서 과거뿐만 아니라 현재에도 자연지리환경이 경제개발에 미치는 역할이 크다. 예를 들면 콜롬비아는 산악지대와 열대우림이 많아 지역간 도로연결이 어렵기 때문에 역내에서 가장 낮은 수준의 도로확보율을 가지고 있는 관계로 지역 간 상거래 교역이 원활하지 못하다.

특히 험준한 산악지대, 깊은 계곡과 강, 저지대 열대우림 그리고 생태계보존지역 등의 장애요소가 많아 지방 간 교류도 원활하지 못해 국가 전체적으로 볼 때 경제개발전략 추진에 큰 장애요소가 된다.

멕시코도 자연지리환경의 차이로 인해 국내 지역 간 경제개발수준과 속도가 차이가 나 소득수준의 불평등의 원인이 되고 있다.

인터넷과 통신기술이 발전하면서 자연지리환경으로 부터 오는 장애들이 어느 정도 극복되었으며 앞으로도 그럴 것으로 예상되고 있다. 그렇다고 그것들이 만능적인 처방은 될 수 없다.

즉, 인터넷과 통신기술의 발전은 중남미에서 자연 지리적으로 고립된 지역들을 서로 연결하고 소통시켜 생산성을 높이고 서비스 상품의 범위를 확대할 수 있기는 하다. 그러나 그러기 위해서는 많은 인프라 투자와 교육이 선행되어야 하는데 이 부문도 결국 자연지리환경이 주는 제한으로 어려움에 처할 수 밖에 없다.

차. 콜럼버스의 교환(The Colombian Exchange)

유럽인들의 아메리카 대륙 도착은 그동안 존재도 모른 채 서로 떨어져 있던 구대륙과 신대륙이 비로소 접촉을 하게 되는 역사적 계기이었다. 이 접촉으로 양 대륙 간 생활환경의 변화가 발생했는데 그 변화 범위는 인종, 동식물, 질병, 문화 등을 포함해 매우 광범위하다. 이를 총체적으로 말해 '콜럼버스의 교환(The Colombian Exchange)'[27]이라고 한다.

우선 인종과 동식물의 교환이 이루어졌다. 인종 간 교환은 매우 자연스러운 것이다. 초기에는 스페인과 포르투갈로부터 백인 유럽인이 유입되었지만 노예무역이 이루어지면서 아프리카로부터 흑인이 들어오기 시작했다.

동식물은 유럽인들이 필요에 의해 의도적으로 가져온 것이 다수이다. 그러나 흑색 또는 갈색쥐와 같이 선박의 화물에 숨어들어오거나 지중해 잡초와 같이 목축용 가축의 털 속에 풀씨 형태로 붙어 들어온 뒤 토종 풀을 대체해 버린 경우도 있다. 병균과 바이러스도 의도와 관계없이 전파되어 면역력이 없는 많은 원주민의 생명을 앗아갔다.

특히 양 대륙 간 식물의 교환은 전 세계 인류의 삶의 방식과 자연의 풍경을 변화시킬 정도로 그 영향이 컸다. 아메리카 대륙은 중앙아메리카, 안데스, 동부 브라질 등 3개 지역을 중심으로 서로 다른 농작물이 재배되고 있는데 이러한 농작물들이 유럽 농업 시스템 속으로 매우 빠르게 유입되어 생활방식에 변화를 주었다.

가장 중요한 사례는 감자이다. 감자는 안데스산맥 지대에서 재배되는 작물인데 1600년대에 북유럽에 소개된 뒤 확산되어 유럽 농촌인구 증가에 크게 기여했다. 그러나 1840년대 아일랜드에서는 감자잎 병의 만연으로 감자 기근이 들어 인구의 20%가 사망하는 원인이 되기도 했다.

카사바속(屬) 뿌리 식물인 마니옥(Manioc)은 일명 유카(Yuca)라고도 불리는데 유럽을 거쳐 아프리카로 들어가 서아프리카 지역의 주식의 하나가

---

27 콜럼버스의 교환(The Colombian Exchange)이란 용어는 1972년 미국 텍사스 대학 알프레드 크로스비(Alfred W. Crosby)가 저술한 'The Colombian Exchange'에서 유래한다. 저술의 목표는 신대륙과 구대륙간 생물학적 그리고 문화적 이동(biological and cultural transfer)을 찾아내는 것이었다.

되기도 했다.

안데스 지역에서 재배되던 옥수수도 아프리카 지역에서 매우 중요한 식량 자원이 되었다. 그러나 유럽에서는 가축사료로 사용 되었다.

토마토가 빠진 이태리 음식은 상상하기 힘들다. 토마토는 중앙아메리카에서 재배되던 식물이 유럽에 전해진 것이다.

땅콩은 남미에서 경작되던 것이 유럽을 통해 인도, 중국, 서아프리카로 퍼져 나갔다. 서아프리카의 피넛 수프 그리고 미국과 캐나다의 피넛 버터를 생각해보라.

메소아메리카의 아스텍 제국에서 제사용 또는 물물교환용으로 귀하게 사용되던 카카오 콩이 스위스와 화란의 초콜릿으로 변신하였다. 카카오 콩은 이후 유럽을 거쳐 서아프리카로 건너갔는데 현재 카메룬, 아이보리코스트, 나이지리아 등 국가가 전 세계 생산량의 2/3를 공급하고 있다는 것은 다소 역설적이다.

유익한 식물만 교환된 것은 아니다. 담배가 그 사례이다. 담배는 1550년대 까지 유럽을 포함한 아시아, 아프리카, 호주 등에 알려지지 못했다. 그러나 16세기 하반기 아메리카 원주민이 제사에 사용하거나 활력유지를 위해 말려서 말아 피우던 것이 유럽을 통해 전 세계에 퍼지고 오늘날의 담배산업이 되었다.

한편 유럽의 농작물과 농업시스템의 아메리카 대륙 이식도 아메리카 대륙의 농업풍경을 바꾸었다. 우선 밀, 포도, 낙엽과수, 올리브 등 지중해성 농작물이 기후가 허락하는 지역에서 재배되었다.

밀은 멕시코에서 칠레에 이르기까지 선선한 고원, 내륙 계곡, 개방 평야 등지에서 경작되었고 포도, 낙엽과수, 올리브 등은 이보다 제한된 지역에서 재배되었다. 특히 20세기 초반 이후 아르헨티나 팜파스는 세계의 밀 경작지가 되었고 칠레 중부계곡은 과수 산지가 되었다.

동물의 교환은 식물과는 다르게 아메리카 대륙이 유럽에 영향을 주지 못했다. 중남미에서 서식하는 야마(llama)나 알파카(alpaca) 등은 유럽에서 흥미 이상의 관심을 끌지 못했다. 다만 칠면조 정도가 유럽인이 식용으로 사용할 수 있는 동물로 간주되었다.

한편 유럽에서 사육되었던 동물들이 아메리카 대륙으로 이식되어 목축업의 근간이 되고 아메리카 대륙의 생활방식, 풍경, 경제구조를 바꾸었다. 즉. 소, 말, 당나귀, 염소, 양, 돼지 등이 유입되어 광활하고 비옥한 초원에서 사육되었다. 이 결과 목축업은 광업과 함께 중남미 식민지 경제의 중요한 축이 되었으며 지금까지 그 중요성이 계속되고 있다.

유럽 동식물의 중남미 이식과 함께 농업과 축산업 시스템도 함께 들어와 자리를 잡았다. 각 지역마다 많은 목장과 농장이 만들어졌는데 그 운영방식에 따라 아시엔다(Hacienda), 파젠다(Fazenda), 에스탄시아(Estancia), 폰도(Fondo), 란초(Rancho) 등으로 불리었다.

정복자로 온 유럽인은 의도적인 것은 아니었지만 병균과 바이러스를 유입시켜 면역력이 없는 많은 원주민들의 사망을 유발해 원주민 인구감소를 가져왔는데 이것이 아프리카 흑인 노예유입의 계기가 되었다.

특히 유행성감기(Influenza), 발진티푸스(Typhus), 홍역(Measles), 볼거리(Mumos), 황열병(Yellow Fever), 말라리아(Malaria), 천연두(Small-pox) 등이 중남미 원주민들에게 매우 치명적이었다. 콜럼버스가 아메리카 대륙에 도착했던 1492년 기준 원주민 인구는 약 5천만 명 수준이었으나 1세기가 지난 뒤 원주민 인구는 90%가 줄어들었다.[28]

콜럼버스의 교환의 백미는 인종 간 혼혈 이다. 정복자로 온 유럽 백인과 아메리카 원주민 사이의 혼혈은 메스티소(Mestizo), 흑인과의 혼혈은 물라

---

[28] William Maxfield Denevan (16 October 1931, San Diego) is a professor emeritus of Geography at the University of Wisconsin-Madison and a prominent member of the Berkeley School of Latin Americanist Geography. He also worked in the Gaylord Nelson Institute for Environmental Studies at the same university. His interests are in historical ecology and indigenous demography of the Western Hemisphere.

토(Mulatto)라고 불렸다. 아메리카 원주민과 흑인과의 혼혈은 잠보(Zam-bo)로 불리면서 인종적으로 가장 큰 차별을 받았다.

콜럼버스의 교환은 역사적 일화가 아니며 현재도 진행되고 있는 현상이다. 이민을 통해 인구가 끊임없이 교환되고 있고 동식물의 이동도 계속 이루어지고 있다. 예를 들면 노르웨이 연어양식 산업이 자연환경이 비슷한 칠레 남부에서 그대로 이어져 칠레의 중요한 수출산업이 되었다.

CHAPTER 2.

자원

자연자원(Natural Resources)은 '자연에 의해 주어져 인간을 활동하게 하는 한 요소이다. 인간 생활을 위한 식량과 공업생산 원료와 에너지 등은 모두 인간의 생산 활동에 의해 산출되는 것들이지만 그 인간의 생산 활동을 가능하게 하는 원천은 자연 그 자체'이다.[29]

자연자원은 다양하게 분류된다. 첫째 생성기원을 기준으로 생물자원과 비생물자원이 있다. 동식물과 유기물체가 변화된 석유와 석탄 등 화석 연료 등은 생물자원이다. 한편 땅, 물, 공기, 광물 등 비유기물체는 비생물자원이다.

둘째 자원이용을 기준으로 동식물, 물과 같은 재생 가능한 자원과 광물, 화석연료와 같은 재생 불가능 자원이 있다.

셋째 경제적 용도를 기준으로 인간 생명유지에 필요한 식량자원과 공업생산에 필요한 원료자원으로 구분된다. 원료자원은 다시 공업자원과 에너지자원으로 나눌 수 있다.

넷째 개발단계를 기준으로 현재자원, 잠재자원, 예비자원, 저장자원으로 구분된다. 현재자원은 탐사된 뒤 개발가치가 확인되고 현재 기술로 추출과 사용이 가능한 자원이다. 잠재자원은 오일샌드와 같이 탐사가 되고 기술적으로 추출이 가능하지만 여러 가지 이유로 보존하고 있는 자원이다. 예비자원은 현재자원이지만 이익실현을 위해 개발이 유보된 자원이다. 저장자원은 수소(hydrogen)와 같이 탐사는 되었지만 개발기술 부족으로 사용할 수 없는 자원을 말한다.

자연자원은 자연과 인간의 상호관계 속에서 성립하고 역사발전 단계 속에서 개발 이용된다. 현재 상황 속에서 자원을 어떻게 이해하고 평가하며 위

---

29 The World Book Encyclopedia, Natural Resources

치시키느냐 하는 문제는 현재의 자본주의 생산양식 아래에서 자원이 어떻게 개발되고 이용되고 있는가에 달려있다.

예를 들어 물리적 자원을 보유하고 있다고 해서 그것이 곧 경제적 자원이 되는 것이 아니다. 경제적 채산성이 없는 자원은 경제적 자원이 될 수 없다. 따라서 여기에서 언급되는 자연자원은 일반적으로 원자재 또는 일차산품(commodity)으로 한정한다.

일차산품은 전혀 가공되지 않았거나 부분적으로 가공된 원료 형태의 생산품을 가리킨다. 곡물, 육류, 과수, 커피 등 식량자원과 광물, 화석연료, 면화 및 양모 등 동식물 공업자원이 모두 여기에 속한다. 그리고 최종 재화를 생산하기 위해 거래되고 소비되는 경제 재화로서 그 가치는 주로 발견, 채취, 재배하는데 드는 비용에 의해 결정된다.[30]

중남미는 1492년 콜럼버스 도착이후 식민지시대부터 현재까지 일차산품의 중요한 공급지역이 되어왔다.

15세기부터 19세기 초까지 스페인이 중남미에서 채굴해간 금과 은은 그 시기 세계경제의 중요한 동력이 되었으며 오늘날은 석유, 구리, 철, 알루미늄, 주석, 니켈 등 주요 광산물이 서구를 포함한 전 세계 산업발전의 기반이 되고 있다.

최근 크게 각광을 받고 있는 리튬도 볼리비아, 칠레, 아르헨티나 등이 많이 보유하고 있고 커피, 설탕, 바나나, 대두, 밀, 쇠고기 등 농축산물의 세계 최대 공급지역이며 앞으로도 그 위치는 변함이 없을 것으로 예상된다.[31]

따라서 중남미경제에서 자연자원은 과거로부터 현재까지 매우 중요한 위치를 차지하고 있으며 과거부터 역내 개별국가의 경제개발정책은 모두 보유 자원을 기반으로 수립되고 시행되었다. 특히 19세기 초 스페인의 식민

---

30 다음백과

31 Javier A. Reyes and W. Charles Sawyer, Latin American Economic Development, Routledge, 2011

지배로부터 벗어나 독립한 개별국가들이 국가형성(nation building)을 마친 뒤 경제개발계획을 수립실행 함에 있어 자원은 중요한 재원이었다.

세계무역의 흐름이 자유무역주의에서 보호무역주의 그리고 신보호무역주의로 변화해가면서 자원가격은 이러한 변화의 원인과 결과에 따라 영향을 주고받으면서 급등과 폭락(boom and bust) 과정을 반복하였다.

특히 급등과 폭락으로 상징되는 자원가격 변화는 바로 역내국가 경제의 불안으로 이어졌는데 각국 정부는 이러한 상황을 대비하기 위해 어떻게 하면 자원을 효율적으로 관리하여 경제개발목표를 달성할 수 있을까에 대한 논리를 정립하고 그것에 기초한 정책을 마련하고 실시해왔다.

다만 자원기반 경제개발정책 실시에 대한 결과평가는 개별국가 별로 보유자원, 규모, 물리적 그리고 제도적 인프라 등의 차이가 있기 때문에 편차가 있을 수밖에 없다.

또한 개발정책 입안과 실행 당시 국제무역 이념이 어떤 것이었는가에 따라 국가별로 긍정과 부정평가가 상호 엇갈린다. '중남미 풍부한 자연자원은 축복일까 아니면 저주일까?' 하는 논의도[32] 그 중의 하나이다.

1980년대 중반 이후 2000년까지 국제무역은 신자유주의경제 논리에 따른 자유무역주의 이념을 기반으로 하고 있었다. 이 때 중남미에서는 다시 자원의 비교우위가 강조되기 시작했고 다국적기업들의 자원개발투자가 진행되었다. 중남미 개별국가 정부들은 이에 호응하는 자원관리정책(governance)을 수립 운용했다.

그러나 20세기 말에 이르러 신자유주의경제의 한계이자 결과물인 경제사회적 불평등이 심화되었다. 그리고 이는 중남미 좌파정권이 출현할 수 있는 경제사회적 환경을 조성했다.

---

32 Frederick van der Plower, Univ.of Oxford, Natural Resources: Curse or Blessing? July, 2010/ World Bank, Natural Resources, Neither Curse nor Destiny, 2017 /World Bank, Natural Resources in Latin America and The Caribbean, Beyond Booms And Busts? 2010

중남미에 일명 핑크 타이드(Pink Tide)가 확산되면서 자원개발정책도 새로운 패러다임을 필요하였는데 이 때 등장한 것이 신추출주의(New Extractivism) 논리이었다.

유엔중남미경제위원회(ECLAC)는 역내국가 자원관련 패러다임 형성과 변화에 큰 영향을 주었다. 이 국제기구는 역내 경제개발에 있어서 자원의 역할이 매우 중요하다는 것을 인식하고 이를 활용한 역내 경제개발이론과 개발모델을 제시하였다.

2. 자원과 중남미 경제

자원의 생산과 수출은 과거와 현재뿐만 아니라 미래의 중남미경제개발에 매우 중요한 동력이다. 자연자원으로서 일차산품인 농목축수산물과 광물도 시장의 수요공급법칙에 따라 교역조건이 결정된다. 그러나 일차산품은 공산품과 다르게 상품이 가지고 있는 개별적 특성(peculiarities)이 수요공급 상황에 반영되기 때문에 통상적인 경제이론에 따른 가격예측이 어렵다.

중남미 국가들은 경제를 운용함에 있어 자원에 크게 의존하고 있다. 따라서 역내 개별국가 정부는 국제시장에서 자원 수급상황과 가격변화에 민감하게 반응할 수밖에 없다. 국가경제개발정책도 이에 따라 기획되고 조정된다.

자원의 수급상황이 변하고 이에 따른 가격 등락이 반복되면 국가경제가 전체적으로 왜곡되어 운용될 수 있다. 특히 자원보유 중위소득 국가들에게 더 부정적인 영향을 줄 수 있다. 이 결과 자원은 잘 다루면 유익하고 그렇지 못하면 위험하다고 하여 다이너마이트로 묘사되기도 한다.

가. 벼락경기와 불경기의 순환(Boom and Bust Cycle) ────

중남미 경제는 일차산품가격이 등락하면서 벼락경기와 불경기 사이를 오가는 상황을 반복하고 있다. 즉 그동안 일차산품 가격불안정(price volatility)이 중남미 경제를 어렵게 하는 가장 큰 원인이 되어왔다.

벼락경기는 식민지 시대 커피, 담배와 같이 시장에 새롭게 소개되어 유행되어 갑자기 수요가 증가할 때 도래한다. 또는 금, 은, 광물, 석유. 가스, 농축산물 등 기존에 채굴되거나 생산되어 사용되고 있는 상품이라고 하더라도 신규 공급지가 발견되거나 수요급증에 따른 가격상승이 있을 때 일어난다.

한편 불황은 시장의 일차산품에 대한 선호변화, 자원고갈, 대체재화 출현, 과잉생산 등으로 가격폭락이 발생해 생산원가를 맞출 수 없을 때 발생한다.

벼락경기와 불경기의 순환은 자원보유 중남미 국가들에게 과거부터 반복적으로 일어난 경제현상으로 21세기에 들어선 현재에도 들어서도 지속되고 있다. 이러한 환경은 자원에 의존해 경제를 운용하고 있는 중남미국가들에게 경제적 불안정성을 안겨주는 주요 요인이었다.

경기순환에 영향을 주는 일차산품에는 금, 은, 철, 구리, 리튬 등 광산물, 석탄, 석유, 가스 등 화석연료, 대두, 밀, 커피, 담배, 고무, 염료, 사탕수수 등 농산물, 쇠고기, 양고기, 양모, 가죽 등 축산물 등이 있다.

식민통치 기간 중 스페인을 통해 유럽에 유입된 중남미 생산 금과 은이 산업혁명의 촉매가 되고 유럽경제를 활성화시키는 재원으로 사용되었다는 것은 주지의 사실이다.

금과 은 외에도 코치닐(cochineal)[33]과 인디고(indigo)[34] 등 천연염료, 담배, 커피, 코코아, 사탕수수 등 기호상품, 다이아몬드 등 귀석, 헤네켄(Henequen)[35], 구아노(Guano)[36], 초석(nitrate)[37], 고무 등도 개별국가 차원에서 벼락경기와 불황의 순환을 이끄는 동력이었다.

20세기 들어 멕시코, 에콰도르, 베네수엘라, 볼리비아, 브라질 등에서 새롭게 석유와 가스 등 에너지원이 발견되면서 중남미 지역 경제의 자원의존도는 더 높아졌다. 아르헨티나의 육류와 곡물 등 식량자원도 전통적인 일차산품으로 벼락경기와 불황의 순환을 이끌어가는 요인이었다.

중남미 역사 속 자원의 호황 현황

자원	기간	주요국가	자원	기간	주요국가
금	1492-1550	멕시코, 페루	커피	1720-1850	브라질, 콜롬비아
은	1550-1650	멕시코, 페루	다이아몬드	1725-1860	브라질
코치닐	1550-1850	멕시코, 과테말라	구아노	1840-1880	볼리비아, 칠레, 페루
인디고	1560-1880	브라질, 과테말라, 온두라스	헤네켄	1860-1910	멕시코
담배	1600-1700	쿠바, 브라질	고무	1879-1912	브라질
사탕수수	1625-1700	브라질	석유	1910-1920	멕시코
금	1700-1760	브라질	석유	1973-1982	에콰도르, 멕시코, 베네수엘라

자료:Javier A. Retes and W. Charles Sawyer, Latin American Econmic Development, pp.126

---

33 코치닐은 멕시코, 중부 아메리카의 식물에서 자라는 암곤충의 몸체에서 얻어지는 밝은 붉은색의 염색체로 모(毛)를 염색하기 위해 사용한 양홍(洋紅)의 원료이다. 콜럼버스가 신대륙을 발견하기 이전부터 직물 섬유의 재료로 써왔다.

34 인디고는 아시아·이집트·그리스·로마·영국·페루 등의 고대인들도 알고 사용한 자연에서 얻는 감청색 염료로 오랫동안 모직물을 염색하는 데 쓰였다. 코치닐은 유럽에 새로운 상품이었지만 인디고는 유럽에서도 기존에 사용되었다. 단 중남미에서 생산 수입함으로써 시장 확대 효과를 누렸다.

35 멕시코가 원산지로 19세기에는 쿠바에서도 도입 생산되었다. 1920년 무렵부터는 국가적으로 매우 중요한 섬유 작물이 되었다. 이 섬유는 유카탄 사이잘(Yucatan sisal) 또는 쿠바 사이잘(Cuban sisal)이라고도 부른다.

36 조류, 박쥐류, 물범류 등의 잔해와 배설물이 퇴적된 것으로 비료로서 높이 평가된다. 다음백과

37 칠레 초석은 주로 질산 공업과 특히 비료로 이용한다. 질산칼슘은 일반적으로 암석의 풍화작용을 거쳐 형성되나 현재는 대기의 질소로 제조한다. 석회초석은 주로 비료 및 질산 공업에 이용한다.

일차산품에 대한 수급변화는 교역조건에 바로 영향을 준다. 이는 일차산품의 수요와 공급이 가격에 비탄력적으로 반응하기 때문이다.

우선 중남미 일차산품에 대한 수요가 증가하면 그 가격이 상승해 교역조건이 좋아진다. 일차산품의 특성상 수요가 증가한다고 하더라도 공급을 바로 늘릴 수 없기 때문이다. 이는 중남미 경제에 유익하게 작용한다.

이와 반대로 수요가 감소하면 바로 공급량을 축소해야 하는데 또 그렇게 할 수가 없다. 따라서 상품가격 하락으로 교역조건이 악화되는데 이 결과로 자원의존 중남미경제는 불경기에 빠져들게 된다.

21세기 들어서도 일차산품 수급상황 그리고 이에 따른 가격상승과 하락으로 야기된 벼락경기와 불황의 순환은 계속되고 있다.

2003년 하반기부터 시작된 일차산품 국제가격 상승은 2013년 상반기까지 계속되었다. 이 기간 중 중국 경제의 빠른 성장과 세계 경제의 확장으로 일차산품에 대한 수요가 크게 증가하자 석유, 구리, 철 등 광물자원은 물론이고 농산물 가격도 급등하였고 그 순환기간이 예외적으로 길었다.

이러한 상황에 힘입어 중남미 경제는 기간 중 안정성장을 이루고 대외부채를 축소시켰다. 또한 개별국가별로 외환보유고도 늘려 2008년 발생한 세계적 외환위기도 어렵지 않게 비켜갈 수 있었다.

그러나 2013년 들어 중국 경제성장의 둔화로 일차산품 수요가 감소하고 이 결과 가격까지 하락하자 중남미 경제는 역성장세를 보여주기 시작했다. 특히 중남미 총 생산량의 거의 반을 차지하고 있으며 중국에 대한 수출에 크게 의존하고 있던 브라질 경제가 타격을 받아 역내 전체 경제성장에 부정적으로 작용했다.

나. 자원과 경제개발이론

전 세계적으로 볼 때 개별국가별 자원의 수혜는 균등하지 않다. 광물은 많이 보유하고 있지만 농축수산물이 부족한 나라도 있고 그 반대인 경우도 있다. 양 쪽을 모두 풍부하게 보유하고 있는 국가는 많지 않다. 중남미 지역은 이러한 측면을 잘 보여주고 있다.

자원은 국가경제개발전략의 중요한 자산으로 이를 현명하게 관리하고 활용하면 자원이 없거나 부족한 국가보다 더 빠르고 깊게 경제개발목표를 이룰 수 있다. 그러나 자원으로 인해 경제개발이 원활하게 이루어지지 못하고 오히려 '자원의 저주' 라는 표현이 적합한 국가들의 사례도 적지 않다.

우선 자원의 생산과 수출로 발생하는 수익은 정부가 추진하는 경제개발과 국민복지증진에 사용된다. 즉, 경제개발의 구체적 목표인 산업발전에 필요한 도로, 철도, 정보, 통신 등 각종 인프라 건설의 재원이 되며 국민복지증진에 필요한 보건의료, 빈곤개선, 사회복지 등에 소요되는 정부예산의 중요한 부분이다.

그러나 중남미 역내 국가들의 자원기반 경제개발은 여러 가지 제약으로 당초 계획한 성과를 이루지 못했다. 자원의 개발과 수출이 진행되면서 일명 '자원의 저주'로 불리는 '화란 병'에 오염되고 경제사회적 불평등이 심화되었다. 여기에 부패 만연 등 부정적인 경제개발 환경이 조성되어 과거부터 현재까지 악순환이 계속되고 있다.

이 결과 '자원이 중남미에 축복인가 아니면 저주인가'에 대해 학자들 간에 많은 분석과 토론이 있기도 했다.[38] 중남미 경제개발에서 자원의 역할 즉 과연 그것은 어떤 위치에 있고 어떻게 활용해야 하는가에 대한 논의는 과거

---

38 Frederick van der Ploeg, Univ.of Oxford, Natural Resources: Curse or Blessing? July, 2010/ World Bank, Natural Resources, Neither Curse nor Destiny, 2017 /World Bank, Natural Resources in Latin America and The Caribbean, Beyond Booms And Busts? 2010

부터 현재까지 계속 이어지고 있다.

변화하고 있는 세계 경제무역환경 속에서 중남미 각국들의 자원에 대한 관점과 이에 따른 관리방안(governance)도 그동안 계속 변화해 왔다. 특히 논의의 중심에는 1948년에 설립된 유엔중남미경제위원회(ECLAC)가 있다.

중남미경제위원회는 중남미 역내국가 경제개발에 있어서 자원의 중요성을 인정하고 역내 경제개발의 동력으로 활용해야 한다는 점을 강조하였으며 이러한 입장을 현재에도 유지하고 있다.

1) 경제개발 원동력으로서의 자원

중남미 역내 국가들은 여타 지역에 비해 상대적으로 풍부하게 보유하고 있는 자원을 활용해 경제사회개발과 환경보존이 모두 가능한 경제성장을 이룰 것인가에 대해 관심을 가지고 노력을 해왔다.[39]

중남미 국가 정부는 자원을 개발하고 수출하면서 자원을 수입하는 중심부 경제권의 우월적 주도권 행사와 불리한 교역조건 부과 그리고 다국적기업과 자원주권 관련 충돌 등을 경험해왔다. 각국 정부는 이 문제를 투명하고 제도적으로 해결하기 위해 개별적인 자원관리방침(governance)을 입법을 통해 체계화하였다.

유엔중남미경제위원회는 이 과정을 크게 1948~1990년대 구조주의이론 시대와 1990~2018년대의 신구조주의이론 시대로 구분하여 설명하고 있다. 즉 자원과 경제개발 간 상호관계를 각 시기에 등장한 자원에 대한 패러다임에 기초해 정의하고 개별국가 정부들이 시기별로 어떻게 구체적인 자

---

39 국내경제상황: 자원 개발주의(1950~1970년대) → 자원 개발주의 위기(1980년대) → 신자유주의 경제원리(1990년대) → 자원가격 호황시기(2000년대) → 자원가격 호황 종료시기(2010년대)/국제 경제무역 환경: 폐쇄적 지역주의(1950~1980년대) → 개방적 지역주의(1990년대) → 전략적 지역주의(2000년대 이후)

원정책을 수립해 운용해왔는가에 대해 연구보고를 했다.[40]

2) 구조주의이론(Structuralism) 시대(1948~1990년)

구조주의이론은 유엔중남미경제위원회 2대 사무총장이었던 라울 프레비시(Raúl Prebisch)가 중남미 경제개발문제는 기존의 정통 경제이론으로는 해결될 수 없다는 자각에서 주장한 것으로 중남미 지역적 특성을 고려하여 형성된 비정통 경제이론이다.

유엔중남미경제위원회에서 활동했던 중남미 구조주의학파 경제학자들은 프레비시 구조주의이론을 종속이론(Dependency Theory)으로 발전시켰고 이는 1980년대 말까지 중남미에 팽배했던 보호무역주의 및 수입대체산업화정책(ISI)의 이론적 기반이 되었다.

1950~1960년대 구조주의학파 경제학자들은 수입대체산업화정책 실행에 필요한 재원을 확보하는데 자원의 중요성을 인식했다. 즉 자원개발과 생산 그리고 수출을 통해 확보된 재원을 가지고 산업 인프라를 건설하고 기자재와 중간자재를 수입해 제조업의 생산능력을 확보한다는 것이다. 이 과정에서 국내산업보호를 위한 보호무역주의정책은 당연한 것이었다.

이 시기 구조주의이론을 신뢰하는 경제학자들과 정부 관료들은 이 정책의 실행으로 중남미와 같은 주변부 경제권이 선진국으로 대표되는 중심부 경제권으로 이동이 가능할 것이라는 믿음을 가졌다. 이에 따라 역내 국가들은 자원주권을 외치며 보다 적극적으로 자원개발과 생산 그리고 수출을 추진했다.

---

40 Eclac, Recursos naturales, medio ambiente y sostenibilidad, 70 años de pensamiento de la CEPAL Jeannette Sánchez, Rafael Domingéz, Mauricio León, Joseluis Samaniego, Osvaldo Sunkel. 2019

1970~1980년대 들어 자원개발 영역에 환경 이슈가 대두되기 시작했다. 프레비시 이론 계승자인 오스왈도 순켈(Osvaldo Sunkel)은 중남미 지역의 지속가능한 발전을 위해서는 자원개발과 함께 환경보호가 중요하다는 것을 강조하며 관심을 촉구했다. 이러한 분위기속에서 역내 각국 정부는 새롭게 환경 및 생태계 보호 문제를 검토하고 관리강화를 시작했다.

전체적으로 볼 때 구조주의이론은 자원과 경제개발을 이론과 정책으로 연계해 1950년대 이후 역내 국가들의 자원경제개발정책 추진에 필요한 이론적 근거를 제공했다. 아울러 무분별한 자원개발에 대한 우려를 반영하여 자원주권이념과 환경보호를 통해 지속가능한 자원개발 추진을 위한 정책방향과 틀을 제공하였다.

1980년대는 신구조주의이론이 대두하는 시점으로 양자 간 다음과 같은 두 가지의 이론적 경계선이 만들어졌다. 첫째는 비교환경우위(comparative environmental advantage) 개념이고 둘째는 진정한 경쟁력(authentic competitiveness) 개념인데 이는 노동착취와 자원약탈을 지양하고 슘페터의 혁신적 생산효율 추구에 관한 것이다.

3) 신구조주의이론(Neo-Structuralism) 시대(1990~2018년)

신구조주의이론은 구조주의이론의 맥을 이어받고 있다. 구조주의이론의 현대판으로 1990년대 국제통화기금(IMF)이 중남미에 적용한 워싱턴 컨센서스(Washington Consensus)에 대한 대응으로 나타났다.

워싱턴 컨센서스는 국가경제개발전략으로서 자유시장정책을 제시하고 긴축재정, 민영화, 시장기능 강화, 정부역할 축소 등 각종 정책수단을 통해 경제안정과 성장을 도모하였다.

신구조주의이론은 구조주의이론에 기반을 두고 워싱턴 컨센서스에 반대하면서 사회적 균형(Social Equity)을 가져오는 생산형태의 변화를 추구하였다. 특히 역내 무역과 금융자유화 확대환경을 어떻게 대처할 것인가? 생산적 이질성(productive heterogeneity)을 어떻게 해소할 것인가? 소득의 불공정한 배분을 어떻게 극복할 것인가? 등에 대한 논의와 대안을 추구하였다.

자원개발과 관련한 1990년대 신구조주의이론은 1980년대 후반기부터 언급되기 시작한 자원주권, 환경, 지속가능개발 등 이슈에 대한 지지를 더욱 강화하였다.

이와 관련 신구조주의이론을 주도해온 오스왈도 순켈[41]은 '자원이란 국제경제에 편입하는데 필요하며 비교우위를 가진 동적인 생산요소임과 동시에 생산단지(productive complexes)들을 통해 생산을 다변화할 수 있는 기반이다. 또한 이를 통해 환경보호와 빈곤의 해소가 가능하다'고 주장했다.

구조주의이론과 신구조주의이론은 모두 개방시스템이다. 경제변수, 경제주체, 경제구조가 끊임없이 변화하고 있다는 것을 전제로 상호관계를 분석하고 있다. 따라서 다른 정통적 또는 비정통적 경제이론의 핵심요소와 쉽게 융합될 수 있었다.

1990년대 신자유주의경제정책이 실시되고 있었던 시기는 물론이고 2000년대 소위 좌파정권이 득세하여 신자유주의정책이 배척당하던 시기까지 일정한 영역에서 이 이론은 그 위치를 지켜오고 있다.

특히 자원을 통한 경제사회개발 추진에 필요한 자원관리정책들인 자원채굴과 자원주권, 다국적기업, 자원수익 분배, 제조업 연계, 경제무역환경 변화대응 등 여러 분야에서 구체적 정책 수립의 중요한 이론적 근거가 되

---

41 오스왈도 순켈(Osvaldo Sunkel)은 칠레대학 경제학부 교수로 구조주의이론을 주창한 라울 프레비시(Raúl Prebisch)의 뒤를 있는 학자이다. 신구조주의이론을 주장하며 중남미경제위원회(ECLAC)의 경제개발이론을 이끌었다.

고 있다.

다. 신채굴주의(Neo-Extractivism)

채굴주의(Extractivism)란 땅속에 있는 자연자원을 세계시장에 매매하기 위해 채굴하는 과정(process)를 의미한다.[42] 금, 은, 철, 동, 다이아몬드, 석유, 가스 등 자원을 많이 보유하고 있는 중남미 국가들은 식민지시대부터 지금까지 자원을 채굴하고 수출하여 유입되는 자본을 경제운용과 경제개발의 중요한 재원으로 활용해왔다.

중남미 자원채굴은 자원비교우위 논리에 기대어 식민지시대부터 현재까지 500년 넘게 이어지고 있다. 특히 1980년대 후반기부터 시작된 신자유주의 경제정책의 영향으로 다국적기업들의 중남미 자원투자는 다시 한 번 크게 확대되었다. 역내 국가 정부들도 자원채굴을 경제사회개발을 위한 재원 확보 수단으로 당연시 하고 이를 위한 우호적 환경을 조성하였다.

이 흐름은 21세기 초두부터 시작된 일차산품 가격상승 순환기(2003~2012년) 진입과 핑크 타이드(pink tide)로 불리는 중남미 좌파정권 등장과 확산이 맞물려 새로운 국면을 맞이하였다.

1980년대 후반부터 시작된 신자유주의경제 환경에서 자원채굴은 기대되는 경제사회개발을 이뤄내지 못하고 오히려 소득불균형 상황만 악화시켰다.

신자유주의경제의 부정적 성과에 대한 반동으로 정치적 지지를 얻은 좌파 정부들은 신자유주의 경제정책의 운용을 전체적 또는 부분적으로 거부하였다.

---

42 Wikipedia, Extractivism

그럼에도 불구하고 좌파 정부는 자원이 경제사회개발 특히 빈곤퇴치를 위한 중요한 재원이라는 현실을 부정하지 못하였다. 따라서 이들은 여타 신자유주의 경제정책과는 다르게 자원채굴은 자원비교우위를 바탕으로 세계화 추세에 편입하기 위해 필요하다는 긍정적 논리를 세우고 그동안 미국과 서방 제국주의의 첨병이라고 비난했던 다국적기업과 타협해 과거보다 더 강력하게 자원채굴을 추진했다.

다만 신자유주의 경제정책 시기와 다른 점은 중남미 국가들이 신자원민족주의 이념 속에서 자원에 대한 정부의 역할과 통제를 크게 강화했다는 것이다. 이 과정에서 좌파 정부와 다국적기업은 한 편이 되어 경제개발의 이름으로 이 시기에 대규모 자원개발 프로젝트들을 만들어 실행했다.

그러나 이러한 대규모 자원개발 프로젝트들은 기간 중 환경과 생태계 파괴로 이어졌다. 이는 환경과 생태계 보호를 위한 사회운동이 발생하는 계기를 만들었고 이를 저지하는 과정에서 좌파정권에 의해 인권이 탄압되는 부작용이 일어났다는 것은 역설적이다.

1) 채굴주의(Extractivism)

채굴주의는 서유럽 열강들이 아프리카, 아메리카 그리고 아시아 지역을 정복하고 식민화하던 500년 전부터 형성되기 시작한 자본축적의 한 형태이다. 그 대상은 자연자원으로서 광물, 석유, 가스뿐만 아니라 농업, 임업 및 수산업 자원까지 포함하고 있다.

서유럽 열강들은 식민지로부터 자연자원인 원자재를 수입하여 가공한 공산품을 다시 식민지에 수출하는 형태로 근대적인 자본축적을 이루었다. 이러한 의미에서 채굴주의는 식민주의적 그리고 신식민주의적 약탈의 장치

로 이해하기도 한다.[43]

채굴주의는 역사적인 시간 속에서 여러 가지 얼굴로 나타났다. 그러나 그 본질은 과거부터 현재까지 항상 자연자원의 재생 또는 지속가능성과 상관없이 채굴 프로젝트를 실행하여 결과적으로 자원을 고갈시켜 버리는 것이었다.

그리고 그 결과는 항상 자원을 개발하고 수입하는 중심부 국가들 즉 선진국들의 자본축적과 번영으로 나타났고 자원을 보유하고 수출하는 주변부 개도국 국가들의 저개발로 나타났다.

가) 주역들(Actors)

채굴 프로젝트의 주역들은 국가와 다국적기업이다. 채굴사업은 그 성격상 막대한 비용과 기술이 필요하고 위험도가 높다. 또 채굴에 성공했다고 하더라도 국제시장을 확보하거나 통제할 수 있어야 하고 운송(Logistics)도 보장해야 한다. 이러한 일련의 과정을 수행할 수 있는 민간 부문 조직은 막대한 자본과 조직력 그리고 경험을 가지고 있는 다국적기업 밖에 없다.

국가도 자원개발과 운영을 목적으로 하는 국영기업을 설립해 채굴사업을 추진한다. 그러나 자본과 기술 부족의 문제를 극복하기 위해서 다국적기업과 직간접적인 협력이 필요하다.

국가와 다국적기업의 협력관계는 시대와 상황에 따라 그 내용과 수준이 끊임없이 변화해 왔다. 특히 자원에 의존하는 경제 비중이 큰 국가는 다국적기업의 영향력을 무시할 수 없다.

이들 국가 정부는 다국적기업에게 자원을 보유하고 있는 지역에 대한 개발을 포괄적으로 허가해주고 일정한 로열티를 받는 것 외에 해당지역 주민

---

43 Alberto Acosta, Extractivism and neoextractivism:two sides of the same curse, 'In practise, extractivism has been a mechanism of colonial and neocolonial plunder and appropriation.'

공동체의 경제개발과 복지제공을 부담시키기도 했다. 그러나 현실은 해당 지역 주민공동체가 오히려 경제사회적으로 고립되고 다국적기업의 노동착취, 인권유린, 환경파괴 등의 대상이 되었다.

특히 바나나 공화국(Banana Republic)으로 불리고 있는 온두라스와 과테말라 등 중미국가 사례에서 볼 수 있는 바와 같이 다국적기업이 현지 기득권 세력과 부패를 고리로 결탁해 직간접적으로 정치적 영향력을 행사해 왔으며 이는 현재에도 암묵적으로 진행되고 있다.

나) 영향(Impacts)

① 경제적 측면

자원은 그것을 가지고 있는 국가의 경제개발과 국민의 삶의 질을 개선하는데 필요한 재원을 제공한다. 그러나 지금까지의 경험으로 볼 때 현실은 그렇지 못했다.

자원을 보유하고 수출하고 있는 대부분의 국가들은 부의 불평등 분배와 그로인한 빈곤의 어려움을 겪고 있다. '자원의 저주'라고도 불리는 이러한 현상의 원인에 대해서 그 동안 많은 연구와 분석이 있어 왔다.

본질적 문제는 보유하고 있는 자원이 어떻게 개발되고 그 수익이 분배되고 있는가이다. 즉 자원보유가 문제인 것이 아니고 정부가 그 것을 어떻게 관리하고 운용하고 있는가(governance)에 따라 결과가 달라진다.

중남미 역내 국가들도 예외가 아니다. 자원개발로 발생한 재원이 결과적으로 경제개발과 성장에 적극적으로 기여하지 못했고 부의 불평등 분배 상황만 더 커졌다.

특히 브라질이나 멕시코와 같이 다양한 자원을 보유하고 개발 수출하는 국가들 보다는 베네수엘라, 볼리비아, 중미 국가들과 같이 단일 또는 소수 자원을 보유한 국가들 경우에 상황이 더 심각하다.

② 환경적 측면

채굴주의가 가져오는 주요 영향 중 하나는 환경파괴와 관련된 사항이다. 자원은 그 특성, 채굴규모와 방식에 따라 재생이 불가능하거나 재생이 가능하다고 하더라도 채굴되는 속도만큼 빠르게 회복될 수 없기 때문에 결국은 환경파괴로 이어진다.

특히 경제적 이윤을 위한 과잉채굴은 기후변화, 토양소모(soil depletion), 생물 다양성 파괴, 공기와 수자원 오염 등 환경문제를 일으킨다. 따라서 자원의 지속가능 개발을 위한 채굴규모와 방식 그리고 수준에 대한 논의는 역내 개별국가 차원을 넘어 국제적 이슈가 되어있다.

한편 자원개발 프로젝트에 환경이슈가 제기되면서 새로운 경제영역으로 녹색경제(green economy)가 등장했다. 즉 생태계 보전, 자원순환, 재생 가능 에너지, 대기와 수자원 보호, 녹색 농촌개발 등에서 새로운 산업 활동 공간이 만들어졌다.

③ 사회적 측면

자원채굴은 그 본질 상 당연하게 채굴활동이 이루어지는 지역사회에 긍정적 또는 부정적 영향을 주게 된다. 과거 경험으로 볼 때 우선 가장 큰 부정적 영향은 해당지역에 주는 환경파괴이다.

기후변화에 대한 논의로 환경보호가 국제 이슈로 떠오르면서 자원개발에 따른 환경파괴는 국내외 환경관련 비정부기관 및 단체가 현지 지역공동체와 연대하는 사회운동으로 이어졌다.

채굴주의에 입각한 정부와 다국적기업의 자원개발논리는 개발수익을 경제개발을 투입하여 경제성장을 이루고 이를 통해 국민의 삶의 질을 향상시킨다는 것이다.

그러나 소외계층이 볼 때 과거부터 자원개발 수혜는 항상 소수의 전통적 기득권층에 의해 과점되어 왔고 그들에게 남겨진 것은 환경파괴와 이에 따른 생활권 황폐화이었다. 따라서 이들 계층은 정부와 다국적기업이 제휴해 추진하는 자원개발을 항상 긍정적으로 바라볼 수 없는 입장이었다. 특히 자원채굴 기술발달과 자원의 국제가격 상승으로 과거에 외면되었던 오지까지 자원개발이 이루어지면서 이 문제는 더욱 심각한 양상을 보여주기 시작했다.

또한 냉전이후 미국의 주도로 중남미 국가들에서 이루어진 대의민주주의 확산으로 과거 군부독재정권 시절과는 다르게 소외계층의 정치사회적인 입장은 강화되었다.

이러한 상황은 현실에서 채굴주의에 입각한 대형 자원개발프로젝트에 저항하는 사회운동을 일으켰다. 그리고 이러한 사회운동은 정부, 다국적기업, 사회운동의 주체인 지역공동체 모두에게 경제사회적 비용을 발생시켰다.

④ 정치적 측면

각국 정부는 다국적기업과 함께 자원개발의 중요한 주역이다. 그러나 양자 간 관계는 자원채굴 전 과정에서 정치적으로 매우 복잡한 교섭을 통해 설정된다.

사업인허가 과정에서 부정부패가 개입되기도 하고 약한 정부는 다국적기업의 영향력에 휘둘리기도 한다. 이러한 상황은 19세기 초 중남미국가의 독립 이후부터 지금까지 이어지고 있다.

최근에도 1980년대 신자유주의경제정책이 실행될 때는 물론이고 21세기 들어 등장하고 확산된 좌파정권의 시기도 비슷하다. 다만 그 행태, 방식, 수준에서 차이가 있을 뿐이다. 그리고 그 결과가 국민과 사회에 긍정 또는 부정적인 영향을 주고 있다.

한편 정부는 대의민주주의에 기초해 선택되었기 때문에 개발지역 공동체와의 관계를 무시할 수 없다. 대상지역이 과거부터 중앙정부와 지방정부로부터 소외되어 왔다면 더욱 그렇다.

현실에서 개발계획수립, 인허가, 개발투자실행, 채굴활동 등 모든 과정에서 중앙정부, 지방정부, 다국적기업, 지역공동체, 환경보호단체 등 당사자들 간 이해상충으로 충돌이 발생하고 정치사회적 이슈로 확대되었다. 구체적으로는 토지수용, 환경오염, 고용, 공동체 지역개발 등 모든 이슈에서 이해 당사자들 간 충돌이 진행되었다. 따라서 정부는 일관된 기준과 방침을 만들어 이들과 협상조정을 통해 합리적인 해결을 해야하는 역할을 수행해야 했다.

그렇지 못할 경우 사회운동으로 이어질 수 있기 때문에 성공적인 협상조정은 정부의 매우 중요한 정치적 과제였다.

⑤ 몇 가지 사례

» 페루: 야나코차(Yanacocha) 금광

야나코차 금광은 페루 북부 고원지대 카하마르카(Cajamarca)주에 위치해 있다. 수도 리마로부터 북동쪽으로 약 800 킬로미터 지점이다. 세계에서 4번째로 큰 금광으로 노천광이며 1984년부터 개발이 시작되었고 개발허가 면적은 251 평방킬로미터 이다. 2005년 금 생산은 330만 온스에 달했다. 이 후로 매년 생산이 감소하여 2014년 생산량은 97만 온스에 불과했다.

야나코차 금광은 미국의 뉴몬트(Newmont Goldcorp)사가 지분의 51%를 가지고 운영하고 있고 나머지는 페루의 부에나벤투라(Buenaventura, 44%), 세계은행 국제금융센타(IFC, 5%)가 나누어 가지고 있다. 2015년 기준 직접고용인원은 2,300명이다.

야나코차 금광이 개발된 이후 운영회사인 뉴몬트 사는 환경파괴 특히 개발지역 식수원인 강의 오염문제로 지역공동체와 끊임없이 충돌해 왔다. 노천광의 성격상 광범위한 범위의 삼림파괴는 말할 것도 없고 금을 추출하는데 사용되는 수은의 유출로 토지가 황폐화되고 지역 주민 건강악화 등 부정적 영향이 커지자 충돌 수준이 높아졌다.

이 충돌은 중앙정부와 뉴몬트 사가 한편이 되고 지방정부와 지역공동체 그리고 환경단체가 또 다른 한편이 되어 유혈사태에까지 이르렀다.

≫ 에콰도르: 야수니 국립공원(Yasuni National Park) 원유개발

야수니 국립공원은 수도 키토로부터 250 킬로미터 떨어진 아마존 지역에 위치해 있다. 1989년 유네스코 생물권보존지역(Biosphere Reserve)으로 지정되었다. 이 국립공원은 후아오라니(Huaorani) 원주민 보존지역을 포함하고 있는 것 외에 문명과 접촉하지 않은 2개의 원주민 부족이 거주하고 있는 것으로 알려지고 있다.[44]

야수니 국립공원에는 에콰도르 원유매장규모의 40%에 해당하는 17억 배럴이 매장되어 있어 에콰도르 정부와 다국적기업의[45] 개발대상 우선지역이었다.

라파엘 코르레아(Rafael Correa) 대통령이 경제개발과 사회복지확대 재원을 마련하기 위해 원유개발계획 추진을 발표하자 국내외 환경론자들은[46] 거세게 반발하기 시작했다.

그러나 2007년에 에콰도르 정부와 국제사회 간 '야수니-ITT 이니시어티브(Yasuni-ITT Initiative)'가 체결되어 개발계획은 중지되었다. 이니시어티브 내용은 에콰도르 정부가 원유개발을 포기하는 대신 예상 원유수익의 50%에 해당하는 기금을 국제사회가 조성하여 에콰도르 정부에 기부하는 것이었다.

그러나 그 과정이 순탄하지 않아 에콰도르 정부는 2013년 '야수니-ITT 이니시어티브'를 대통령령으로 폐기하고 원유탐사 및 시추실시를 발표하

---

44 Tagaeri족과 Taromenane족

45 Repsol S.A.(Spain), Chevron-Texaco(USA)

46 Jane Goodal, E.O. Wilson, Stuart Pimm, Al Gore, Leonardo Di Caprio, Edward Norton 등

였다.[47]

2) 신채굴주의(Neo-extractivism)

중남미 국가들은 자원수출에 의존하는 경제개발모델을 운용했지만 경제적 빈곤과 정치적 권위주의로부터 벗어나는데 성공하지 못했다.

2000년을 전후해 이를 비판하며 정권을 쟁취한 좌파세력은 자원에 대한 국가역할이 변화되어야 한다고 주장하였다. 이들은 신자유주의 경제체제에서 크게 축소되었던 자원에 대한 정부역할의 강화를 추진했다.

신자유주의 경제체제에서 강조되었던 '자원은 경제개발의 초석'임을 부정하지 않으면서 신자원민족주의 이념에 기초해 자원에 대한 정부역할과 간섭을 늘리는 소위 신채굴주의가 등장하였다.

가) 채굴주의와의 차이

신채굴주의는 국제시장에서 자원의 종속성, 세계화된 다국적 자본, 자원개발지역의 고립상황, 환경파괴, 노동착취, 인권유린 등 기존 채굴주의의 긍정 또는 부정적 결과를 인지하면서 정부가 과거 소극적 역할을 하는 입장에서 탈피해 자원개발에 직접적으로 참가하고 통제하며 수익을 관리 배분한다는 것이다. 이는 그동안 다국적기업이 전적으로 자원채굴과 통제를 해왔지만 앞으로 자원채굴은 다국적기업이 하되 정부는 이를 직간접적으로 통제하며 간섭하겠다는 것이다. 다만 그 수준과 범위는 개별국가 간에 차이를 보이고 있다.

중남미 좌파정부는 이러한 새로운 틀 속에서 자원 수익에 대한 정부 지

---

47 각국 정부는 기금조성을 위해 분담금을 약정하였으나 에콰도르 정부에 의하면 6년 기간 동안 접수한 기금은 13.3 백만 불에 불과해 매우 실망스러운 것이었다.

분을 과세부과 등을 통해 증대하고 이를 재원으로 경제사회개발정책을 추진하려고 했다. 따라서 신채굴주의는 '현대판 중남미 개발주의'라고 할 수 있다.[48]

그러나 현실은 좌파정권이 다국적기업과 제휴하여 대규모 자원개발 프로젝트를 실행하면서 환경파괴 상황이 더 악화되었고 증가된 자원 수익도 좌파정권의 정통성을 확보 유지하는데 필요한 각종 사회복지정책을 과도하게 실행하며 낭비되고 말았다.

나) 상품 컨센서스(Commodity Consensus)

신채굴주의는 신자유주의경제가 가져온 빈곤과 부의 불평등분배, 좌파정권 등장과 확산, 일차산품 국제가격 상승 등 중남미 정치와 경제상황의 전환기 속에서 자원관리에 대한 새로운 틀로 등장하고 확대되었다.

이 결과 21세기 들어 1990년대 중남미 경제운용의 구체적인 수단이었던 워싱턴 컨센서스가 쇠퇴하고 자원의 대규모 개발수출과 이를 기반으로 한 경제성장과 소비확대를 추진한다는 소위 상품 컨센서스가 새로운 경제운용의 틀로 자리 잡았다.

상품 컨센서스는 21세기 중국을 중심으로 한 개도국과 선진국에서 함께 증가한 자원수요로 인한 일차산품 국제가격 상승에 힘입어 역내 국가들이 새롭게 형성된 국제경제 질서에 편입할 수 있는 계기를 만들었다.

워싱턴 컨센서스나 상품 컨센서스 모두 자원비교우위에 따른 글로벌 분업에서 나타난 자원의 종속적 위치를 받아들인다는 점에서는 비슷하다. 그럼에도 불구하고 상품 컨센서스는 수출주도 채굴주의를 대규모로 운용하며 경제성장을 도모하고 이를 통해 중남미 고질병인 경제 불평등을 해소하

---

48 Eduardo Gudynas, 'neoexxtractivism is part of South America's own contemporary version of develomentalism', Albert Acosta: Extractivism and neoextractivism: two sides of the same curse

겠다는 점에서 워싱턴 컨센서스와는 차이가 있다.

이를 위해 개별국가별로 차이가 있지만 정부가 직간접 방법을 사용하여 자원 수익을 사회복지비용으로 분배하는 정책을 실행했다. 빈곤 계층에 분배된 자원 수익은 이들의 소비를 확대시켜 주었고 경제상황을 개선하였다. 이 정책은 제한된 범위로 빈곤계층이 상위계층으로 이동할 수 있게 했는데 결과적으로 이 계층은 좌파정권의 우호적인 정치적 기반이 되었다.

그러나 상품 컨센서스는 그 진행 과정에서 새로운 도전에 직면하게 되었다. 첫째는 신채굴주의에 따른 자원개발이 진행되면서 나타난 토지소유권과 환경보호 이슈로 중앙 및 지방정부, 다국적기업, 지역공동체, 환경단체 등이 서로 다른 논리를 가지고 충돌하고 있다는 것이다.

토지소유권과 관련 좌파정권은 대규모 자원개발프로젝트를 실행하면서 그동안 정권유지를 위한 적극 지지층이었던 빈곤하고 소외된 계층으로 부터 오히려 토지를 강제수용하거나 환경파괴로 거주환경을 악화시킴으로서 이들이 정권과 대척하게 하였다.

즉 환경보호와 관련 좌파정권과 다국적기업은 결과적으로 연합하여 대규모 자원개발프로젝트를 진행하면서 인디오 원주민 등을 포함한 소외계층의 거주환경을 파괴하였다. 이는 해당 지역공동체와 국내외 환경보호단체들이 연대하여 사회저항운동(social movements)을 펼치는 계기를 만들었다.

둘째는 비효율과 부패의 문제를 피하지 못한 것인데 급격한 자원 수익증대는 전반적으로 과다한 사회복지비용의 지출을 가져와 지속가능한 경제성장을 위한 재원으로 적절하게 활용되지 못했다.

셋째는 상품 컨센서스가 중남미 경제를 다시 일차상품 의존 경제로 복귀하게 하는 계기를 만들었다. 좌파정권이 당초 추구한 전략은 자원 수익을 활용하여 산업생산 인프라를 확충하고 지속가능한 경제성장을 이루는 것이었다.

그러나 자원 수익을 과도하게 분배에 치중하고 생산부문에 효율적으로 활용하지 못해 자원의존 경제시스템으로부터의 탈피라는 선순환이 이루어지지 않았다.

라. 자원민족주의

자원민족주의는 그 정책과 실행방식에 따라 다양하게 정의될 수 있다. 예를 들어 1960년~1970년 대 중남미 국가들은 외국의 민간자본이 추진하는 자원개발에 반대하며 배타적이고 국수주의적 이념이 강한 정책을 실행했는데 당시 역내에서는 이를 자원민족주의로 불렀다.

자원민족주의를 이념적 요소가 없이 중립적으로 표현하면 '국가가 자원과 개발 부문에 대해 영향력을 높이기 위해 추구하는 제반 정책과 행동'이라고 할 수 있다.[49]

2006년~2014년 기간 중 중남미에서는 과거 민영화되었던 국영기업의 재국유화가 중요한 정치경제적 이슈로 등장했다. 아르헨티나, 볼리비아, 에콰도르, 베네수엘라 정부는 수십억 불의 자산을 보유한 석유, 가스, 광산부문 민간기업들의 지분을 전체 또는 부분적으로 매입해 재국유화를 실행하였다.

이 상황은 개별국가별로 경제상황이 달라 속도와 수준에 차이가 있겠지만 일정한 방향성을 가지고 당분간 계속될 것으로 전문가들은 전망하고 있다.[50]

자원민족주의는 자원개발 정부의 수익 증대, 전략적 통제 강화, 자원개발 일출효과(spillovers) 고양 등을 주요 목표로 정책을 입안해 실행하고 있다.

---

49 Paul A. Haslam and Pablo Heidrich, From neoliberalism to resources nationalism, states, firms and development, 'a wide range of actions and policies through which the state seeks to enhance its influence over the development of the resource sector'

50 Paul A. Haslam and Pablo Heidrich, From neoliberalism to resources nationalism, states, firms and development

그리고 그 수준, 범위, 방식은 개별국가별로 차이가 있다.

구체적으로는 자원개발 직접투자를 자유방임하는 것과 정부가 독점적으로 개발하는 하는 것 사이에서 정부와 자원개발 국내외 기업들 사이에 다양한 개발협력의 조합이 만들어질 수 있다.

1) 자원민족주의와 경제개발

자원이 경제에서 어떤 역할을 해야 하는가 그리고 자원이 경제개발에 최대한 기여하기 위하여 어떤 정책이 실행되어야 하는가 하는 질문은 그 동안 실행되었던 중남미 경제개발 전 과정을 관통하는 논란의 대상이었다.

이러한 측면에서 볼 때 2000년대 자원민족주의는 현재적 이슈이지만 식민시대 부터 진행되어온 논쟁의 가장 최근 판이라고 할 수 있다. 이 논쟁은 자원이 역내 경제개발의 저주라고 주장하는 관점과 한편 기회라고 평가하는 관점 사이에서 벌어졌으며 특히 광산과 석유가스 개발 부문에서 두드러졌다.

역사적으로 보면 중남미는 식민지 상황이 종식된 뒤 어느 정도 국가건설이 완성된 1870년대부터 1914년 제1차 세계대전이 발발할 때까지 자유무역주의에 기초한 자원수출주도 경제개발전략을 운용했다.

그러나 전쟁 기간 중 그리고 그 이후 자유무역주의 기조가 퇴조하기 시작한 1930년대부터 점진적으로 중남미 국가들은 수입대체산업화정책(ISI)을 새로운 경제개발정책으로 채택하기 시작했다.[51] 이러한 국가주도 산업화 움직임은 1950년대 후반부터 본격적으로 1970년대 후반기까지 지속

---

[51] 1930년대 후반기에는 반제국주의 정서도 확산되어 자원개발 다국적기업이 현지에 투자한 석유 및 광산회사들이 처음으로 국유화되기 시작하였다. 볼리비아 1937년 Standard Oil 사 국유화, 멕시코 1938년 국영석유회사(Pemex) 설립

되었다.

특히 이 시기에 이루어진 자원개발기업의 국유화는 당시 중남미지역 경제개발이론이었던 종속이론과 그 구체적인 실행수단이었던 수입대체산업화정책의 지지 속에서 이루어졌다.

1980년대 하반기 외채위기 이후 1990년대까지 이어졌던 신자유주의 경제체제 시기에 실시된 워싱턴 컨센서스는 중남미 국가들이 많은 국영기업을 민영화 시키는 계기를 제공했다. 또한 국가가 시장경제에 직접적으로 개입하는 것을 최소화하였다.

이에 따라 자원비교우위에 입각해 다국적기업의 중남미 각 국가들에 대한 직접투자와 포트폴리오 투자가 크게 이루어졌다. 역내의 개별국가 정부는 이 과정에서 단지 규제감독자(regulator)로서의 역할만 수행했다.

21세기 초두부터 중남미에 대중영합적인 좌파정권이 확산되면서 신자유주의경제체제는 배척되기 시작했다. 개별국가별로 편차는 있지만 좌파정권들은 정부의 규제감독자로서의 역할 확대와 함께 이전 정권에서 민영화된 자원개발 기업들의 재국유화를 추진하였다.

즉 이들은 자원의 경제개발에 대한 역할을 확대하기 위해 우선 자원에 대한 정부의 관리와 통제를 확대하기 시작했는데 이를 과거의 자원민족주의와 구분하여 신자원민족주의로 정의하고 있다.

이는 정부의 자원에 대한 관리와 통제를 강화해 자원기반 경제개발을 추진하고 경제성장을 이루어 국민들의 삶의 질을 높인다는 목표를 가지고 있다.

그러나 중남미 각국 정부의 이러한 시도가 성공했는가 하는 것은 개별국가별로 차이가 있는데 전체적으로 볼 때 회의적인 것으로 평가되고 있다. 또한 국가별로 민주주의 의사결정 시스템, 법과 제도, 부패수준, 정치행태, 정책수립과 집행방식 등이 차이가 있기 때문에 자원기반 경제개발 성과도

국가 간 편차가 매우 크게 나타났다.[52]

2) 법과 제도의 변화

신자유주의 경제정책이 실시된 이후 2000년 중반까지 자원개발부문에도 외국인투자개방 정책이 꾸준하게 이어져왔다. 그러나 역내에 대중영합적인 좌파정권이 확산되면서 다시 자원민족주의 정서가 태동되기 시작했다. 구체적으로 좌파정권은 자원에 대한 정부통제를 강화하고 자원수익에 대한 정부지분을 늘렸으며 자원개발의 일출효과를 도모하였다.

신자유주의경제정책이 실행되던 1980년 대 후반기부터 일차산품 국제가격이 약세로 돌아서고 좌파정권이 퇴진하기 시작한 2014년까지 중남미 자원민족주의 흐름은 '민영화-국영화 순환기(privatization-nationalization cycle)'를 기준으로 크게 세 시기로 구분해 볼 수 있다. 개별 국가별로 보면 시기적 편차가 있어 역내 전체로 볼 때 시기가 다소 중복되는 경우가 있다.

첫 번째 시기는 민영화시기로 1980년대 말부터 1990년 후반기까지 이다. 이 시기는 중남미 전체가 과거 '잃어버린 10년'으로부터 회복하는 시기로 워싱턴 컨센서스에 기초한 국영기업 민영화가 과감하고 폭넓게 진행되었다.

시장 자유화와 국영기업민영화를 통한 성장전략이 모든 경제부문에서 당연하게 받아들여졌다. 자원개발 영역에서도 과감한 개방정책이 실행되어 외국인 직접투자가 장려되었고 투자주체도 과거 정부 등 공공부문에서 민간부문으로 옮겨졌다.

역내 자원보유 국가들도 광업법을 개방적 방향으로 개정하여 민간 및 외

---

52 성공한 사례 국가: 칠레, 실패한 사례 국가: 베네수엘라

국인 투자기업들에게 인허가, 세제, 고용, 과실송금 등 부문에서 다양한 우대조건을 제공하였다.

이는 자원개발 위험을 정부로부터 다국적기업을 중심으로 한 민간부문으로 이전시켰고 일차산품 국제가격 상승시기와 맞물려 민간부문의 적극적인 호응을 가져와 결과적으로 자원의 추가적인 매장발견과 채굴확대로 이어졌다.

두 번째 시기는 1990년대 중반부터 시작하여 2000년 대 중반까지의 기간으로 광업과 석유가스에 대한 정부규제가 제한적으로 실시되었다. 이 시기에 자원개발이 외국자본과 민간부문에 의해 자유방임적으로 이루어짐으로서 환경파괴를 가져와 개발지역 공동체의 일상적 삶에 부정적 영향을 주고 있다는 비판과 저항이 일어나기 시작했다.

이에 따라 각국 정부는 자원개발에 대한 통제강화의 필요성을 인식하게 되었다. 우선 채굴산업은 정부가 독점권을 가지고 있다는 것을 강조하며 신규로 국영기업을 설립하거나 행정명령공표와 법률제정을 통해 관리와 통제의 범위를 넓혀나가기 시작했다.

특히 이 시기는 국내 및 해외에서 환경보호 이슈가 분출하면서 역내 정부가 이를 잘 통제하고 있지 못하고 있다는 비판이 높았고 사회적 충돌의 원인이 되고 있던 때 이었다. 이에 따라 각국 정부는 자원개발에 관련된 환경영향평가과정을 중요시하여 입법화를 추진하였으며 사회적 충돌 완화를 위해 지역공동체와 개발 전에 사전협의를 의무화 하는 등의 조치를 취하고 감독하였다.

세 번째 시기는 2000년대 후반기부터 2014년까지의 기간으로 개별국가별로 시차가 있지만 지난 정권시기에 민영화되었던 국영기업을 재국유화하거나 신규 국영기업을 창설하였다. 이러한 경제정책방향은 후기 신자유주의경제정책[53]을 실시하면서 신자원민족주의 이념에 따른 자원의 국가독점을 다시 추진하는 것으로 이율배반적인 것이었다.

그러나 수익공정배분, 경제개발연계, 환경보호 등 경제사회적 이익확대라는 측면에서는 정당성을 확보하였다. 따라서 중앙과 지방정부의 자원개발에 대한 과세나 로열티는 여러 가지 명목으로 계속 인상되었다.[54]

또한 각국 정부는 기존 민간 자원개발기업에 대한 정부지분을 강제적으로 높이거나 별도의 신규 국영기업을 창설하는 방법으로 통제를 강화했다.[55] 그럼에도 불구하고 정부와 자원개발 다국적기업을 포함한 민간부문은 상호보완적 관계를 잘 유지했다.

한편 좌파정부는 정책의 변화로 늘어난 자원수익 재분배, 경제개발재원으로 활용, 자원개발로 인한 환경파괴와 사회적 충돌 등의 문제해결에서 성공적이지 못했다. 이는 매우 실망스러운 것으로 결국 2014년 이후부터 시작된 중남미 좌파정권 몰락의 배경이 되었다.

3) 주요국별 상황

가) 콜롬비아

콜롬비아는 석유와 석탄, 니켈, 금 등 광물 생산국이지만 인접국인 베네수

---

53 although the exact nature of those policies has proved notoriously difficult to define (Beasley-Murray et al. 2010: 9; MacDonald and Ruckert 2009: 7). In most cases, macro-economic policies followed some of the prescriptions of the Washington Consensus while innovating in social policy provision and the extension of citizenship rights (Moreno-Brid and Paunovic 2010; Reygadas and Filgueira 2010).Heidrich, Pablo. The Political Economy of Natural Resources and Development (Routledge Studies in Development Economics) (p. 9). Taylor and Francis. Kindle Edition.

54 광업부문 과세 개혁: 볼리비아(2005), 브라질(2010), 콜롬비아(2011), 페루(2011), 멕시코(2014), 칠레, 아르헨티나, 페루 등은 별도로 특수세 부과(2005) 등

55 2001년 및 2005년 베네수엘라 석유공사(PDVSA) 정부지분 확대정책, 2006년 볼리비아 석유가스 부문 국유화 조치, 2012년 아르헨티나 YPF-Repsol사 지분 51% 인수 등

엘라와 비교할 때 풍부하지는 않다. 특히 콜롬비아의 지리적 특성으로 채굴, 정제, 수송 등 채굴환경이 불리하다.

석유는 20세기 초에 발견되어 외국인 직접투자에 의해 탐사와 채굴이 이루어졌다. 2014년 미 중앙정보국 자료에 의하면 매장량은 22억 배럴로 인접국인 베네수엘라의 0.8%에 불과하다. 콜롬비아 정부는 1905년 로베르토 데 마레스(Roberto De Mares)에게 석유개발권을 양허(concession)했는데 이 개발권은 1919년 8월 다시 뉴저지 스탠더드 오일의 자회사인 트로피컬 오일(Tropical Oil Co.)에 양도되었다.

트로피컬 오일은 30년 기간의 양허를 받아 1921년부터 석유를 개발 수출했다. 양허기간이 종료된 후 1951년 8월 콜롬비아석유공사(ECOPET-ROL)가 개발수출권을 인수했다. 인계인수 과정은 모두 국제계약을 준수하고 평화롭게 이루어져 콜롬비아 정부가 미래투자를 기대하며 매우 현명하게 처리했다는 평가를 받았다.

석탄은 19세기 중반에 많은 매장량을 확인했지만 개발수출을 하게 된 것은 뉴저지 스탠더드 오일의 후신인 엑슨(Exxon)이 엘 세레혼 소나 노르테(El Cerrejón Zona Norte) 광산을 개발한 1980년대이다. 이후부터 석탄은 석유 다음으로 콜롬비아의 중요한 수출상품이 되었다.

니켈은 북서부 지역의 세로 마토소(Cerro Matoso) 노천광에서 생산되고 있다. 호주 최대 광업회사인 빌리톤(BHP Billiton)사가 1980년부터 개발 생산하여 수출하고 있다.

금은 식민지시대부터 생산하고 있는데 현재도 국내 및 해외기업들이 투자하며 생산을 지속하고 있다.

콜롬비아 정부는 1960년대 말까지 국영석유공사가 개발권 양허방식의 석유개발 직접투자 유치에 실적을 내지 못하자 1969년 법률 20호를 제정해 국영석유공사가 직접 또는 합작투자 방식으로 석유탐사와 개발을 할 수 있도록 했다. 이러한 제도변화는 1973년 오일 쇼크 이후에 산유국들의 입지가 강화되는 가운데 콜롬비아 서부 오리노코 평원(Llanos de Orinoco) 인근의 카뇨-리몬(Caño-Limón) 유전지대가 발견되자 석유개발 주도권이 다국적기업에서 콜롬비아 정부로 옮겨가는 계기가 있었기 때문이다.[56]

이 결과 다국적기업에게 콜롬비아 정부가 요구하는 조건은 더욱 까다로워지고 수익에 대한 지분증대 요구가 많아졌다. 그럼에도 불구하고 1993년에 발견된 쿠시아나(Cusiana)와 쿠피아가(Cupiaga) 유전 경우에는 이 개발에 참여한 영국의 브리티시 페트롤늄(BP), 프랑스의 토탈(Total S.A), 미국의 트라이톤(Triton Energy Ltd.)과 상당히 완화되고 우호적인 조건으로 개발협상이 이루어졌다.

그러나 이는 콜롬비아 정부의 입장이 후퇴한 것이 아니고 해당 유전의 지형 상 채굴비용이 많이 소요되고 반정부 게릴라 단체가 활동하고 있는 지역이었기 때문으로 분석되고 있다.

콜롬비아 정부의 자원민족주의 입장은 전체적으로 볼 때 그 강도가 약했지만 이는 인접국인 베네수엘라와 비교해서 투자우선순위가 밀리는 상황에서 2003년 에너지개혁법이 실행되기 전까지 다국적기업 직접투자 유치에 장애요소로 작용했다.

콜롬비아 정부는 2003년 에너지개혁법을 제정해서 석유탐사생산과 기술평가 부문에서 20세기 초에 실행했던 양허방식을 다시 채택하였다. 아울러 같은 해 7월 대통령령 1760호로 국가탄화수소위원회(AHN)를 설립해 그동안 국영석유공사가 담당해왔던 석유 및 석탄자원 정책을 총괄하게 하였다. 국영석유공사는 다국적기업을 포함한 여타 민간기업들과 동등한 자격으로 석유개발에 직접 참여하도록 하였다.

이 개혁은 외국의 다국적기업에게 투자 신호로 받아들여지고 상당한 성과를 내어 석유생산량은 2003년 일당 578천 배럴에서 2013년 1,000천 배

---

56 미국 옥시덴탈 사(Oxidental Petroleum Corp. Oxy)와 Ecopetrol이 합작하여 개발하였다.

럴로 크게 확대되었다.

대규모 석탄 광구가 19세기 중반 북부에 위치한 카리브 해 인접지역 라 과 히라(La Guajira) 반도에서 발굴되었다. 광구가 지표면에서 가까워 채굴이 용이하고 카리브 해가 인접해 광업환경은 좋았으나 육로 운송 인프라 부족 과 미비한 항구의 선적환경으로 개발이 지연되었다.

따라서 정작 개발이 시작된 것은 1970년대 1차 및 2차 오일쇼크로 국제 유가가 상승하자 대안적 에너지 자원으로 석탄이 부각되어 다국적기업이 관심을 가지기 시작한 때부터이다. 콜롬비아 정부는 1970년대 상반기 라 과히라 석탄광구 개발을 위해 피보디 석탄회사(Peabody Coal Co.)와 협 상을 시작한 바 있는데 성공하지 못하고 국영석탄공사인 카르보콜(CAR-BOCOL)을 창설했다.

카르보콜은 라 과히라 반도에 위치한 카레혼(Carrejón) 노천광 개발을 위 해 엑슨(Exxon)사 자회사인 인터콜(Intercol)과 각각 50% 지분을 보유하 는 합작회사 계약을 했다. 그러나 낮은 국제가격으로 인해 손실이 커지면 서 콜롬비아 정부는 2000년 11월 지분 50%를 빌리톤(BHP Billiton), 앵 글로 아메리칸(Anglo American, 글렌코어(Glencore) 등 3개사 컨소시엄 에 매각했다.[57]

이 컨소시엄은 2002년 2월 다시 인터콜 지분 50%를 인수하여 단독지분 을 소유하게 되었다. 전체적으로 볼 때 콜롬비아 정부는 석유와 같이 광업 부문을 직접적으로 운영하지 않고 양허를 통해 간접적 통제를 하는 것으로 방향을 바꾼 셈이다.

전체적으로 볼 때 콜롬비아는 크게 두 가지 이유로 자원개발관련 자원민 족주의 경향이 강하지 못했다.

첫째는 석유자원을 가지고 있지만 풍부하지 않은데다 채굴비용이 높고

---

57 Glencore는 다시 이 지분을 Xtrata에 매각했다.

석탄자원도 운송과 항구 선적인프라가 갖춰지지 않아서 초기 투자를 정부가 감당하기 어려웠다는 것이다. 특히 이를 감당할 국내 민간자본과 기술도 부족했다.

둘째는 석유와 석탄의 개발수출에서 유입되는 수익이 정부 총수입의 30%에 달해 이 수입 보장을 위해 개발과 채굴이 지속가능하게 이루어져야 한다는 현실적 이유가 있었다.[58]

나) 멕시코

멕시코에서 광업은 스페인 식민 시기부터 19세기 국가건설 시기를 거쳐 20세기 전반기까지 정치와 경제권력 형성에 매우 중요한 역할을 해왔으며 기간 중 투자와 수출부문에서 매우 큰 비중을 차지했다. 그러나 20세기 후반기에 들어서면서 광업은 일시적 침체기를 맞이해 경제에서 차지하는 중요성이 떨어지기도 했다.

그러던 중 1976년 멕시코 캄페체만(Bay of Campeche)에서 칸타렐 해저유전(Cantarell Offshore Field)[59]이 발견되자 멕시코 정부는 칸타렐 유전에서 생산될 석유를 담보로 국제금융권에서 외채를 도입해 야심찬 산업화정책을 추진하기 시작했다.

멕시코에서 석유발견과 채굴은 정부가 재정을 석유에 의존하는 역설적 계기가 되었다. 1979년 칸타렐 유전에서 석유생산을 시작한 후 석유는 1980년 멕시코 총 수출의 67%, 공공재정의 78%를 담당할 정도로 국가 경제에서 중요하게 자리를 잡았다. 이 결과 경제성장, 환율, 외채, 이자율, 수출입, 무역수지, 재정건전성 등 대부분의 주요 거시경제지표가 석유의 생산규모

---

58 Carlos Caballero Argáez and Sebastán Bitar, Oil and Mining policy reform in the 2000s, The Political Economy of Natural Resources and Development, From neoliberalism to resources nationalism,edited by A. Haslam and Pablo Heudrich, Routledge

59 1976년 발견이후 1979년부터 석유생산 시작, 2004년 최고 생산량을 기록한 후 현재는 일당 161천 배럴 생산

와 가격동향의 영향권에 들게 되었다.

1982년 갑자기 종식된 오일 붐은 멕시코에 외채위기를 야기했다. 이에 따라 멕시코 정부는[60] 지난 시기 과도한 보호주의정책이 경제안정을 해쳐 외채위기가 발생되었다고 판단하고 경제의 많은 부문을 개방하고 정부가 경제에 간섭하는 것을 최소화하는 등의 개혁을 단행했다. 이 개혁조치로 멕시코는 21세기 전후시기에 세계에서 가장 개방적 정책을 운용하는 나라 중 하나로 등장했다.

멕시코 정부의 대외개방정책은 대체적으로 성공하였다. 국내총생산에서 수출비중은 1980년의 6%에서 1990년대 초 10%, 2000년대 30%로 가파르게 상승하였다.

수출상품 구성도 크게 바뀌었다. 1982년 80%를 차지하던 석유부문 수출비중이 2000년에는 9.2%까지 하락했다. 그러나 2004년부터 시작된 국제 자원가격 상승은 2008년도 석유수출 비중을 일시적으로 17%까지 상승시켰으나 곧이어 하락세로 돌아서면서 2014년에는 다시 10.8%로 낮아졌다.

광업 부문이 총수출에 기여하는 수준은 미미하다. 2000년 0.23%의 수출비중이 2008년 0.66%, 2014년 1.27%로 크게 변화하지 않았다.

석유를 포함한 광업부문이 국내총생산에서 차지하는 비중도 2000년 기준 각각 4.1%, 0.5% 이었다. 자원가격이 최고 수준이었던 2008년에도 각각 7.9%, 0.7%로 크게 증가하지 않았다. 이 수준은 계속 이어져 2014년에도 5.3%와 1.1%를 기록했다.

이 결과 석유와 광업부문의 고용효과도 제한적일 수밖에 없었다. 이 흐름은 멕시코 경제가 거시경제지표로 볼 때 자원 채굴주의 경제의 틀에서 벗어났다는 것을 의미하고 있다.

그러나 멕시코 정부는 재정부문의 석유의존도를 낮추지는 못했다. 1982

---

60 제도혁명당(PRI) De la Madrid 대통령 정부: 1982~1988년

년 국내총생산의 15%에 달하던 재정적자는 1991년~1994년 중 흑자를 기록하고 이후 3%를 초과하지 않는 범위에서 유지되고 있지만 멕시코 정부는 전체 재정수입의 30%를 국영석유공사(PEMEX)로부터 가져오고 있다.

국영석유공사는 석유의 채굴과 정제, 가솔린과 디젤 그리고 기타 연료의 판매를 독점하고 있다. 멕시코에서는 개인과 법인세 인상 등 세원 확대에 대한 정치권의 거부감이 강하기 때문에 세제개혁이 쉽게 이루어지지 못하고 있다. 이 결과로 정부재정의 석유부문에 대한 의존구조를 탈피하지 못하고 있다. 이 상황은 일차산품 국제가격 상승기간 중에 여타 자원보유 남미 국가들이 정부재정 확대를 위해 자원기업 법인세 인상을 포함하는 세제개혁을 적극적으로 추진했던 것과 차이가 있다.

2012년 대선에서 정권탈환에 성공한 제도혁명당(PRI)의 페냐 니에토(Peña Nieto) 대통령은 야당인 국가행동당(PAN) 및 민주혁명당(PRD) 지도자들과 일명 '멕시코를 위한 협약(Pact for Mexico)'을 체결하였다.

이 협약은 멕시코의 장기적 국가발전을 위해 재정, 금융, 교육, 통신, 에너지 부문의 개혁을 추진하자는 것이었다. 2013~14년 기간 중 멕시코 의회는 이를 위한 법률을 제정하였고 관련 법령도 공표되었다.

에너지와 광업부문에서도 당연하게 많은 개혁이 이루어졌다. 이 개혁으로 멕시코 정부는 지금까지 국영석유공사(PEMEX)를 통해 정부가 독점해왔던 석유부문을 개방해 국내와 외국 민간기업이 참여하는 것을 허용하였다.[61]

멕시코는 금, 은, 구리, 카드뮴, 형석, 천청석, 납, 아연 등의 세계 10대 보유국에 속해있다. 2000~2008년 기간 중 일차산품 국제가격 상승기에 광업부문도 나름대로 수혜를 누렸지만 수출과 국내총생산 그리고 재정부문에 대한 기여도는 높지 않았다.

2013~14년 페냐 니에토 대통령의 개혁조치로 광업부문에도 국내 및 해

---

61 멕시코 연방헌법 25조, 27조, 28조 개정

외 민간투자 기업에 대한 양허수수료와 법인세를 인상하는 조치가 시행되었다. 그러나 이 시기는 일차산품 국제가격이 하락하는 시기로 외국인투자가 예상대로 이루어지지 않아서 성과가 그리 크지 않았다.

멕시코는 산유국임과 동시에 광산물을 생산 수출하고 있으나 제조업의 비중이 큰 국가이기 때문에 기본적으로 자원에 의존하는 경제권은 아니다. 그럼에도 불구하고 자원의 재정에 대한 기여도가 커 정부 입장에서는 결코 자원의 중요성을 간과할 수 없다.

특히 석유부문에서 2014년에야 겨우 외국인투자를 허용했다는 것은 멕시코에서 그동안 전략자원으로서의 석유에 대한 자원민족주의가 얼마나 강했는가를 짐작해 볼 수 있다.

페냐 니에토 대통령의 에너지개혁은 시기적으로 유가와 광물 자원 가격이 하락하던 때로 시기적으로는 적절하지 못했으나 미래를 위해서 한 걸음 나선 것으로 평가되고 있다.

다) 브라질

2003년 룰라 다 실바(Lula da Silva) 브라질 노동당(PT) 후보의 대통령 당선은 신자유주의경제의 악몽을 떨쳐버리고자 하는 일반 국민들의 기대를 반영한 것이었다. 브라질 노동당은 이후 2014년 10월의 네 번째 대선까지 승리해 정권을 연장하였으며 집권기간 중 경제를 성장시키고 빈곤 축소를 통해 사회적 불평등을 다소 해결함으로서 정권유지의 정당성을 확보하였다.

브라질 노동당 정부는 집권한 이후 서방 기업들의 우려를 불식하고 소위 후기신자유주의[62] 경제모델을 채택하고 추진하였다. 후기신자유주의 경제

---

62 wikipedia, 후기신자유주의를 정하는데 있어서 다양한 견해가 있으나 그 구체적인 정책의 흐름은 경제운용에 있어서 시장기능은 존중하나 국유화, 소득재분배 추진, 규제해제 반대, 금융자유화 및 자유무역 반대. 노조강화 등을 강조하는 대중영합적인 정책을 실행

모델은 기존 워싱턴 컨센서스 경제모델을 전면적으로 부정하지 않으면서 당시에 축소되었던 정부의 경제부문에 대한 역할을 확대하고 복지정책을 강화해 소득재분배를 유도한다는 것이다.

그 예로 브라질 정부는 국영기업에 대한 정부 지배권을 확대유지하면서도 민간부문도 함께 참여할 수 있는 제도적 장치(regulatory frameworks)를 마련하였다.

브라질 자원민족주의 시작은 헤툴리오 바르가스(Getúlio Vargas, 1930~45) 정부까지 거슬러 올라간다. 바르가스 정부는 비교우위에 기초한 자원개발과 수출을 통해 산업화(industrialization)를 추진하는 경제개발전략을 추진했다.

국가가 주도하는 경제개발전략은 1980년대 후반 신자유주의 경제이념이 팽배하던 시기에도 자국 경제를 지탱하는데 필요한 것으로 인식되어 계속 유지되었다.

광업과 석유부문은 전략산업으로 간주되어 정부의 입장이 강하게 작용했다. 이 결과 브라질 정부의 자원산업 전략은 정부가 전적인 통제 관리를 하는 것으로 그만큼 민간부문의 참여가 제한적이었다.

그럼에도 불구하고 1980년대 외채위기를 전후하여 중남미에서 신자유주의 경제정책의 영향은 매우 강압적이었기 때문에 브라질 정부는 워싱턴 컨센서스 정책모형에 따라 정부와 시장 간 상호관계를 새롭게 형성해야 했다.

그러나 이들 간에 새로운 관계를 형성하는 것은 기존의 법률, 법령, 규정, 제도, 관습 등을 바꾸는 것이어서 복잡할 뿐만 아니라 상호 모순되는 사항도 많아서 워싱턴 컨센서스가 추구하는 완벽한 자유시장경제모델을 구현하기에는 현실적인 한계가 있었다.

특히 광업과 석유부문 개혁은 정부가 지금까지 유지해온 정부의 통제와 보호를 모두 포기하고 민영화 등을 통해 다국적기업을 포함한 민간부문에 넘긴다는 것으로 현실적인 저항이 많을 수밖에 없었다. 그러나 시대적 요구

는 변화를 요구하고 있었다,

브라질 정부는 1988년 헌법을 개정하여 정부가 독점해왔던 자원개발부문에 국내기업 참여를 허용했다. 그러나 외국기업 참여를 허용한 것은 카르도소 정부[63]가 1995년 헌법을 수정한 뒤이다.

광업부문에 대한 정부정책은 1967년에 제정된 광업법(Mining Code)과 1988년 헌법에 근거하고 있다. 광업법의 기본 원칙은 국가가 광업에 대한 모든 권리를 보유한다는 것이다. 1995년 헌법 수정에도 불구하고 광업법에 의하면 외국기업은 동법의 엄격한 규제를 받아야 한다.

이 광업법은 1996년 법률 9314호를 통해 정부의 비효율적인 관료주의를 개선하고 민간부문에 보다 많은 중요한 역할을 주는 방향으로 수정되었다. 그럼에도 불구하고 실제로 정부는 광업활동을 감독하고 통제할 수 있는 권한을 다양한 형식과 방법을 통해 유지하고 있다. 에너지광업부(MME)내 국가광업생산국(DNPM)이 전반적 감독과 통제를 담당하고 있다.

석유 및 가스부문은 광업무문과 다르게 개혁에 소극적이었다가 1997년에야 법률 9475호로 통해 석유가스시장을 개방하는 석유법(Petroleum Law)이 의회를 통과했다.

석유가스 부문은 브라질 국영석유공사(Petrobras)가 1952년부터 1996년까지 독점적인 지위를 가지고 시장을 지배하였다. 그러나 신석유법 시행으로 독점적 지위는 형식적으로나마 일단 국내 및 해외기업에게 개방되었다. 광업무문과 같이 석유가스부문도 국내외 민간기업을 관리 감독하는 규제기관으로 국가석유기구(ANP, National Petroleum Agency)를 창설했다.

전반적으로 볼 때 카르도소 정부 통치기간 중 광업부문과 석유가스부문의

---

63 Fernando Henrique Cardoso 대통령(1995.1.1.~2002.12.31.), 재부장관(1993.5.19.~1994.3.30.), 외무장관(1992.01.2.~1993.5.20.), 상파울러 연방상원의원(1983.3.15.~1992.10.5.)

개혁이 추진되고 국내외 민간자본에게 시장이 개방되었다. 이 결과 자원부문에 대한 국내외 민간투자가 증가되고 경쟁이 활성화되었으며 국내산업이 글로벌 생산체인에 진입할 수 있는 중요한 계기가 되었다.

그러나 광업과 석유가스부문의 개방수준과 방식은 상당한 차이가 있다. 광업무문은 발레(Vale)사의 사례에서 볼 수 있는 바와 같이 완전하지는 않지만 나름대로 국영기업의 민영화가 진행되었지만 석유가스부문의 국영석유공사(PETROBRAS)는 정부가 최대 지분을 보유하여 정부의 직접 통제를 받고 있다.

2003년 룰라 다 실바(Lula da Silva) 노동당 후보가 대선에 승리하여 좌파정권이 수립되었다. 룰라 대통령의 노동당 정권은 집권 전 많은 경제전문가의 우려와는 다르게 카르도소 정권이 추진해온 개방정책을 대체적으로 수용하였다. 다만 과거보다 더 높은 수준의 경제에 대한 정부의 역할을 강조하였는데 이는 광물자원, 석유가스, 전력 등 에너지 부문에 대한 국가 역할 증대 및 빈곤층을 향한 사회복지확대 정책으로 나타났다.

룰라 대통령 정부는 시장경제의 순기능과 이에 따른 국영기업의 효율성 제고 등은 받아들이면서 국가자본주의(State Capitalism)의 핵심가치는 유지하였다. 특히 집권 이후에 일차산품 국제가격이 상승하고 2007년 재선에도 성공하는 등 우호적 환경이 조성되면서 자원에 대한 국가 간섭을 크게 늘렸다.

광업과 석유가스 외에도 대두를 중심으로 농산물 국제가격도 크게 상승하자 농업부문에 대한 정부 간섭과 역할도 크게 증대하였다. 이 기간 중에 발레(Vale)와 국영석유공사(Petrobras)의 경영성과도 괄목하게 개선되었다.

재선에 성공한 룰라 대통령 정부는 일차산품 국제가격 상승으로 개선된 재정재원으로 사회복지정책을 크게 확대해 국민들의 광범위한 지지를 받았다. 이는 향후 두 번에 걸쳐 더 노동당 정권의 집권이 연장되는 계기가 되었다.

2008년 브라질은 최초로 순 석유수출국가로 전환되었다. 이에 더해 대서양 연안 대륙붕에서 암염하층 유전(Pre-salt Reserves)이 발견되자 노동당 정부는 더욱 국민의 신뢰를 받게 되었다.

이 상황을 이용하여 노동당 정부는 석유가스개발과 관련된 다양한 자원민족주의적인 법률안을 의회에 제출하고 의회의 승인을 받았다. 예를 들면 2010년 의회를 통과한 법률 12351호는 '심토(subsoil)에 대한 국가의 권리'를 인정하고 이로부터 나오는 모든 자원에 대한 국가소유권을 확인했다.

브라질은 소위 바르가스 정권시절부터 내려오는 강력한 국가자본주의 유산이 작동하고 있는 전통을 가지고 있는 국가로서 앞으로도 자원산업부문에서의 국가 역할은 본질적으로 포기되지 않을 것으로 평가되고 있다. 일명 바르가스 유산(Varga's Legacy)으로도 불리는 국가주의개발 패러다임은 자원부문에서는 자원민족주의란 명목으로 모든 정책의 기저에 직간접적으로 배어있다.

라) 페루

광업은 지난 10여 년 페루 경제에 예외적 성장을 가져온 원천이었던 것과 동시에 성장을 제한하는 분쟁의 원인이었다.[64]

페루 경제는 2001~11년 기간 중 연평균 3.2%의 경제성장을 이루었다. 광업과 석유부문의 경제성장 기여도는 6.3%에서 14.7%로 증대하였다.[65] 그러나 이러한 성과는 신규 광구와 유전을 개발하고 채굴하는 과정에서 발생한 많은 사회적 분규 속에서 이루어졌다.

페루 정부의 광업정책은 1992년 후지모리(Alberto Fujimori) 정권 시

---

64 The Economist 2014

65 Sources: INEI (2014), Banco Central de Reserva del Perú (2014), SUNAT (2014), Dammert y Molinelli (2007, p. 116).

기에 크게 변화하였다. 후지모리 대통령은 종합광업법(General Mining Law)을 공포하여 광업개발을 위한 외국인직접투자를 적극적으로 유치하였다.

종합광업법은 국영기업 민영화, 외국인 직접투자에 대한 세제우대, 환경 이슈 완화, 유연한 광업권 양허와 유지관리 등을 주요 내용으로 하고 있다. 이는 다국적기업의 관심을 얻는데 성공해 이후 20여 년 동안 페루는 광업 부문에 대한 외국인직접투자의 주요 대상지역이 되었다.

페루 정부의 신자원민족주의 움직임은 2006년 대선 전으로 거슬러 올라간다. 일차산품 국제가격이 상승하자 대선을 앞두고 광업은 정치적으로 가장 논쟁이 많은 이슈로 부상하였다.

미주혁명민중연대(APRA) 대선후보인 알란 가르시아(Alan García)와 페루민족주의당(PNP) 대선후보인 오얀타 후말라(Ollanta Humalla) 후보 모두 광업부문에서 민간기업과 맺은 안정협정(Stability Agreement)[66]의 개정을 요구했다. 그러나 대선에서 승리한 가르시아 대통령은 집권기간 중 눈에 띌 정도의 강력한 민족주의적 자원정책은 운용하지는 않았고 전반적으로 온건한 입장을 유지했다.

그럼에도 불구하고 페루 광업개발은 지역공동체와 긴장관계 해소, 개발수익에 대한 국가 지분 인상, 환경보호강화 등 도전과제와 직면하게 되었다. 따라서 2011년 대선에서도 앞서 언급한 세 가지 이슈가 다시 가장 치열한 정치적 논쟁거리로 떠올랐다.

좌파성향 민족주의자인 페루민족주의당의 후말라 후보는 광업관련 법인세, 로열티 등의 세금 인상, 정부통제 강화 등을 공약하고 특히 채굴사업을 개시할 때 개발업체가 현지 거주 지역공동체와 사전 협의절차를 필수적으

---

66 A stability agreement normally freezes mineral royalty and other tax-rates paid by a company over a 10- to 15-year period creating a situation where very little of the windfall earnings of a beneficiary company accrue to the state. The stability agreement seeks to protect all mining companies in the country.

로 거치도록 하겠다고 약속하였다.

후말라 대통령은 집권 후 공약한 대로 법인세 인상, 광업부문에 대한 정부 역할 증대, 개발지역 공동체와 사전협의 실시, 환경보호 강화 등 자원민족주의 틀을 지지하였다. 2011년 중에는 선거공약을 이행하기 위해 의회의 지원을 받아 자원개발과 관련된 각종 입법조치를 하였고 환경보호강화를 위한 환경부도 신설했다.

그러나 한편으로 그는 자원개발 국내외 민간대기업의 보이지 않은 영향력을 배제하지 못했다. 특히 후말라 대통령의 신임을 받으며 경제부장관으로 임명된 미겔 카스티야(Miguel Castilla)는 가르시아 정권에서도 경제차관을 역임한 바 있는 신자유주의경제 신봉자로 민간업계의 입장을 대변했다.

후말라 정권의 광업정책은 2011년 10월 발생한 카하마르카(Cajamarca) 주 콩가 광산(Conga Mine) 프로젝트[67]에서 발생한 미국 광산업체와 지역공동체간 충돌로 도전을 받게 되었다.

정부는 광산개발로 인한 환경파괴를 막기 위한 장치로 환경부를 신설하기도 했지만 현실적으로 지역공동체의 환경을 보호하기 위한 입장을 지지하기 보다는 광업주도 개발정책 기조에 밀려 광산업체를 옹호하는 입장을 취하였다. 이 과정에서 격렬한 사회적 저항이 발생하고 유혈사태에 까지 이르렀다.

결과적으로 볼 때 후말라 대통령은 당초 기대와 다르게 광업정책 운용에서 자원의존 경제개발을 추진함으로서 광산업체의 이해를 대변하는 격이 되었다.

페루의 자원정책은 광업에 대한 식민시대 역사적 유산, 인디오 원주민 등

---

67 The Conga Mine is a project of Minera Yanacocha, a company mainly owned by New-mont Mining Corporation and Buenaventura, a Peruvian mining company, and the International Finance Corporation, the private-lending arm of the World Bank. It was expected to yield 680,000 ounces of gold and 235 million pounds of copper per year for the first five years. In 2016, the project was abandoned, in part due to the environmental concerns

소외계층의 이해관계, 관료사회와 민간부문 간 존재하는 부패 등 각종 구조적 모순들로 부터 복합적으로 영향을 받고 있는데 콩가 광산 분쟁은 이 모든 것을 잘 대변해주고 있는 사례이다.

마) 볼리비아

2006년 1월 사회주의운동당(MAS:Movimiento Al Socialismo) 대선후보 에보 모랄레스(Evo Morales)의 대통령 취임은 볼리비아 역사에서 새로운 정치상황의 시작이었다.

모랄레스 대통령은 볼리비아 알티플라노(Altiplano) 고원지대에 거주하는 아이마라(Aymara) 부족 출신으로 인디오 원주민 출신 최초 국가지도자가 되었다. 모랄레스 정권은 베네수엘라 차베스 정권과 동조하여 사회주의를 지향하면서 빈곤축소, 반미, 반다국적기업 정책을 실행했다.

그는 집권 후 즉시 자원국유화를 선언하고 이를 통해 정부수익을 늘린 후 빈곤축소를 위한 사회복지확대 정책을 실시하였다. 이 정책의 배경에는 외세의 식민주의적인 자본수탈을 분쇄하고 자원수익을 국민 전체에게 고르게 분배해야 한다는 자원민족주의 이념이 자리하고 있다.

이와 함께 원주민 지위 향상을 위해 헌법을 개정하여 원주민 거주지역에 보다 많은 자치권을 허용하는 등의 조치를 취하며 다민족공화국임을 국호에 명기했다.[68]

그러나 인디오 원주민 거주지역은 대체적으로 자원채굴이 진행되고 있는 최전선 지역이다. 이는 경제개발과 사회복지확대를 위한 재원을 확보하기 위해 적극적인 자원개발을 추진하는 원주민 출신 대통령 정부가 자신이 속했던 원주민 공동체의 거주환경과 생태계 파괴라는 직접적 피해를 주어 양자 간 사회적 충돌이 발생하는 역설적 환경이 조성되었다.[69]

---

68 볼리비아 다민족 국가(The Plurinational State of Bolivia)
69 Lorenzo Pellegrini, resources nationalism in the plurinational state of Bolivia, The Po-

원주민 공동체의 입장은 외세 주도 자원개발에 반대하고 자원에 대한 지역주민 자치권을 방어한다는 것인데 여기에는 보이지 않게 지역공동체의 개발이익 분배에 대한 이권이 숨겨져 있어 환경과 생태계 보호를 위한 저항은 단지 이권 확보를 위한 수단으로서 활용되고 있다는 측면도 있다.

결국 자원민족주의는 모랄레스 정부나 지역공동체 모두 각자 추진하고자 하는 정치경제 및 사회적 목표를 달성하기 위한 논리적 담론으로 사용되고 있는 것으로 볼 수 있다.

모랄레스 대통령은 2006년 취임한 뒤 기존의 볼리비아 경제운용방식에 근본적 변화를 주지 않고 시장자유주의 경제모델을 유지했다. 이는 볼리비아 국가개발계획(PDN, 2006-10년)에 대체적으로 잘 나타나 있다.

그러나 석유가스, 광업 등 자원부문에 대해서는 대선 때 공약으로 내세운 바와 같이 자원민족주의 이념 안에서 정부통제를 강화하였다.

우선 그는 2006년 5월 1일 대통령령을 발해 '모든 천연가스는 국가소유로 정부가 전적인 통제권을 행사한다'고 발표하였다. 이에 따라 1996년 민영화되었던 볼리비아석유회사(YPFB)는 다국적 석유회사들[70]로부터 몰수(confiscation)방식으로 재국유화 되었다.

광업부문은 석유가스부문보다 다소 복잡하다. 광업은 1980년대 천연가스가 발견되기 전까지 볼리비아 주력산업이었다. 볼리비아는 주석, 은, 안티몬, 텅스텐, 금, 리튬 등을 풍부하고 보유하고 있으며 국영광업공사(CO-MIBOL)와 중소규모 민간회사들이 채굴을 담당해 왔다.

모랄레스 대통령은 석유가스부문 재국유화에 이어 광업부문의 국유화에도 의욕을 보였다. 그러나 광업부문은 민간기업이 참여해 온 역사가 매우 깊고 기존의 많은 사업들이 진행되고 있기 때문에 용이하지 않았다. 따라

litical Economy of Natural Resources and Development, From neoliberalism to resources nationalism, Edited by Paul A. Haslam and Pablo Heidrich, Routledge
70 브라질 Petrobras, 스페인 Repsol YPF, 영국 BG Group Plc, 프랑스 Total 등

서 정부는 기존의 광업권은 모두 그대로 인정하고 단지 신규 광구에 대한 권한은 모두 국가가 소유해 이를 국영광업회사가 관리하는 것으로 제도를 바꾸었다.

그러나 모랄레스 대통령 집권 이후 실행된 자원정책은 이념과 현실 간 상호 모순성을 들어내었다. 우선 국가경제개발을 위해 자원의 개발과 수출은 국가가 주도해야 한다는 것과 다민족국가(Plurinational)로서 원주민 거주지역에 대한 자치권을 확대하고 거주환경을 보호해야 한다는 것은 현실에서 서로 충돌하기 시작했다.

즉 모랄레스 대통령은 국가경제개발의 동력으로서 자원의 역할을 강조하며 자원개발을 원주민 거주지역으로 확대하기 시작했고 원주민 공동체는 거주환경과 생태계 파괴 그리고 개발이익 분배 등과 관련하여 이견을 가지고 정부의 개발정책에 저항하기 시작한 것이다.

이 과정 속에서 양자 모두 분쟁의 대의로 자원민족주의를 들고 나왔다. 예를 들어 모랄레스 대통령은 자원개발로 인한 환경파괴 문제제기는 원주민 공동체와 해외 환경관련 비영리단체가 협력하여 반대하는 소위 녹색제국주의(Green Imperialism)[71]라고 공격하고 원주민공동체는 정부가 자원을 다국적기업에게 무작정 넘겨주고 있다고 주장했다.

이런 측면에서 볼 때 볼리비아의 자원민족주의는 정부나 원주민공동체 등 충돌 당사자들이 스스로 주장하는 담론에 대한 입장 강화를 위한 수사적 도구로 활용하고 있다는 것을 알 수 있다.[72]

---

71 다음백과, '환경 제국주의라고도 한다. 선진국에서는 환경 보호를 목적으로 친환경 기술을 후진국에 팔아 경제적으로 이득을 취하거나, 환경 관련 산업을 후진국에 유치하려는 목적으로 후진국의 산업 발전을 규제하는 등의 행동을 하는 것을 말한다.'

72 Lorenzo Pellegrini, resources nationalism in the plurinational state of Bolivia, The Political Economy of Natural Resources and Development, From neoliberalism to resources nationalism, Edited by Paul A. Haslam and Pablo Heidrich, Routledge, 'in the Bolivian context, resources nationalism per se is not a strategy, but rather a rethorical instrument used to garner political support and legitimize views and actions.'

바) 베네수엘라

석유는 베네수엘라에서 가장 중요한 전략자원이다. 2014년 1월 기준 확인된 석유보유량은 3,000억 배럴로 세계 1위이다. 베네수엘라의 석유 부존은 스페인 정복이전 원주민 시대부터 알려졌다고 한다.

그러나 석유시추가 최초로 이루어진 것은 1914년 후안 비센테 고메스 대통령(Juan Vicente Gómez, 1908~1935) 정권 시기이다. 이후로 베네수엘라 석유자원개발 및 운용정책은 양허, 국유화, 시장개방, 재국유화 그리고 제한적 시장개방 등의 과정을 거쳐 왔다. 특히 1999년 2월 차베스 대통령이 집권한 뒤 석유정책은 자원민족주의와 반신자유주의 정책의 틀 속에서 많은 변화를 겪어 왔다.

로물로 베탕크루 대통령(Romulo Betancourt,1945~48, 1959~1964)은 청년 정치가 시절부터 석유제국주의(Oil Imperialism)에 반대하며 후안 비센테 고메스 대통령이 과거 외국석유회사들에게 석유개발권을 장기간 양허한 것을 비판했다. 그는 1960년 대 중동 산유국과 석유개발기구(OPEC) 창설을 주도했으며 베네수엘라는 당연하게 회원국이 되었다. 아울러 국내에서 활동하고 있는 석유개발 다국적기업에 대한 로열티와 세금을 인상하는 조치를 취했다.

카를로스 안드레스 페레스 대통령(Carlos Andrés Pérez, 1974~1979, 1989~1993)은 1975년 '라 그란 베네수엘라(La Gran Venezuela, The Great Venezuela)'라고 불리는 국가경제개발계획을 발표하였다.

아울러 그는 석유산업국유화를 선언하고 1976년 국영석유공사(PDVSA)를 창설해 이 회사가 석유의 탐사, 개발, 정제, 유통을 모두 통제할 수 있도록 권한을 부여했다. 이후부터 베네수엘라 국영석유공사는 석유관련 모든 과정에서 항상 중추적인 역할을 수행하였다.

페레스 대통령의 계획은 석유산업을 국유화하고 직접 관리하여 유압되는 재원으로 국가산업발전을 도모한다는 것이었는데 이는 당시 중남미에서 일반적으로 실행되었던 수입대체산업화(ISI) 개발정책과 맥을 같이 하는 것이었다.

페레스 대통령의 석유산업국유화와 국영석유공사 창설은 다국적기업의 베네수엘라 석유개발 참여기회를 완전하게 배제하는 것은 아니었다. 다국적기업은 국영석유공사와 지분 또는 하청계약 방식으로 다양한 석유개발 프로젝트에 참여할 수 있었다. 다만 정부와 국영석유공사가 과도하게 밀착되어 있기 때문에 부패와 비효율이 개입되어 경영상 실패가 발생할 가능성이 높았다.

1980년대 초 부터 시작된 유가하락 등 세계경제상황의 변화는 베네수엘라 경제에 어려움을 가중시켰고 결국에는 1983년 2월 18일 소위 검은 금요일로 불리는 현지화 평가절하 사태를 가져왔다.

30년 가깝게 변하지 않는 환율을 지켜오면서 경화로 까지 인식되었던 볼리바르화의 갑작스러운 평가절하는 당시 베네수엘라 국민들에게 큰 충격을 주었다. 그리고 이는 베네수엘라가 경제사회적 재난의 시기로 서서히 빠져 들어가는 중요한 계기가 되었다.[73]

국영석유공사 전문경영인들은 정치권과 정부 관료들의 간섭을 받지 않고 경제논리에 입각한 경영을 하기를 희망하고 있었으나 현실은 그렇지 못했다. 따라서 국영석유공사는 계속되는 경영성과의 악화로 어려움을 겪고 있었다.

이러한 문제를 해결하기 위해 1994년 새롭게 출범한 라파엘 칼데라 대통령(Rafael Caldera, 1969~1974, 1994~1999) 정부는 베네수엘라 석유시장을 다시 개방하고 국영석유공사는 그 동안 독점해왔던 전후방사업들과 기능을 분할해 다국적기업들과 전략적 제휴를 형성하였다.

---

[73] 베네수엘라 볼리바르 화는 1983년 2월 18일 평가절하 되기 전 까지 28년 넘게 미불 당 4.285 볼리바르 환율을 유지해 온 경화 이었는데 당시 미불 당 16 볼리바르로 평가절하 되었다. 이후 현재까지 베네수엘라 볼리바르 화는 안정을 찾지 못하고 있다.

이 결과 베네수엘라 석유생산량은 1985년 일당 1.68 백만 배럴에서 1997년 3.28 백만 배럴로 증가하였다. 그러나 석유 개발수출에 크게 의존하고 있는 베네수엘라 경제는 이 시기 계속되었던 저유가 추세와 국영석유공사의 방만한 경영으로 인해 어려움을 겪었다.

이로 인해 빈곤계층이 크게 증가하고 이들이 주축이 되어 소위 카라카조 (Caracazo)라고 불리는 대규모 유혈사태를 포함한 사회적 저항이 다발하기 시작했다. 이 상황은 군부 출신 좌파 정치가인 후고 차베스가 1998년 말 대선에서 승리하는 배경이 되었다.

1999년 2월 취임한 차베스 대통령은 7월 제헌의회를 구성하고 신헌법 제정을 추진했다. 그는 12월 국민투표를 통해 신헌법을 확정하고 신헌법에 따라 치른 7월 대선에서 다시 승리해 2001년 1월 대통령으로 재취임하였다.

차베스 대통령은 일단 정권 안정을 도모한 뒤 베네수엘라 경제의 중추를 담당하고 있는 국영석유공사에 대한 과감한 개혁에 추진했다. 이 과정에서 전문 인력을 포함한 많은 국영석유공사 종사자가 퇴출되고 이 사태는 곧 바로 사회적 소요와 저항으로 이어졌다.

사회적 저항의 분위기는 2002년 4월 11일 군부 쿠데타로 까지 이어졌는데 차베스 대통령은 적극지지 세력을 이용해 이 위기를 극복하고 신헌법 302조와 303조에 근거해 국영석유공사를 완전하게 장악하였다.

차베스 정권은 2006년 의회 입법과 2007년 대통령령을 공표하여 베네수엘라에서 활동하고 있는 다국적 석유기업들이 보유한 다수지분을 국영석유공사에 넘기도록 조치해 사실상 석유산업을 재국유화 하였다.[74] 이로 인해 발생한 분쟁해결 방식으로 칼보 조항(Calvo Clause)[75]을 다시 채택

---

74 2001년 공표된 석유법(Hydrocarbon Law)은 외국회사 합작투자 지분 상한을 최고 49%로 하였다.

75 어떠한 국가와 외국인의 계약에서 발생한 분쟁은 그 국가의 국내 재판소에서 해결하며, 외국인은 본국 정부의 외교적 보호를 요구하지 않기로 한 조항. 아르헨티나의 국제법학자 칼보(Calvo,

해 활용했다.

국영석유공사의 석유자원 재국유화 과정에서 다국적기업들의 저항은 있었지만 차베스 정권이나 다국적기업 모두 극단적 상황으로까지 이르지는 않았다. 그 이유는 차베스 정권 입장에서 의욕적으로 추진하고 있는 오리노코 석유벨트(Orinoco Oil Belt) 개발에 다국적기업의 자본과 기술이 필요했고 다국적기업들의 입장에서는 오리노코 석유벨트에 확인된 막대한 석유자원에 대한 미래사업을 포기할 수 없었기 때문이다.[76]

이에 더해 차베스 대통령은 역내 사회주의 확산과 패권확보를 위해 '21세기 사회주의(twenty-first century socialism)'를 주창하고 그 실현방식으로 국영석유공사의 막대한 석유수익을 사회복지비용으로 지출하였다. 이를 통해 그는 자신의 정치 기반인 가난한 다수로부터 정당성을 확보하고 지지를 얻어 집권을 연장하였다.

그러나 석유수익이 경제개발사업, 석유관련 전후방산업개선, 산유량 증대에 필요한 신규 광구 탐사, 기존 광구 관리 등에 투자되지 못함으로서 베네수엘라 산유량은 급감하였다. 설상가상으로 유가하락으로 베네수엘라 경제는 난국에 처하게 되었다. 이 과정에서 차베스 대통령 정부의 무능과 부패는 상황을 더욱 악화시켰다.

2013년 차베스 대통령 사후 그를 이은 마두로(Nicolás Maduro) 대통령도 '자원은 국부(national wealth)로서 자본(capital)이 아니기 때문에 그 수혜는 모든 국민이 보너스, 이익분배(Rent), 보조금 등 직접적인 사회복지 형태로 재분배되어야 한다.'[77]라고 주장하며 전임자가 취해온 대중 영합적

C.)가 발안하였다

76 Exxon-Mobil, ConocoPhillips 등은 떠나기도 했지만 CNOC(중국), STATOIL(노르웨이), Total(프랑스), Chevron(미국) 등은 남았다.

77 Bolivian Vice President Álvaro García Linera once ruminated about his homeland, '… The [Bolivian] state is the main wealth generator in the country. That wealth is not valorized as capital; it is redistributed through society through bonuses, rents, direct social benefits to the population, the freezing of utility rates and basic fuel prices, and subsidies

경제사회정책을 강고하게 유지하였다.

3. 자원개발과 환경파괴 그리고 사회적 저항

유엔중남미경제위원회는 역내 개별국가 정부와 함께 거주환경, 생물종
속, 자연자원을 보존하면서 지속가능 경제개발 목표를 달성할 수 있는 방안
을 마련하고 그 실행을 시도하고 있다.

환경측면에서 볼 때 지속가능한 경제개발은 파괴되지 않은 환경을 미래
세대에게 전해주는 주는 것이다. 지속가능 경제개발로 이루어 낼 수 있는
가치들은 생물다양성의 유지, 원주민 권리보호, 환경파괴를 일으키는 농업
개발과 광산채굴 축소, 수자원 보호, 세계기후 안정성 유지 등으로 모두 중
요한 세계적 이슈들이다.

중남미 자연환경은 식민시대 부터 지금까지 보유자원을 활용해 경제발전
과 생활의 질을 향상시킨다는 목적으로 무분별하게 파괴되어 왔으며 현재
도 진행되고 있다. 그러나 21세기 들어 세계적 기후변화로 환경보호 이슈
가 부각되자 중남미 역내에서도 이 문제가 향후 역내의 지속적 경제개발을
이루어 내는데 있어 고려해야할 중요한 도전과제로 인식되었다.

그동안에도 채굴로 인한 환경파괴 문제는 역내에서 많은 사회적 저항을
받아왔다. 채굴 프로젝트로 인한 환경파괴 영향을 직접적으로 받는 지역공
동체 등 이해당사자들은 시위 등 물리적 저항과 함께 국내외 비정부기구를
만들거나 유엔, 국제환경단체들과 환경, 기후변화, 인권 등 이슈를 매개로
연계한 후 저항활동을 하고 있다.

---

to agricultural production'/ Heidrich, Pablo. The Political Economy of Natural Resources
and Development (Routledge Studies in Development Economics) (p. 213). Taylor and
Francis. Kindle Edition.

가. 환경과 지속가능 경제개발 ──────

중남미에 대한 영향력이 큰 스페인 유력은행인 BBVA는 21세기 중남미 도전과제로 환경파괴, 불평등, 범죄와 폭력 등 세 가지 이슈를 지적하고 있다.[78]

자원채굴은 농업, 어업, 임업, 광업 등 모든 부문에서 이루어지고 있다. 대단위 경작지확대, 수자원남용, 열대우림파괴, 대규모 광산개발 등은 토지황폐화, 생태계 파괴, 수자원 오염, 원주민 삶 파괴 등 회복이 어려운 환경파괴를 가져오고 기후변화에 부정적 영향을 주고 있다.

목초지, 대두 경작지 등을 확보하기 위해 막대한 면적의 아마존 열대우림이 파괴되고 있다. 브라질은 미국, 중국, 인도네시아 등과 함께 세계적으로 온실가스 배출을 많이 하는 국가이다. 그 이유는 아마존 열대우림을 벌목하고 태워 목초지와 대두 경작지를 만드는 과정에서 발생하는 이산화탄소 때문으로 산업과 대도시 공해로 이산화탄소가 발생하는 미국과 중국의 경우와 다르다.

21세기 들어 중국의 대두와 육류 수입이 크게 증가하자 브라질은 중국 특수에 대응하기 위해 새로운 경작지와 목축지가 필요했다. 따라서 브라질 정부는 농업개발이라는 이름으로 아마존 열대우림을 경작지로 바꾸어 나가는 정책을 실행했다. 이 정책은 세계적 기후 온난화를 촉진하고 있다는 국제적 비난을 받고 있다.

브라질 정부도 원론적으로는 삼림보호나 원주민 생활권 보호를 위해 관련 정책을 마련하거나 환경보호법 제정 등 입법을 통해서 제도적 장치를 마련하고 있다.

그러나 문제는 정책과 법률을 집행하는 정부의 의지와 역량인데 브라질 정부는 이 부분에서 국제적인 신뢰를 받지 못하고 있다. 브라질 정부는 대

───────────────

[78] Miguel Ángel Centeno, Andrés Lajous, Challenges for Latin Americain The 21st Century, 2018.4.13. https://www.bbvaopenmind.com

토지 소유자들의 정치사회적 영향력을 무시하지 못해 이들이 열대우림을 벌목하고 태워 경작지와 목초지를 늘려가는 것을 경제개발의 이름으로 합리화시키면서 사실상 방관하고 있다.

이 결과로 열대우림 파괴는 대서양 연안에서 마토 그로소(Mato Grosso)를 지나 아크레(Acre) 서부지역으로 계속 확대되고 있다. 이 과정에서 토지는 계속 황폐화되고 있고 수자원과 생태계도 심각하게 파괴되고 있다. 참고로 열대우림 토지는 지표면이 얇아 강렬한 햇빛에 노출되면 쉽게 건조되어 황폐화 되는데 경작을 위해서는 화학비료를 계속 사용해야 한다.

광업은 멕시코와 브라질을 포함하여 페루, 칠레, 볼리비아, 에콰도르, 콜롬비아, 베네수엘라 등 안데스 국가들의 중요한 전통산업이며 국가경제개발을 추진하는데 필요한 인프라건설의 재원이다.

그러나 광업개발은 환경파괴 등 지속가능 개발을 제한하는 역기능이 발생했다. 역기능 발생의 범위와 수준은 역내 개별국가별로 다르다. 이는 각 국가가 가지고 있는 광업에 대한 법규 및 제도, 세제, 부가가치 생산역량, 전후방 산업 클러스터 보유여부 등 광업부문 생태계와 환경적 차이에 기인하고 있다.

중남미 광업은 소규모 광업과 대규모 광업이 어우러져 있다. 소규모 광업은 장비나 기술이 부족한 상태에서 노동집약적인 채굴을 한다. 불법광업이 많으며 보건위생 상황도 열악하고 광산 폐기물 처리도 관리를 받지 않기 때문에 주변 환경을 파괴하고 있다. 그럼에도 불구하고 고용된 노동력이 많아 [79] 정부는 적절한 규제나 재제를 하지 못하고 있다. 칠레에서는 구리 그리고 페루와 브라질에서는 금을 생산하고 있다.

대규모 광업은 소규모 광업과 다르게 에너지와 수자원을 많이 사용하기 때문에 환경파괴 범위가 넓은 반면 채굴과정이 기계화되어 규모대비 고

---

[79] 1990년대 중반 기준 중남미 전체적으로 약 11~12.5 백만 명, Eclac, Sustainable Development in Latin America and The Caribbean, April, 2010.

용창출 효과가 크지 않으며 전후방산업이 취약해 부가가치 창출도 낮다.

따라서 광산수명이 다하고 광산기업이 철수하면 자연환경과 생태계만 파괴되어 오히려 지역공동체의 지속가능한 경제개발에 장애가 된다. 역내 국가 정부들은 이를 개선하기 위해 환경보호를 위한 입법이나 환경부 등 관리부처를 설립 등 관련 조치를 취하고 있다.

그러나 실제는 집행과정에서 정부, 광산기업, 지역공동체 간에 입장차이가 커서 합의하지 못하고 사회적 충돌로 이어지는 경우가 많다.

나. 사회적 저항

농업과 광업개발 관련 사회적 충돌의 주체(Actors)는 중앙 및 지방정부, 자원개발 국내외 기업, 지역공동체, 국내외 비정부기구 등으로 이 주체들은 환경파괴와 수익분배 이슈에서 크게 대립한다.

21세기 초 신채굴주의 이념이 확산되며 역내 개별국가 중앙정부는 경제개발이라는 명제를 가지고 다국적기업들과 대규모 광업 프로젝트를 추진하였다. 이 과정에서 지역공동체, 국내외 비정부기구들과 많은 충돌을 야기했다.

페루와 볼리비아에서는 광업프로젝트 인허가의 조건으로 현지 지역공동체와의 원만한 협의가 이루어져야 한다는 입법조치도 취하고 환경입법과 환경부를 설치하는 등의 조치를 취했다.

그러나 광업개발에 대한 사회적 저항이 가장 많이 발생한 국가도 역시 페루와 볼리비아인 것을 감안해 보면 정부의 이해충돌 해결이 쉽지 않았음을 알 수 있다.

브라질에서는 농업개발과 관련된 사회적 충돌이 많이 발생하고 있다. 열대우림 파괴에 대한 국내외 환경단체들의 저항도 강하다.

CHAPTER 3

문화

세계화는 국경이 없는 비즈니스 환경을 만들었다. 새로운 비즈니스 환경은 국제기업 경영자들에게 기회도 되었지만 동시에 극복해야할 많은 과제들도 제시했다. 이 과제들 중 하나가 문화이다.

문화 차이는 글로벌 경제 속에서 비즈니스를 하는 경영자들이 반드시 극복해야할 현실적 경영환경이다.

한 사회나 국가의 문화는 그 것을 구성하는 많은 요소들이 상호 긴밀한 관계를 유지하면서 하나의 체계를 이루고 있다. 이러한 체계를 구성하고 있는 문화적 요소들은 너무 다양하기 때문에 국제기업 경영자들은 이러한 문화 환경을 잘 분석하고 이해하여 이에 대응할 수 있는 조직의 행위, 전략, 구조, 기술 등을 개발해야 한다.

문화는 다양한 경로로 비즈니스 활동에 영향을 미친다. 예를 들어 영어는 공인된 국제 비즈니스 언어인 것은 확실하지만 현지어에 대한 이해도 경영의 오류를 줄이기 위해 필요하다.

미국 아메리칸 에어라인은 2007년 멕시코에서 취항 65주년 기념 판촉행사를 하면서 판촉 슬로건으로 '가죽(의자)에 앉아 날으세요(Fly in leather)'를 정하고 이를 스페인어로 직역해 'Vuele en cuero'로 광고했으나 실패하고 말았다. 여기에서 'en cuero'는 'in leather'의 직역이나 멕시코에서는 이 표현이 '나체의'의 의미를 가지고 있어 '나체로 날으세요'라는 광고가 되어버린 것이다.

문화에 대한 이해부족은 필연적으로 기업경영에 비용을 발생시키고 기업 브랜드에 악영향을 끼친다. 따라서 중남미 비즈니스 활동을 할 때 다양한 차원(dimensions)의 중남미 문화를 심층적으로 이해하는 것이 당연히 필요하다.

여기에는 역사적 유산으로부터 형성되어온 관습, 사회구조, 종교, 의사소통 등 다양한 문화요소가 있다. 이를 알아차리고 잘 활용하며 적응하는 것 여부가 비즈니스 활동의 성패를 가른다.

2. 역사적 유산

스페인과 포르투갈의 중남미 식민지 경영은 중남미 문화형성에 깊고 넓은 영향을 주었다. 식민시기에 이식된 이들 종주국 문화는 현재에도 중남미인들의 의식과 삶의 방식에 깊게 잠재되어 이어지고 있다.

초기 식민지배 이민자들과 함께 종주국으로부터 이식된 관습, 태도, 믿음 등은 현재를 살고 있는 중남미인들의 사고와 행동양식을 결정하는 내재적 요소이다.

즉 그들의 일상적 삶 속에서 보여주고 있는 모든 의사결정과 행동 들은 모두 역사적 유산으로서의 문화의 영향을 받고 있는 것이다.

중남미 문화형성에 영향을 준 국가들은 스페인과 포르투갈 등 이베리아 반도 국가들 뿐만은 아니었다. 15세기 말 이후 중남미 식민지 경영에 직간접적으로 참여했던 영국, 화란, 프랑스, 독일, 이태리 등 다수 유럽 국가들도 특정 지역을 중심으로 영향을 주었다. 이들 국가들은 직접적인 식민지 경영참여, 노예무역, 밀무역, 이주 등을 통해 자국의 문화를 그대로 이식시키거나 현지 원주민 문화와 희석되었다.

예를 들어 아르헨티나는 19세기 말부터 이태리 남부에서 이주자들이 크게 유입되면서 스페인 문화에 기반을 둔 현지 문화에 이태리 반도 문화가 함께 희석되었다. 또한 칠레와 브라질 남부에는 독일인 이주가 크게 이루어지면서 기존 현지 문화와의 동화가 이루어졌다. 이는 중남미 문화가 넓은 의미로 동질성을 많이 가지고 있지만 개별국가별 문화는 상당한 수준의 차이가 있을 수밖에 없다는 것을 의미한다.

인종 간 교류도 중요한 역사적 유산으로 그 구체적 상싱이 인종 간 혼혈이다. 스페인의 중남미 정복 당시 인디오라고 불렸던 많은 원주민들은 살육과 질병으로 사망해 인구가 크게 줄었지만 그 이후 서서히 다시 회복하기 시작했다. 이들은 안데스 산맥 줄기와 중미 그리고 멕시코를 중심으로 거주하며 주류사회로부터 벗어난 상태에서 착취 대상으로 이용되어 왔다. 지금도 멕시코와 과테말라, 온두라스, 엘살바도르 등 중미 국가, 에콰도르, 페루, 콜롬비아, 볼리비아 등 안데스 국가에서 이들의 인구비중이 높다.

한편 아프리카로부터 노예 밀무역을 통해 카리브 해 도서나 콜롬비아, 베네수엘라, 가이아나, 수리남 등 카리브 연안 국가 그리고 브라질에 크게 유입되었다. 이들은 사탕수수 재배 등 대규모 플랜테이션 농장에 필요한 인력으로 충당되었다.

식민지배자들인 백인들과 인디오 원주민, 아프리카 흑인 들 간 교류는 혼혈로 이어졌는데 크게 백인과 인디오의 혼혈인 메스티소(Mestizos), 백인과 흑인의 혼혈인 물라토(Mullato) 등의 인종이 만들어졌다.

중남미 전체의 인종 구성을 보면 백인 36.1%, 메스티소 30.3%, 물라토 20.3%, 인디오 9.2%, 흑인3.4%, 아시아인 0.7% 이다.[80] 이들 간에도 다양한 조합이 이루어져 또 다른 혼혈인들이 나타났는데 이들 혼혈인종의 명칭은 국가마다 다르다.

혼혈은 다시 문화의 융합으로 나타났다. 단, 개별국가별로 인종유입 상황이 달라서 융합된 문화의 유형도 차이를 보이고 있다.

---

80 Wiki, History of Colombia

3. 비즈니스 문화와 경영가치

가. 개요 ──────────────────────────────

문화는 학자에 따라 다양하게 정의되고 있지만 중남미 환경에 적용될 수 있는 관점에서 보면 '문화란 믿음(beliefs), 지식 또는 경험(knowledge), 요령 또는 비결(know-how), 규범(rules), 가치관(values) 등을 포함하는 복합적인 인식체계'로 정의할 수 있다.[81] 이러한 문화 속에서 인간은 개인 또는 집단으로 서로 다른 정체성을 가지고 관계를 형성하며 삶을 영위하고 있다.

가치관과 경향에 관한 논의는 비즈니스 거래에 있어서 모든 당사자들에게 매우 중요하다. 즉 문화는 그 것에 속해있는 사람들이 세상을 인식하는 틀이기 때문에 글로벌 기업가들이 타국에서 사업을 영위할 때 문화에 대한 이해도가 높을수록 문화충돌로부터 발생하는 비용을 줄일 수가 있다.

즉 이를 통해 공급하고자하는 상품, 서비스에 대한 현지인들의 반응 그리고 현지 경영과 관련된 기회와 도전사항들을 전망하여 적절하게 활용하고 극복할 수 있는 것이다.

대체적으로 중남미 기업인들은 정직과 책임감을 사업거래에 있어서 가장 중요한 가치로 생각하고 있다. 정중함, 쾌활함, 협동성, 복종심, 낙천주의 등은 그 다음이다. 한편 자발성, 창의성, 지성. 개방성 등은 우선순위가 가장 떨어지는 가치관들이다.

중남미인들은 특히 관계를 매우 중요시하는데 일반적으로 자신들이 속해

---

81 'Culture is a complex cognitive system that comprises people's beliefs, knowledge, know-how, rules and value' John E. Spillan, Nicholas Virzi, Mauricio Garita, Doing Business in Latin America, Challenges and Opportunities, Routledge, 2014

있는 조직집단에서 조직과 관계가 없는 별도의 비공식 내집단(in-group)을 형성하는 경우가 많다.

이러한 내집단은 여러 가지 인연과 계기를 가지고 친밀함, 충성심, 신뢰감 등을 바탕으로 응집되어 있는데 앞선 언급한 여러 가치관들이 여기에 녹아 있다. 따라서 중남미에서 경영활동을 하는 기업가들은 중남미인들의 관계 문화에 대해 면밀하게 살펴보고 이해할 필요가 있다.

나. 문화형성의 변수들(Cultural Variables)

문화요소들은 전통(tradition)으로 형성되고 심어져서 개인의 사고, 가족의 기질 그리고 공동체의 생활양식에 지배력을 가지고 있다. 전통과 관습(customs)은 결코 쉽게 변하지 않는다.

그러나 만약 새로운 문화요소들이 변화를 위한 압력을 지속적으로 계속된다면 과거의 전통과 관습은 변화하여 새로운 문화로 정착해 간다. 예를 들어 세계화는 새로운 기술과 일하는 방식의 변화를 가져왔다. 특히 정보화 사회의 출현은 새로운 형태의 경영조직과 비즈니스 방식을 채택하지 않으면 생존할 수 없도록 만들었다.

전통과 관습은 조직 계층의 구성에 내부 및 외부적 영향을 주고 있다. 중남미인들은 대체적으로 조직을 계층의 관점에서 이해한다. 관리자(manager)는 미국에서 단순하게 문제 해결사 또는 업무배분 관리자로 불리는 것과는 다르게 중남미에서는 전문가(expert)로서 대우를 받는다.

문화형성과 유지에 서로 영향을 주고받는 변수(variables)로 가족, 종교, 법규, 정부, 시간에 대한 태도, 언어, 사회관계, 교육, 문화적 변화 등이 있다.[82]

---

82 Adapted from Hill(2011,P.54)

그러나 세계화의 진행은 느리기는 하지만 중남미인들의 사고방식에 변화를 가져왔다. 우선 비즈니스 관행과 절차가 국제표준에 따라 이루어지고 있다.

1) 사회구조(Social Structures)

중남미를 생각할 때 빈곤, 불안정, 정변, 경제위기, 범죄, 시위와 폭동 등 정지경제 및 사회적 이슈가 떠오르는 것은 20세기 후반기 중남미가 경험해 온 제반 위기상황에 대한 인식 때문이다. 이러한 상황은 역내 개별국가 간 그 수준에 차이가 있지만 현재에도 진행 중이다.

중남미에서 경제사회적 불평등과 불안정, 이로 인한 부패와 범죄 등 질서 파괴는 일반 서민들의 삶을 어렵게 만들며 불만을 야기했는데 구체적으로는 정치사회적 저항으로 나타났다. 차베스와 마두로 정권이 이끌어 온 베네수엘라 상황과 인디오 원주민의 이익을 대변하며 등장한 볼리비아 모랄레스 정권의 등장은 가장 최근의 대표적 사례이다.

사회구조는 사회와 그 구성원들이 어떻게 조직화되어 있는가를 나타낸다. 일반적으로 서양사회는 개인 그리고 동양사회는 집단에 더 초점을 두는 것으로 인식되고 있다. 이러한 사회구조를 계층적 관점에서 볼 때 한 사회가 계층 간 이동을 얼마나 그리고 어떻게 허용하는 가에 따라 비즈니스 환경도 달라진다.

미국과 같이 계층 간 이동이 제한 없이 허용되는 곳에서는 개인의 경제적 자립과 혁신이 고양되지만 중남미와 같이 제한이 있는 곳에서는 개인의 비즈니스 개발능력, 경제적 보상 확보역량, 역동적인 소비활동 등이 부진하다.

중남미 문화에서 사회구조는 가족(family)으로 부터 시작된다. 가족은 중남미에서 가장 중요한 사회적 존재로서 그 밖의 모든 것은 가족이라는 가치를 중심으로 이해되고 평가된다.

즉 과거에서 부터 현재까지 중남미인들 삶속에서 가족의 가치는 그 어떤 것보다 우선하며 모든 관계의 시작과 끝으로 인식되고 있다. 따라서 중남미인들의 가족에 대한 충성도는 매우 높다.

다음으로 중남미인들은 친지와 친구(relatives and close friends)와의 관계를 중요하게 생각한다. 이러한 문화배경을 가지고 있는 사회구조는 상품과 서비스 판매전략 측면에서 뿐만 아니라 인력채용 과정에서도 의미 있게 고려되어야할 환경이다.

중남미 비즈니스에서 조직 내 공식 또는 비공식 그룹의 역할을 무시할 수 없다. 이는 가족 다음으로 중요한 친지와 친구관계와 연관되어 있는 것인데 일정한 조직단위에서 이들이 상호 간 잘 연결되어 있을 경우 높은 생산성을 보여준다. 이방인들은 아무리 예의바르며 친절하게 대하더라도 중남미인들에게는 일차적 관심대상이 될 수 없다.

2) 호프스테드 문화적 관점

국제기업가는 비즈니스와 문화 관계를 잘 이해할수록 자신이 달성하고자 하는 경제목표에 저비용으로 다가갈 수 있다.

호프스테드(Geert Hofstede)[83]는 문화적 관점, 즉 서로 다른 문화권에 있는 사람들의 특성과 이 특성들이 비즈니스에 어떻게 영향을 미치는 것인지에 대한 연구를 했는데 이는 수십 년 동안 기업가들에게 중요한 판단자료가

---

83 Gerard Hendrik (Geert) Hofstede (2 October 1928 – 12 February 2020) was a Dutch social psychologist, IBM employee, and Professor Emeritus of Organizational Anthropology and International Management at Maastricht University in the Netherlands,[1] well known for his pioneering research on cross-cultural groups and organizations.He is best known for developing one of the earliest and most popular frameworks for measuring cultural dimensions in a global perspective. Wiki

되어왔다. 그의 문화차원(dimensions)을 중남미에 적용해 보면 중남미 국가들의 문화적 특성을 다양한 형태로 조관해 볼 수 있다.

호프스테드는 권력거리(Power distance), 개인주의/집단주의(Individualism vs. collectivism), 불확실성회피(Uncertainty avoidance), 남성상/여성상(Masculinity vs, feminity), 장기지향성/단기지향성(Long-term orientation vs. short-term orientation), 자율성/통제성(Indulgence vs. restraint) 등 6개의 문화차원을 가지고 국가별 문화차이를 분석했다.

당초 그는 권력거리, 개인주의, 불확실성회피, 남성상 등 4개 차원을 가지고 분석을 했지만 이후 장기지향성과 자율성이 추가되었다. 평가는 각 차원별로 지수 100을 기준으로 측정된다.

권력거리는 한 사회가 어떤 기관이나 조직에 권력이 불평등하게 배분되어 있다는 사실을 받아들이는 정도를 말한다. 각 국가의 권력차이를 큰 권력거리와 작은 권력거리의 양극단으로 나누고 개별국가 권력거리 크기를 이 양극단 사이의 어느 곳에 표시함으로서 국가 간 권력차이를 비교할 수 있다.

평가지수가 높을수록 권력거리가 크다는 것을 의미하며 권위주의적 문화가 강함을 나타낸다.

중남미 국가들의 권력거리는 대부분 높게 나타나고 있다. 이중 아르헨티나(49), 코스타리카(35), 자메이카(45) 등이 상대적으로 다소 낮은 수준을 보여주고 있다. 멕시코(81), 베네수엘라(91), 과테말라(95), 파나마(95), 온두라스(80) 등이 특히 높다. 참고로 한국(60)은 중위권에 있다.

개인주의 차원은 그 정도의 차이에 따라 개인주의와 집단주의의 양극단으로 나뉜다. 개인주의는 사람들이 그들 자신과 직계가족들에게만 관심을 가지는 것으로 간주되는 느슨하게 짜인 사회구조를 의미한다.

반면에 집단주의는 사람들이 자신이 속한 집단과 외부집단 사이를 구별하는 엄격한 사회구조로 특징 지어지는데 사람들은 그들의 친척, 당파, 조직 등 내부집단이 그들 자신을 돌보아 주기를 기대하며 절대적인 충성을 보인다.

평가지수가 높을수록 집단주의적 성향이 강하며 낮을수록 개인주의적 성향이 강하다. 예를 들면 미국(91), 스웨덴(71)은 개인주의적 성향이 강하다. 중남미 국가들은 대부분 10~40 사이에 위치해 있어 집단주의적 성향이 매우 강함을 나타내고 있다. 아르헨티나(46)가 역내 타 국가들과 대비해 다소 집단주의적 성향이 낮으나 여전히 권위주의적 사회인 것만은 동일하다.

호프스테드 문화차원 국별평가

국명	권력거리	개인주의	남성상	불확실성	장기계획	자율성
아르헨티나	49	46	56	86	20	62
볼리비아	78	10	42	87	25	46
브라질	69	38	49	76	44	59
칠레	63	23	28	86	31	68
콜롬비아	67	13	64	80	13	83
코스타리카	35	15	21	86	–	–
도미니카공	65	30	65	45	13	54
에콰도르	78	8	63	67	–	–
엘살바도르	66	19	40	94	20	89
과테말라	95	6	37	98	–	–
온두라스	80	20	40	50	–	–
자메이카	45	39	68	13	–	–
멕시코	81	30	69	82	24	97
파나마	95	11	44	86	–	–
파라과이	70	12	40	85	20	56
페루	64	16	42	87	25	46
우루과이	61	36	38	98	26	53
베네수엘라	91	12	73	76	16	100
중남미 역외 주요국가 평가						
미국	40	91	62	46	26	68
한국	60	18	39	85	100	29
독일	35	67	66	65	83	40
스웨덴	31	71	5	29	53	78
일본	54	46	95	92	88	42
중국	80	20	66	30	87	24

https://www.hofstede-insights.com

남성상 차원은 사회 내부 지배가치가 어느 정도로 '남성다운가' 하는 것을 나타내는 것으로 남성과 여성의 사회적 역할의 구분을 극대화하는 사회를 '남성다운' 것으로 보고 그것을 극소화하는 사회를 '여성다운' 것으로 본다. 일본(95)은 남성성이 매우 높은 사회이고 스웨덴(5) 등 북유럽 국가들은 낮은 사회이다. 한국(39)은 중국(66), 미국(62), 독일(66) 보다 낮은 수준이다.

중남미 국가들은 베네수엘라(73)의 남성상이 가장 크고 자메이카(68), 멕시코(69), 콜롬비아64), 도미니카공화국(65) 등이 중위권에 속해있다. 그러나 대부분 국가들이 중하위권에 머물고 있어 역내 전체적으로 볼 때 남성상이 상대적으로 크지 않다.

불확실성회피 차원은 불확실한 미래를 어떻게 받아들일 것인가를 보여준다. 이 불확실성회피는 '강한 불확실성회피'와 '약한 불확실성회피'의 양극단으로 나뉜다.

불확실성회피가 강한 사회에서는 초조, 불안 등이 뚜렷하게 나타나는데 이에 따라 각종 법적, 규범적 제도장치를 만들어 리스크를 줄이고 안정을 기하기 위해 온갖 노력을 기울인다.

반면에 불확실성회피가 약한 사회에서는 미래에 대해 별로 위협을 느끼지 않기 때문에 일을 열심히 하지 않게 되고 다른 사람의 의견이 자신과 달라도 별로 신경을 쓰지 않는다.

중남미 역내 국가들은 아르헨티나(86), 칠레(86), 멕시코(82), 베네수엘라(76), 브라질(76), 콜롬비아(80), 볼리비아(87), 파라과이(85), 페루(87) 등의 지수에서 볼 수 있는 바와 같이 대부분 국가들은 불확실성에 대해 강한 회피성을 보여주고 있다.

한편 미국(46), 스웨덴(29), 중국(30)은 낮은 회피성을 나타내고 있다. 한국(85)과 일본(92)은 매우 높은 수준이다.

3) 종교

중남미에서 종교는 매우 중요한 일상생활의 일부이다. 스페인과 포르투갈의 식민지 유산으로 로마 가톨릭 교회가 전통적으로 매우 강하고 그 영향력이 일상 속에 배어있다.

일반적으로 비즈니스에서 종교가 의식되거나 고려되지 않는다. 따라서 종교를 비즈니스 관행이나 소비자 행동양식에 연계해 일반화하는 것은 어려울 뿐만 아니라 오류를 만들 수 있다.

그러나 그것이 문화요소로 사회에 미치는 보이지 않는 영향을 고려해 볼 때 시장 환경으로서 중요하게 검토해볼 필요가 있다. 중남미에서는 가톨릭 교회의 영향력이 강하므로 그들의 사고와 행동방식의 저변에 가톨릭교회 신앙의 틀이 자리 잡고 있다.

그럼에도 불구하고 인디오 원주민의 종교적 특성을 무시할 수 없다. 이들은 가톨릭교회의 강한 영향을 받고 있지만 교회의 교리가 원주민의 토속적 믿음이나 신앙과 결합되어 있다. 따라서 중남미에서 외국기업이 자원개발 진출할 때는 현지 원주민의 종교적 속성을 잘 이해하고 여기에 적합한 소통방안을 강구해야 한다.

특히 볼리비아, 에콰도르, 과테말라, 멕시코, 페루 등 인디오 원주민 인구 비중이 높은 국가에서는 전통과 종교적 신념의 차이로 자원개발 과정에서 여러 가지 형태의 분쟁이 발생하고 있다. 외국기업이 현지에서 지속가능한 경제활동을 영위하기 위해서는 사전에 이들 공동체의 종교적 특성을 이해하고 원활한 소통을 하는 것이 매우 중요하다.

4) 개인 소통

성공적인 비즈니스를 위해서 소통은 중요하다. 소통은 그 본질이 문화적인 것이기 때문에 종종 오해의 원인이 될 때가 많다. 따라서 국제기업가들은 이러한 문제를 방지하기 위해 문화가 소통에 영향을 미치는 요소들을 잘 이해하고 소통과정에서 발생하는 오해를 줄여 좋은 신뢰관계를 형성해야 한다.

소통기법은 서로 다른 문화 간 첫 만남에서부터 시작한다. 첫 만남이 어떻게 이해되고 받아들여지는가 여부가 이후 비즈니스 과정에 영향을 미칠 것이기 때문이다. 인사, 소개, 복장, 몸짓 및 표정 등 비언어적 소통행위도 전체적인 비즈니스 성패에 영향을 줄 수 있다.

미국 인류학자 에드워드 홀(Edward T. Hall)[84]은 문화권별 의사소통 방식의 차이와 관련해 '고배경/저배경(high context/low context)' 개념을 제시했다.

저배경 문화에서는 의사소통이 주로 대화나 글 등 주로 명시적이고 직설적으로 표현된 내용으로 이루어진다. 한편 고배경 문화에서는 표현된 의사소통 내용보다 그 의도를 유추한다. 즉 저배경 문화에서는 생각을 말과 글로 직설적으로 표현하고 그 배경과 상황은 덜 중요하며 고배경 문화에서는 그 배경과 상황을 중요하게 생각하고 상대방의 숨겨진 뜻을 미루어 짐작한다.

중남미 지역은 전체적으로 고배경 문화권에 속해 있다. 따라서 중남미인들은 많은 경우에 몸짓, 표정, 신체접촉 등 비언어적 방법을 사용해 소통한

---

84 Edward Twitchell Hall, Jr. (1914~2009) was an American anthropologist and cross-cultural researcher. He is remembered for developing the concept of proxemics and exploring cultural and social cohesion, and describing how people behave and react in different types of culturally defined personal space. Hall was an influential colleague of Marshall McLuhan and Buckminster Fuller.

다. 의사 전달을 위해 낮은 음성과 간접적인 몸짓도 사용한다. 이러한 방법으로 친근감을 높여 믿을만하고 안전하며 견고한 관계를 만들어간다.

그러므로 비즈니스 성공을 위해서는 중남미인들의 비언어적 소통에 대한 관습을 알아차리는 것은 매우 중요하다. 그 예로 중남미에서 대화할 때 상대방과 오랫동안 눈을 정면으로 맞추거나 좋은 청취자가 되는 것은 신뢰감을 쌓아가는 한 가지 방법이다.

5) 비즈니스 관련 그 밖의 몇 가지 문화적 특징

중남미인들은 조직 내에서 전문성이나 경쟁력보다는 소속된 집단에 대한 충성심과 개인 간 친밀성을 더 우선적으로 생각한다.

시간을 잘 지키는 것은 일상생활에서 반드시 중요한 부분이 아니다. 이러한 성향은 중남미인들이 습관적으로 사용하는 '마냐나(mañana, 내일)'라는 표현에 모두 녹아 있다.

협상진행은 일반적으로 매우 느리다. 중남미인들은 잡담이나 세상 돌아가는 얘기를 통해 친밀감을 높여가며 상황을 통제하려고 한다. 대화 중 충돌을 피하는 것이 매우 중요하다.

밀착된 환경을 선호한다. 친밀한 관계를 만들기 위해 또 친밀한 관계이기 때문에 항상 가깝게 밀착된 환경을 좋아한다. 그들은 밀착된 환경 속에서 '비즈니스 보다는 즐거움(pleasure before business)'을 강조하며 견고한 관계를 만들어가기를 원한다.

이러한 문화적 분위기 속에서 중남미인들은 상대 기업의 가치체계와 비즈니스 성향을 파악하고 미래의 대응전략을 마련한다.

그럼에도 불구하고 33개 중남미 국가들은 개별적으로 독특한 문화를 가지고 있다. 이는 이들 국가가 개별적으로 가지고 있는 역사유산, 자연지리

환경, 인종구성 등에 의해 형성된 것으로서 국제기업가는 개별 국가별로 특유의 문화 환경을 찾아 이해하고 적응해야 한다.

4. 주요 국가별 비즈니스 문화

가. 아르헨티나 ────────────────────

스페인 식민통치 기간 중 아르헨티나 이민은 제한되었으나 1816년 독립 이후 유럽 국가들로 부터 아르헨티나 이민은 크게 증가했다. 이 중 이태리로 부터의 이민이 특히 두드러졌다.

따라서 아르헨티나는 스페인인, 이태리인, 영국인, 아일랜드인, 독일인, 폴란드인, 유대인, 우크라이나인 등 다양한 국적을 가진 이민들로 채워졌다. 1990년 전후에는 아시아로부터의 이민이 크게 증가했다.

아르헨티나인은 여타 중남미인들과는 다르게 매사에 근엄하고(serious) 우수에 차있다는(melancholic) 평판을 가지고 있는데 이들이 즐거워하는 분위기를 보이면 그것은 그들이 상대방에게 만족한다는 것을 의미한다.

아르헨티나 농담에는 복장, 몸무게 등을 가지고 헐뜯는 내용이 많다. 그러나 민감하게 반응할 필요가 없다. 아르헨티나인은 대체적으로 상황에 어울리는 세련된 복장을 선호한다. 수도인 부에노스아이레스에서는 기업인들이 근엄하게 보이도록 대부분 보수적인 정장 차림을 하고 있다.

아르헨티나 사람들은 타인을 강하게 비난할 때 '진지하지 못하다'라고 표현하며 무시한다. 백인국가라는 인종적 우월 감정을 가지고 주변 국가를 무시하는 경향을 가지고 있어 교만하다는 비난을 받고 있다.

아르헨티나는 국가독립 이후 현재까지 계속되고 있는 불안정한 정치상황이 국가 경제사회발전에 큰 장애가 되고 있다.

부에노스아이레스는 식민지배 초중반 시기까지 중요성이 크게 인식되지 않았다가 1776년에 이르러 '리오 데 라플라타 부왕청(Viceroyalty of Rio de La Plata)'으로 승격되었다. 이 부왕청은 현재의 아르헨티나, 볼리비아, 파라과이, 우루과이, 남부칠레를 포함하는 광대한 영역을 통치했다.

1809년 프랑스 나폴레옹이 스페인을 점령하자 부에노스아이레스는 1810년 자치정부를 수립하여 프랑스의 조종을 받는 스페인 본국과 대치하다 이후 전쟁에서 승리하고 1816년 독립을 선언했다.

과거 부왕청 통치아래 있었던 볼리비아, 파라과이, 우루과이는 부에노스아이레스가 주도하는 자치정부 통치에 반발하여 일찍이 분리해 나갔다. 독립이후에는 부에노스아이레스가 주도하는 중앙 정치세력과 이를 반대하는 지방 정치세력 간 크고 작은 내전을 겪었다. 아르헨티나는 1880년대에 이르러서야 국가건설을 끝낼 수가 있었다.

1946~55년 기간 중 아르헨티나를 통치한 페론(Juan Domingo Perón) 대통령 정권 전후에도 군부 쿠데타로 인해 아르헨티나 정치적 불안정은 계속되었다.

1973~76년 페론이 일시적으로 정계에 복귀했지만 곧 사망하고 이어진 이사벨 페론(Isabel Perón)정권이 하이퍼 인플레이션과 좌파 테러 등 경제사회적 불안을 적절하게 해소하지 못하자 군부는 이를 명분으로 쿠데타를 일으켜 다시 정권을 잡았다.

그러나 군부정권은 소위 '더러운 전쟁(Dirty War)'으로 불리는 인권유린 등 폭정과 경제정책의 실패 그리고 이로 인해 야기된 국민들의 불만을 돌리기 위해 영국과 시작한 포클랜드 전쟁에서 참패하고 1983년 정권을 민선정부에 넘겼다.

1983년 중도보수 민선정부가 들어선 이후 페론당에 기반을 둔 좌파정당과 중도 및 우파정당이 번갈아 정권을 담당했으나 결과적으로 모두 실패해 외채위기 등 경제적 난국을 초래했다.

이 과정에서 중남미 국가들 중 가장 많은 중산층을 보유하며 부유하고 안정된 경제를 가진 것으로 평가되었던 아르헨티나 경제는 항상 불안한 상황으로부터 벗어나지 못했다.

아르헨티나의 상시적으로 불안정한 경제상황은 아르헨티나 비즈니스 문화 형성에 부정적 요소로 작용했다. 따라서 아르헨티나 기업가들은 자국의 불안정한 미래 경제상황에 대한 대응을 항상 준비하고 있는데 구체적으로는 계약관계, 금융과 자금관리, 인력고용, 마케팅 등 모든 사업영역에서 경험적 대응방안이 사전장치 되어있다.

국가와 교회는 공식적으로 분리되어 있다. 그러나 인구의 90%가 로마 가톨릭 교도임을 간과해서는 안된다.

아르헨티나인은 유럽에서 프랑스인과 같이 스스로 역내 다른 국가들보다 문화적으로 뽐내는 경향이 강하다. 이러한 자세는 종종 비즈니스 협상의 원활한 진행을 어렵게 만든다.

아르헨티나는 상당히 높은 수준의 남성우위 경향을 보여주고 있다.

일반적으로 반세계화 정서가 강하다. 이는 특히 1990년대 메넴(Carlos Menem)정권이 실시한 강력한 신자유주의 경제정책의 후유증으로 발생한 2001년 외채위기에 기인하고 있다. 아르헨티나는 이를 계기로 자의반 타의반으로 국제금융시장에서 배제될 수밖에 없었다.

중남미 여타 국가들 보다 서유럽 문화 영향이 강한 국가로 새로운 사고에 대한 논의에 덜 개방적이고 인과관계를 중시하는 경험법칙(rule of thumb)을 따르는 경향을 가지고 있다. 비즈니스에서 과정보다 결과에 관심을 집중한다.

비즈니스 의사결정은 전적으로 최고경영자에 의존하고 있다. 최고경영자는 본인이 속한 다양한 인적그룹의 이해관계를 고려해 의사를 결정한다. 여기에서 인적그룹이란 본인이 속한 대가족그룹(extended family group)과

지인그룹을 의미하는데 이는 결국 혈족과 친교관계가 의사결정의 중요한 요소가 된다는 것이다.

아르헨티나 신세대는 구세대가 교회와 연대를 통해 안정감을 추구했던 것과는 다르게 사회적으로 권력과 영향력을 가진 계층과의 연대강화를 선호한다.

아르헨티나인은 방문자들이 시간을 엄수하는 것을 당연한 것으로 선호하면서 정작 본인들은 시간을 엄수하는데 엄격하지 못하다. 고위층의 경우 이 경향은 더 심하다.

일반적으로 시간엄수 여부는 행사의 성격에 따라 다소 다르다. 만찬이나 파티는 30여분 정도 늦는 것은 양해되고 시간을 엄수하는 것이 오히려 무례하게 생각되기도 한다. 오찬이나 개시 시간이 확실하게 지정된 행사에는 시간엄수가 필요하다.

비즈니스 협상을 할 때 서유럽 방식과 예의를 따르고 있지만 협상의 속도는 유럽인들에 비해 매우 느리다. 그 이유는 아르헨티나 사회가 매우 관료적이며 논쟁적이라는 데에 있다. 아르헨티나인 들은 협상에서 대체적으로 완고한 입장을 견지한다. 이는 위험을 회피하는 문화가 깊게 잠재되어 있기 때문이다.

인간관계를 사전에 잘 설정하는 것이 매우 중요하다. 상대 파트너가 변경되었을 때는 새롭게 우호적인 인간관계 설정을 위해 처음부터 다시 공을 들여야 하며 그런 뒤에 비즈니스를 다시 진행시켜야 한다.

공공사업을 수주하거나 실행할 때 정부를 상대할 유능한 현지 중개인을 확보하는 것이 중요하다. 중개인이 개입하지 않으면 정부인사와 면담약속을 확보하는 것도 용이하지 않은 경우가 많다.

정치적 의견 피력을 하지 않는 것이 좋다. 아르헨티나와 국경을 접하고 있는 이웃 국가에 대한 우호적 발언은 거부감을 일으킬 수가 있다. 아르헨티나는 이웃 국가들과 국경분쟁이 있어 외교적 불편함을 가지고 있다.

아르헨티나는 영국과 포클랜드 전쟁(Falkland Islands War)에서 패배한데 대한 심리적 외상을 가지고 있기 때문에 이를 언급하지 않는 것이 좋다. 만약 언급할 경우 포클랜드 섬의 지명을 스페인어 명칭인 '말비나스(Malinas)'로 표현해야 한다.

아르헨티나인은 대체적으로 스포츠에 관심이 많다. 축구에 대한 대화는 분위기를 부드럽게 한다. 노년 세대들은 오페라 등 예술 활동에 대한 관심과 이해도가 높아 이 부문도 좋은 대화의 소재이다.

대화할 때 거리는 미국인과 유럽인보다 가깝다. 눈을 맞추며 얘기하는 것이 좋다. 어깨를 가볍게 두드리는 것은 친밀감의 표시이나 둔부나 허리에 손을 대고 말하는 것은 매우 무례한 행위로 간주된다.

복장은 상황에 맞게 차려입는 것이 필요하다. 아르헨티나인은 종종 복장이나 장신구들을 보며 상대방을 판단하기도 한다. 어두운 색의 정장과 같은 보수적인 복장을 선호하고 도발적인 복장에는 저항감을 가진다.

나. 볼리비아

볼리비아는 안데스산맥 고원지대에 위치하며 남미에서 천연가스를 가장 많이 보유한 내륙국가 이다.

비즈니스 과정이 매우 느리게 진행되며 시장진입을 위해서 현지 대리인을 이용하는 것이 좋다. 비즈니스는 인간관계를 통해 이루어지기 때문에 이에 맞는 현지 대리인을 물색하는 것이 중요하다. 다만 현지대리인 계약은 해지하는 것이 용이하지 않기 때문에 체결 전에 신중한 검토를 해야 한다.

볼리비아는 잉카제국의 중요한 영토로 1538년 스페인에 의해 정복당했다. 고원 페루(Upper Peru)로 불리는 이 지역은 광산물 특히 은이 풍부해 스페인의 식민경영에서 중요한 곳이었다, 특히 1545년 포토시(Potosi)에

서는 역내 최대의 은광이 발견되었다.[85]

　1809년 볼리비아는 역내에서 가장 먼저 독립을 선포했다. 그러나 볼리
비아는 스페인이 필요로 하는 광산자원을 풍부하게 보유하고 있어 쉽게 포
기할 수 없는 곳이었기 때문에 전쟁은 16년 동안 지속되어 1825년에 이
르러서야 독립국이 되었다. 국가명은 남미해방자 시몬 볼리바르(Simón
Bolivar) 이름을 따른 것이다.

　독립당시 볼리비아 영토는 현재보다 넓었지만 인접 국가들과의 전쟁에
서 패해 영토의 1/4 정도를 잃어버렸다. 특히 칠레를 상대로 한 태평양전
쟁(The Pacific War, 1879~1883)에 패함으로서 볼리비아의 유일한 해양
출구인 태평양 방면의 안토파가스타(Antofagasta)를 빼앗겼다. 볼리비아
는 태평양 해양출구 확보를 위해 현재도 칠레와 외교적 분쟁 중이다.

　또한 20세기에 발생한 차코전쟁(Chaco War, 1932~1935)에서도 패해
이 지역은 아르헨티나와 브라질에 분할 양도되었다. 이 결과 볼리비아는 차
코의 파라과이 강을 사용해 대서양으로 나가는 항로를 상실하고 완전한 내
륙국가가 되고 말았다.

　볼리비아는 풍부한 광산자원을 보유하고 있음에도 불구하고 역내에서 가
장 빈곤한 국가군에 속한다. 코카인을 만드는 코카 재배로 지하경제가 만
연하여 미국 정부의 코카 근절 프로그램(Coca eradication Program) 대
상지역이다. 이 결과로 볼리비아인 들은 미국과 세계화에 대한 저항의식
을 가지고 있다.

　볼리비아는 독립이후 정치 불안으로 많은 격동의 시기를 거쳤다. 1982

85　Potosí, known as Villa Imperial de Potosí in the colonial period, is the capital city and
a municipality of the Department of Potosí in Bolivia. It is one of the highest cities in the
world at a nominal 4,090 metres (13,420 ft). For centuries, it was the location of the
Spanish colonial silver mint. ... The silver was taken by llama and mule train to the Pacific
coast, shipped north to Panama City, and carried by mule train across the isthmus of
Panama to Nombre de Dios or Portobelo, whence it was taken to Spain on the Spanish
treasure fleets. Some of the silver also made its way east to Buenos Aires, via the Rio de
la Plata. Wiki

년 가르시아 메자(Luis Garcia Meza) 군부정권이 끝나고 민선정부가 들어온 이후에도 경제위기 발생으로 정권이 퇴진하는 등 정치적 불안은 계속 되었다.

이 과정에서 2006년 인디오 원주민으로 코카를 재배했던 농민이었던 에보 모랄레스(Juan Evo Moreales)가 당시 중남미에 확산된 반미, 반세계화, 반신자유주의 등 좌파 분위기에 편승해 집권에 성공해 볼리비아 정치지형에 큰 변화를 가져왔다.

로마 가톨릭교가 공식 종교이며 볼리비아인 93%가 여기에 속해있다. 그럼에도 불구하고 종교의 자유는 법률에 의해 보장된다. 신교와 유대교가 각각 2% 정도를 차지하고 있다.

인종, 부, 언어 등을 기반으로 많은 파벌이 있다. 인디오 원주민들도 부족별로 분할되어 파벌을 형성하고 있다. 노동조합은 매우 강력하며 파업 등 시위를 통해 정권을 퇴출시킨 경험을 가지고 있다. 가족은 매우 강력한 사회적 단위로 족벌주의(nepotism)가 사회 모든 부문에서 거부감 없이 받아들여진다.

브라질, 파라과이, 칠레에 대한 적대감이 크다. 특히 칠레와 태평양 진출로 확보를 위한 갈등을 계속하고 있다. 반미와 반세계화 경향이 강하며 이를 향한 시위가 자주 발생하고 있다.

볼리비아인 의식 속에서는 감성(feelings), 믿음(faith), 사실(facts)이 항상 충돌하고 있다. 모든 문제를 주관적 관점에서 파악하는데 이때 영향을 주는 것은 가족, 친구 등으로부터 오는 감성과 교회, 부족, 정당으로 부터 오는 믿음이다. 사실을 인지하고 동의하는 것은 감성과 믿음이 상충되지 않는 범위 내에서만 이루어진다.

특히 볼리비아는 케추아(Quechua), 아이마라(Aymara), 메스티소(Mestizos), 백인(Whites) 등 크게 4개 인종으로 구분되는데 이들의 가치관이 다르기 때문에 현지 비즈니스를 수행할 경우 유의해야 한다.

정치경제적 주도권을 가지고 있는 백인계층의 의사결정은 통상적으로 독단으로 이루어진다. 그러나 이들은 의사결정 과정에서 본인이 속한 가족, 친지, 교회, 정당 등의 가치관을 참고하여 유리한 것과 그렇지 못한 것 그리고 선악을 구분한다.

교회가 가치판단에 주는 도덕적 영향력이 크며 일상적 삶에 안정감을 준다고 믿는다. 가족 간 친밀함과 책임감은 사회구조의 핵심이다. 삶을 관조하며 어떤 것에 대한 최종 기한을 지키는 것 등은 그들의 우선순위가 아니다.

인종 간 차별과 편견이 심하다. 백인계층의 원주민에 대한 편견은 강하다. 빈부 차이에 의한 차별과 남성우선주의에 의한 여성 차별도 심하다.

볼리비아에서 시간을 지키는 것은 우선순위에 포함되지 않아 비즈니스 미팅이 정시에 잘 이루어지지 않는다. 그럼에도 불구하고 이들은 외국인들이 시간을 잘 지켜주기를 기대하고 있다.

따라서 볼리비아 기업인들이 미팅이나 오찬이나 만찬에 지각하는 것에 대해 분노할 필요가 없다. 다만 볼리비아 기업인들과 시간약속을 할 때 정시 여부를 확인하는 것이 좋다. 약속은 오전이 좋으며 가능하면 최소 1주일 전 약속을 잡는 것이 바람직하다. 가장 좋은 비즈니스 방문 시기는 3~4월과 9~10월이다.

볼리비아 비즈니스 협상도 여타 역내 국가와 같이 느리다. 비즈니스 성사를 위해서 볼리비아를 수차례 방문해야할 경우도 많다.

개인적인 친밀관계가 비즈니스 성사에 매우 중요하다. 사례를 보면 통상적으로 비즈니스를 시작하기 전에 인간관계를 쌓아간다. 따라서 비즈니스 대리인을 바꾸면 그동안의 친밀함이 중단되고 새롭게 시작해야 한다. 사전에 친밀한 인간관계가 쌓여있는 인사를 활용하는 것이 시간과 비용을 절약한다.

인사법은 친밀한 관계가 아니면 굳은 악수로 하며 이는 남녀 간에도 동일하다. 친밀한 관계이면 가벼운 포옹을 한다. 어깨를 가볍게 두드리는 것은 친밀함을 표시하는 것으로 받아들여진다.

아이마라나 케추아 등 인디오 원주민 언어도 공식 언어이다. 그러나 비즈니스는 스페인어로 이루어지며 원주민도 유창한 스페인어를 구사한다.

다. 브라질 ──────────────────────

브라질은 여러 가지 경제문제에도 불구하고 강력한 산업부문, 거대한 농업생산 능력 그리고 막대한 천연자원을 가진 잠재적 부국이다. 사탕수수로부터 추출한 에틸 알코르(Ethyl Alcohol)를 150만대에 달하는 차량에 휘발유 대체연료로 사용하는 것은 브라질이 자원을 효율적으로 사용하고 있는 사례이다.

브라질인은 자신들을 히스패닉이라고 생각하지 않으며 스페인어로 대화하는 것을 좋아하지 않는다. 현지 활동할 때 명함은 영어와 포르투갈어로 병기하는 것이 좋다.

인종, 언어, 믿음 등에서 많은 다양성을 가지고 있다. 그 다양성도 포르투갈 등 유럽, 일본, 중국, 한국 등 아시아, 중동, 아프리카 등 모든 지역을 포함하고 있다.

브라질 정부는 천연자원의 약탈에 매우 민감하다. 브라질은 19세기 시장을 독점하고 있던 천연고무 산업이 한 영국인의 고무나무 씨앗 밀반출과 동남아시아에서 재배 성공으로 무너진 경험을 가지고 있다. 최근 브라질 정부는 아마존 유역 생물다양성에 대한 자국의 소유권을 강력하게 주장하고 있다.

스페인이 식민 지배했던 여타 중남미 국가들과 다르게 브라질에는 고고학자들이 연구할만한 가치가 있는 문화유산이 거의 없다. 인디오 원주민들은 유럽으로부터 도래한 전염병에 의한 사망, 이종 간 결혼 등으로 대부분 사라져버리고 아마존 오지에 소수 부족만 남아 현대 사회에 적응해가고 있을 뿐이다.

브라질은 스페인 식민지였던 국가들과 다르게 종주국인 포르투갈과 치열한 전쟁을 통해 독립을 달성하지 않았다.

나폴레옹 전쟁을 피해 브라질에 이주했던 포르투갈 왕정(1808~1821)이 다시 포르투갈로 돌아가며 현지에 부왕으로 남겨두었던 페드루(Dom Pedro) 왕자가 1822년 브라질제국(Empire of Brasil)으로 독립을 선언하고 스스로 페드루 1세(1822~1831) 황제로 취임하면서 독립을 이루었다. 물론 이 과정에서 포르투갈 본국과 소규모 무력충돌은 있었지만 그 과정은 격렬하지 않았다.

이어 페드루 2세(1831~1889)가 집권하던 1889년에 발생한 군부 쿠데타로 황제체제는 폐지되고 지금의 브라질연방공화국(Federative Republic of Brasil)이 탄생했다.

브라질은 독립이후 현재의 우루과이 지역에 대한 주도권 장악을 위해 아르헨티나와 3년(1925~1828)에 걸친 전쟁을 하는 등 역내에서 영토 확장을 위해 주변 인접국에 대한 제국주의적 입장을 견지했다.

브라질은 커피, 사탕수수, 천연고무 등 일차산품 국제가격 변동에 따라 붐 앤 버스트(Boom and Bust)경제를 경험하며 근대화 과정을 겪었다.

1960년 브라질리아로 수도를 이전한 뒤 인플레 등 경제적 혼란이 발생하자 이를 빌미로 1964년 군부가 쿠데타를 일으켜 정권을 장악했다. 군부정권은 1984년까지 권위주의적 통치를 이어오다 경제적 난국을 해결하지 못하고 1985년 민선정부에 정권을 넘겼다.

인구의 80% 정도가 스스로를 로마 가톨릭 교도라고 생각하고 있다. 국교는 없으며 종교의 자유가 보장되어 있다. 최근 신교가 크게 성장하고 있는데 인구의 23%에까지 이르고 있는 것으로 알려지고 있다. 주류 계파는 펜테코스트(Pentecostal)교 이다. 아프리카계 브라질인은 대체로 로마 가톨릭교와 아프리카 토속신앙이 결합된 혼합신앙(syncretic belief)을 신봉함에도 불구하고 자신들을 가톨릭교도라고 생각하고 있다.

브라질의 다양하고 복잡한 문화는 종종 권위주의 정권에 우호적 반응을 하고 있다. 이는 브라질 황금시대(1840~1889)라고 불리는 페드루 2세 통치 기간 중에 형성된 역사적인 유산이다. 브라질인은 대체적으로 위기시기에 군부 등 권위주의 정권의 등장을 용인하는 경향이 있다.

브라질인은 토론 주제에 매우 개방적이며 여타 국가와 다르게 분석적이고 추론적이다. 원론적인 법규보다는 특정한 상황에서 발생하는 사안에 더 집중한다. 가족과 친지간 토론 주제는 대체적으로 사적 범주에 한정한다.

문제해결에 있어서 간접적 접근방식을 선호하는데 대체적으로 감성적 판단에 크게 의존한다. 사실은 증거로서 받아들인다.

브라질인들은 일반적으로 자신들의 결정에 책임을 지며 가족에 대한 충성을 가장 높은 가치관으로 받아들이고 있다. 따라서 족벌주의는 가족의 당연한 의무로 받아들여지고 있다. 가족을 넘어선 친족그룹도 매우 중요하고 충성이 요구되는 넓은 가족공동체이다. 친족그룹은 과거 특출한 선조를 공동으로 둔 혈연관계로 이루어지는데 이들은 여기에 소속됨으로서 안정감을 가진다.

브라질에는 인구 규모가 큰 독일인과 일본인 공동체가 존재하는데 이들의 가치체계는 통상적인 브라질인들과 차이가 있다.

가톨릭교회가 브라질인의 일상적인 문화와 삶의 방식에 주는 영향이 매우 크다. 사실상 많은 브라질인들이 명목상 가톨릭교도 임에도 불구하고 삶의 의식과 방법은 여기에 크게 의존하고 있다.

브라질은 불평등한 관계가 일반화되어 있다. 빈부격차, 피부색, 교육 등에 따라 사회적 위상과 계층 간 간격이 매우 크다. 개인의 직업도 계층 간 불평등을 반영해 사전적으로 결정되는 것이 현실이다. 남성우월주의가 강해 여성을 종속적으로 보는 문화는 계속되고 있다.

그러나 최근 들어 기득권 계층이 정부의 주요직책을 당연히 차지하는 행태는 도전을 받고 있다.

시간을 잘 준수하지 않는 것이 일상이기 때문에 비즈니스 협상을 할 때 브라질 측 상대방에 대한 인내심을 가져야 한다. 카니발 시기에는 비즈니스 협상을 피해야 하며 최소한 1주일 전에 미팅 약속을 하는 것이 필요하다. 사전 준비 없는 비즈니스 미팅이나 정부인사 면담은 피해야 한다. 미팅 시간은 10~12시 사이로 하며 자연스럽게 오찬으로 이어가는 것이 좋다.

브라질에서 비즈니스를 잘 추진하기위해서 강하고 우호적 인간관계를 만드는 것이 매우 중요한데 이를 위해 많은 시간과 비용이 필요하다.

협상할 때 토의주제를 순차적으로 긴 시간동안 하는 것보다는 모든 주제를 동시다발적으로 진행하며 타결하는 것이 유리하다. 본질적이지 않는 데이터도 세심하게 검토해야하며 최종으로 확정적인 언질을 하기 전까지 유연한 입장을 고수하는 것이 좋다.

종종 브라질인들은 상대방의 적극적 협상자세를 공격이라고 보기 때문에 논점을 우회해 의사표시를 하고 충돌은 가급적 피해야 한다. 협상 후 계약단계에서 변호사, 회계사, 공증인 등을 참여시켜 진행하는 것이 필요하다.

비즈니스 밖의 대화 주제로 정치문제와 아르헨티나 관련사항은 피하는 것이 좋다. 아르헨티나는 브라질의 전통적인 역내 경쟁국가 이다.

브라질 인사법은 초면에도 격정적인 악수를 하며 다소 친밀해지면 포옹하는 관계로 발전한다. 여성들은 뺨을 바꿔가며 가벼운 키스를 한다. 그러나 그룹으로 만날 경우에는 도착과 출발 시 정중한 악수를 교환한다.

'박사', '교수' 등 명예로운 자격이 있을 때 명함에 기재를 해두는 것이 신뢰감을 형성하는데 도움이 된다. 브라질에서 이름은 스페인어 국가들과는 다르게 '첫 이름, 중간 이름, 마지막 이름(부계 성)' 순서로 표기한다.

브라질인들의 대화 거리는 물리적으로 매우 가깝다. 대화 중에도 팔, 손 그리고 어깨 등을 접촉하며 친밀함을 표시한다. 미국식 동의 표시인 '오케이'는 상스러운 표현으로 받아들여진다.

검정과 보라는 장례 때 사용되는 색상으로 선물 등에는 사용하지 않는다. 나이프나 손수건도 기피되는 선물이다. 초면에 선물을 하는 것은 바람직하지 않고 대안으로 오찬이나 만찬에 초대하는 것이 좋다.

선물을 할 경우 공식 미팅이 종료되고 긴장이 완화된 적당한 시점을 활용해야 한다. 전자 및 정보통신 관련 아이디어 제품, 브랜드 필기구 등이 좋은 선물이다.

브라질은 상하의 나라이므로 의류는 천연소재로 만들어진 것이 쾌적하다. 남반구에 속해 있으므로 계절이 북반구와 반대이다. 녹색과 황색은 브라질 국기 색상이므로 외국인은 피하는 것이 좋다.

비즈니스 협상에서 복장은 협상의 질을 높이는데 중요하다. 성별에 관계없이 보수적인 복장을 준비하는 것이 매우 바람직하다.

라. 칠레

칠레의 최초 정착민은 금과 은을 찾아온 스페인 정복자들이었다. 그러나 그들이 정작 찾은 것은 현재 칠레 중부지방의 비옥한 계곡이었다. 칠레는 곧 바로 정복되어 페루부왕청의 통치를 받았다.

칠레는 애국자로 명망이 높은 오히긴스(Bernardo O'Higgins) 장군이 1810년 스페인에 대항해 전쟁을 시작한 뒤 1818년 승리하고 독립을 이루었다. 독립이후에는 아르헨티나와 마젤란해협 지배권 확보를 위해 전쟁을 하였으며 1883년에는 페루와 볼리비아 연합을 상대로 하는 태평양전쟁에서 승리해 구리 등 자원이 풍부한 아타카마 사막지대를 포함한 북부 영토를 이들 국가로부터 가져왔다.

칠레 정치는 독립이후 대체적으로 안정을 유지하였다. 1970년 대선에서 승리하고 집권한 아옌데(Salvador Allende) 대통령의 사회주의 정권은 1973년 피노체트(Augusto Pinochet) 장군이 주도한 군부 쿠데타로 무너지고 피노체트(Augusto Pinochet) 장군이 주도하는 군부정권이 1989년까지 칠레를 통치했다. 이 시기 군부정권은 많은 인권유린을 자행했다.

1990년 민정이양이 이루어진 뒤 칠레 민주주의는 역내에서 모범적으로 운영되며 정치적 안정을 이루었다.

국교는 없으나 인구의 78%가 스스로를 로마 가톨릭교도로 인식하고 있다. 인구의 13%는 개신교도로 파악되고 있다.

지진, 화산, 쓰나미 등 자연재해가 끊이지 않고 있는데 사회학자들은 이러한 환경이 칠레인의 비관적이고 숙명론적 사고방식에 영향을 준 것으로 분석하고 있다.

칠레인들은 전통적으로 허세와 과식을 자제하였다. 그러나 20세기 후반기부터 경제가 안정적인 성장을 하고 사회적으로도 안정이 이루어지면서 부를 과시하는 경향이 점점 나타나고 있다.

칠레인들은 협상이나 토론을 할 때 정보 활용을 잘 한다. 특히 해외에서 수학했거나 해외 비즈니스 업무를 다루는 계층은 정보를 개념적이고 분석적으로 접근한다.

그럼에도 불구하고 문제해결을 위한 의사결정을 할 때 대부분 통상적인 국제규범에 의존하지 않고 개인의 사고방식을 따른다. 특히 협상을 할 때 사실관계보다는 감성에 의존하는 경우가 많다. 사실관계는 개인적이고 주관적인 것으로 고려될 뿐이다.

가톨릭교와 개신교적 사고방식이 보이지 않게 협상태도에 영향을 미친다.

대가족(extended family)과 같은 집단주의적 문화가 개인의 의사결정의 중요한 요소로 작용한다. 즉 이들에게는 개인의 의사결정이 집단의 명예와 이익에 어떻게 영향을 주었는가를 판단하는 것이 매우 중요하다. 따라서 전문기술이나 지식은 가족과 친족공동체의 일원이 되는 것보다 덜 중요하다.

칠레인들은 일반적으로 매우 높은 수준의 위험회피 경향을 보이고 있다. 이를 위해 이들은 규범과 도덕성이라는 세계관을 활용한다.

전통적으로 사회계층화가 강하게 형성되어 있는데 칠레인들은 대체적으로 자기가 속해있는 사회적 계층을 숙명으로 받아드리는 경향을 가지고 있다. 그러나 1990년대부터 이어진 경제적 성장으로 사회적 계층은 덜 중요한 것으로 바뀌고 있다.

많은 수는 아니지만 낮은 사회계층 배경을 가진 기업가들이 점점 늘어나고 있다. 다만 여타 역내 국가들보다 전통적으로 차별화된 상류층의 규모가 작고 중산층 범위가 넓다. 물론 상당한 수준의 극빈계층도 상존한다.

칠레인은 모든 개인이 평등한 권리를 가진다고 생각하고 있기 때문에 이를 담보할 새로운 입법의 필요성은 없다. 그럼에도 불구하고 현실적으로는 흑인과 인디오 원주민들에 대한 차별은 보이지 않게 계속되고 있다.

칠레는 여타 역내 국가들 평균보다 낮은 남성우위사회 경향을 보이고 있다. 이러한 상황은 2006년 칠레 대선에서 여성으로 바첼렛(Michelle Bachellet) 대통령이 당선된 것으로도 짐작할 수 있다. 의회, 정부, 민간부문에서 여성의 활약이 두드러진다.

칠레인은 대체적으로 미팅 협상 시간을 잘 지키지만 30분 내에서 늦을 경우 민감하게 반응할 필요는 없다. 리셉션 등 파티에는 30분 정도 그리고 오찬과 만찬에서는 15분 정도 늦는 것은 일반적으로 저항감 없이 받아들여진다. 미팅 적합시간은 오전 10시~12시, 오후 2시 30분~5시이며 오전 미팅을 오찬으로 이어가는 것이 매우 바람직하다.

약속은 최소 1주일 이전에 정하고 미팅 당일 전에 확인을 하는 것이 좋다. 매년 1~2월은 휴가기간 이며 이 시기 미팅은 잘 이루어지지 않는다. 일자는 일/월/년 순서로 표시된다.[86]

---

[86] 즉 Dec 3, 2020은 3/12/20, 또는 3.12.20으로 표시된다.

의사결정은 중앙집권적이나 사안의 중요성에 따라 하위 직급으로 위임된다. 그러나 중요한 사항은 항상 최고경영자 또는 관리자가 다룬다. 의사결정은 모든 수준에서 매우 더디기 때문에 인내가 필요하다.

비즈니스 협상과 성사에 인간관계가 매우 중요하다. 첫 미팅에는 일반적으로 상급관리자가 중간관리자들과 함께 협상을 진행한다. 이 때는 상호 신뢰감을 형성하는데 집중하고 구체적 협상은 중간관리자들과 친밀감을 높여가며 진행하는 것이 좋다.

전반적으로 칠레인들은 자존감은 높기 때문에 협상할 때 이를 고려하면서 대화 수준을 높여가야 한다. 협상을 준비하는데 은행, 컨설팅회사 등 제3자가 개입하는 것을 선호하며 이는 신뢰감을 형성한다.

칠레인은 협상에서 대부분 신중하고 직설적인 표현을 구사한다. 강압적 접근방식은 통하지 않으며 최저 협상조건을 미리 정해 놓아야 한다.

칠레는 지리적 위치가 남미 남단의 먼 국가이므로 사후관리 등 차후 지원문제 등을 자세하게 설명해주는 것이 신뢰감을 높인다.

칠레인들은 전반적으로 보수적 성향을 가지고 있기 때문에 현지에서 체재할 때 프리미엄 호텔에 투숙하는 것이 좋은 인상을 주며 문신, 전위적 복장 등은 거부감을 일으킨다.

친절함과 존중심을 중요한 가치로 여기기 때문에 저돌적인 표현과 행동은 자제해야 한다. 칠레 역사, 정치 및 경제에 대한 이해와 긍정적 표현은 협상 진행에 도움을 줄 수 있다.

미팅 시 인사는 정중한 악수를 하는 것이 무난하다. 여성도 악수를 교환하나 종종 가벼운 포옹을 하며 등을 두드리기도 한다. 파티에서도 동일하다.

직업 등은 직접적으로 문의하지 않고 상대방이 자발적으로 얘기할 때까지 기다리거나 먼저 자기소개를 하고 상대방의 반응을 유도하는 것이 좋다.

비즈니스 협상 주제를 제외한 일반적 대화주제로 가족, 칠레 역사, 요리, 포도주, 추천 관광지, 스키와 낚시 등 취미활동, 세계여행 등 가볍고 즐거운 내용이 좋다.

마. 콜롬비아 ─────────────────────

　콜롬비아는 중남미에서 치안이 불안한 지역이라는 평판을 가지고 있다.
이는 현지에서 다발하고 있는 마약관련 범죄나 보석금을 노린 납치 그리고
거리에서 발생하는 일상적 생활범죄 등 때문이다. 여기에 오랫동안 계속된
반정부 게릴라 내전도 한 몫을 하고 있다. 참고로 콜롬비아에서 마약과 연
루된 기업과 비즈니스를 추진하는 것을 경계해야 한다. 미국으로부터 사후
제제를 받을 수 있다.

　콜롬비아 인사법은 우선 매우 긴 것으로 유명하다. 모든 대화는 가족 건강
과 안위, 직장에서의 편안함과 즐거움 여부 등의 생활 주변 담화로 시작하
고 이어지며 이를 중지시키면 무례한 것으로 생각된다.

　콜롬비아는 식민시대 뉴 그라나다 부왕청(New Granada Viceroyalty)[87]
의 중심지역으로 보고타(Bogotá)는 1717년에 부왕청 수도로 지정되었다.

　남미 해방자로 불리는 시몬 볼리바르 장군은 1810년 스페인을 상대로 시
작한 독립전쟁에서 승리한 뒤 1819년 그란 콜롬비아(Gran Colombia)를
건국했는데 그 중심지역이 콜롬비아 지역이었다.

　그러나 그란 콜롬비아는 1930년 초대 대통령이었던 시몬 볼리바르가 사
망하며 발생한 내분으로 1931년에 콜롬비아, 에콰도르, 베네수엘라로 분
할되었다. 볼리바르 장군은 그란 콜롬비아 대통령으로 보수당(Conserva-
tive Party)을 창당해 정권지지 기반으로 만들었다. 그 반대파로 자유당
(Liberal Party)이 창당되어 보수당과 대치했는데 이 양당 간 갈등과 투쟁

───────────────────────────────

87　뉴 그라나다 부왕청 통치영역은 현재의 콜롬비아, 베네수엘라, 에콰도르, 파나마를 포함하고
있다.

의 유산은 현재까지도 이어지고 있다.

콜롬비아는 1948년 자유당 지도자이며 대선 후보인 가이탄(Jorge Eliécer Gaitán)의 암살로 자유당과 보수당 지지세력 간 소위 '라 비올란시아(La Violancia, 폭력)'로 불리는 10년의 내전을 경험했다. 이 내전으로 약 30여만 명이 사망했다.

1957년 내전이 끝나고 대선이 치러졌으며 이후 16년 동안 보수당과 자유당은 정권분담협약을 체결하고 정권을 서로 나눠가며 담당하였다. 이들은 1974년 다시 이 협약(power sharing agreement)을 갱신하였다.

콜롬비아 불법마약 거래는 1970년대 마리화나(Marijuana)로부터 시작되었다. 그러나 콜롬비아가 마약거래의 중심지역으로 인식된 것은 코카를 가공해 만든 코카인의 등장부터 이다.

메데인 카르텔(Medellín Cartel, 1976~1993)과 칼리 카르텔(Calí Cartel, 1997~1998)이 코카인을 생산하고 국내와 해외에서 밀거래를 시작했다. 이에 따라 콜롬비아에서는 마약관련 정치사회적 테러가 빈발하였고 치안상황 불안이 크게 조성되었다.

20세기 말까지 정부의 탄압으로 메데인과 칼리 카르텔이 붕괴되자 이들로부터 분화된 중소 규모의 카르텔들이 다시 코카인 국내외 밀거래를 계속하며 치안불안 상황을 조성하고 있다.

'라 비올란시아' 내전이 종료되자 다시 경제사회문제 해결에 불만을 가진 농민과 도시빈민은 콜롬비아혁명군(FARC), 국가해방군(ELN)등 반정부무력단체를 결성하고 정부와 게릴라 방식의 저강도 비대칭 투쟁을 전개했다.

그러던 중 1980년대 중반부터 이들은 무력단체의 재원마련을 위해 마약거래에 참여하기 시작하였다. 특히 메데인과 칼리 카르텔 약화 및 붕괴를 틈타 재원마련을 위해 적극적으로 활동 하였다.

우리베 우파정권은 미국의 마약유통근절프로그램(Plan Colombia)의 지원을 받아 반정부 게릴라단체와 비대칭 내전 상황에 들어갔다. 2011년에는 콜롬비아 의회가 콜롬비아혁명군이 영토의 1/3을 사실상 지배하고 있다고 발표할 정도로 이들의 영향력은 무시할 수 없었다.

그러나 이러한 상황은 2016년 11월 콜롬비아 정부와 콜롬비아혁명군 사이에 개최된 평화협상에서 합의안이 마련되고 서명되어 내전은 원칙적으로 종결되었다.

헌법상 종교자유는 보장되어 있지만 인구의 90%정도가 로마 가톨릭교도이다. 최근 팬티코스트 파를 중심으로 한 개신교가 확산하고 있다.

지리가 문화에 미치는 영향이 작지 않다. 콜롬비아 지형은 독특한 측면이 있는데 역내 국가 중 유일하게 태평양과 대서양으로 연결되는 카리브 양안을 가지고 있고 베네수엘라, 에콰도르, 페루, 브라질, 파나마 등 역내 다수 국가들과 국경을 접하고 있다. 그리고 산악과 계곡이 많아 국내 지역 간에도 고립되어 소통의 어려움이 있다.

미국의 콜롬비아에 대한 영향력은 20세기 초부터 현재까지 계속되어 왔다. 1903년 미국은 파나마운하 건설을 위해 콜롬비아 영토였던 지금의 파나마를 정치적으로 부추겨 독립을 시켰다. 현재에도 미국은 콜롬비아 중앙 정부의 마약퇴치와 지방에서의 통치권 회복을 돕는다는 명분을 가지고 콜롬비아 내정에 직간접적인 영향력을 행사하고 있다.

콜롬비아에서 행해지는 밀무역도 오래된 유산이다. 식민시대에도 카리브 해안은 밀무역이 성행하던 곳이었다. 밀무역은 마리화나나 코카인에만 국한 되지 않는다. 에메랄드나 희귀종 동식물도 그 대상이며 반대로 국내로 수입되는 공산품도 다량 밀수입되고 있다. 콜롬비아 평균관세율은 36%이다.

콜롬비아인은 대체적으로 모든 토론 주제에 개방적이다. 그렇다고 토론으로 쉽게 입장을 바꾸지는 않는다. 모든 정보는 주관적으로 받아들이나 추상적 원칙에 맞춰 재단하지 않고 오히려 모든 상황을 특수한 경우로 인식하는 경향을 가지고 있다.

진실 여부는 먼저 감성으로 판단한다. 따라서 인간관계에서 진실여부는 당연하게 그래야 된다거나 또는 그렇게 될 것 같다는 인식 속에서 결정되며 이념 등은 중요하게 생각되지 않는다.

불확실성회피 경향은 높은 편이다. 따라서 콜롬비아인은 위험을 회피하며 변화에 적극적이지 못하다.

의사결정은 통상적으로 '로스카스(roscas)'로 불리는 강력한 비공식그룹에 의해 이루어진다. 개인의 의사결정도 가족이나 친족그룹의 이해관계나 만족여부에 의해 영향을 받는다. 비즈니스 의사결정도 모두 이러한 기준과 범주 내에서 이루어진다.

집단주의적 의식이 전통적으로 강하다. 개인은 자신이 속한 가족, 친족, 그 밖의 보다 큰 집단에서 역할을 인정받고 있는가 여부가 심리적 그리고 현실적 안정감을 주기 때문에 의사결정에 있어서 이에 대한 우려를 많이 하고 있다.

정치경제 엘리트계층은 대부분 유럽인 조상을 두고 있으며 대부분의 상업, 기업, 산업을 지배하며 조종하고 있다. 사회는 인종과 빈부를 기준으로 보이지 않게 계층화되어 차별이 잠재되어 있다.

콜롬비아인은 일반적으로 15~20분 정도 늦는 것은 일상적이며 늦음에 대한 사과도 하지 않는다. 그럼에도 불구하고 외국인들이 시간을 엄수하는 것은 당연하게 생각하기 때문에 외국인은 비즈니스 미팅 시간을 엄수하는 것이 좋다.

파티 등 사회적 미팅에는 외국인도 15~20분 정도 늦어도 된다. 미팅 약속은 일주일 전에 하되 서신보다는 전화, 이메일, 팩스 등을 사용해서 하는 것이 바람직하다.

협상에서 내륙지방에 거주하는 콜롬비아인은 대부분 격식을 갖추며 보수적 성향을 가지고 있는 반면 해안지역에 거주하는 콜롬비아인은 격식을 차리지 않고 느슨한 분위기를 선호한다.

현지인을 에이전트로 고용하지 않고 비즈니스를 진행하는 것은 어려움을 수반한다. 이는 많은 비즈니스가 보이지 않는 인적네트워크를 기반으로 이루어지고 있기 때문이고 콜롬비아인은 이 방식을 선호하기 때문이다. 비즈니스 진행과정에서 에이전트를 교체하면 비즈니스 자체가 중지되는 경우가 있기 때문에 신중해야한다.

오찬은 비즈니스 미팅에서 가장 선호된다. 콜롬비아인은 환대를 표시하기 위해 종종 가정에 초대해 식사를 하는 것을 주저하지 않는다. 식사 때 충분하게 먹었다는 표시로 소량의 음식을 남기는 것도 좋다.

표준적인 인사법은 악수이다. 친구사이나 여성들은 가벼운 포옹을 하며 등을 두드리거나 볼에 가벼운 키스를 한다. 인사하면서 가족의 안부를 묻는 등 길게 얘기하는 것은 상대방에 대한 존경의 표시이다. 따라서 상대방에게 같은 내용의 안부 인사를 할 준비를 하는 것이 필요하다.

친하지 않을 경우 이름을 부르지 않는 것이 바람직하다. 이름은 가족, 친구 간에는 사용되지만 그렇지 않은 경우는 서로 양해가 있어야 한다. 성을 사용해 호칭하는 것이 좋다. 콜롬비아인의 대화 거리는 역내의 다른 국가보다 다소 멀다. 특히 내륙지역 거주 콜롬비아인은 격식을 차리는 경향이 있기 때문에 유의해야한다.

비즈니스 미팅 복장은 내륙지역에서는 격식을 차리는 것이 상대방에 대한 예의표시로 좋은 인상을 준다. 연안지역에서는 다소 자유롭다. 그러나 이 경우에도 외국인은 사전 양해가 없다면 보수적 복장이 좋다.

식사 초대를 받았을 때 선물로 꽃, 고급 초콜릿, 파이 등 과자류가 좋으며 초청자 자녀 선물도 환영받는다. 여성은 향수를 선호하며 좋은 포도주, 위스키 등도 무난하다.

바. 에콰도르

에콰도르는 남미에서 두 번 째로 큰 산유국이다. 그러나 1982년 유가하락 그리고 1987년 지진에 따른 송유관 파손으로 인해 일시적으로 외채지불불능 사태를 겪기도 했다. 석유수출기구 회원국이었으나 1992년 소규모 산유국의 이해관계를 무시한다는 이유로 탈퇴하였다.

에콰도르는 1941년 페루와 국경분쟁에서 영토의 반을 페루에 잃어버렸다. 이 결과 에콰도르는 남미에서 소국으로 전락했고 페루와 원한을 가지고 긴장관계를 유지하고 있다.

내륙지역 거주자와 해안지역 거주자의 성향과 이해관계가 서로 달라 양 지역 간에는 과거부터 현재까지 다양한 형태의 충돌이 있어 왔다. 수도인 키토를 대표로 하는 내륙지역 거주자들은 격식을 따지는 보수적 성향을 가지고 있는 반면 과야킬을 대표로 하는 해안지역 거주자들은 자유분방하고 진보적 성향을 보유하고 있다.

갈라파고스 섬은 에콰도르가 자랑하는 에코관광 지역이다.

에콰도르는 콜럼버스 대륙 발견 때까지 잉카제국이 지배했던 지역으로 스페인은 1534년에 이르러서야 에콰도르 정복을 완료했다. 1717년 뉴그라나다부왕청이 보고타에 설치되기 전까지는 페루부왕청의 관할을 받았다.

에콰도르는 1809년 스페인으로부터 독립전쟁을 시작한 뒤 1822년 독립을 달성했다. 이후 볼리바르 장군이 주도하는 그란 콜롬비아 연방에 참여를 하지만 1830년 에콰도르공화국으로 분리 독립했다.

에콰도르는 그란 콜롬비아로부터 분리한 뒤 콜롬비아, 페루 등 인접국과 국경분쟁 등을 포함하여 독재정권과 반란이 일상화된 정치적 불안이 계속되었다. 1941년에는 페루와의 국경분쟁에서 국토의 반이 병합되는 어려움을 경험했다. 이후에도 정치 불안은 계속되었으며 정도와 행태는 다르지만 지금까지도 이어지고 있다.

국교는 없으며 헌법으로 종교의 자유가 보장되고 있다. 그러나 인구의 93%가 로마가톨릭 교도이다. 최근 개신교 진출이 확산되고 있다.

에콰도르는 안데스산맥 지대에 포함되어 지진, 화산, 산사태 , 엘니뇨 등 자연재해의 위험이 항상 도사리고 있다. 사회학자들은 이러한 자연환경이 에콰도르인의 숙명론적 인식 형성의 배경이 된 것으로 분석하고 있다.

인디오 원주민은 가장 낮은 사회계층에 속해있으며 전통적으로 집단적 정치행위를 해오지 않았다. 그러나 이들은 석유개발에 따른 환경파괴와 개발수익의 불평등한 분배에 불만을 느끼고 가난한 메스티소 계층과 연대해 정치적 저항을 하기 시작했다. 그리고 자신들의 저항으로 정권퇴진 등 효과가 나타나자 정치세력화 하면서 사회운동의 중요한 동력으로 자리 잡았다.

에콰도르인의 인식체계는 교류와 경험적 사고를 우선하고 있다. 따라서 토론 주제에 대해 정보를 인식하는데 개방적이지만 자신들의 기본입장을 쉽게 바꾸지는 않는다.

행동을 하는데 있어 원론적인 법규를 원용하는 것보다는 상황논리를 우선하는 경향을 보인다. 토론주제나 상황에 대해 개인이 가지고 있는 감성이나 느낌이 인식의 기반이 된다. 따라서 자신이 속한 사회계층에 따라 진실에 대한 인식내용이 달라질 수 있다. 보편적이며 계량적 데이터에 기초한 설명은 대부분 설득력이 크지 않다.

사회계층이 보이지 않게 형성되어 있으며 각 계층 간 상당한 수준의 사회적 거리가 만들어져 있다.

에콰도르인은 인격주의(personalism)가 매우 강해 자신의 지위에 대해 관심이 많다. 이는 가족, 친지그룹, 사회에서 자신의 위치와 존재감을 중요하게 생각하고 있다. 집단주의적 성향이 강하며 가톨릭교회가 개인의 사회적 행위에 큰 영향을 미치고 있다.

노동윤리는 강하다. 그러나 노동 자체를 중요하게 생각하는 것이지 노동을 통해 이루어 내는 사업목표에는 관심도가 떨어진다.

내륙지역과 해안지역 엘리트(Sierra elites vs. Coast elites) 간 경쟁과 갈등이 과거부터 상당한 수준으로 계속되어 왔다. 내륙지역 엘리트들은 전통적 상류계층으로 보수성이 강한 반면 해안지역 엘리트들은 비즈니스에 종사하면서 개방적 성향을 가지고 있다.

에콰도르인의 권력거리는 여타 중남미국가들보다 높은 수준이다. 따라서 권력자는 특권을 누릴 수 있다고 믿는 경향이 강하다. 그럼에도 불구하고 젊은 세대들은 점점 이러한 인식에서 벗어나고 있다. 남성우위성향이 강하다.

시간준수에 스스로 엄격하지는 않으면서 외국인들의 시간 엄수는 당연하게 생각한다. 15~20분 정도 늦는 것은 시간을 엄수한 것으로 간주한다.

미팅 약속은 2주 전에 하는 것이 바람직하며 시간은 오전 10시 이후가 좋다. 복장은 역내 여타 국가들보다 덜 보수적이다.

현지 경영컨설턴트나 법률회사 등을 에이전트로 활용하는 것이 비즈니스 성과나 안전 측면에서 유리하다. 에이전트 교체는 기존의 비즈니스 인간관계에 영향을 주기 때문에 신중하게 판단해야 한다.

협상을 진행할 때 정치에 대한 주제는 가급적 피하고 페루나 콜롬비아 등 인접국가에 대한 언급은 하지 않는 것이 좋다. 외국인이 우월감을 보여주는 것에 대한 저항감이 강하다. 특히 에콰도르를 타국과 비교하는 것은 피해야 한다. 오히려 에콰도르 문화, 역사, 관광지에 대한 관심과 호기심을 나타낼 경우 친밀감을 보여준다.

하루 일과 중 오찬을 중요하게 생각하므로 비즈니스 미팅을 오찬으로 연결하면 좋다. 오찬 중 과도한 음주를 피하지 않으며 가정으로 초대하는 것을 어렵게 생각하지 않는다.

인사는 남녀 모두 악수를 하는 것이 무난하다. 친근한 경우 가벼운 포옹을 하며 등을 두드린다. 여성의 경우 가볍게 볼에 키스를 한다.

사. 멕시코

멕시코는 가톨릭교 영향이 전통적으로 매우 강한 국가로 모든 도시와 마을이 독자적인 수호성인을 가지고 있을 정도이다. 많은 멕시코인은 자신들을 '과달루페 사람(Guadalupeño)'라고 부르기도 하는데 이는 16세기 멕시코에서 발현했다고[88] 하는 성모마리아를 일컫는 호칭이다.

과달루페의 성모는 멕시코의 종교와 문화를 대표하는 이미지 가운데 가장 대중적인 이미지이다. 과달루페 성모 축제일은 12월 12일이다. 이는 성모 마리아가 멕시코시티 인근의 테페약(Tepeyak) 언덕에서 성 후안 디에고(Saint Juan Diego)에게 나타난 1531년 12월 12일을 기념하여 제정한 것이다. 멕시코시티에 소재한 과달루페 성모 대성당은 가톨릭 세계의 성소 가운데 두 번째로 큰 성소이다.

멕시코인의 소통방식은 예의를 갖추면서 화려하게 꾸미고 열정적으로 보이게 하는 특징을 가지고 있다. 그러나 이러한 격식 차린 예의는 진실한 감성 또는 느낌을 숨기고 있을 수 있다.

특히 예의바르게 말하면서 반대로 행동하는 것을 쉽게 한다. 미국에서 눈을 마주치며 대화하는 것은 신뢰감을 보여주는 행위이지만 멕시코인은 눈 맞춤을 공격적이며 협박적인 것으로 느끼기 때문에 비즈니스 대화 중 이를 감안해 의식적으로 눈 맞춤 간격을 둘 필요가 있다.

멕시코인은 가족을 가장 중요한 공동체로 생각하고 충성심이 매우 크다. 따라서 정실주의(nepotism)가 일상적으로 행해지며 가족의 문제는 직장의 그것보다 우선한다.

멕시코 문화의 원천은 아스텍과 마야 등 인디오 원주민 문화에까지 거슬러 올라간다. 스페인은 1521년까지 아스텍과 마야 제국을 정복하고 식민

---

[88] Wikipedia

지배 체제를 구축했다. 이 과정에서 수많은 인디오 원주민들은 전쟁, 전염병, 강제노동 등으로 사망하며 그 인구가 크게 감소했다.

스페인은 1521년 뉴스페인부왕청(Viceroyalty of New Spain)을 멕시코 시티에 설치하고 현재의 미국 남부, 멕시코, 파나마를 포함하는 중미에 이르는 광대한 지역을 통치하게 하였다.

멕시코 독립전쟁은 1810년 9월 16일 돌로레스(Dolores) 마을 이달고(Miguel Hidalgo) 신부가 '돌로레스 외침(Grito de Dolores)'으로 알려진 독립선언을 하면서 시작되었다. 이달고 신부는 이듬 해 부왕청군에 체포되어 처형되었지만 독립전쟁은 계속되어 멕시코는 1821년 독립을 달성하였다.

멕시코 독립은 당초 반군이 원했던 공화정이 아닌 황제정체로 이투르비데(Agusín de Iturbide)가 초대황제로 취임했다. 그러나 이투르비데 황제는 9개월 만에 산타 아나(Antonio López Santa Ana) 장군에 의해 폐위되고 1824년 최초로 신헌법이 제정되어 공화국이 되었다.

멕시코는 1836년 미국이 텍사스의 독립을 부추기고 1848년에 자국 영토로 편입시키자 무력으로 항의했다. 미국은 이를 선전포고로 간주하고 멕시코와 전쟁에 돌입했다.

전쟁에 승리한 미국은 텍사스는 물론이고 현재의 캘리포니아, 네바다, 유타, 콜로라도, 애리조나, 뉴멕시코 주를 포함하는 영토를 멕시코로부터 양도를 받았다.

이 전쟁의 결과로 멕시코는 기존 영토의 반을 잃어버렸다. 이 역사적 사건은 향후 미국과 멕시코 간 다양한 영역에서 외교적 반목과 멕시코의 반미 문화형성의 원천이 되었다.

1876년 쿠데타로 정권을 잡은 포르피리오(Porfirio Díaz) 장군은 1910년에 발발한 멕시코혁명전쟁으로 물러날 때까지 직간접적 방법으로 독재정권을 유지해 왔다.

당초 포르피리오 독재정권에 대한 저항으로 시작된 멕시코 혁명전쟁은 포르피리오 정권이 종식되자 다시 입헌주의파(Constitutionalists)와 급진주의파(Radicals)로 나뉘어 진영 간 전쟁으로 바뀌었다. 입헌주의파가 우세한 가운데 멕시코 혁명전쟁은 1920년에 가서야 종식되었다. 이 내전으로 전제 인구의 1/8이 사망하여 향후 멕시코 문화형성에 큰 영향을 주었다.

참혹한 혁명전쟁을 겪은 멕시코는 1929년 견해가 서로 다른 정치 지도자, 이익단체 등을 모두 포괄하는 국가혁명당(PNR)을 창설하였다. 국가혁명당은 1938년 멕시코혁명당(PRM)으로 당명을 바꾼 뒤 1946년 다시 제도혁명당(PRI)으로 개명하며 1929년부터 1999년까지 70년 동안 멕시코 정권을 담당해왔다.

국교는 없으나 인구의 90% 이상이 로마 가톨릭교도이다. 개신교는 5% 정도 차지하고 있으며 점점 확산하고 있다.

멕시코의 북미자유무역협정(NAFTA) 참여와 국영기업 민영화는 일반소비자와 비농업무문 노동자들의 일상적 생활방식을 크게 변화시켰다. 강력한 보호무역주의가 실행되던 시기와는 다르게 외국 공산품에 대한 접근성이 높아졌다.

젊은 기업가들은 일반적으로 대외교역 비즈니스에 능수능란하며 온라인 비즈니스에 대한 이해력도 높다.

경찰과 정치인은 부패하고 거리폭력, 납치 및 살해, 마약 밀매 등 수많은 범죄가 성행하고 있다. 이러한 것들은 총체적으로 멕시코 특유 비즈니스 문화형성 환경이 되고 있다.

새로운 지식과 정보는 토의 목적으로 쉽게 받아들여지지만 이를 통한 멕시코인의 태도 변화는 어렵다.

멕시코인은 문제를 해결하는데 있어 일반적인 법체계에 의존하지 않고 특정한 상황에 직접 뛰어들거나 일을 대리해줄 특별한 사람을 찾는다.

진실여부는 주관적 감성에 의존한다. 가톨릭 종교관이 진실을 인식하는데 깊은 영향을 주고 있지는 않다. 고등교육을 받을수록 객관적 자료에 기초하여 진실을 인지한다.

미국에 대한 멕시코의 역사적 피해은 멕시코인이 미국 기업인들은 물론이고 여타 외국 기업가들에 대해 항상 의심을 거두지 않는 문화적 배경이 되었다.

개인의 의사결정에 가장 영양을 주는 요소는 가족과 친지 공동체이다. 정실주의가 현실적으로 거부감 없이 받아들여지는 환경에서 비즈니스 성공을 위해서는 적절한 수준의 인적 네트워크 구축과 관리가 필요하다.

멕시코 중상층 비중은 여타 역내 국가보다 높은 수준이다. 그럼에도 불구하고 빈부계층 간 격차는 극명하다. 남성우선주의가 강하다.

시간엄수는 항상 기대되고 존중되지만 일상생활에서는 엄격하게 지켜지지 않는다. 그러나 외국인들이 시간을 엄수하는 것은 당연하게 생각한다. 파티나 오찬과 만찬 등에서 시간엄수는 지켜지지 않고 통상적으로 30여분 정도 늦는 것은 정상적인 것으로 받아들여진다.

미팅 약속은 2주 전에 메일, 전화 등을 이용해 하며 일주일 전에 확인하는 것이 필요하다. 비즈니스 미팅은 상대방 고위직과 하는 것이 성과가 있으므로 이를 위해서 인맥이 좋은 현지대리인을 선정해야 한다. 미팅이 조찬, 오찬, 만찬을 수반하는 경우에 상대방이 선택하도록 하는 것이 좋다.

미팅 진행은 서두르지 않고 우호적인 분위기를 유지한다. 의사결정은 최고경영자가 하므로 협상 상대방이 최고경영자가 아닐 경우 최고 경영자와 소통하는 과정이 필요하기 때문에 미팅 진행속도가 느릴 수가 있다. 이 경우에 인내심을 가지고 기다려야 한다.

멕시코인은 신뢰에 바탕을 둔 오래된 우의를 중요하게 생각하는데 이는 인맥형성과 관리유지가 지속가능한 비즈니스에 필수적으로 요구된다. 멕시코인은 처음에 모호하고 의심이 많으며 우회적인 것 같아 보이는데 예의바르게 위엄을 유지하며 따뜻하고 성실하게 대우하면 상대방의 부나 지위와 관계없이 신의와 존경을 표시하고 우의를 형성한다.

일반적으로 멕시코인은 '아니오(No)'라는 표현을 사용하지 않고 '아마도(May be)', 두고 보자(We will see)' 등의 표현을 사용한다. 이는 사실상 '아니오'라는 표현이다.

협상과정 중에 제안 논리에만 초점을 맞추는 것보다는 협상결과가 가져올 상대방과의 보완성, 경영자 개인과 가족에게 줄 이익 등을 제시하며 감성적으로 접근하는 것이 필요하다. 협상에서 합의점을 찾지 못했을 때 이를 극복하고자 서두를 경우 약점이 노출되므로 신중해야 한다.

멕시코인은 사회적 위치에 민감해 협상할 때 상대방 지위에 따라 응대가 달라지므로 이를 고려해 협상자를 지정하는 것이 좋다. 현지의 체재 호텔, 식당, 복장 등도 협상진행을 기획할 때 그 수준을 고려할 필요성이 있다.

멕시코 기업인들은 조찬 미팅을 선호하는데 통상적으로 체재호텔에서 오전 8시 경에 2시간 정도 진행한다.

멕시코인 가정에 초청받았을 경우 비즈니스 주제는 피하고 우의를 형성할 수 있는 대화를 준비해야 한다. 대화주제로 관광, 스포츠, 가족관계 등이 좋으며 국내외정치, 영토문제, 대미관계 등은 피해야 한다.

첫 미팅 때 인사법은 악수가 통상적이다. 여성 또는 친근한 경우 가벼운 포옹을 하며 오른 쪽 어깨를 두드리거나 볼 키스를 한다. 두 번째 미팅부터는 가벼운 포옹 등 친밀함을 표시하는 경우가 있다. 멕시코인은 일반적으로 친근감을 표시할 경우 물리적 접촉을 한다.

비즈니스 미팅에서 상대방 경영진에게 통상적으로 선물은 필요하지 않으나 회사 로고가 실린 기념품, 좋은 와인, 위스키, 최신 IT 관련 소품 정도는 환영받는다. 비서들에게 향수 등 가벼운 선물을 주는 것은 미래 비즈니스를 추진할 때 도움이 되므로 준비하면 좋다.

가정에 초대 받았을 때 꽃, 좋은 와인, 고급다과 등이 환영받는다.

아. 파나마

파나마인은 자국에 대한 미국의 영향력 행사에 매우 민감하다. 이들은 파나마가 미국화 되었다는 표현을 싫어한다. 또한 미국 시민을 '아메리칸'이라고 부르는 것에 대해서도 거부감을 갖는데 '아메리칸'은 미주 대륙에 거주하는 모든 사람들을 지칭하는 표현이라고 생각하기 때문이다.

파나마는 역내 여타 국가들과 같이 빈부격차는 크지만 중미에서 가장 부유한 국가 중 하나이다. 이는 파나마 운하의 안정적 수입이 크게 도움이 되고 있기 때문이다

파나마인은 원만하다는 이미지를 선호한다. 따라서 타인으로부터 공개적으로 비난받는 것을 매우 싫어한다.

도시에 거주하는 백인계층들이 부와 권력을 독점하고 있다. 그들은 대부분 영어와 스페인어를 자유롭게 구사한다. 농촌에 기반을 가지고 있고 전통적으로 부유한 대토지소유 계층과도 차별화 되어있다.

대부분 별명을 가지고 있고 유명한 정치인도 별명으로 언급된다. 파나마 독재자이었던 노리에가(Manuel Antonio Noriega)장군은 '피냐(Piña, 파인애플)'로 불렸는데 이는 그의 얼굴에 얽힌 자국이 많았기 때문이다. 노리에가를 이은 엔다라 대통령(Guillermo Endara)은 둥글고 상냥한 인상으로 '판 데 둘세(Pan de Dulce, 단빵)'로 불렸다.

파나마는 1502년 콜럼버스의 네 번 째이자 마지막 미주대륙 탐사 때 도착한 지역이다. 1513년에는 발보아(Vasco Nuñez de Balboa)가 최초로 파나마지협(isthmus)을 가로질러 대서양에서 태평양으로 진출하였다. 이를 계기로 파나마는 대서양과 태평양을 잇는 환적장소로 활용되었고 현재의 파나마 운하가 되었다.

파나마는 멕시코시티에 설치된 뉴스페인 부왕청에 관할을 받았으나 보고타에 뉴그라나다 부왕청이 설치된 이후 관할이 바뀌었다. 1821년 중미

가 스페인으로 부터 독립하면서 파나마는 중미연합으로 가지 않고 콜롬비아에 속해 남아있었다. 그러나 상당수의 파나마인은 콜롬비아로부터 독립을 선호하였다.

미국의 파나마에 대한 투자는 1855년 철도건설로 부터 시작했다. 이 철도건설은 당시 캘리포니아 골드러시로 인해 필요한 인력과 물자를 대서양에서 태평양으로 수송하기 위한 것이었다.

그란 콜롬비아(Gran Colombia)가 1886년 콜롬비아 공화국으로 재정비되면서 그동안 파나마가 누려왔던 자치권이 사라지자 파나마에서는 독립운동의 기운이 일어났다.

그러던 중 1898년 미서전쟁에서 승리한 미국은 1880년대 프랑스가 실패한 파나마 운하건설을 결정하고 콜롬비아에 운하건설부지 양허를 요청했지만 콜롬비아 정부는 이를 거절했다. 이에 대한 대안으로 미국은 파나마를 부추겨 1903년 콜롬비아로부터 독립시켰다.

미국은 독립에 대한 지원의 대가로 파나마운하 지대에 대한 통제권을 양허 받고 운하건설을 시작해 1914년에 완공했다. 미국은 운하운영권을 1999년 12월 31일을 기점으로 파나마 정부에 반환할 때까지 파나마 운하를 85년 동안 독점적으로 운영해왔다.

파나마는 콜롬비아로부터 독립한 이후부터 현재까지 공화국체제를 유지하고 있다. 독립 이후에는 1989년 노리에가 군부정권이 최종적으로 퇴출될 때까지 종종 군부가 정권을 장악하기도 했다.

국교는 없으나 로마가톨릭교도가 전체인구의 63%를 차지하고 있다. 개신교는 25%로 여타 역내국가와 비교해 높은 비중이며 펜테코스트파가 주류이다.

가족이 가장 중요한 가치를 지니고 있는 사회단위로 정실주의가 사회의 모든 분야에서 거부감 없이 받아들여지고 있다.

파나마인은 미국을 '북쪽의 거인(El Gigante del Norte)'라고 칭하며 복잡한 감정을 표출하고 있다. 즉 이들은 미국의 장기적인 파나마운하 지배가 현재 파나마가지고 있는 제반 문제의 원인으로 비판하면서도 미국이 파나마 경제개발과 교육에 많은 기회를 제공해주고 있다는 것을 인정하고 이를 높게 평가하고 있다. 미국에는 파나마인 이민 공동체가 크게 형성되어 있다.

파나마는 전통적으로 인력과 물자가 거쳐 가는 수송지역이었기 때문에 개방적 성향을 가지고 있다. 그러나 동시에 매우 정치화되어 있어 정보를 분석하고 평가하는데 있어 주관성이 강하며 때로는 민족주의적 성향을 보이기도 한다. 이러한 경향은 구세대 계층에서 강하게 나타나며 신세대에서는 다소 완화된다.

개인들은 의사결정 과정에서 항상 자신이 속한 가족, 친지 그리고 보다 큰 공동체에 줄 수 있는 영향을 먼저 생각하는 성향이 강하다. 인간관계는 이들에게 모든 것을 의미하므로 부정적 영향을 주는 결정은 기대할 수 없다.

파나마인은 강력한 지도자를 추종하는 경향이 있다. 가톨릭 교리, 의식, 행동규칙이 이들의 사회적 행동에 영향을 주고 있다.

일상생활에서 시간엄수는 엄격하게 지켜지지 않는다. 다만 비즈니스 종사자와 외국인들에게는 시간엄수가 당연하다는 인식을 가지고 있다.

파티나 만찬 초대를 받았을 경우 정시에 가는 것은 상대방을 오히려 당황하게 하는 경우가 될 수 있다. 단독 초청일 경우에는 30여분 그리고 다수 초청의 경우는 1시간 정도 늦게 도착하는 것이 좋다.

비즈니스 미팅 약속은 충분한 시간을 두고 해야 하며 2~3일 전에 사전 확인하는 것이 좋다. 파나마에서 비즈니스는 친지와 친구 간에 많이 형성되므로 인맥형성과 관리가 매우 중요하다. 초기 진입 시에는 현지 인맥이 많은 유능한 지역 인사를 활용하는 것이 필요하다.

파나마인은 상대방을 공개적으로 당황하게 하는 것을 경계하기 때문에 명료한 부정적 표현을 회피한다. 때로는 '예스'도 예의상 표현일 수 있기 때문에 최종 합의는 서명이 되어야 비로소 끝난 것이다. '아마도', '두고 보자' 등의 표현은 '노(No)'로 인식하면 된다.

첫 미팅 때 인사법은 악수가 통상적이다. 여성 또는 친근한 사이는 가벼운 포옹을 하며 오른 쪽 어깨를 두드리거나 볼 키스를 한다. 그러나 두 번째 미팅부터는 가벼운 포옹을 하는 등 친밀함을 표시하는 경우가 있으므로 이를 예상해 준비할 필요가 있다.

비즈니스 복장은 원론적으로 정장이 바람직하나 파나마는 매우 덥고 습하므로 '카미시야(camisillas)'라고 불리는 남방셔츠를 입어도 실례가 되지 않는다. 카미시야는 현지에서 정장을 착용한 것으로 간주된다.

비즈니스 미팅 경우 상대방 경영진에게 특별한 선물은 필요하지 않으나 회사 로고가 실린 기념품, 좋은 와인이나 위스키 한 병, 최신 IT 관련 소품 정도는 환영받는다. 비서들에게 향수 등 가벼운 선물을 주는 것은 향후 비즈니스를 추진할 때 도움이 되므로 준비하면 좋다. 가정에 초대 받았을 때 꽃, 좋은 와인, 고급다과 등이 환영받는다.

자. 파라과이

파라과이 공식 언어는 스페인어와 인디오 원주민 언어인 과라니(Guaraní)어 등 2개 이다. 2개의 공식 언어를 가지고 있는 국가는 역내에서 파라과이가 유일하다.

과라니어는 수도를 벗어나면 구어로 광범위하게 사용되고 있다. 파라과이 정치인과 공무원들은 영어를 말하지 못한다고 하더라도 과라니어는 유창하게 말할 수 있어야 한다. 정부로부터 사업을 수임받기 위해서는 과라니어 통역사가 필요하다.

파라과이는 한 때 나치 전쟁범죄자의 도피처로 알려지기도 했다. 그러나 지금 파라과이에 거주하는 독일인 중 다수는 개신교의 한 파인 메노파 교도들이다.

수도인 아순시온(Asunción)은 1537년 설립되어 파라과이-리오 데 플라타 총독부 수도가 되었다.

파라과이는 당시 스페인 정복자들이 원했던 금과 은이 부족한 지역이었기 때문에 개발이 지연되고 스페인 개척자들의 관심지역이 되지 못했다. 소수의 스페인 정복자들이 현지에 정착하면서 인디오 원주민과 결혼을 하고 토지를 분할하여 광활한 면적의 농장(plantation) 형태로 소유하였다.

이 지역은 인디오 원주민에 대한 예수회 선교활동이 광범위하게 진행되었던 곳이었다. 예수회는 인디오 원주민 공동체를 만들어 선교와 교육 그리고 생산 활동을 이어왔는데 이러한 활동은 당시 인디오 원주민 노동력이 필요한 스페인 정착민의 이해관계와 충돌되었다.

1773년 교황 클레멘스 13세는 프랑스, 스페인, 포르투갈 정부의 압박으로 예수회를 폐지하는 법령을 만들었다. 따라서 파라과이에서 세력을 키워가던 예수회 공동체는 축출되었고 인디오 원주민은 대규모 농장의 노예 노동력으로 전락하거나 더 깊은 정글 속으로 숨어 들어갔다.

파라과이는 1811년 남미에서 가장 먼저 스페인으로부터 독립했다. 스페인은 지리적으로 멀 뿐만 아니라 자원이 부족한 파라과이에 군대를 보내 지킬만한 이익이 없었다.

독립이후 1840년까지 프란시아(José Gaspar Rodríguez de Francia)가 최고 독재자(Supreme Dictator)로서 통치했으며 이 기간 중 자급자족경제, 인디오 원주민과 결혼장려 정책을 실시하였다. 이 결과로 국수주의적이고 인디오 원주민 정체성이 강조되는 문화적 배경이 형성되었다.

파라과이는 브라질과 아르헨티나를 상대로 벌린 파라과이 전쟁(Paraguay War, 1864~1870)에서 패해 인구의 50%[89]를 잃고 과 영토의 1/3을 브라질과 아르헨티나에 양도하는 어려움을 겪었다.

볼리비아를 상대로 벌린 차코 전쟁(Chaco War, 1932~1935)에서는 당시 인구의 3%에 해당하는 36,000여명이 사망하였다.

1954년 쿠데타에 성공한 스트로에스너(Alfredo Stroessner) 장군은 1989년 또 다른 쿠데타로 실각할 때까지 35년 간 군부 독재정권을 유지했다. 1989년 쿠데타를 일으켰던 로드리게즈(Andréz Rodríguez Pedotti) 장군은 같은 해 대통령으로 선출되어 민간 정부를 탄생시켰다. 파라과이 정치는 이후에도 쿠데타 시도 등 정치적 불안이 계속되었지만 현재까지 민선 정부 통치는 계속 이어지고 있다.

파라과이 국교는 로마가톨릭교이며 인구의 89%를 차지하고 있다. 국가가 교회에 임금을 지불하고 있고 교회에 대한 임명권을 행사하고 있다. 그러나 종교의 자유는 보장되고 있다.

역사적으로 파라과이 독재자들은 국민들이 외부 정보를 받아들이는 것을 통제하는 고립정책을 실시해 왔다. 이 결과 파라과이인은 정보를 주관적으로 해석하는 성향을 가지게 되고 법규에 따른 문제해결보다는 해당 상황에 특별하게 적용되는 대안을 찾는다.

진실여부 인식도 당시에 가지고 있는 주관적 감정에 따라 이루어진다. 여기에 파라과이 특유의 민족주의와 로마가톨릭교회의 교리가 영향을 준다. 객관적인 사실이나 데이터는 핵심을 증명하는데 유용하게 사용하지 않는 경향이 있다. 그러나 신세대들은 이러한 사고방식에서 점차 벗어나고 있다.

파라과이는 인구의 95%가 메스티소로 매우 동질적 사회이다. 의사결정은 주로 남성이 주도한다. 그러나 항상 가족이나 소속된 공동체를 마음에

---

89 "The normal estimate is that of a Paraguayan population of somewhere between 450,000 and 900,000, only 220,000 survived the war, of whom only 28,000 were adult males." Wiki, Paraguay

두고 의사결정에 임한다. 개인의 자존심은 사회체제 속에서 가족 혈통의 위치에 따라 형성된다.

파라과이인 들에게 가족과 친족은 사회생활의 중심으로 기능하고 있다. 우선 개인은 이들 공동체의 구성원으로서 안정감과 함께 보호받는다는 감정을 가지고 있다. 대부모(godparent)는 친족관계에서 매우 중요한데 파라과이인은 통상적으로 강력한 지도자를 믿고 따르는 경향이 강하기 때문이다.

권위주의적 통치 전통이 자리 잡고 있는데 그만큼 민주주의적 사고와 행동에 제약을 받고 있다. 기본적 사회계층은 국가의 자원과 부를 독점한 소수의 계층과 소작농으로 크게 양분되며 양자의 빈부차이는 매우 크다. 남성 우월주의 문화가 매우 강하다.

파라과이에서 시간엄수는 우선사항이 아니나 외국인이 시간을 엄수하는 것은 당연한 것으로 생각한다. 그럼에도 불구하고 비즈니스 미팅에서 시간엄수는 잘 지켜지지 않는다.

미팅 시간은 오전을 선호한다. 비즈니스 미팅 최적 시기는 6~10월인데 크리스마스와 부활절 전후 2주 기간 중에는 미팅이 거의 이루어지지 않는다. 12월~익년 1월 기간은 남반구 휴가기간으로 비즈니스 활동이 사실상 멈추므로 유의해야 한다.

파라과이에서 비즈니스 협상은 매우 느리게 진행된다. 여성을 불쾌하게 하는 것을 경계하므로 여성을 협상에 참여시키는 것도 유리하다.

비즈니스 성사에 인맥은 매우 중요하다. 현지대리인 교체는 인맥관리를 다시 해야 하는 결과를 가져오므로 선정 초기에 신중히 결정하는 것이 필요하다.

부분계약이 체결되었다고 낙관해서는 안 된다. 전체계약이 서명되기 전까지는 협상이 성공한 것이 아니다.

파라과이인은 자국의 초대형 수력발전소인 이타이푸 댐(Itaipú Dam)에 대한 자부심이 높다. 이타이푸 댐은 파라과이와 브라질이 공동으로 건설한 수력발전소로 세계 3대 수력발전소 중 하나이다.

협상을 시작할 때 파라과이 측에게 먼저 설명할 수 있는 기회를 주면 분위기를 좋게 할 수 있다. 축구에 관한 대화도 도움이 된다.

비즈니스에서 만찬이 선호되며 만찬 시간은 저녁 9시 이후에 시작된다. 현지 식당도 9시 이후가 되어야 개장된다. 파라과이인은 대체적으로 긴 만찬을 즐거워하는 성향이 있다.

비즈니스 미팅 인사법은 악수가 일반적이다. 통상적으로 가까운 거리에서 대화하는 것을 좋아하므로 의도적으로 거리를 두면 불쾌하게 받아들여진다.

엄지를 치켜드는 것은 '오케이'를 뜻한다. 미국에서 '오케이'를 뜻하는 엄지와 검지를 둥글게 만드는 것과 윙크는 성적인 의미를 가지고 있기 때문에 경계해야 한다. 검지 끝으로 자신의 턱을 두드리는 것은 '나는 모른다'의 의미를 가지고 있다.

복장은 보수적이며 어두운 색을 선호한다. 다만 여름은 매우 덥고 습하기 때문에 파라과이 측과 복장 코드에 대해 사전 합의하는 것도 좋다. 파라과이인은 여름에 면 셔츠를 선호함에도 불구하고 공식행사, 만찬, 파티 등에는 정장을 착용해야 한다.

차. 페루

페루는 석유, 천연가스, 금, 은, 구리, 철광 등 천연자원이 풍부한 국가이다. 스페인은 잉카제국의 중심 지역이었던 이곳의 정복을 마치고 1542년 페루 부왕청(Viceroyalty of Peru)을 설치해 남미 전 지역을 통치했다.

따라서 식민지 시대부터 이 지역은 고귀하고 부유한 소수의 스페인 정복자와 가난한 메스티소 그리고 더 가난한 인디오 원주민들로 뚜렷한 계층이 형성된 사회였다.

스페인으로부터 독립한 이후 현재까지 인접국인 칠레, 에콰도르, 콜롬비아와 영토분쟁을 해오고 있다.

1879~83년 칠레와 치른 태평양전쟁에서 패배하여 자원이 풍부한 남부 영토를 칠레에 양도했고 콜롬비아와도 1932~33년 아마존 지역 영토분쟁으로 전쟁을 치렀다. 1941년에는 에콰도르와 국경전쟁을 치렀다. 이러한 역사적 배경이 있기 때문에 페루인과 소통할 때 인접국가에 대해서 가급적 언급하지 않는 것이 좋다.

페루는 1821년 산 마르틴(San Martín) 장군이 페루 부왕청 군대를 격파하고 리마를 점령하며 독립을 선언했다. 이후 1824년 수크레(José Antonio de Sucre) 장군의 왕성한 지원을 받은 볼리바르(Simón Bolivar) 장군이 스페인군의 마지막 보루인 고지 페루(Alto Peru, 현재의 볼리비아)를 탈환하면서 독립이 완성되었다. 그러나 1825년 고지 페루는 볼리비아 공화국으로 분리 독립했다.

페루는 독립이후 1840~70년 기간 중 구아노(guano) 수출호조에 힘입어 재정과 정치적 안정을 이루었다. 그러나 구아노가 고갈되어 경제상황이 어려워지자 내분이 일어나기 시작했다. 1879년에는 칠레와 태평양전쟁을 치르며 불안한 정국이 이어졌다.

1884년까지 계속된 태평양전쟁에서 패한 페루는 아타카마 사막지대에 위치한 현재의 타라파카(Tarapaca), 아리카(Arica). 타크나(Tacna)지역을 칠레에 양도했다. 다만 타크나는 1929년 양국이 체결한 리마조약에 따른 주민투표로 페루에 반환되었다.

20세기 들어 페루는 정당정치를 하고 있었지만 안정과 불안정한 상황을 반복적으로 경험했다. 특히 1848년, 1962년, 1968년, 1975년에는 쿠데타가 발생해 군부정권이 들어섰다. 군부정권은 1980년에 최종적으로 종식되고 이후부터 현재까지 민선정부가 이어지고 있다.

1989년 일본 이민자 출신인 후지모리(Alberto Fujimori)가 대통령에 당선되었다. 그는 정치 및 경제개혁을 과감하게 추진하고 외국인투자를 확대해 경제성장을 이루었다. 그리고 당시 사회불안을 야기하고 있던 반정부 공산주의 게릴라 단체인 '빛나는 길(Shining Path, Sendero Luminoso)'[90]의 활동을 종식시키는 등 성과를 거두었다. 그러나 후지모리 대통령은 부정부패, 인권유린, 부정선거 등의 혐의를 받아 2000년 11월 자진 사퇴하였다. 현재 그는 과거 부패와 인권탄압으로 투옥되어 있으나 그의 정치적 유산은 현재에도 계속되고 있다.

인구 대부분은 로마가톨릭교도로 인식되고 있으며 교회 교리가 페루인의 일상생활에 깊게 영향을 주고 있다. 인디오 원주민은 토속종교와 가톨릭교리를 혼합해 믿고 있다. 그러나 스스로는 열성적인 가톨릭교도로 인식하고 있다.

페루에는 보이지 않게 깊고 넓은 사회계층이 형성되어 일상생활의 모든 측면에 배어 있다. 우선 페루는 역내 국가들과는 다르게 26%의 매우 높은 순수 인디오 원주민 인구비중을 가지고 있는데 대부분이 경제적으로 극빈계층을 형성하고 있다.

백인과 인디오 원주민의 혼혈인 메스티소의 인구비중이 60%이다. 메스티소 계층은 자신들을 인디오 원주민 계층과 차별화하고 있다. 그러나 백인이 주류인 상류계층은 그 상대적 차별성을 크게 의식하지 않고 있으며 전통적인 부유한 계층으로 페루 민간경제를 대부분 지배하고 있다.

페루는 지진과 화산, 빈곤, 부정부패, 치안불안, 마약거래 등으로 역외 국가들로 부터 부정적 편견이 있다. 그러나 페루는 식민시대 페루 부왕청 소

---

90 The Communist Party of Peru – Shining Path(Spanish: Partido Comunista del Perú – Sendero Luminoso, PCP-SL), commonly shortened to the Shining Path (Sendero Luminoso), is a revolutionary communist party and guerrilla group in Peru following Marxism–Leninism–Maoism and Gonzalo Thought. Wiki, Shining Path

재지역으로 과거 역내에서 높았던 위상은 페루 엘리트 계층의 자존심으로 작용하고 있다. 이를 인식하면 페루 엘리트 계층의 행동과 의사결정의 저변을 깊게 이해할 수 있어 판단의 오류를 줄일 수 있다.

페루인은 대체적으로 대부분의 정보와 토론 이슈에 개방되어 있지만 태도 변화는 쉽게 이루어지지 않는다. 특히 고등교육을 받지 않은 계층은 정보나 상황을 주관적으로 평가하고 반응하는 성향을 가지고 있다. 따라서 진실 여부를 인식하고 파악하는데 있어서 감정이나 느낌이 우선하며 여기에 종교나 사회계층 성향이 영향을 더 주고 있다. 그러나 젊은 세대들은 점차 보다 객관적인 정보와 자료에 기초하여 사실여부와 상황을 인식하고 있다.

페루인의 가치체계는 전통적으로 엘리트주의에 입각해 왔다. 이러한 유산을 붕괴시킨 것은 후지모리 대통령이었다. 즉 전통적으로 백인계층이 차지해왔던 정치권력이 외부자로 간주되었던 일본 이민자 출신에게 옮겨간 것은 당시 가치체계에서 큰 사건이었다.

소수 엘리트 상류층이 대부분의 국가자원을 통제하고 있기 때문에 비즈니스 사회에서 이 계층에 소속된 인사들과 인맥을 형성하는 것은 매우 중요하다. 이들이 소속된 사회계층 시스템과 확대가족(extended family)의 역사적 유산은 비즈니스 역량보다 더 중요한 것으로 인식되고 있다.

페루인의 불확실성 회피 수준은 역내국가 평균보다 다소 높은 수준이다. 이는 비즈니스에서 모험이나 위험을 감수하고 싶지 않다는 것을 나타내고 있다.

사회계층화에 따른 불평등도 사회적 저항감 없이 받아들여지고 있다. 교육은 엘리트주의가 팽배한 페루에서 계층이동의 통로인데 교육적 불평등은 경제적 불평등이 그대로 반영되어 유지되고 있다. 경제지배계층은 빈부격차의 급격한 해소로 인한 기득권의 상실을 경계하고 있다. 남성우월주의가 강하다.

시간엄수는 공공 및 민간부문 모두에서 점차 잘 지켜지고 있다. 2주 전에 미팅 주선을 하는 것이 필요하며 2~3일 전 사전 확인이 필요하다. 미팅 시간은 오전 중이 좋으며 자연스럽게 오찬으로 이어지는 것이 이상적이다.

협상에서 모든 주제를 동시에 모두 논의하는 것이 주제별 순차적 논의를 하는 것보다 좋다. 협상과정에서 유연할 필요가 있으며 질문은 하되 충돌은 피해야 한다.

페루인은 스페인의 역사적 유산에 대해 얘기하는 것을 선호하기 때문에 협상을 할 때 대화내용으로 좋으며 인디오 원주민의 유산에 대한 주제는 자연유산을 제외하고 피하는 것이 현명하다.

고급식당에 초대받는 것을 좋아한다. 만찬에 초대할 때 배우자를 초청하는 것이 정석이다. 만찬에서 비즈니스 논의는 일반적이지 않다. 만찬 시간은 통상적으로 오후 9시부터 시작되고 식사는 오후 10~10시30분 정도에 제공된다. 식사가 끝나면 두 손을 무릎에 두지 않고 가볍게 테이블에 올려놓는 것이 좋다.

미팅 인사는 정중한 악수가 일반적이다. 대화는 가까운 거리를 유지한다. 첫 미팅에서 선물을 주는 것보다 오찬에 초대하는 것이 바람직하다.

선물을 주는 것은 공식 미팅이 종료된 이후에 하는 것이 좋다. 선물로 토산품을 준비하는 것도 기억을 되살리는데 유리하다. 전자 또는 디지털 소품이나 브랜드 필기구가 환영받는다. 회사 로고는 가급적 작게 보이게 해야 한다.

만찬 초청을 받았을 경우 장미꽃 등을 사전에 보내면 좋으나 이 때 붉은 장미는 피하는 것이 좋다. 붉은 장미는 애정을 뜻한다.

비즈니스 미팅과 오찬이나 만찬 복장은 정장으로 예의를 갖추는 것이 좋다. 페루는 과거 식민시대 중심지역으로 사회적 행사에서 보수적 성향을 보이고 있기 때문이다.

카. 우루과이

우루과이는 인접국가인 아르헨티나와 브라질과는 다르게 천연자원이 많지 않은 소국으로 유럽의 벨기에를 모델국가로 하고 있으며 '남미공동시장의 관문(Gateway to MERCOSUR)' 역할을 강조하고 있다.

남미에서 문맹률이 가장 낮으며 인터넷 활용수준이 높은 국가이다. 아르헨티나와 같이 탱고에 대한 관심과 이해가 많고 사회계층에 상관없이 인디오 원주민 전통차인 '마태'를 즐겨 마신다.

우루과이에 최초로 정착했던 유럽인은 포르투갈인 이다. 이들은 1680년 콜로니아(Colonia)시를 건설했다. 스페인은 이보다 늦은 1726년 몬테비데오에 요새를 건설했다. 이후부터 두 세력은 우루과이 지역에 대한 주도권을 확보하기 위해 싸워왔다.

1808년 나폴레옹이 스페인을 정복한 후 부에노스아이레스는 리오 데 플라타 부왕청 권위를 행사하며 우루과이에 대한 지배권을 주장했다. 그러나 호세 아르티가스(José Gervasio Artigas)를 중심으로 결성된 독립주의자 세력은 아르헨티나 지배권 주장에 저항하는 독립전쟁(1810~1814)을 시작했다.

이후 우루과이 지역에서는 독립주의자 세력, 스페인, 아르헨티나 자치정부, 포르투갈, 브라질 등이 이해관계에 따라 이합집산을 하며 주도권을 장악하기 위한 무력투쟁이 계속되었다.

스페인과 아르헨티나가 당시 우루과이에 대한 지배를 더 이상 유지할 여력이 없는 사이 1820년 브라질은 우루과이를 침공해 점령한 뒤 지배하였다. 그러나 '33인의 동방인(33 patriots 혹은 33 orientals)'으로 불리는 독립주의자 세력은 브라질 지배에 무력으로 저항해 1925년 독립을 이루었다. 우루과이는 1930년 최초로 헌법을 제정했다.

우루과이는 독립이후 대체적으로 정치사회적 안정을 유지하고 경제적으로도 부유해져 '남미의 스위스'로 불리기도 했다.

1950년대 들어 우루과이는 높은 세금, 저생산성, 인플레, 외채, 부패 등 경제사회적 위기가 시작되고 서민들의 생활이 어려워지자 사회적 소요가 빈발하기 시작했다. 1960년대 후반기부터는 투파마로스(Tupamaros)등 공산주의 게릴라단체 활동이 활발해졌다.

투파마로스 게릴라 단체가 경찰, 정부관리, 미국 자문관을 살해하는 등 사회긴장이 높아지자 군부가 경찰로부터 반테러활동을 넘겨받아 작전을 시작했다. 이러한 사회불안을 빌미로 군부는 1970년 모든 정치행위를 금지하고 정부활동을 단계적으로 인수받기 시작했다. 1973년까지는 모든 정부활동을 사실상 인수받은 군부는 1976년 공식적으로 민선정부를 축출하고 군부통치를 실행했다. 군부통치가 시작된 직후에 일시적 경제호황을 경험하기도 했으나 곧바로 경제는 불황에 빠져들었다. 군부는 투파마로스 게릴라 활동을 종식시킨다는 명분으로 권위주의적이며 폭력적 정치를 일삼았다. 인구가 3백만이 되지 않는 국가의 정치범이 5,000여 명에 달했으며 30~40만 명이 정치사회적 이유로 타국으로 이주했다.

군부정권은 결국 경제적 난국을 해결하지 못하고 1984년 선거를 통해 민선정부에 정권을 이양했다. 우루과이는 이후부터 대의민주주의에 기초해 평화로운 정권교체를 하고 있다.

우루과이는 남미에서 정교 분리가 가장 명확하게 잘 된 국가로 평가받고 있다. 인구의 70% 정도가 종교를 가지고 있는데 대부분 로마가톨릭교도이다.

우루과이인은 전통적으로 부유함 보다는 안정감을 선호하기 있기 때문에 부유해지기 위한 위험부담을 회피하는 성향을 가지고 있다. 그러나 최근 우루과이 경제가 과거보다 부진함을 자주 보여주고 있어 비즈니스 성공에 대한 기대감이 넓게 퍼져 있다.

우루과이는 다른 역내국가와 다르게 지진, 해일, 태풍 등 자연재해가 드물고 말라리아 등 풍토병으로부터도 자유롭다. 다만 구제역으로 소고기 수출에 제한을 받고 있다. 2001년 구제역이 크게 유행한 적이 있는데 우루과이 정부는 이를 극복하고 2003년에는 구제역 청정국가임을 선언하기도 했다.

우루과이인은 중용과 타협에 높은 가치를 부여하고 있다. 정보나 특정 논의에 개방적인 태도를 가지고 있으나 판단은 주관적으로 하도록 훈련되어 있다. 다만 정부 교육체계는 학생들이 지나치게 추상적 관념주의에 빠지는 것을 경계하고 있다.

가족과 친족에 대한 충성도가 높은 것은 여타 역내 국가들의 경우와 비슷하다. 규범보다 가족과 친족의 이해관계가 우선한다.

특정 사안에 대한 진실성 판단은 객관적 데이터나 사실에 기초하기 보다는 즉각적인 주관적 감정에 따르는 경향이 있다. 이 경우 종종 박애주의 이념이 영향을 준다. 개별적으로 객관적인 자료나 사실을 찾아 나서지 않는다.

전통적으로 인간에 대한 신뢰 그리고 사회정의에 대한 강한 믿음을 유지해왔다. 그런데 이 신념은 1973~1984년의 군부정권 시대 자행되었던 많은 인권탄압과 부패 등으로 손상되어 사회 전체적으로 위험회피성향이 높아지고 변화보다는 안정을 선호하는 분위기가 형성되었다.

우루과이인은 가족공동체를 의사결정의 가장 중요한 가치로 두고 있으면서도 개인주의가 강하다는 특성을 가지고 있다. 아울러 숙명론적 경향도 보이고 있다.

개인의 자존감은 자신의 사회적 지위와 가족 또는 친족으로 구성된 확대된 가족의 배경에 기반하고 있다.

비즈니스 전문성은 개인이 속한 가족, 친족, 친지 등 비공식 그룹에서의 위치와 역할보다 덜 중요한 것으로 여겨지고 있다.

우루과이인의 불확실성회피는 역내에서도 매우 높은 수준이다. 따라서 엄격한 법규집행을 중요하게 생각한다. 모호함을 싫어하고 위험을 회피하려고 한다.

역내 다른 국가에 비해 부의 불평등 분배 정도가 낮다. 소수 특권층은 결혼 등을 통해 연대를 강화하며 부와 권력 등 기득권을 견고하게 지키고 있지만 중산층 범위도 넓어 이들의 정치경제적 영향력을 무시할 수 없다.

남성우선주의가 강한 사회이다. 여성은 존중되고 있지만 여성의 사회적 진출은 활발하지 못하다.

우루과이에서 과거와는 다르게 시간엄수를 중요하게 생각하고 있다. 비즈니스 미팅에서 외국인은 당연히 시간엄수를 할 것이라고 믿는다. 그러나 오찬, 만찬, 파티 등 이벤트에서는 시간엄수가 다소 유연하게 적용되고 있다.

비즈니스 미팅 시기는 5~10월이다. 크리스마스나 부활절 전후 2주도 짧지만 비즈니스 미팅이 가능한 시기이다. 1~4월은 여름 휴가시기이므로 이 시기에 비즈니스 미팅은 피하는 것이 좋다.

비즈니스 협상은 전반적으로 느리게 진행되지만 최근 젊은 비즈니스 경영층을 중심으로 느린 협상자세를 버리고 상대방의 속도에 맞추고 있다.

우루과이 비즈니스 계층은 대부분 스페인, 이태리, 독일 이민자이거나 그 후손들이며 여기에 유대인도 포함된다.

비즈니스 미팅과 오찬의 연계를 좋아하기 때문에 오전 미팅을 선호한다. 식당은 호텔 레스토랑을 활용하는 것이 좋다.

인사법은 악수가 일반적이며 남녀관계에 있어서도 동일하다. 가까운 거리에서 대화하면 상대방을 불안하게 한다고 생각한다.

엄지를 치켜 올리는 것은 '오케이'로 인식하며 회의 중 공개적으로 하품하는 행위는 회의를 종료하자는 표시로 인식된다.

타. 베네수엘라

 베네수엘라는 남미해방자인 시몬 볼리바르가 태어난 국가의 자부심을 가지고 있다. 국명도 '베네수엘라 볼리바르 공화국'이고 화폐명도 '볼리바르'이다.

 베네수엘라인은 강력한 리더를 추종하는 경향을 가지고 있다. 따라서 공공부문과 민간부문 모두 권위주의적 리더십이 일반적이다.

 지위에 기초한 위계가 엄격하여 하급자가 상급자에 쉽게 반론을 제기하지 못한다. 따라서 상하급자 간에 공개적인 논쟁은 리더십 부재로 이해된다.

 베네수엘라는 전통적으로 빈부차이, 인종, 정치성향 등에 따라 매우 분열된 사회이다. 민간기업가들은 대부분 중상계층 가족의 배경을 가지고 있으나 정부 관리들은 다양한 계층으로 구성되어 있다. 이러한 경향은 차베스 정권이 들어오면서 더욱 강해졌다.

 민간기업가들은 크게 두 분류가 있다. 구세대 계층은 비즈니스 거래 시 상대방이 소속된 기업보다는 개인에 더 많은 관심을 보인다. 이와 반대로 신세대 계층은 개인보다는 개인의 배경인 기업을 의식하며 협상을 진행한다. 신세대 베네수엘라 기업인들은 미국과 유럽에서 교육을 이수한 경우가 흔하다.

 베네수엘라에는 카라카스, 아라왁, 쿠마나고토 등 인디오 원주민이 거주했으나 1498년 콜럼버스가 도착한 이후 해안으로부터 정복이 진행되었다. 탐험가 오헤다(Alonso de Ojeda)는 원주민이 마라카이보 호수와 카리브 해변에 지은 집들을 보며 베니스와 비슷하다고 생각해 이 지역을 '리틀 베니스(Little Venice)'라고 불렀는데 베네수엘라 명칭이 여기에서 유래되었다고 한다.

 베네수엘라는 1810년 볼리바르 장군이 독립전쟁을 시작해서 1821년 스페인군과 벌린 카라보보 전투(Battle of Carabobo)에서 최종적으로 승리하고 독립을 이루었다. 베네수엘라는 독립이후 그란 콜롬비아 공화국에 속해 있었으나 볼리바르 장군 사후 내분으로 1830년 분리 독립 하였다.

인구의 92%가 로마 가톨릭교에 속해 있으나 국교는 없다. 상류계층의 신앙이 깊다. 이는 전통적으로 가톨릭교가 지배계층이었던 이들과 강한 유대감을 가지고 있었기 때문이다. 다만 가톨릭교는 대부분 기업인들의 일상에 영향을 주지 않는다.

개인의 판단과 의사결정에 영향을 주는 유일한 공동체는 가족과 친족 그룹이다. 이들은 가족공동체 이탈은 안정을 상실하는 것으로 생각하기 때문에 가장 우선적으로 보호해야 할 가치로 생각하고 있다. 젊은 세대도 가족공동체 보호를 가장 중요한 우선순위에 두고 있다.

베네수엘라는 역내 국가 중에서도 강한 남성우선주의를 가진 사회이다.

외부로부터 입수된 정보나 이슈는 모두 논의의 대상으로 받아들이며 주관적인 평가를 한다. 따라서 입장을 쉽게 바꾸지 않는 경향을 보인다.

특정 사안에 대한 진실성 판단은 객관적 데이터나 사실에 기초하기 보다는 즉각적으로 느끼는 주관적 감정에 따르는 성향이 있다. 이 때 종종 박애주의가 영향을 준다. 개별적으로 객관적 자료나 사실을 찾아 나서지 않는다.

차베스 정권이 들어온 이후 죄파이념이 크게 확산되면서 문화적 환경이 크게 변화하고 있다. 비즈니스 협상에서 정치적 이데올로기 위험을 충분하게 계산해야 한다.

CHAPTER 4.

비즈니스

1. 개관

경제의 세계화가 진행되며 외국인투자자가들에게 가장 중요한 중남미 이슈는 비즈니스 환경이다. 비즈니스 환경을 객관적으로 측정하고 판단하기 위해서는 개별국가의 정치와 경제 그리고 사회적 요소를 다양한 주제에 맞춰 비교분석 평가한 지수를 활용할 필요가 있다.

국제기관들의 특정 부문에 대한 국가별 평가지수는 그 자체로 전체 비즈니스 환경을 설명하는 것은 아니다. 그러나 객관적이고 중립적이며 신뢰가 확보된 국제기관들이 담당 주제에 대해 국가별로 비교분석 평가한 지수를 목적에 맞게 구성해 다시 분석하면 진출국가의 비즈니스 환경을 나름대로 파악할 수 있다. 동시에 연도별 추이를 적절하게 활용하면 중장기적 미래도 예측할 수 있다.

전체적으로 볼 때 역내 국가들의 비즈니스 환경은 개별국가 간 차이가 큰 가운데 일부국가들이 상위권과 최하위권에 포함된 것을 제외하고 대부분 중위권을 중심으로 하부에 넓게 포진되어 있다.

그럼에도 불구하고 전체적 국별 지수 추이를 보면 베네수엘라 등 일부 국가들을 제외하고 전반적으로 평가지수가 꾸준하게 개선되고 있다.

2. 글로별경쟁력지수 (GCI:Global Competitiveness Index)

세계경제포럼(WEF)은 1979년부터 국가별 글로별 경쟁력을 지수화 한 후 순위를 정해 매년 보고서[91]로 발표하고 있다.

---

91 The Global Competitiveness Report, World Economic Forum

이 보고서는 국가경쟁력을 활용가능환경(Enabling Environment), 인적자원(Human Capital), 시장(Markets), 혁신생태계(Innovation Ecosystem) 등 4개 분야로 나누어 측정하고 있다.[92]

상기의 4개 분야는 다시 각 분야별로 2~4개의 하위부문(Pilar)으로 구성된다. 우선 활용가능환경 분야는 제도(Institutions), 인프라(Infrastructure), 정보통신기술활용(ICT adoption), 거시경제안정성(Macroeconomic stability)등 4개 부문이다.

인적자원 분야는 보건(Health), 기술역량(Skills)등 2개 부문이다.

시장 분야는 상품시장(Product market), 노동시장(Labor market), 금융시스템(Financial system), 시장규모(Market size)등 4개 부문이다.

혁신생태계 분야는 사업동력(Business dynamism), 혁신역량(Innovation capability)등 2개 부문이다.

이들 12개 부문은 다시 103개 지표(Indicators)로 세분화되며 각 지표별로 최종적인 측정분석이 이루어져 종합평가 된다.

측정 지수는 0~100의 지수로 표시되는데 100은 최적상태(frontier)를 나타낸다. 즉 지수가 높을수록 국가경쟁력이 강함을 나타낸다. 지수는 제로섬 게임이 아니며 어느 국가나 달성 가능한 지점이다.

2019년 글로벌경쟁력보고서를 보면 141개 국가를 대상으로 분석하고 있다. 국가별 순위를 보면 싱가포르(84.8, 1위), 미국(83.7, 2위), 홍콩(83.1, 3위) 등이 선두국가들이고 일본(82.3, 6위), 독일(81.8, 7위) 대만(80.2, 12위), 한국(79.6, 13위) 등이 상위권에 포함되어 있다.

중남미 역내 국가경쟁력은 전체적으로 볼 때 저조한 편이다. 칠레(70.5, 33위)가 역내에서는 선두국가이다.

이어 멕시코(64.9, 48위), 우루과이(63.5, 54위), 콜롬비아(62.7, 57위), 코스타리카(62.0, 62위), 페루(61.7, 65위), 파나마(61.6, 66위), 브라질(60.9, 71위), 바베이도스(58.9, 77위), 트리니다드 토바고(58.3, 79위), 자메이카(58.3, 80위), 아르헨티나(57.2, 83위), 에콰도르(55.7, 90위) 등이 중위권에 포함되어 있다.

파라과이(53.6, 97위), 과테말라(53.5, 98위), 온두라스(52.7, 101위), 엘살바도르(52.6, 103위), 볼리비아(51.8, 107위), 베네수엘라(41.8, 133위), 아이티(36.3, 138위) 등이 하위권이다.

중남미 전체의 경쟁력을 12개 부문별로 타 지역과 비교해보면 아래와 같다.

부문별 주요대륙별 비교

지역/부문	제도	인프라	정보통신기술	경제안정성	보건	기술역량	상품시장	노동시장	금융시스템	시장규모	사업동력	혁신역량
동아시아/태평양	61.6	74.8	70.3	89.6	83.8	67.3	62.6	66.6	74.3	67.9	66.1	54.0
유라시아	53.8	67.7	59.5	74.9	71.3	66.1	56.1	63.5	52.0	50.3	61.9	35.5
유럽/북미	64.7	79.7	70.4	92.6	89.1	74.6	60.0	66.4	70.9	60.1	68.3	58.1
중남미	47.1	61.3	50.9	73.7	82.2	58.7	51.6	55.9	60.3	51.2	53.8	34.3
중동/북아프리카	55.5	70.5	57.6	75.3	80.8	62.9	56.7	54.8	63.7	59.9	58.2	41.3
남아시아	50.0	59.2	35.1	74.7	68.4	50.1	45.8	51.5	60.0	67.7	57.8	36.3
남아프리카	46.9	45.0	34.3	69.4	50.8	44.3	49.3	54.6	50.8	40.4	51.8	29.4

자료: WEF Analysis

3. 기업환경지수(Doing Business Index)

세계은행그룹은 매년 전 세계 190여개 국가를 대상으로 해당 국가 비즈니스 관련 법규들이 기업의 활동을 용이하게 하는 것인지 아니면 제한하고 있는 것인지를 조사하고 개선여부를 분석 평가해 기업환경지수를 만들어 보고서로 발표하고 있다. 이 사업의 목적은 비즈니스 관련 법규의 개선을 통해 보다 자유로운 비즈니스 환경을 만들어 경영효율성을 높이는 데 있다.

개도국 정부는 기업환경지수를 활용해 자국의 비즈니스 법규상황을 선진국과 비교 평가해보고 앞으로 기업들이 자국에서 원활한 비즈니스를 할 수 있도록 개선하는 계기를 가질 수 있다.

평가는 기업의 법규 환경을 사업개시(opening a business), 사업장확보(getting a location), 금융서비스(accessing finance), 일상경영(dealing day-to-day operations), 안전경영환경(operating in a secure business environment) 등 4개 단계로 분류하며 각 단계에 2~3개의 평가지표를 설정하고 0~100 사이에서 지수를 부여해 이루어진다. 높은 지수를 가질수록 기업의 법규 환경이 좋은 것이다.

전체 평가지표는 12개이다. 사업개시단계는 사업시작(Starting a business), 인력채용(Employing workers), 사업장확보단계는 건축허가(Dealing with construction permits), 전기확보(Getting electricity), 재산등록(Registering property), 금융서비스접근단계는 신용확보(Getting credit), 소수지분 투자자 보호(Protecting minority investors), 일상경영단계는 납세(Paying taxes), 국경무역(Trading across borders), 공공계약(Contracting with the government), 안전경영환경단계는 계약집행(Enforcing contracts), 파산결정(Resolving insolvency) 등이 있다.

2020년 보고서는 190개 국가를 대상으로 평가되었다. 최상위권에는 뉴질랜드(86.8, 1위), 싱가포르(86.2, 2위), 홍콩(85.3, 3위), 덴마크(85.3, 4위), 한국(84.0, 5위), 미국(84.0, 6위), 조지아(83.7, 7위), 영국(83.5, 8위), 노르웨이(82.6, 9위), 스웨덴(82.0, 10위) 등이 포함되어 있다.

중남미에서는 칠레(72.6, 59위), 멕시코(72.4, 60위)가 상위권의 하위부문에 포함되어 있다.

콜롬비아(70.1, 67위), 자메이카(69.7, 71위), 코스타리카(69.2, 74위),

페루(68.7, 76위), 파나마(66.6, 86위), 엘살바도르(65.3, 91위), 과테말라 (62.6, 96위), 우루과이(61.5, 101위), 도미니카공화국(60.0, 115위), 브라 질(59.1, 124위), 아르헨티나(59.0, 126위)가 중위권에 몰려있다.

에콰도르(57.7, 129위), 온두라스(56.3, 133위), 가이아나(55.5, 134위), 벨리스(55.5, 135위), 니카라과(54.4, 142위), 볼리비아(51.7, 150위), 수 리남(47.5, 162위), 아이티(40.7, 179위), 베네수엘라(30.2, 188위)는 하 위권에 속해 있다.

이상과 같이 중남미 국가들의 법규 비즈니스 환경은 전체적으로 우호적 이지 않으나 칠레, 멕시코, 콜롬비아, 페루, 파나마 등 태평양연안 국가들의 상황이 아르헨티나, 브라질, 베네수엘라 등 대서양연안 국가들보다 양호한 것은 특기할만한 하다.

특히 남미에서 가장 큰 경제권인 브라질과 아르헨티나가 중위권 하위부 문에 머무르고 있는데 이는 해당국가에 투자를 할 때 법규사항을 잘 파악할 필요가 있다는 것을 말해주고 있다.

4. 민주주의지수(Democracy Index)

국가별 정치상황은 중요한 기업 비즈니스 환경이다. 민주주의가 해당 국 가에서 어떻게 구현되고 운영되는가 하는 것은 기업 비즈니스 활동의 자유 와 안정성을 보장하는 전제조건이다.

영국 이코노미스트 그룹의 자회사인 EIU(Economist Intelligence Unit) 는 국가별 경제 전반에 대한 중장기 분석에 정평이 있는 기관으로 2006년 부터 165개 독립국가와 2개 자치령의 민주주의 운영상황에 대한 평가를 지수로 산정하고 순위를 매겨 민주주의지수(Democracy Index)라는 보 고서로 발표한다.

평가지수는 5개 부문으로 나뉘어 만들어진 60개 설문에 기초해 산출되고 설문은 정치적 다원성, 시민자유권, 정치문화 등을 측정하고 있다.

5개 부문은 선거과정 그리고 다원성(Electoral Process and pluralism), 정부작동(Government functioning), 정치참여(Political participation), 정치문화(Political culture), 시민자유(Civil liberties) 등이다.

각 부문은 1~10 사이의 지수 사이에서 평가되는데 높은 수치일수록 민주주의가 잘 운용되고 있는 것을 뜻한다. 5개 지수는 다시 가중 평균되어 국가별로 0~10 사이의 지수로 평가된다.

EIU는 평가지수에 기초해 완전민주주의(Full democracy, 8.01~10), 하자민주주의(Flawed democracy, 6.01~8), 혼성민주주의(Hybrid democracy), 권위주의정권(Authoritarian regimes, 0~4)로 나누고 개별국가가 취득한 지수에 따라 민주주의 순위를 정한다.

여기에서 완전민주주의는 시민권과 정치적 자유가 존중되고 민주주의 원칙에 따른 정치문화가 지지받고 있는 상태를 말한다. 하자민주주의는 공정하고 자유롭게 시민권은 존중되지만 언론 자유나 정치적 반대자에 대한 억압 등이 존재하는 상황의 민주주의를 지칭하고 있다. 혼성민주주의는 선거부정이 존재하고 공정하고 자유스러운 시민권에 제약이 가해지는 경우이다. 권위주의정권은 정치적다원성이 보장되지 않은 왕정이나 독재정권 등이다.

2020년 민주주의 보고서에 따르면 완전민주주의는 23개 국가, 하자민주주의는 52개 국가, 혼성민주주의는 35개 국가, 권위주의정권은 57개 국가이다.

노르웨이(9.81, 1위), 아이슬란드(9.37, 2위), 스웨덴(9.26, 3위), 뉴질랜드(9.25, 4위), 캐나다(9.24, 5위), 핀란드(9.20, 6위), 덴마크(9.15, 7위), 아일랜드(9.05, 8위), 호주(8.96, 9위), 화란(8.96, 9위) 등이 완전민주주의 국가들로 평가되었다. 한국(8.01, 23위)은 2019년의 하자민주주의 국가

분류에서 벗어나 완전민주주의 국가 분류에 진입했다.

중남미 상황을 보면 평가 대상 24개 국가 중 우루과이, 칠레, 코스타리카 등 3개 국가가 완전민주주의 국가 분류에 포함되어 있다.

하자민주주의 국가에는 파나마, 트리니다드 토바고, 자메이카, 콜롬비아, 아르헨티나, 브라질, 수리남, 페루, 도미니카공화국, 파라과이, 에콰도르, 멕시코, 가이아나 등 13개 국가이다.

혼성민주주의 국가는 엘살바도르, 온두라스, 볼리비아, 과테말라, 아이티 등 5개 국가이다. 니카라과, 쿠바, 베네수엘라 등 3개 국가는 권위주의정권으로 분류되어 있다.

중남미 국가 민주주의 지수

국명/구분	지수	등위	선거과정/다원성	정부작동	정치참여	정치문화	시민자유
완전민주주의							
우루과이	8.61	15	10.00	8.57	6.67	8.13	9.12
칠레	8.28	17	9.58	8.21	6.67	8.13	8.82
코스타리카	8.16	18	9.58	6.79	7.22	7.50	9.71
하자민주주의							
파나마	7.18	40	9.58	6.43	7.22	5.00	7.65
트리니다드토바고	7.16	41	9.58	7.14	6.11	5.63	7.35
자메이카	7.13	42	8.75	7.14	5.00	6.25	8.53
콜롬비아	7.04	46	9.17	6.43	6.67	5.00	7.94
아르헨티나	6.95	48	9.17	5.36	6.67	5.63	7.94
브라질	6.92	49	9.58	5.36	6.11	5.63	7.94
수리남	6.82	51	9.58	6.07	6.11	5.00	7.35
페루	6.53	57	8.75	5.36	5.56	5.63	7.35
도미니카(공)	6.32	63	9.17	4.29	6.11	5.00	7.06
파라과이	6.18	67	8.75	5.71	5.00	4.38	7.06
에콰도르	6.13	69	8.75	5.00	6.67	3.75	6.47
멕시코	6.07	72	7.83	5.71	7.78	3.13	5.88
가이아나	6.01	75	6.50	5.36	6.11	5.00	7.06
혼성민주주의							
엘살바도르	5.90	77	9.17	4.29	6.11	3.75	6.18
온두라스	5.36	88	7.83	4.29	4.44	4.38	5.88

국명/구분	지수	등위	선거과정/다원성	정부작동	정치참여	정치문화	시민자유
볼리비아	5.08	94	6.08	3.57	6.11	3.75	5.88
과테말라	4.97	97	6.92	3.93	5.00	3.13	5.88
아이티	4.22	106	4.75	1.71	2.78	6.25	5.59
권위주의 정권							
니카라과	3.60	120	0.42	2.86	5.00	5.63	4.12
쿠바	2.84	140	0.00	3.57	3.33	4.38	2.94
베네수엘라	2.76	143	0.00	1.79	5.00	4.38	2.65

자료:EIU, Democracy Index 2020

5. 인간개발지수(Human Development Index)

인간개발지수는 유엔개발계획(UNDP)이 한 나라의 개발수준을 평가하기 위해 인간수명지수(LEI), 교육지수(EI), 1인당 소득지수(II) 등을 활용해 고안한 통계종합지수(statistic composite index)이다.

이 지수는 1990년 유엔개발계획에서 특별고문으로 활동했던 파키스탄 경제학자 울 하크(Mahbub ul Haq)에 의해 개발되어 운용되었다. 이 지수의 목표는 경제개발의 문제를 정부중심의 관점이 아닌 국민중심의 관점에서 보자는 것이었다. 즉 개발을 평가할 때 경제발전측면 뿐만 아니라 인간복지개선 측면도 고려해야 한다는 것이다.

최근 들어 인간개발은 국가경쟁력을 보여주는 중요한 기업투자환경으로 평가되고 있다. 평가지수는 0~1 사이에서 형성된다. 1에 가까울수록 인간개발 수준이 높다.

2020년 인간개발지수보고(2020.12.15.)에 따르면 평가대상 188개 국가 중 노르웨이(0.957, 1위), 아일랜드(0.955, 2위), 스위스(0.955, 3위), 홍콩(0.949, 4위), 아이슬란드(0.949, 5위), 독일(0.949, 6위), 스웨덴(0.945, 7위), 호주(0.944, 8위), 화란(0.944, 9위), 덴마크(0.940, 10위) 등이 상위

권을 차지하고 있다. 한국은 0.916으로 23위이다.

중남미에서는 칠레(0.851, 43위), 아르헨티나(0.845, 46위), 우루과이(0.817, 55위), 파나마(0.815, 57위), 코스타리카(0.810, 62위) 등이 상위 1/3권역에 포함되어 있다.

이어서 쿠바(0.783, 70위), 멕시코(0.779, 74위), 페루(0.777, 86위), 콜롬비아(0.767, 83위), 브라질(0.765, 84위), 에콰도르(0.759, 86위), 도미니카공화국(0.756, 88위), 수리남(0.738, 97위), 자메이카(0.734, 101위), 파라과이(0.727, 103위), 볼리비아(0.710, 107위), 벨리스(0.716, 110위), 베네수엘라(0.711, 113위) 등이 중위 1/3권역에 있다.

가이아나(0.682, 130위), 엘살바도르(0.673, 124위), 과테말라(0.663, 127위), 니카라과(0.660, 128위), 온두라스(0.634, 132위)등이 하위권에 속한다. 아이티(0.510, 170위)로 역내 최하위권에 들어있다.

중남미 전체 인간개발지수는 끊임없이 개선되어 왔다. 1990년에는 0.632이었으나 2000년 0.690, 2015년 0.759, 2019년 0.766 이었다.

2019년 대륙 간 비교지수를 보면 중남미는 유럽과 중앙아시아군(0.791)보다 낮다. 그러나 아랍국가군(0.705), 동아시아 및 태평양군(0.747), 남아시아(0.641), 사하라 사막 이남 아프리카군(0.547) 보다 높은 인간개발 수준을 보여주고 있다.[93]

6. 부패인식지수(Corruption Perception Index)

부패인식지수는 독일 소재 국제투명성기구(Transparency International)가 기업가들과 전문가들이 가지고 있는 공공부문 부패에 대한 인식수준

---

93 UNDP, HDI 2020 보고서

을 토대로 분석하고 평가된 지수이다. 1995년 이후 매년 발표하고 있다. 지수는 0~100 범위로 표시되며 지수가 클수록 부패수준이 낮고 투명성이 높음을 나타내고 있다.[94]

국제투명성기구는 공공부문 부패를 '사적 이익을 얻기 위해 부여된 권력을 남용하는 것'[95]으로 정의하고 있다. 공공부문의 부패는 정치적, 경제적, 사회적 그리고 환경적 비용을 발생시키고 있다.

특히 부패와 경제의 관계에 대해 국제투명성기구는 2007년과 2008년 보고서에서 그 상관관계를 규명한 바 있는데 투명성이 높은 국가일수록 지속적 경제성장이 가능한 것으로 나타났다. 공공부문의 투명성 여부는 기업에게 매우 중요한 투자환경이다.

2020년 보고서는 총 179개 국가를 대상으로 분석했다. 덴마크(88, 1위), 뉴질랜드(88, 1위), 핀란드(85, 3위), 싱가포르(85, 3위), 스웨덴(85, 3위), 스위스(85, 3위), 노르웨이(84, 7위), 화란(82, 8위), 독일(80, 9위), 룩셈부르크(80, 9위) 등이 가장 투명도가 높은 국가들이다. 한국의 지수는 61로 33위이다.

중남미 국가들은 30개 국가가 평가에 포함되어 있다. 우루과이(71, 21위), 칠레(67, 25위), 바베이도스(64, 29위), 바하마(63위, 30위), 세인트빈센트 그레나딘(59, 40위), 코스타리카(57, 42위), 세인트루시아(56, 45위), 도미니카(55, 48위) 등이 상대적으로 투명도가 높은 국가들이다.

한편 그레나다(53, 52위), 쿠바(47, 63위), 자메이카(44, 69위), 아르헨티나(42, 78위), 가이아나(41, 83위), 트리니다드토바고(40, 86위), 콜롬비아(39, 92위), 에콰도르(39, 92위), 브라질(38,94위), 페루(38, 94위), 수리남(38, 94위), 엘살바도르(36위, 104위), 파나마(35, 111위), 볼리비아

---

94 순위는 50-)99는 'perceived as less corrupt', 49-)0은 'perceived as more corrupt'를 나타내고 있다.

95 'abuse of entrusted power for private gains', www.transparency.org

(31, 124위), 멕시코(31, 124위), 도미니카공화국(28, 137위), 파라과이 (28, 137위), 과테말라(25위, 149위), 온두라스(24위, 157위), 니카라과 (22, 159위), 아이티(18, 170위), 베네수엘라(15, 176위) 등 대부분의 국가 들이 중하위권에 속해있다.

특히 멕시코, 아르헨티나, 브라질, 콜롬비아, 페루, 에콰도르, 파라과이, 베네수엘라 등 중남미 주요 국가들의 부패인식상황이 심각하다는 것은 특 기할 만 하다.

7. 경제자유지수(Index of Economic Freedom)

보수성향의 싱크탱크인 헤리티지재단(The Heritage Foundation)과 월 스트리트저널(WSJ)은 1995년부터 공동으로 매년 국가별 경제자유수준을 조사 분석하여 지수화해 순위를 매겨 발표하고 있다.

경제자유지수의 기본이념은 아담 스미스(Adam Smith) 국부론에 언급된 '경제적 관심을 추구하는 개인의 자유를 보호해주는 기본적인 제도들은 보 다 큰 사회를 위한 번영을 유발한다.'[96]라는 논리에 기초하고 있다.

평가는 크게 법치(Rule of Law), 정부규모(Government Size), 규제효율 (Regulatory efficiency), 시장개방(Market openness) 등으로 구분하고 각 부문 별로 3개의 세부항목을 구성해 경제자유도를 평가한다.[97] 평가는 0~100 사이의 지수로 표시하며 '0'은 '경제자유 완전부재', '100'은 '완전 한 경제자유'를 나타내고 있다.

2021년 평가를 보면 평가대상 184개 국가 중 싱가포르(89.7, 1위), 뉴질

---

[96] 'basic institutions that protect the liberty of individuals to pursue their own interests result in greater prosperity for larger society', Wiki

[97] 법치부문-재산권, 사법효율성, 정부신뢰성, 정부규모-조세제도, 정부지출, 재정건전성, 규제 효율-비즈니스 자유, 노동자유, 통화자유, 시장개방-무역자유, 투자자유, 금융자유

랜드(83.9, 2위), 호주(82.4, 3위), 스위스(81.9, 4위), 아일랜드(81.4, 5위), 대만(78.6, 6위), 영국(78.4, 7위), 에스토니아(78.2, 8위), 캐나다(77.9, 9위), 덴마크(77.8, 10위) 등이 경제자유도가 가장 높게 평가된 국가들이다. 한국은 74.0으로 24위이다.

중남미 국가들은 칠레(75.2, 19위), 우루과이(69.3, 44위), 자메이카(68.1, 49위), 콜롬비아(68.1, 49위), 페루(67.7, 50위) 등이 상대적으로 상위권에 속해 있다.

파나마(66.2, 62위), 멕시코(65.5, 65위), 코스타리카(64.2, 72위), 과테말라(64.0, 75위), 파라과이(62.6, 84위), 도미니카공화국(62.1, 88위), 엘살바도르(61.0, 94위), 온두라스(59.8, 98위) 등이 중위권에 들어있다.

트리니다드토바고(59.0, 102위), 벨리스(57.5, 114위), 가이아나(57.4, 116위), 니카라과(56.3, 121위), 브라질(53.4, 144위), 도미니카(53.0, 147위), 아르헨티나(52.7, 148위), 에콰도르(52.4, 149위) 등이 하위권에 위치해 있다.

아이티(50.8, 155위), 수리남(46.4, 155위), 볼리비아(42.7, 172위), 쿠바(28.1, 176위), 베네수엘라(24.7, 177위) 등은 최하위권이다.

중남미 경제대국인 아르헨티나, 브라질의 경제자유도가 매우 낮은 것은 중남미 투자가들이 향후 투자의사 결정 시 유의해서 검토해보아야 할 사항이다.

8. 여행관광경쟁지수 (Travel and Tourism Competitiveness Index)

여행관광지수는 세계경제포럼(WEF)이 여행관광산업에서 비즈니스 유인 요소들을 지수화해 국가별로 이를 평가하고 순위를 매겨 비교한 것이다. 세계경제포럼은 2007년부터 매 2년 '여행관광경쟁력보고서(The Travel and Tourism Competitiveness Report)'를 통해 이 지수를 발표하고 있다.

평가는 크게 우호적 환경(Enabling Environment), 여행관광정책과 우호적 여건(T&T Policy and Enabling Conditions), 인프라(Infrastructure), 자연문화자원(Natural and Cultural Resources) 등 4개 부문에서 부문별로 2~5개 세부항목을 설정해 평가한다.[98] 지수 평점은 1~6 사이에서 결정되며 평점이 높을수록 우호적 환경을 나타낸다.

2019년 보고서에 따르면 140개 국가 중 스페인(5.4, 1위), 프랑스(5.4, 2위), 독일(5.4, 3위), 일본(5.4, 4위), 미국(5.3, 5위), 영국(5.2, 6위), 호주(5.1, 7위), 이태리(5.1, 8위), 캐나다(5.1, 9위), 스위스(5.0, 10위) 등이 최상위권 국가군에 포함되어 있다. 한국은 4.8로 16위를 차지하고 있다.

중남미 국가들 순위를 보면 멕시코(4.7, 19위), 브라질(4.5, 32위)이 상위권 국가군에 포함되어 있다.

코스타리카(4.3, 41위), 파나마(4.2, 47위), 페루(4.2, 49위), 아르헨티나(4.2, 50위), 칠레(4.1, 52위), 콜롬비아(4.0, 55위), 에콰도르(3.9, 70위), 도미니카공화국(3.8, 73위), 우루과이(3.8, 74위), 자메이카(3.7, 76위), 트리니다드토바고(3.6, 87위), 볼리비아(3.5, 90위), 니카라과(3.5, 91위), 온두라스(3.5, 94위), 과테말라(3.4, 99위)가 중위권에 속해 있다.

그리고 엘살바도르(3.2, 108위), 파라과이(3.2, 109위), 베네수엘라(3.1, 117위), 아이티(2.8, 133위)가 하위권이다.[99]

---

98 우호적 환경-비즈니스 환경, 안전과 치안, 보건, 인력노동시장, 정보통신기술준비도, 여행관광정책 및 우호적 여건-여행관광우선순위, 국제적 개방성, 가격경쟁력, 환경적 지속가능성, 인프라-공항 인프라, 육로 및 항구 인프라, 관광서비스 인프라, 자연문화자원-자연자원, 문화자원과 비즈니스 여행 등

99 상위권(25%):1~35위, 중위권(50%):36~105위, 하위권(25%):106~140위로 분류

9. 글로벌성별격차지수(Global Gender Gap Index)

세계경제포럼(WEF)은 2006년부터 국별로 성별평등 정도를 측정한 글로 벌성별격차지수를 발표하고 있다. 특히 자원과 기회에 대한 성별 접근성을 주요 요소로 평가하고 있다.

평가는 경제참여기회(Economic participation and opportunity), 교 육성취(Educational attainment), 보건생존(Health and survival), 정치 참여(Political empowerment) 등 4개 부문이며 각 부문별로 2~5개의 세 부항목을 설정해 평가하고 있다. 평가는 0~1사이의 지수로 표시되며 1에 가까울수록 성별격차가 낮음을 나타낸다.

2020년 보고서에 따르면 아이슬란드(0.877, 1위), 노르웨이(0.842, 2위), 핀란드(0.832, 3위), 스웨덴(0.820, 4위), 니카라과(0.804, 5위), 뉴질랜드 (0.799, 6위), 아일랜드(0.798, 7위), 스페인(0.795, 8위), 르완다(0.791, 9 위), 독일(0.787, 10위) 등이 최상위권이다. 한국은 0.672로 108위이다.

중남미 국가들을 보면 니카라과가 최상위권에 포함되어 있고 이어서 코스타리카(0.782, 13위), 콜롬비아(0.782, 22위), 트리니다드토바고 (0.756, 24위), 멕시코(0.754, 25위), 바베이도스(0.749, 28위), 아르헨티 나(0.746, 30위), 쿠바(0.746, 31위), 우루과이(0.737,35위) 등이 상위권 에 포함되어 있다.

자메이카(0.735, 41위), 볼리비아(0.734, 42위), 파나마(0.730, 46위), 에 콰도르(0.729, 48위), 칠레(0.723, 57위), 페루(0.714, 66위), 베네수엘라 (0.713, 67위) 등은 중위권 중 상위에 속한다.

수리남(0.707, 77위), 도미니카공화국(0.700, 86위), 브라질(0.691, 92 위), 파라과이(0.683, 100위), 벨리스(0.671, 110위), 과테말라(0.666, 113위) 등은 중위권중 중하위 부분에 포함되어 있다.

전체적으로 볼 때 중남미 국가들의 성별격차수준은 여타지역보다 양호한 것으로 분석되고 있다.[100]

10. 세계화지수(Globalisation Index)

세계화지수는 스위스 KOF 경제연구원(KOF Swiss Economic Institute)이 1970~2018년 기간 중 매년 국별 세계화 수준을 평가해 순위를 매긴 것이다.

평가는 크게 경제적 세계화(Economic Globalisation), 사회적 세계화(Social Globalisation), 정치적 세계화(Poitical Globalisation) 등 3개 부문으로 구분한다. 각 부문별로 2~3개의 평가항목을 설정하고 있는데 경제부문은 무역, 금융, 사회부문은 대인관계, 정보, 문화, 정치부문은 해외공관, 유엔평화유지업무, 국제비영리기구 등이다. 국별 순위는 지수 100을 기준으로 각 부문이 1/3의 비중을 가지고 평가된다.

2020년 보고서에서는 2018년 자료 기준 203개 국가를 대상으로 하고 있다. 스위스(90.79, 1위), 화란(90.68, 2위), 벨기에(90.46, 3위), 스웨덴(89.44, 4위), 영국(89.39, 5위), 독일(88.83, 6위), 오스트리아(88.56, 7위), 덴마크(87.96, 8위), 핀란드(87.70, 9위), 프랑스(87.69, 10위) 등이 최상위권 국가들이다. 한국은 78.48로 35위로 상위권이다.

중남미 지역은 칠레(76.08, 41위), 우루과이(72.89, 46위), 멕시코(71.68, 52위), 코스타리카(71.49, 54위), 아르헨티나(71.31, 55위), 파나마(71.07, 56위), 페루 69.90, 63위) 등이 중상위권에 포함되어 있다.

도미니카공화국(65.31, 77위), 엘살바도르(65.04, 78위), 브라질(64.49,

80위), 트리니다드토바고(64.34, 81위), 콜롬비아(63.66, 86위), 바베이도 스(62.95, 88위), 자메이카(62.20, 91위), 쿠바(62.12, 93위), 파라과이 (61.86, 94위), 과테말라(61.65, 96위), 온두라스(60.49, 98위), 에콰도르 (60.05, 99위), 니카라과(59.95, 100위), 볼리비아(58.67, 104위), 가이아 나(53.80, 122위), 수리남(53.62, 125위), 베네수엘라(52.25, 134위), 아 이티(44.51, 178위) 등은 중하위권에 포진되어 있다.[101]

---

101 KOF Swiss Economic Institute, Globalisation Index 2020.

Part 2.
정치

CHAPTER 5

지역정치

1. 개관

중남미는 33개의 독립 국가로 이루어진 다양성 속에서 동일성(Unity amid Diversity)이 공존하고 있는 지역이다. 다양성을 보면 우선 역내에서 사용되는 언어도 스페인어, 포르투갈어, 프랑스어, 영어, 화란어 등 다양하다. 이중 라틴아메리카로 불리는 계기가 된 라틴어 계통의 언어를 사용하는 국가는 20개 국가[102]이고 나머지는 영어와 화란어 등을 사용하고 있는 국가로 대부분 카리브 도서국가와 남미 대륙 카리브 연안의 가이아나, 수리남, 벨리스 등이다. 다음 역내 각 국가들의 정치경제 및 사회의 발전 형태와 상황이 달라서 국가별 차이를 구분하는데 어려움이 없다.

동시에 역내 국가들은 역사적으로 유럽 열강의 식민지 시대를 거치면서 종주국의 영향으로 의식주 등 생활문화와 법률, 종교, 정치기구 등 사회문화의 영역에서 상당한 수준의 동질성을 보여주고 있다. 이러한 동질성은 특히 스페인 식민지에서 독립한 국가들에서 강하다.

중남미 국가들은 20세기 말부터 시작해 21세기 두 번째 10년 동안 계속된 세계화 환경 속에서 정치적 민주화가 크게 진행되었다. 이에 따라 기간 중에 많은 경제사회적 변화가 일어났다. 그러나 그 범위와 결과는 개별 국가별 국내외 환경과 국가적 역량에 따라 고르지 않았다.

중남미에서 민주주의는 당초 기대했던 방향대로 작동되지도 않았고 변화하고 있는 여러 가지 상황에 신속하게 대응하지도 못해 실망스러운 때도 많았다. 그럼에도 불구하고 역내 전체적으로 볼 때 가장 선호되는 정치체제로 정착했다. 그러나 한편으로는 빈부격차와 불평등, 부패, 범죄와 폭력 등

---

[102] 아르헨티나, 브라질, 칠레, 콜롬비아, 페루, 베네수엘라, 우루과이, 파라과이, 볼리비아, 에콰도르, 멕시코, 쿠바, 코스타리카, 니카라과, 엘살바도르, 과테말라, 온두라스, 파나마, 도미니카(공), 아이티 등이다.

많은 사회적 도전으로부터 위협을 받고 있다. 다만 그 수준은 개별 국가별로 큰 차이가 있다.

세계화는 중남미 경제가 세계무역과 투자에 개방되는 결정적 계기를 제공하였다. 그러나 중남미 국가들은 개방경제 환경 속에서 국가가 주도하는 경제개발정책을 운용해야 하는데 그 수준과 방법을 결정하는 구체적 개발모델을 마련하는데 어려움을 겪고 있다. 이는 정치가 해결해야할 도전 과제이다.

전체적으로 볼 때 현재의 중남미 국가들은 과거보다 더 민주화되고 경제가 개방되었다. 그러나 한편으로 역사적 유산으로부터 오는 압력도 충분하게 강해서 이 양자 간의 균형을 어떻게 조화롭게 형성하며 유지해 나갈 것인가 하는 문제가 중요한 정치적 과제이다. 이는 근대성(modernity)과 전통성(tradition)의 충돌과 조화의 문제로 구체적으로는 실적주의와 후원주의, 지방분권과 중앙집권, 신자유주의와 정부주도경제운용 등의 충돌과 조화의 방식으로 나타난다.

중남미 정치 발전과정을 깊게 이해하기 위해서는 정치문화의 변화(Changes in Political Culture), 경제적 변화(Economic Change), 사회적 변혁(Social Change), 정치제도(Political Institutions), 공공정책(Public Policy), 국제환경(International Environment) 등 몇 가지 틀(framework)이 필요하다.[103] 그리고 이 틀은 역내 개별국가의 정치상황을 비교할 수 있는 기준이 된다.

---

[103] Harvey F. Kline, Christine J. Wade and Howard J. Wiarda, Latin American Politics and Development, 9th Edition, Routledge, Taylor & Francis Group, p3~7

가. 정치문화의 변화

1930년대 까지 중남미 정치에는 시대에 뒤떨어진 봉건주의적 문화가 깊게 잠재되어 있었다. 그러던 것이 교육의 확대, 문맹률 감소, 라디오와 텔레비전 등 미디어 확산 등으로 사고방식의 변화가 일어났다. 다만 그 변화의 범위와 수준은 개별 국가별로 차이가 있다.

정치문화의 변화와 관련해 중남미 역내 정치문화는 과연 변화했는가에 대해 많은 질문들이 나올 수 있다. 예를 들면 과거부터 이어져온 낡은 숙명론과 이로 인한 수동성은 어느 수준까지 사라졌는가? 민중들은 어떻게 동원되고 이용되고 있는가? 새롭고 도발적인 민주주의와 사회주의 이념은 어떻게 일어나게 되었는가? 최근 디지털 시대를 맞이해 용이해진 정보접근성이 정부와 시민의 관계를 어떻게 변화시켰는가? 지난 2~30년 동안 정부와 정치제도에 대한 시민들의 기본적 믿음, 이념, 태도들은 과연 바뀌었는가? 등이다.

나. 경제변화

경제부문에서 제기되는 이슈도 다양하다. 21세기 들어 중남미 경제는 과거보다 더 다변화되어 단일 수출품목 의존 경제구조에서 탈피했는가? 과거 중상주의적이며 정부가 주도하는 경제운용체제에서 벗어나 효율성이 강조되는 시장경제와 자유무역체제에 잘 적응하였는가? 자급자족 그리고 대규모 농장에 의존하는 경제구조에서 보다 근대적인 제조업과 서비스업으로의 전환은 어느 정도이며 적절한 수준으로 고용기회 확대는 이루어졌는가? 신자유주의경제 체제 속에서 심각해져 가는 빈부격차의 축소를 위해 정부는 어떤 정책을 실행하고 있는가? 등이다.

다. 사회변혁

사회변혁은 일어나고 있으며 정치적 다원주의와 관용이 수반되고 있는 가? 사회변혁은 민주주의 발전을 어느 정도 지원하고 있는가? 전통적 대토지 소유 지배계층은 상업, 산업 그리고 금융 부문의 비즈니스 엘리트들에게 주도권을 어느 정도 양보했는가? 중산층 비중은 높아지고 있는가? 노동, 농민, 도시빈민운동의 정치화 수준은? 여성, 인디오 원주민, 지역공동체, 시민사회 등의 사회운동 범위와 수준은 어느 정도인가? 군부는 중산층화 그리고 전문화 되고 있는가? 가톨릭교는 복음주의교회 확산에 얼마나 영향을 받고 있는가? 등은 중남미 정치를 이해하는데 있어서 당연하게 검토가 필요한 관점들이다.

라. 정치제도(Political Institutions)

사회변혁과 사회적 다원주의는 과연 정치제도의 변화를 이끌어 내고 있는가? 선거가 공정하고 권력을 확보하는 유일한 합법적 수단으로 인정되고 관례화되어 있는가? 지배체제의 근대화 수준은 어느 정도인가? 정당은 과거 인물중심의 후원주의 등 주관적 체제에서 대중과 이념 그리고 정책에 기초한 체제로 변화하였는가? 이익단체, 비정부기구 등, 시민사회 조직들이 과거보다 많이 결성되어 있는가? 정부기구 및 공공단체에 대한 개혁추진, 효율증대, 부패근절, 서비스 질 개선 등을 위한 압력은 계속되고 있는가? 카우디요(Caudillo) 시대가 종료되었음에도 불구하고 강한 대통령제에 따른 행정부의 입법부와 사법부에 대한 영향력이 증가는 어떻게 대처되고 있는가? 특히 좌파나 우파성향의 대중주의적 지도자들이 정권을 장악하면서 민주주의와 권위주의 체제 간의 긴장 조성 수준은? 군부와 경찰은 민간정부의 감독과 통제 속에서 운용되고 있는가? 지방분권에 따른 지방정부의 역할강화가 민주화 수준 향상에 어느 정도 영향을 주고 있는가? 등이 정치제도의 분석이슈의 사례이다.

마. 공공정책

정부가 새로운 공공정책과 개혁을 주도하는 기구로 인식되고 있는가? 여기에서 공공정책과 개혁의 대상은 농업, 가족계획, 교육, 경제개발, 환경, 주택, 보건, LGBT 등인데 정부는 이러한 문제들에 대한 해결책을 제시하도록 압력을 받고 있다. 또한 정부는 빈부격차 축소, 기후변화, 환경자원보호, 범죄와 폭력, 마약불법거래, 이민 등의 문제에 대해 과연 합리적인 해결책을 제시하고 있는가? 어떠한 요소들이 공공정책 수립과 실행에 영향을 주고 있는가? 정부의 정책과 법은 정치사회적 그리고 지리적 장애를 극복하며 잘 집행되고 있는가? 식민지 유산이 정책의 수립과 집행 과정에 어떻게 영향을 주고 있는가? 훈련된 경찰관들이 범죄를 조사하고 법 위반자들을 체포하고 재판부도 이들을 처벌할 수 있도록 충분한 인력을 보유하고 있으며 할 수 있도록 법체제가 보호하고 있는가? 등이 공공정책의 분석이슈 사례이다.

바. 국제환경

수세기 동안 중남미는 세계로부터 부분적 고립 상태에 있었다. 그러나 최근 들어 정치 경제 그리고 문화적으로 개방되어 충분할 만큼 세계화 추세에 진입했는데 과연 역내 개별 국가별 세계와 수준은 어느 정도인가? 중남미

시민들 특히 젊은 세대들은 권위적, 종교적, 전통적 가치로부터 탈피해 민주주의 이념에 충분하게 동의하고 있는가? 개별 국가들은 경제의 글로벌화 속에서 무역, 상업, 고용의 증가, 생활의 풍요 등 긍정적 결과와 환율불안, 시장수요 변동, 자본도피 등 부정적 결과에 대해 어떻게 대처하고 있는가? 자유무역협정을 체결해 새로운 외국인직접투자를 유인하고 있는가? 역내 교역규모 수준은? 미국과의 관계가 과거보다 우호적인가? 등이 국제환경 부문에서 제기되는 정치이슈 사례이다.

2. 중남미 정치 환경

가. 영토와 사람

영토와 사람들이 정치 환경에 미치는 영향은 크다. 중남미는 언어적, 인종적, 지리적 그리고 경제적으로 매우 다양성을 가진 지역임에도 불구하고 개별 국가들은 상당한 수준으로 역내의 정치적 격동과 발전 과정을 공유하고 있다.

멕시코, 중미, 카리브, 남미국가들을 모두 포함한 중남미 영토는 20.1 백만 평방킬로미터로 전 세계 면적의 1/5을 차지하고 있고 인구는 642 백만 명으로 미국 인구의 두 배이다.

중남미에는 영국, 화란, 프랑스 등의 식민지 통치를 받았던 국가들도 포함되어 있다. 이들 국가들은 스페인과 포르투갈 식민지였던 주류 국가들과 동일한 지리적 영역에 속해 있지만 문화적, 사회적, 종교적 그리고 정치적으로 차이점이 많다.

인종적, 사회적 구성과 이에 따른 계층도 다양하고 복잡하다. 1492년 콜럼버스가 미주대륙에 도착했던 시기에 인디오 원주민들은 멕시코, 중미, 남미 안데스 지역에 집중적으로 거주했다. 이들은 현재까지 주류사회에 충분히 동화되거나 통합되지 못해 정치사회적으로 해결해야 될 중요한 이슈로 부각되고 있다. 인디오 원주민 인구비중은 역내 전체인구의 10.4%이다. 식민지 시대에 대규모 광산과 농장이 경영되며 아프리카로부터 유입된 흑인들의 인구비중도 5.5%에 이르고 있다. 역내 개별 국가별로 백인, 인디오 원주민, 흑인, 메스티소 등 혼혈인 그리고 여기에 새롭게 유입된 아시아인들 간에 크고 작은 수준의 인종 간 긴장이 잠재되어 있다.

역내 국가들의 경제상황과 발전전략도 국가의 지리적 영토의 위치와 범위에 따라 서로 다르다. 아르헨티나, 브라질, 우루과이는 광대한 농경지를 가지고 있어 농업과 축산업이 경제의 기반이었고 멕시코, 브라질, 페루, 콜롬비아, 칠레, 베네수엘라 등은 광물자원과 석유를 보유하고 있어 이를 기반으로 하는 경제개발이 실행되었다. 한편 상대적으로 농경지와 광물자원을 풍부하게 가지고 있지 못한 남미의 볼리비아, 파라과이, 에콰도르, 중미 국가, 카리브 도서 국가들은 역내에서 뿐만 아니라 세계 기준에서도 빈곤 국가군에 속해 있으며 이 결과 정치사회적으로도 불안정한 상황에서 벗어나지 못하고 있다.

나. 경제개발

중남미 경제는 기본적으로 스페인과 포르투갈의 중상주의에 기초한 약탈적이고 착취의 틀 속에서 형성되었고 유지되어 왔다. 금과 은을 포함한 중남미의 귀중한 자원들은 유럽 열강들에 의해 착취되었고 공산품 등은 수입에 의존하는 방식으로 중남미 경제는 식민지 종주국 의존 경제체제에서 벗어나지 못했다.

식민지 중남미 경제에서 가장 특징적인 것은 서유럽의 봉건주의적 농장 경영모델이었다. 이러한 경제개발모델은 식민지에서 독립한 이후 자본주의와 기업가 윤리가 느리게 정착해 가는 과정 중에도 계속 유지되었다. 다만 칠레와 코스타리카 등 일부 국가들에서 기족중심의 생산적 농업체제가 운용되어 여타 국가들과 차이를 보여 주었다.

봉건주의적 대규모 농장 경제체제는 19세기 중반에 이르러서 근대적 수출기업이 주도하여 국내 및 세계시장을 향해 생산을 하는 자본주의 경제체제로 변화하기 시작했다. 이 시기에 진척된 외국인 투자는 경제의 패러다임을 빠르게 변화시켜 경제성장을 가져왔다. 이 과정에서 인디오 원주민과 많은 농민들은 착취를 당했고 이로 인한 계층간격은 더욱 커져 멕시코에서는 1910년에 시작되어 10년 동안 계속된 멕시코 혁명이라는 정치적 사건으로 이어지기도 했다.

이 시기에 시작된 역내 국가들의 수출시장을 향한 생산은 중남미가 세계시장에 편입되는 기회를 제공했다. 1890~1930년대 수출확대에 따른 풍요는 중남미 국가들에게 경제적 기회와 정치적 안정을 가져왔다. 그러나 중남미 국가들의 수출이 통상적으로 소수의 일차산품에 의존하고 있었기 때문에 이를 전적으로 수입하고 있는 유럽의 선진국 경제권에 종속되는 것은 피할 수가 없었다. 즉 유럽 등 선진국 경제권의 경기부침에 따라 중남미 경제는 호황과 불황(Boom and Bust)을 반복해야 했는데 이러한 상황이 중남미 정치에 미치는 영향은 막대했다. 중남미 국가들의 군부가 불황의 시기에 국민의 불만을 명분으로 삼아 쿠데타로 정권을 장악한 것 등은 그 주요 사례이다.

1930년대부터 시작된 중남미 국가들의 산업화는 개별 국가별로 그 추진 시기와 방식은 달랐지만 멕시코, 브라질, 아르헨티나 등 주요 국가들은 소비재 중심의 경공업 생산뿐만 아니라 철강, 전력, 석유, 자동차, 기계 등 중공업 생산에도 치중하며 국가주도 경제체제를 강화했다. 그러나 이러한 국가주도 자본주의 경제체제는 중상주의에 기초하고 있을 뿐만 아니라 기업가주의를 약화시켰다. 이는 1980년대 외채위기에 따른 경제상황 악화와 정치적 불안정의 배경이 되었다.

1990년 전후부터 시작된 신자유주의 경제정책의 실시는 중남미 경제의 안정과 성장을 이루었고 대의민주주의를 정착시키는 데 기여를 했다. 그러나 한편으로 빈부격차가 더욱 심화되는 역효과를 극복하지 못한 채 극빈자 계층이 늘어나 21세기에 들어 역내 좌파정권들이 들어서는 환경을 조성했다.

다. 계층과 사회적 세력

식민지 시대 초기 중남미 사회계층은 기본적으로 이베리아 반도 출신의 소수의 백인 계층으로 이루어진 상류계층과 인디오 원주민, 흑인 노예, 농민으로 이루어진 다수의 하류계층으로 이루어졌다. 그러나 식민지 시기가 이어지며 백인과 인디오의 혼혈인 메스티소(Mestizo)와 백인과 흑인의 혼혈인 물라토(Mulatto)가 나타나면서 인종 간 계층이 다양하게 형성되었고 이들 중 일부는 중간 계층으로 진출하기도 했다. 이 시기에 중남미에서는 정치, 경제, 사회 등 모든 부문에서 이베리아 반도의 계층에 기초한 봉건주의적 유산이 광범위하게 받아들여지고 있었다.

19세기 경제성장이 이루어지고 20세기 산업화가 진행되는 시기에는 비즈니스와 상업, 정부관리, 전문인 영역 등에서 새로운 사회계층이 형성되며 기존의 양극화된 계층 사이를 메꾸어 가기 시작했다. 다만 새로운 계층은 기존의 대농장을 소유한 백인 상류계층의 보수적 입장을 선호하며 노동을 경멸하고 인디오 원주민, 농민, 여성, 지역공동체 주민 등 다수를 구성하고 있는 하류계층과의 관계를 멀리했다.

1950~60년대 들어 인디오 원주민, 농민, 도시빈민 등을 중심으로 사회운동이 시작되며 정치화되자 기득권 세력들은 초기에 회유와 협박에 기초한 당근과 채찍 전략을 사용해 통제하기 시작했다. 그러나 노동자, 농민, 도시빈민, 기타 소수자들의 세력이 성장하자 기존의 당근과 채찍을 활용한 전략은 힘을 잃어갔다.

현재의 중남미는 과거보다 더 다원화와 민주화가 이루어진 사회가 되었다. 식민지 시대부터 이어져 온 기득권 세력과 여기에 동조하는 20~50%의 중간층 세력이 역내 정치경제를 주도하고 있지만 대의민주주의 체제가 확산되면서 다수를 구성하고 있는 하류계층의 세력화는 중남미 정치에 새로운 환경이 되었다.

라. 정치적 가치의 변화

한 사회를 지배하고 있는 가치와 사고방식은 국가나 지역에 따라 다양한데 특히 정치적 가치는 종교적 성향, 역사적 유산, 사회적 통념 등의 영향을 받는다. 여기에 일반문화를 구성하는 문학, 음악 등을 포함한 다양한 변수들로부터도 영향을 받는데 이 결과 한 사회에 다수의 정치문화가 상존하고 이를 구성하는 관점과 성향들이 서로 충돌하고 있다.

미주대륙 내에서도 미국은 민주주의와 자유주의 이념 속에서 대의민주주의 정부를 지지하고 있는 반면 중남미는 이베리아 반도의 정치적 유산을 이어받아 엘리트주의, 권위주의, 위계주의, 조합주의, 세습주의 등 다양한 문화적 가치가 영향을 미치고 있다.

중남미의 정치적 가치들은 3세기에 걸친 식민지 시대에 광범위하게 운용되어 왔기 때문에 역내의 정치 관습과 과정에 깊게 각인되어 있다. 19세기 스페인과 포르투갈로부터 독립한 후 대의주의에 기초한 새로운 정치적 가치가 등장했음에도 불구하고 기존의 이베리아 반도의 정치적 가치의 영향력은 매우 강하게 잔존했다. 이 결과로 19세기와 20세기 대부분의 시기 중 중남미에는 권위에 기반을 둔 보수주의와 기득권과 권위를 부정하는 자유주의라는 두 개의 정치적 가치가 서로 충돌하며 유지되어 왔다.

권위주의를 옹호하는 세력은 전통적인 보수주의 기득권 계층으로 대농장 소유주, 교회, 군인 들 이었다. 한편 자유주의자들은 주로 도시 생활자들로 지식인, 학생, 신흥중산층 등이었다. 이 두 세력은 20세기에 들어서도 어느 한 쪽이 독점적인 지위를 확보하지 못한 채 계속 충돌하며 역내 정치상황을 불안하게 하는 요소가 되었다.

1930년대에는 사회주의, 마르크스주의, 사민주의 등이 학생, 노조, 지식인을 대상으로 확산되었다. 이 시기 이들의 관심사항은 국가역할 강화, 좌파이념 확산, 반제국주의 등 이었는데 이러한 정치적 가치는 쿠바혁명, 칠레 아옌데 정권, 니카라과 산디니스타 정권, 1999년 베네수엘라 차베스 좌파정권 등장에 이어 핑크 타이드 까지 이어지고 있다. 이 과정 속에서 중남미 역내에서는 많은 정치적 갈등과 충돌과 야기되었다.

1990년을 전후해 중남미 국가들이 더욱 민주화되고 글로벌 경제에 편입되면서 과거부터 전통적으로 보수주의적 정치세력이었던 대농장 소유주, 교회. 군부 세력의 정치적 영향력은 축소되었다. 낮아지는 문맹률, 도시화, 사회개혁, 글로벌화, 민주화 등은 중남미 국가들의 정치문화와 행태에 변화를 가져왔다. 여론조사에 따르면 역내 대부분의 대중들은 자유민주주의를 지지하고 있다.

그러나 중남미의 민주주의와 경제자유주의는 아직 충분하게 공고화되지 못했으며 제도적 기초가 약한 국가에서는 쉽게 거부될 수 있는 상황에 처해 있다. 더구나 중남미 민주주의 형태와 운용은 매우 중앙집권적이고 후원주의와 기업주의가 뿌리 깊게 자리하고 있어 미국의 그것과는 차이가 있다.

그럼에도 불구하고 중남미 국가들은 공식적이고 민주적인 선거에 의해 정권을 평화적으로 교체하고 있으며 민주주의를 담보하는 제도적 기구들이 대의민주주의에 기초해 운용되고 있다는 것은 의미가 큰 것으로 평가되고 있다.

3. 중남미 정치의 주역

가. 개요

중남미 정당과 이익단체들은 과거의 기업주의적 가치관과 현재의 민주주의와 다원주의에 기초한 새로운 가치관 사이에 일어나고 있는 갈등환경 속에 있다. 이 갈등은 정치적 게임 규칙에 대한 서로 다른 가치관을 가진 두 집단 간에 발생한 것으로 1990년 대 이후 계속되고 있다.

다양한 갈등 이슈 중 정부와 이익단체 간 관계 형성에 대한 것이 특히 중요하다. 이들의 관계는 정부가 완전하게 이익단체들을 통제하는 것에서 부터 자유방임에 이르기까지 다양한 수준의 형태를 보여주고 있다. 중남미 국가 정부는 전통적으로 이익단체들을 통제해왔다. 그 수준과 범위는 국가별로 차이가 있지만 전체적으로 볼 때 중남미 지역의 정치적 이익단체들에 대한 인식과 대우는 미국의 그것들과는 크게 다르다.

'중남미는 공권력을 확보하기 위한 유일한 합법적 방법으로 선거의 중요성을 주장하는 민주혁명을 최소한 1980년대까지 경험하지 못했다.[104] 따라서 정치적 집단은 정권을 장악하는데 있어서 유권자 확보나 정당 지지의 가치를 중요하게 생각하지 않았다, 오히려 이들은 다양한 형태의 전략들 즉 강압, 정치적 기교, 통제된 폭력 등을 통해 정권을 확보할 수 있다고 생각했

---

[104] Charles W. Anderson, Politics and Economic Change in Latin America: The Governing of Restless Nations, 1967, Chapter 4

고 현실적으로 이 목표를 달성했다. 따라서 선거가 유일하고 합법적으로 정권을 확보하는 절차라고 생각하지 않는 정치적 유산이 여전히 영향을 주고 있는 환경 속에서 정치권력을 확보하기 위한 정치세력 간 경쟁과 투쟁은 끊임없이 중남미 정치 불안을 야기하는 배경이 되었다.

전통적으로 기득권을 유지해 온 정치세력들도 저항을 받았다. 그 중요한 사례가 1910~20년의 멕시코 혁명, 1952년 볼리비아 혁명, 1959년 쿠바 혁명, 1979년 니카라과 혁명들이다.

다만 1980년 후반기 이후부터 자유민주주의에 대한 가치가 새롭게 확산되며 과거부터 유지되어 온 강압, 정치적 기교, 통제된 폭력 등에 의한 정치권력 장악의 전통은 퇴조하고 있다. 그럼에도 불구하고 과거의 전통에 집착하는 정치 세력과 자유민주주의에 기초한 선거를 통해 정권을 장악하려는 정치세력 간 대립과 갈등은 계속되고 있다.

나. 전통적 과두정치 세력(The Traditional Oligarchy) ────

스페인으로부터 독립한 중남미 국가들에서는 19세기 중 세 개의 과두정치 그룹으로 불리는 군부, 가톨릭교회, 대농장 소유주들에 의해 정치가 지배되었다.

1) 군부(The Armed Forces)

중남미 독립전쟁에는 당시 기득권 계층이었던 부유한 토착출신 백인, 가톨릭교회 신부, 낮은 계층 출신의 혼혈인 등 다양한 계층의 사람들이 지도자, 장교, 병사 등으로 참여했다. 전쟁이 끝난 뒤 이들은 국가 상비군이 되면서 가장 영향력을 가진 중앙 정치세력으로 등장했다.

그러나 이들은 다시 전통적인 지방 토호세력인 대농장을 기반으로 하는 토착군벌(Caudillos)의 저항을 받았다. 이 결과 19세기 중남미 국가들은 국가 전체적으로 통합되지 못하고 각각 중앙과 지방의 정치세력을 대표하는 군부 세력간 충돌이 계속되었다. 이러한 역사적 유산은 현재에도 이어져 종종 중앙 정부의 통치가 지방 그리고 산악과 정글 등 오지에서 저항을 받고 있다.

브라질은 종주국인 포르투갈과 심각한 수준의 전쟁이 없이 독립을 했기 때문에 스페인 식민지로부터 독립한 역내의 다른 국가들과는 다르게 군부의 영향력이 강하지 않았다, 그러나 브라질 군부는 파라과이 전쟁(1864~70)에서 승리한 후에 세력을 키워가기 시작해 1930년대에 이르러서는 강력한 정치세력의 등장했다.

군부는 원칙적으로 민간정부의 통제를 받아야 하지만 19세기 이후 중남미 국가들에서는 이 원칙이 제대로 지켜진다는 것은 현실적으로 전혀 가능하지 못했다. 따라서 이들은 매우 능동적으로 정치에 참여했는데 민간정부를 구성하는 정파들 간 충돌 발생으로 정치적 혼돈이 조성되면 이를 중재하거나 일시적으로 정권을 맡기도 했다. 또한 민간정부가 적절한 역할을 하고 있지 못한다고 판단을 하면 쿠데타를 일으켜 정권을 무력화시키기도 했다.

1830~40년대 아르헨티나와 멕시코에서 군사관학교(military academy)가 설립된 뒤 대부분의 국가에서 이 제도가 도입되어 중남미 군부는 전문화, 엘리트화의 길을 걸었다. 그럼에도 불구하고 중남미 군부는 미국과 서유럽과 같이 민간 정부가 군부를 완전하게 통제한다는 원칙에 암묵적으로 동의하지 않았는데 그 결과는 계속 이어지는 군부 쿠데타 이었다.

제2차 세계대전 이후 미소냉전이 계속되는 가운데 역내에서는 쿠바혁명이 성공해 좌파세력이 확산될 조짐을 보이자 미국의 지원을 받은 군부는 새롭게 국내 폭동이나 반란 등을 진압해야 역할을 수행해야 했다. 이 과정에서 군부는 경제사회적 불안을 명분으로 쿠데타를 일으켜 정권을 장악한 뒤 군부 엘리트들이 권위주의적 통치를 했다.

군부통치 기간 중 시민들에 대한 군부의 인권유린이 심각한 수준으로 자행되었다. 이에 대해 시민들은 저항을 했으나 냉전시기 중 미국의 정치적 묵인과 군사적 지원으로 이러한 저항들은 정권을 위협할 정도의 영향을 주지 못했다.

1980년대 들어 외채위기로 인한 하이퍼 인플레와 경제 불황이 계속되고 있는 가운데 냉전체제가 종식되자 미국의 중남미에 대한 외교방향은 인권과 민주주의 정착으로 수정되었다. 이 결과 군부의 정치적 입지는 크게 좁아져 결과적으로 정권을 내려놓는 상황이 되었다. 그럼에도 불구하고 군부는 현재나 미래에 잠재적으로 정치적 영향력을 가지고 있으며 언제라도 현재적 권력으로 등장할 수 있는 동력을 가지고 있다.

2) 로마 가톨릭교회(The Roman Catholic Church)

중남미 국가들은 개별 국가별로 차이가 있지만 가톨릭교회의 영향력이 강하다. 유럽의 정복자들은 미주대륙에 금과 은 등 귀금속을 찾아 왔지만 동시에 이교도들을 기독교로 개종하고자 하는 목표도 가지고 있었다. 인디오 원주민들은 개종을 강요당하자 자신들이 대대로 믿어오던 토속신앙을 가톨릭 교리와 형식에 혼합했다. 한편 아프리카로부터 노예로 유입된 흑인들은 자신들의 고향에서 가져온 토속신앙을 가톨릭교리와 혼합하여 독자적인 또 다른 믿음체계를 만들었는데 이들은 모두 가톨릭교회의 범주로 이해되고 있다.

중남미 정치에서 교회가 차지하고 있는 위치는 국가별로 차이가 있다. 전통적으로 교회는 스페인과 포르투갈의 기업주의적 사회구조에서 매우 중요한 한 축으로 고아양육, 교육, 공중도덕 등에서 특히 그 역할이 두드러졌다. 특히 교회가 공식적 또는 비공식적으로 정치에 미치는 영향은 매우 컸다. 이 결과 종종 교회와 정치인들 간 이해관계의 차이로 인해 충돌이 발생하였다.

그러나 교회의 역할에 대한 정치권과의 갈등과 충돌은 국가별로 차이는 있지만 대체적으로 20세기 전반기 중에 거의 종식되면서 교회의 역할변화가 요구되었다. 우선 신부들도 이제는 모두 보수적 입장을 가지고 않다. 교회의 사회경제적 역할과 교회 내부의 계층적 구조에 대해서도 신부들은 관할 지역이나 직위에 따라 서로 다른 입장을 가지게 되었다. 즉 교회의 역할에 대해 현상유지를 원하는 극단적 보수적 입장을 지지하는 신부들이 있는 반면 해방신학으로 대표되는 극단적 진보주의적 입장을 지지하고 있는 신부들도 있다.

분석가들은 중남미에서 이제 로마 가톨릭교회가 정치권력 영역에서 주요 경쟁자가 아니라고 보고 있다. 교회가 특정한 경제사회적 이슈들에 대해 아직도 정치적 견해를 표명할 때도 있지만 그 영향력은 군부, 경제계 그리고 현지 미 대사관의 입장 표명보다 정치적 의미가 크지 않다. 그럼에도 불구하고 교회는 낙태나 동성결혼 등 사회적 이슈에 대해 끊임없이 영향력을 행사하고 있으며 앞으로도 이 정도 수준의 영향력 행사는 계속 이루어질 것이다.

3) 대농장 소유자들(Large Landowners)

식민지 시대 중남미에서는 지금의 코스타리카, 파라과이, 칠레를 제외하고 대부분 지역에서 스페인과 포르투갈 왕실로부터 대토지를 하사받은 개인들이 강력한 정치적 그룹을 형성했다. 이 계층은 특히 종주국으로부터 독립한 이후에 오히려 과거보다 더 큰 정치적 영향력을 가졌으며 19세기 중 군부, 교회와 함께 가장 강력한 정치세력으로 자리 잡았다.

대농장 소유주들은 그들 간의 이해관계 차이로 분쟁에 휘말리기도 했지만 한편으로는 토지무소유 농민들과의 대립으로 야기된 정치적 이슈들에 함께 대처해야만 했다. 특히 1960년 대 들어서 점점 더 강화된 토지개혁에 대한 압력이 토지무소유 농민뿐만 아니라 사회정의의 구현과 카스트로의 쿠바혁명과 같은 정치상황 변화를 피하기 위해 필요하다고 주장하는 다양한 국내외 그룹들로부터도 일어났다.

그럼에도 불구하고 토지개혁은 토지무소유 농민들이나 앞서 언급한 국내외 그룹들이 원하는 방향으로 진행되지 않았다. 개별 국가별로 그 진행상황은 다르지만 대부분의 경우 대농장 소유주들은 기득권을 지키는데 실패하지는 않았다. 이들은 과거에 누렸던 정치권력을 새롭게 등장한 상공업 엘리트 계층과 제휴하거나 분점을 하였고 다만 일부 국가들에서는 아직까지도 이를 공공연하게 유지하고 있다.

토지개혁은 중남미에서 필요한 사회적 과제로 인식되고 있으나 많은 인구가 도시로 집중되면서 초점이 농촌에서 도시로 옮겨져 그 중요도와 관심이 다소 감소했다.

다. 새로운 정치세력

경제성장과 변화가 이루어지면서 상공업 엘리트, 학생, 중간소득계층, 산업노조, 인디오 원주민, 여성, 소비자, 비정부기구 등 새로운 정치세력이 나타나기 시작했다.

1) 상공업 엘리트

상공업 엘리트 계층은 전통적 과두정치 세력에 속해 있지 않았다. 다만 독립전쟁 이후에 자유무역을 요구하는 상업계층과 보호무역을 주장하는 공업계층의 경제적 이해관계 충돌은 이미 존재했다. 공업계층은 당시 수출을 하지 않았던 대농장 소유주들과 연대해 상업계층에 대항하기도 했다.

그러나 근대화 과정이 진행되면서 이들 두 계층은 서로 연대하여 정치적 영향력을 키워갔다. 특히 1930~80년대 수입대체산업화전략이 실시되면서 국내생산이 확대되고 보호무역주의 우산 속에서 이들의 이해관계는 더욱 맞아 떨어졌다.

1980년대 이후에 신자유주의 경제정책이 실시되고 글로벌화가 진행되어 무역과 투자의 중요성이 더욱 커지자 상공업부문 엘리트 계층의 정치경제적 영향력은 더욱 커졌다. 이들은 주요도시에 거주하며 상공회의소(chamber of commerce), 산업별 협회(industrial associations)등을 조직하고 자신들이 이룬 경제적 성과를 보호하기 위해 정치적으로 보수적 입장을 취했다.

특히 아르헨티나와 같은 주요 중남미 국가들에서는 상공업 엘리트 계층은 전통적 기득권 세력이었던 대농장 소유계층들과 혼인과 동업 등의 관계를 형성하며 함께 성장했다. 이들은 정치경제공동체를 형성해 농지개혁 등 기득권유지에 불리한 이슈들에 저항하고 있다.

2) 중산계층(the Middle Sectors)

중남미 국가들의 경제성장과 함께 중산층이 태동하고 점점 그 비중이 커져가고 있다. 19세기 독립 직후에는 상류계층과 하류계층만 존재하였지만 점차 장인, 소매상인이 중간계층에 끼어들기 시작했고 이어서 의사와 법률가 등 전문인 집단들이 여기에 더해졌다. 20세기 들어 도시화와 산업화가 진행되고 정부의 역할이 크게 확대되면서 공무원, 회사경영자, 교사 등 화이트칼라 노동자 등이 새로운 중산층으로 진입하며 그 범위가 넓어졌다. 군인장교, 대학생, 정당간부, 노동자 및 농민단체 간부 계층도 여기에 포함되었다.

여기에 외채위기와 신자유주의 경제정책 실시의 후유증으로 상류계층에서 탈락해 중산층으로 전락하거나 하류계층에서 중산계층으로 새롭게 진입하는 등 계층이동현상으로 중산층의 범위는 더욱 넓어졌다.

중산층이 새롭게 형성되고 세력이 커져가며 정치행태의 변화가 나타났다. 초기에는 하류계층과 연대해 전통적 기득권 세력에 대항하며 투표권 확대. 도시개발, 경제성장 촉진, 공공교육 확대, 산업화 추진, 사회복지 프로그램 실행 등의 목표를 가지고 활동했다.

그러나 이들은 여러 가지 정치적 상황을 겪으며 기득권 보호에 치중하는 보수적 입장을 취하기 시작했다. 특히 대중 영합적 사회운동들에 대한 저항감을 보여주었다. 이 결과 종종 군부 쿠데타를 정당화하며 그 지배체제를 강화하는 정치적 지지 도구로 활용되기도 했다. 다만 개별 국가별로 볼 때 중산층의 정치적 성격과 역할은 차이가 있는데 이는 중산층의 자각수준, 규모, 중산층을 구성하는 다양한 세력 간 결집 정도, 정당과의 관계설정 등 다양한 변수들의 차이 때문이다.

3) 노동조합(Labor Unions)

노동조합은 성격상 그 시작부터 정치적일 수밖에 없다. 중요한 노조들은 거의 모두 정당, 강력한 정치지도자, 정부와 연관될 수밖에 없었다. 종종 노조들이 독립적으로 행동하기도 하지만 종국적으로 정부나 정당으로부터 압력을 받거나 회유되어 점차 독립성을 상실하였다. 이는 다음과 같은 중남미 경제의 특징적 현상들이 중남미 노동조합주의에 영향을 주었기 때문이었다.

첫째는 노동조합이 경제개발 초기에 이미 만들어졌다는 것인데 이는 미국보다 앞선 것이었다. 둘째는 노동시장 규모가 고용시장 규모보다 커서 고용주는 파업 등 노사분규가 발생하면 쉽게 노동자들을 교체할 수 있는 여건이 되어 있었다는 것이다. 셋째는 중남미 경제의 고질인 인플레인데 노동조합들은 실질임금의 확보를 위해 사용자들과 협상에 필요한 정부와 정당 지도자들의 정치적 지지가 필요했다. 중남미의 법률적 전통으로 정부는 노동법을 통해 노동조합에 많은 제한조치를 설정하였는데 노동조합이 사용자와 대항해 활동하기 위해서는 정부의 지지가 중요했다.

한편 중남미 노동조합주의는 남부 유럽의 이념적 경향으로부터 영향을 받아 무정부주의나 마르크스주의 등도 포함되어 있었다. 따라서 정부와 정당의 압력과 회유에 긍정적으로 대응한 조합들이 많았음에도 불구하고 이에 물리적으로 저항하며 대치하는 노동조합들도 공존하며 중남미 정치에 영향을 주었다.

4) 농민

중남미 농민계층은 다양한 부류로 구성되어 있는데 구성형태는 개별 국가별로 차이가 있다. 우선 농민계층을 구성하고 있는 의미 있는 그룹은 인디오 원주민들인데 그 구성비중은 국가별로 차이가 있다. 다음은 대농장에서 임금을 받고 고용되어 있는 그룹이다. 이 경우는 식민지 시대부터 이어져온 전통적인 후원주의적 관계(patron-client relationship)가 지속되고 있다. 여기에 소규모 자영농민과 소작농민 들이 더해진다.

이들 농민들은 부류에 관계없이 대부분 토지를 소유하고 있지 못해 간신히 살아가는 생활(marginal existence) 상태에 처해 있다. 농민들은 빈곤의 굴레에서 벗어나기 위해 도시로 이주했지만 역시 도시생활의 어려움 때문에 도시빈민계층으로 전락했다. 한편 농촌에 잔류한 농민들도 극적인 토지개혁의 실시로 토지가 재분배되지 않는 한 생활의 질은 개선될 수 없었다. 또한 글로벌 경제 환경에서 수출을 위한 대규모 상업경작의 확대로 소규모 자영농들의 입지는 더욱 불리해졌다.

그럼에도 불구하고 농촌에 잔류한 농민들은 최근 조직적이고 역동적인 정치활동을 하고 있다. 농민들은 전통적으로 자신들에게 영향력을 행사하는 대농장주들의 정치적 입지를 따르도록 압력을 받았다. 즉 과거 농촌에서 행해지는 정치행태는 정실주의(patronage system)가 당연한 것으로 인식되어 중앙정치가 지방에까지 영향을 미치기는 어려웠다.

농민들의 기존 정치체제에 대한 저항운동은 1950년대 이후부터 조짐이 시작되었다. 여기에 마르크스주의 등 좌파이념을 따르는 도시정당들이 농촌에 침투해 농민운동을 조직하여 혁명적 농지개혁론(revolutionary agrarianism)을 주장하며 과거와는 다른 정치행태를 보여주었다. 이들은 불법토지점거, 토지소유주 축출, 무장투쟁 등을 통해 농지개혁뿐만 아니라 국가권력구조개편까지도 요구하는 수준에 이르렀다.

한편으로 국가권력체제 자체는 위협하지 않고 농업부분의 개혁을 막는 효과를 가진 장치들을 제거해 사회개혁을 달성하자는 덜 급진적인 입장을 가진 농민조직들도 등장해 활동하고 있다.

라. 기타 신흥 세력들 ──────────────

1) 인디오 원주민 그룹

중남미 인디오 원주민 인구는 약 4천만 명으로 전체 인구의 8%를 차지하고 있다. 이들은 약 400여 개의 부족으로 이루어져 멕시코 남부, 중미, 안데스 산맥 중부 지대에 집중적으로 거주하고 있다.

인디오 원주민들은 1970년대부터 정치적으로 등장해 움직이기 시작했는데 이는 다국적기업, 정부, 기타 기득권 세력들로부터 자신들의 경작지와 문화를 지키기 위한 것이었다. 1980년대부터는 인디오 원주민들의 정체성과 범인디오원주민 문화정체성 확립을 위해 노력하고 있는데 특히 이들은 자신들의 고유 문화에 대한 동등한 대우를 요구하고 있다.

점점 강화되어 가고 있는 인디오 원주민들의 국수주의적 입장은 구체적으로 정치, 경제, 문화 그리고 영토적 자치권 투쟁으로 나타났다. 이에 대응하기 위해 볼리비아, 콜롬비아, 에콰도르, 멕시코, 니카라과, 페루, 파라과이 등 7개 국가는 1990년대에 이르러 인디오 원주민들이 원하는 수준은 아니지만 나름대로 자국이 다민족 그리고 다문화 사회임을 선언하였다. 또한 국가별로 형태와 수준에서 차이가 있지만 인디오 원주민들의 영토적 자치권이 인정되기도 했다. 페루와 볼리비아에서는 인디오 원주민 출신 대통령이 선출되는 정치적 성과를 거두기도 했다.[105]

---

[105] 페루의 알레한드로 톨레도(Alejandro Toledo) 대통령(2001)과 볼리비아의 에보 모랄레스(Evo Morales) 대통령(2005)

2) 여성 단체(Women's Groups)

중남미 여성들은 그동안 정부, 정계 그리고 시민사회에서 지도자적 위치에 오르기 위해 많은 노력을 해왔는데 특히 1970~80년대 권위주의적 통치에 저항하는 과정에서 매우 중요한 역할을 했다.

민주주의적 통치가 공고화되면서 여성들의 삶에 영향을 주는 입법과 실행에 여성들의 참여가 더욱 확대되었다. 특히 1994~2004년 기간 중 여성들의 정치적 참여가 증가하였는데 평균적으로 행정부 내 장관급 직책의 참여율은 9%에서 14%로 확대되었다. 의회 내에서도 상원은 5%에서 13%, 하원은 8%에서 15%로 늘었다. 그리고 1990~2014년 기간 중에 6명의 여성 대통령이 선출되기도 했다.[106]

2014년에 이르러서는 중남미 여성 진출비중은 26%에 달했다. 볼리비아와 니카라과에서는 여성 장관 비율이 30% 이상이었다. 콜롬비아에서는 행정부 직책에 여성비중이 최소 30%가 되어야 했다. 입법부에서 여성 비중은 평균 23-25%를 차지하고 있었는데 2016년 기준 볼리비아, 쿠바, 멕시코, 에콰도르, 니카라과 등에서는 40%에 달했다. 참고로 당시 미국 의회에서 여성의 비중은 19.4% 이었다.

2001~2011년 중 사법부에서도 여성 판사 비중은 10%에서 22.6%로 증가했다. 베네수엘라, 코스타리카, 콜롬비아, 니카라과에서는 그 비중이 30%를 상회하였다. 정당을 포함한 정치권에서도 여성들의 정치적 지위향상이 이루어졌다. 아르헨티나, 볼리비아, 브라질, 코스타리카, 도미니카(공), 에콰도르, 엘살바도르, 멕시코, 니카라과, 파나마, 페루, 우루과이 등에서는 여성들의 의원 후보 비중을 법률적으로 20~50%로 규정했다.

---

[106] Violeta Barrrios de Chamorro(니카라과, 1990), Mireya Moscoso de Gruber(파나마, 1999), Michelle Bachelet(칠레, 2006, 2013), Cristina Fernández de Kirchner(아르헨티나, 2007, 2011), Dilma Rousseff(브라질, 2010), Laura Chinchilla(코스타리카, 2010)

그럼에도 불구하고 모든 분야에서 중남미 여성의 참여 수준은 완전하지 못한데 이 배경에는 여성의 상대적으로 약한 사회적 위치, 전통적인 여성의 역할과 사회적 기대감, 맹목적인 여성차별 등이 있다.

3) 비정부기구(NGOs)

비정부기구는 새롭게 등장한 시민단체로 중남미 정치에서 그 역할이 커지고 있다. 비정부기구는 개별 국가에만 특화되어 있는 경우와 함께 초국가적으로 활동하고 있다. 국제사면위원회, 환경보호기금, 적십자사 등은 초국가적 비정부기구의 전형적 사례로 중남미 각국에 지부를 두며 활동하고 있다.

국내 비정부기구들은 대체적으로 정치적 성향을 띠며 활동을 하고 있다. 멕시코의 사회봉사활동, 브라질의 인종적 자각운동, 콜롬비아의 빈곤계층에 대한 대출확대, 볼리비아의 인디오 원주민 인권보호, 아르헨티나의 여성인권 확대 등의 이슈들은 이들 내국 비정부기구들의 활동 사례들이다.

비정부기구들은 이익단체와는 다르게 그 활동의 대상이 반드시 정부에만 국한되지 않는다. 이들은 세계은행과 같은 국제기구들의 정책이나 행태의 변화를 촉구하는 사회운동을 전개하기도 하고 민간기업이나 산업 전체의 사업행태 그리고 개인과 사회의 행동양식에 변화를 유도하기도 한다.

마. 정당

중남미에서 정당은 정치에 전념하는 다양한 조직들 중 한 형태로 과거에는 군부나 경제적 독점재벌들보다 그 중요성이 결코 크지 않았다. 이는 전통적으로 선거가 정치권력을 확보하기 위한 유일한 방식이 아니었을 뿐만 아니라 정당들도 특별하게 정치권력을 가져올 만큼 충분하게 잘 조직되어 있지 못했기 때문이었다. 물론 역내에서 민주주의적 선출절차가 어느 정도 정착이 되어있는 국가에서는 정당들이 주도하는 정치가 이루어졌지만 대부분의 국가들에서 정당은 권력의 주변부에 머물러 있었다.

1978년 이후 민주주의가 확산되는 시점부터 대부분의 국가에서 정당은 점점 중요한 위치를 차지하기 시작했다. 특히 1990년대 들어 선거에서 대중의 지지가 점점 중요해지자 정권획득의 통로로 정당은 대중의 지지를 확보하는 유일한 정치적 기구로 자리 잡았다. 이는 민주주의가 선거에서 후보자들 간 치열한 정치적 경쟁을 전제조건으로 하고 있고 정당은 그러한 후보를 제시할 수 있는 창구이었기 때문이었다.

그럼에도 불구하고 베네수엘라, 니카라과 등과 같이 자유민주주의가 아닌 위임민주주의 성향이 강해진 국가들의 경우에는 정당의 정치적 영향과 역할은 크게 축소되어 있다.

4. 국가기구와 제도 그리고 정책

코헤인(Robert Keohane)은[107] '기구와 제도(institutions)란 행위적 역할을 규정하고 활동에 제약을 부과하며 기대를 구체화하는 일련의 단단하게 연결된 규범들의 집합체이다'라고 정의하고 있다. 국가기구와 제도가 어떻게 설계되어 있는가를 이해하는 것은 개별국가 간 정책결정의 차이와 국가와 개인 간의 관계를 이해하는데 매우 필요하다. 동시에 국가기구와 제도

---

107 로버트 오언 코헤인(Robert Owen Keohane, 1941년 10월 3일 ~)은 국제 관계와 국제 정치 경제 분야에서 활동하는 미국의 학자이다. 《헤게모니 이후 》(1984년)의 저서에 이어 1970년대 국제관계에서 초국가적 관계와 세계정치는 물론 신자유주의적 제도주의 이론과도 폭넓게 연관돼 있다. 그는 프린스턴 대학 명예교수이며, 스왈스모어 칼리지, 듀크 대학교, 하버드 대학교, 스탠포드 대학교에서 교편을 잡고 있다.

는 정부의 정통성과 효율성에 직접적인 영향을 주고 있다.

중남미 국가들은 일부 국가를 제외하고 대부분 미국과 비슷한 국가기구와 제도를 가지고 있다. 그러나 그 역할과 기능은 국가별로 상당한 차이가 있다.

가. 역사적 유산 ─────────────────────────

중남미 국가기구와 제도는 식민지 종주국이었던 스페인과 포르투갈에 의해 도입되어 형성된 중세의 국가기구와 제도로 그 유산은 아직도 문화의 이름으로 이어지고 있다.

식민지 시대의 국가기구와 제도는 당연하게 신으로부터 권위를 위임받아 절대 권력을 행사하는 왕이 최상부에 위치하고 이어 왕의 대리인으로 식민지에서 동일한 권력을 행사하는 부왕(Viceroy)이 존재했다. 부왕 밑으로는 총독(Captain-General)이 자신의 영향력이 미치는 영역에서 절대 권력을 행사할 수 있었고 이어 대토지소유 계층들은 자신들의 영지 내에서 또 다른 형태와 방식으로 절대 권력을 운용했다.

스페인은 1535년 멕시코시티에 누에바 에스파냐 부왕청(Viceroyalty of Nueva España) 그리고 1542년 리마에 페루 부왕청(Viceroyalty of Perú)을 설립했다. 그리고 200년 후 1739년에 누에바 에스파냐 부왕청을 분할하여 보고타에 누에바 그라나다 부왕청(Viceroyalty of Nueva Granada)을 설립하고 1776년에는 페루 부왕청을 분할하여 부에노스아이레스에 리오 데 라플라타 부왕청(Viceroyalty of Río de la Plata)을 만들었다.

중남미 식민통치는 당시 영국의 북미 식민통치 방식과 달랐다. 영국에서는 1500년 이전에 봉건주의체제가 붕괴되고 새로운 정치경제 및 종교적 환경이 만들어져 영국의 북미 식민지 통치는 스페인과 포르투갈의 중남미 식민지 통치에 비해 보다 근대적 정치기구와 제도를 이식할 수 있었다.

영국에서는 이 시기에 절대주의 대신에 국가권력의 제한이라는 사상과 제도가 등장했고 청교도혁명은 기존 가톨릭교회의 권위를 붕괴시켜 정치와 종교에서 다원주의를 가져왔다. 경제적으로는 산업혁명이 시작되어 중상주의는 기업가정신에 기초한 상업과 공업에 길을 양보했고 과학혁명은 전통적인 스콜라학파의 교리를 대체했으며 이에 따른 다양한 사회계층이 등장하였다. 북미의 영국식민지는 이러한 배경을 가지고 발전해 나갔지만 중남미의 스페인과 포르투갈 식민지는 여전히 과거의 봉건주의적 기구와 제도로부터 벗어나지 못했다.

식민지로부터 독립한 후 중남미 국가들은 당시 미국과 프랑스의 정치기구와 제도적 모델을 채택했다. 그러나 그 운용은 성공적이지 못했다. 이는 독립이후 지난 200여 년 동안 개별 국가에서 많은 정권교체가 이루어졌음에도 불구하고 과거의 권위주의(authoritarianism)와 배제(exclusion)의 문화가 깊게 자리하고 있었기 때문이다. 이러한 역사적 유산은 1960~70년대 역내 민주주의 정치기구와 제도가 크게 확산되어 근대화가 이루어지고 있는 중에도 문화의 이름으로 정치행태에 영향을 주고 있다.

나. 중앙 정부

1) 행정부-대통령

현상유지주의(continuismo)[108], 인물주의(personalismo)[109], 남성주의

---

[108] prolonging one's term of office beyond its constitutional limits

[109] emphasis on the person of the president rather than on the office

(machismo)[110] 등과 같은 표현들은 역내에서 일상적으로 사용되고 있으며 중남미 정치의 특징을 잘 보여주는 정치 용어들이다.

국가권력은 전통적으로 행정부 특히 대통령에게 집중되어 왔다. 중남미 국가들은 대통령이 공식적으로 국가원수, 행정수반 그리고 군 통수권자임과 동시에 법령, 긴급조치, 헌정중지 등 광범위한 비상통치권을 행사할 수 있는 강력한 대통령제(hyper-presidentialism)를 지지해왔다.

이는 과거 절대군주의 전제권력의 역사적 유산이면서 21세기에서도 문화의 이름으로 포장되어 이어지고 있기 때문이다. 대통령은 국가체제의 중심축임과 동시에 전체 국민의 보호자(national patron)로서 인지되고 있는데 이는 과거 지방에서 절대적 권력을 행사했던 대토지소유자나 군벌(caudillos) 체제에서 보여준 후원주의(보호자-추종자 관계) 관습에 집착해 있기 때문이다.

따라서 중남미 국가들에서는 선량하고 유능한 대통령이 집권하고 있을 때는 국가 기구와 제도가 잘 운용되지만 그 반대이면 전체 시스템이 붕괴되는 경우가 발생한다.

대통령의 강력한 권력을 제어하기 위한 정치 그리고 법률적 장치들이 고안되고 도입되었지만 결과적으로 성공하지 못했다. 이는 대통령의 권위와 권력의 당위성에 대한 국민의 인식은 문화적인 측면이 강해서 인위적인 장치들의 효과를 감쇄시켜 버렸기 때문이다.

2) 입법부

역내 국가들은 중미와 카리브국가, 쿠바, 베네수엘라 등을 제외하고 대부

---

110 strong, mainly authority

분 양원제 입법부를 채택하고 있다. 의회는 전통적으로 대통령의 행정부를 정치적 또는 법률적으로 지원하는 역할을 수행해왔는데 구체적으로는 대통령의 정치적 행위에 동의를 해주거나 행정부의 정책에 당위성을 부여하는 역할을 했다.

그럼에도 불구하고 최근에는 주요 국가들에서 의회가 새로운 권력을 구축하고 대통령과 행정부를 견제하는 역할을 강화하기 시작했다. 특히 칠레, 콜롬비아, 코스타리카에서는 오래 전부터 의회가 행정부와 대통령으로부터 정치적으로 독립하고 견제하는 역할을 수행했다. 특히 베네수엘라와 브라질에서 1992~1993년 기간 중 페레스 대통령과 콜로르 대통령이 의회의 탄핵으로 축출되고 2016년에는 브라질 의회가 호세프 대통령을 부패혐의로 탄핵해 축출한 정치적 사건은 매우 상징적 사례들이다.

3) 사법부

중남미 사법부는 역사적으로 볼 때 행정부나 의회로 부터 독립적으로 분리되고 동등한 자격을 가져본 적이 없다. 특히 사법부가 정치적 위험부담을 감수함이 없이 입법부가 제정한 법률을 위헌이라거나 대통령의 의사결정을 무효화하는 판결을 쉽게 하지 못했다.

중남미 사법부는 당연하게 이베리아 반도의 전통을 이어받고 있는데 이는 로마법, 가톨릭교 그리고 현명한 알폰소(Alfonso the Wise)로 불리는 알폰소 10세의 칠부법전 등과 같은 전통적 법체계를 따르고 있다. 여기에 프랑스 나폴레옹 법전의 법원의 위계, 인권 등의 요소가 영향을 주고 있다.

다만 최근 들어 중남미 사법부는 과거보다 존재감을 부각시키며 영향력을 증대시키고 있지만 무능, 부패. 전문성 부족, 대통령과 강한 행정부의 영향력 등의 문제점들이 근절되지 않고 있기 때문에 국민들의 낮은 신뢰감은 계속되고 있다.

다. 지방정부 ─────────────

  20세기 마지막 4반세기부터 지방정부의[111] 중요성은 계속 증대해왔다.
지방분권화는 교육과 보건부문에서 두드러졌는데 이는 모두 예산을 수반
하는 것이었다. 21세기 들어 일차산품 붐의 시기를 맞아 몇몇 국가에서는
중앙정부가 넉넉해진 예산의 반 정도를 지방정부에 배정하기도 했다.

  아르헨티나, 베네수엘라, 멕시코, 브라질 등 국가들은 독립이후 연방제
를 운용했음에도 불구하고 중요한 통치권은 중앙정부가 보유하고 행사했
다. 중앙정부의 영향력은 1920~30년대에 더욱 강해져서 중앙정부의 지방
정부의 행정에 대한 간섭은 더욱 많아져 이들 간에 긴장관계가 조성되기
도 하였다.

  지방정부는 일반적으로 중앙정부 내무부를 통해 관리되고 있다. 지방정
부의 수장은 과거에 중앙정부가 임명해왔으나 현재는 선거를 통해 선출되
고 있으며 중앙정부로부터 일정한 수준의 징세권을 나누어 받아 독자적인
사회보장정책을 수립하고 실행할 수 있는 권한을 가지고 있다.

라. 국가자치기관(Autonomous State Agencies) ──────────

  중앙정부는 1930~80년도 중 권력의 중앙집권화를 강화하기 위한 수단
으로 국영기업이나 자치기관을 창설하고 운용하였다. 즉, 중앙정부는 국영
기업과 자치기관들을 활용해 새로운 영역에서 활동을 확대하고 통제할 수

---

111 states in federal systems, provinces or departments in centralized systems, and
municipalities in all

있게 되었다. 일부 국가에서는 그 규모가 수백 개에 달해 일명 제4부라고 불리기도 했다.

이들 중 상당수가 가격, 임금, 생산쿼터 등을 규제하거나 국영기업 등을 감독하는 기관들이었다. 국영기업은 광업, 전력, 철도, 수도, 가스, 통신, 설탕, 커피, 담배, 철강, 화학 등 국가의 주요 공공 서비스 인프라와 기간산업을 담당하고 있었다. 또한 교육, 주택, 복지 등과 같은 사회보장프로그램뿐만 아니라 국가기획, 농업개혁, 수도공급, 가족계획 등도 자치기관의 활동영역이었으며 노동, 비즈니스 영역도 자치기관들이 담당해 규제와 통제를 실행 하였다,

이들 자치기관과 국영기업들은 법률적으로는 매우 높은 수준의 독립성과 자치성을 보장받고 있었으나 결국 중앙정부의 통제범위 속에 놓여있기 때문에 그 활동방향과 형태는 정치적 성격을 가질 수밖에 없었다. 동시에 이들이 광범위한 공공서비스 제공을 담당하고 있다는 속성 때문에 정실과 엽관주의로 부패의 온상이 되는 것을 피할 수 없었다.

또한 자치기관과 국영기업에 소속된 공무원이나 종업원들은 대부분 중산층으로 변화와 개혁보다는 현상유지를 선호하고 필요보다 많은 인원이 근무해 생산성과 효율성이 매우 낮았다. 이로 인한 이들 기관의 적자는 누증되어 차후 중남미 국가들이 겪게 될 외채위기의 중요한 원인이 되었다.

마. 공공정책

중남미 정치기구와 제도는 많은 장애와 제약 속에서 지난 30년 동안 나름대로 계속 발전해왔지만 정책입안자들은 그 과정에서 다양한 도전에 직면했다. 50년 전 중요한 사회적 이슈였던 농지개혁은 이제 우선순위에서 밀려났으며 빈곤, 불평등 등이 상시적 이슈가 되었고 비효율, 부정부패, 범죄

와 폭력 등이 새로운 도전이슈로 등장했다.

특히 1990년대 신자유주의 경제정책이 실시되어 기간산업과 공공서비스를 생산 제공하던 국영기업과 자치기관들이 민영화되었다. 이 과정에서 빈곤계층에 대한 정부의 지원은 당연하게 큰 폭으로 축소되었고 일자리도 줄어들어 빈곤과 불평등 상황은 더욱 심화되었다.

역내 국가들의 공공정책은 국가 간 상황의 차이에도 불구하고 크게 두 가지 방향으로 진행되고 있다. 첫째는 에너지, 통신 등 공공 서비스부문을 민영화하여 국가재정의 부담을 낮추는 것으로 이 부문에서 미국과 유럽 국가들의 직접투자가 많이 이루어졌다. 둘째는 빈곤과 불평등 심화 문제를 해결하기 위해 새로운 사회보장프로그램을 다양하게 개발해 실행하는 것인데 최근 그 대표적 사례가 조건부 현금급여(CCT, Conditional Cash Transfer) 프로그램이다.

조건부 현금급여 프로그램은 1990년대에 브라질과 멕시코에서 시작되었는데 2000년대에 아르헨티나, 볼리비아, 칠레, 콜롬비아, 코스타리카, 도미니카(공), 에콰도르, 엘살바도르, 과테말라, 온두라스, 니카라과, 파나마, 페루, 우루과이 등 대부분의 중남미 국가에서 실시되었다. 이 정책은 일시적이나마 역내 빈곤을 개선하고 계층상승을 가져오는 성과를 이루었다.

중남미 국가들은 21세기의 새롭게 변화하는 정치경제 및 사회적 환경 속에서 작은 정부를 추구하고 있지만 교육, 경제개발, 주택, 보건, 마약, 범죄와 폭력 등 새로운 영역에서 역할의 증대를 요구받고 있다.

그러나 엘살바도르, 과테말라, 온두라스 등 중미 북부삼각지대 국가들에서 볼 수 있는바와 같이 정부의 기구와 제도들이 이를 개선할 수 있는 역량이 부족한 경우에 정부의 역할 증대는 국가정책 운용에 심각한 도전이 되고 있다. 여기에 중남미 국가들의 고질인 부패는 공공정책의 효율성과 정부의 능력을 크게 해치고 있어 시급하게 개선해야할 정치사회적 이슈이다.

5. 중남미 민주주의 여정

 쿠바를 제외한 중남미 모든 국가에서 대통령, 수상 등 국가원수들은 선거를 통해 민주주의적 방법으로 선출되고 있다. 이는 중남미에 민주주의가 지배적 통치제도로 자리하고 있음을 의미하고 있다.

 그러나 개별 국가별로 민주주의적 정치제도가 운용되고 있는 현상을 보면 민주주의에 대한 복잡한 정의와 같이 서로 다른 행태와 특징을 보여주고 있다. 이는 헌법적 정부를 구성하고 유지하는 과정에서 개별 국가들이 그동안 경험한 여러 가지 역경들과 역사적 유산의 결과물이다.

가. 최근 동향 ─────────────

 중남미는 1980~90년대 소련으로 대표되는 공산주의체제의 붕괴, 아시아와 아프리카의 독재정부 종식 등 세계적 변화의 물결을 그대로 맞이했다. 브라질, 에콰도르, 볼리비아, 아르헨티나, 우루과이, 칠레 등에서도 군부독재정권이 종식되었다. 파라과이에서는 1954년부터 장기집권 해온 스트로에스네르(Alfredo Stroessner) 독재정권이 군부 쿠데타로 무너졌다.

 중미에서는 니카라과에서 산디니스타 정권이 선거를 통해 물러나고 비올레타 차모로(Violeta Barrios de Chamorro) 대통령이 취임하고 파나마에서는 미국의 개입으로 노리에가 군부독재정권이 붕괴된 뒤 민주적인 선거를 통해 엔다라(Guillermo Endara) 정권이 들어섰다. 이후부터 미국이 주도하는 인권보호와 대의민주주의 확산이라는 정책의 틀 속에서 중남미 대의민주주의는 과거보다 더 확산되고 자리를 잡아가기 시작했다.

 중남미 민주주의는 시기적으로 몇 단계를 거쳐 확산되었다. 첫 번째 시기는 1847~83년, 두 번째 시기는 1901~22년, 세 번째 시기는 1944~57년이다. 특히 세 번째 시기는 냉전 중 군부 쿠데타 발생으로 민주주의가 후퇴하였다. 현재는 중남미 역사에서 독립이후 가장 긴 민주주의 시기이다.

그렇다고 현재 시기에 모든 국가들의 민주주의 운용이 잘 되고 있다는 것이 아니다. 기간 중에 민주주의 운용에 장애를 경험한 국가들의 형태를 보면 다음 세 가지로 구분할 수 있다.

첫째는 베네수엘라와 같이 무책임한 좌파정권이 집권하는 경우이다. 베네수엘라에서 차베스 정권이 들어선 뒤 에콰도르, 니카라과, 볼리비아, 아르헨티나에서도 대중주의적 좌파정권이 등장했다.

둘째는 범죄와 폭력이 확산된 가운데 언론자유, 법의 지배 등 민주주의지표가 후퇴한 국가들인데 멕시코, 콜롬비아, 엘살바도르, 과테말라, 온두라스, 도미니카(공) 등이 대표적 국가들이다.

셋째는 민주적 리더십에 대한 저항을 겪은 국가로 2009년 쿠데타로 셀라야(Manuel Zelaya) 대통령이 축출된 온두라스와 2012년 탄핵으로 하야한 루고(Fernando Lugo) 대통령의 파라과이 등이다.

나. 중남미 민주주의에 대한 도전들 ───────────

중남미 민주주의는 그 정착과정에서 역사적 유산으로서 이베리아 전통, 1980년대 이전 민주주의 남용, 저개발 상황, 불공평한 소득분배, 내전, 정부효율성 부족 등 여섯 가지의 도전을 받았고 현재에도 이어지고 있다.

1) 역사적 유산으로서 이베리아 전통

중남미에 도입되어 정착되어가고 있는 민주주의 제도는 정부권력을 제한하는 것에 불편해하는 이베리아 반도의 전통적인 역사적 유산으로부터 도전을 받았다. 즉 전통적 정치제도로부터 수혜를 받아왔던 정치경제 엘리트와 군부 등 기득권 계층들은 민주주의 방식의 정치기구와 제도가 자신들의 기득권 유지에 위험하다고 판단하고 이에 대한 명시적 또는 묵시적 저항을 해왔다.

기득권 계층에 포함되지 않는 진보적 민간 엘리트들은 민주주의가 국가의 안정적 운영을 위한 가장 좋은 정치제도라는 것을 인식하고 있었다. 그러나 만약 이들이 주도하는 민간정부가 경제적 어려움을 맞이해 사회혼란이 조성되면 군부는 이를 빌미로 쿠데타를 일으켜 왔다. 기득권을 가지고 있는 보수적 성향의 정치인들과 경제 엘리트들, 그리고 중상계층 시민들은 이러한 정치행태를 국가유지를 위해 당연하게 생각하고 지지하는 성향을 보여주기까지 했다.

가장 최근 사례로 브라질에서는 1994년 경제가 어려움에 처하고 민간정부의 부정부패가 사회적 이슈가 크게 부각되자 군부가 정권을 담당해야 한다는 분위기가 묵시적으로 형성되기도 했다.

21세기에 들어서면서 군부가 쿠데타를 일으켜 정치에 참여할 가능성은 현저하게 낮아졌다. 그러나 에콰도르, 볼리비아, 온두라스, 파라과이 등에서는 아직도 경제사회적 혼란이 조성되면 군부의 불순한 움직임이 나타나기도 했다.

2) 1980년대 이전의 민주주의 남용

중남미에는 니카라과의 소모사 대통령(Anastacio Somoza Debyle)이나 도미니카(공)의 트루히요(Rafael Trujillo) 대통령 등과 같은 독재자들이 민주주의적 선거를 통해 적법하게 선출되었다고 주장하며 민주주의 제도를 정치적으로 사실상 남용한 경우가 많았다.

권력에 대한 제도적 통제가 부족한 상황에서 강력한 리더십을 선호하는 중남미 정치문화가 만연하게 된 배경으로는 참정권 제한, 정당에 대한 탄압, 선출권력에 대한 간섭세력 존재, 대통령 또는 총리의 과도한 권력 등 네 가지가 지적되고 있다.

첫째는 참정권의 제한인데 이는 교육, 성별, 소유재산 등을 배경으로 이루어졌다. 참정권의 제한을 받는 계층은 교육도 받지 못하고 토지를 보유하지 못한 인디오 원주민, 흑인, 물라토, 메스티소 등이 대부분이었고 여기에 실패한 백인계층과 여성들이 포함되었다. 이 문제는 1960년대에 이르러서야 대체적으로 모두 해소되었다.

둘째는 권력을 장악하고 있는 정권이 반대 정파에 대한 탄압을 계속하는 것인데 반대 정파에 대한 피선거권과 선거권을 주지 않는 방법, 군부 등 권력기관의 감시, 언론홍보 방해 등의 방법을 활용했다. 베네수엘라에서 1950년대 초 군부가 모든 선거과정을 촘촘하게 관리했던 것이나 2012년 차베스 대통령이 선거과정에서 야당이 미디어 홍보를 하지 못하도록 방해하는 것 등이 그 사례들이다.

셋째는 대통령이 민주적인 방식과 절차에 따라 선출되었다고 하더라도 군부 등 영향력이 있는 집단들이 대통령이 적절한 정치대안을 제시하고 실행하는 것을 방해하는 것이다. 1960년대 과테말라 군부가 새롭게 선출된 세사르 멘데스(Julio César Méndez) 대통령이 군부나 대농장 소유주들에게 피해를 주는 정책을 실시하지 못하도록 압력을 행사한 것과 1990년대 니카라과에서 산디니스타 세력이 차모로(Violeta Barrios de Chamorro) 대통령에게 산디니스타 노조와 군부를 보호하도록 종용한 사건들이 그 사례들이다.

또한 외국 정부나 국제기구들도 영향력을 행사하고 있는데 1970년대 미국이 칠레의 아옌데(Salvador Allende) 사회주의 정권을 핍박하다가 종국에는 군부 쿠데타를 부추겨 축출한 것과 1992년 페루의 후지모리 대통령이 의회와 사법부 기능을 정지시키자 미국이 즉각 페루에 대한 각종 원조제공을 중지한 것 등의 사례들이 있다. 다만 21세기 들어 미국은 테러와의 전쟁에 몰입하며 직접적으로 간섭하는 것은 줄였지만 미주기구를 통해 간접적인 방법으로 간섭하는 것은 계속 이어가고 있다.[112]

네 번째는 대통령과 총리 등의 과도한 권력행사이다. 페루의 정치학자들은 페루 대통령들의 의사결정 과정을 분석한 뒤 '오늘날 페루 민주주의 요소인 선거는 매 5년마다 새로운 독재자를 선출하는 특권을 페루 국민에게 부여할 뿐이다'라고 언급한 바 있다. 이는 중남미 국가 대통령은 일단 선출되면 대체적으로 막강한 권력을 행사하는 경향을 가지고 있음을 단적으로 표현한 것으로 대통령의 과도한 권력이 민주주의적 통치에 장애가 된다는 것을 명확하게 주장했다.

3) 저개발과 소득불평등의 함정

20세기 마지막 10년 전후로 시작된 신자유주의 경제정책의 실시에 따른 시장개방, 국영기업의 민영화, 사회복지축소 등으로 실업이 증가하고 부의 불평등 배분 상황이 더욱 심화되어 역내 전체적으로 볼 때 빈곤계층의 비중이 크게 커졌다.

이 결과 가난한 다수를 구성하고 있는 빈곤계층은 기득권을 가진 부유계층들이 사회변혁을 이끌어 간다는 것은 그 동안의 경험으로 볼 때 이미 비

---

112 2001년 미주기구가 채택한 미주민주헌장(The Inter-American Democratic Charter)이 근거로 활용되고 있다.

현실적인 것이라고 인식하였다. 따라서 이들은 민주주의 원칙에 충실하지 못하더라도 자신들의 빈곤을 걱정해주고 해결하겠다고 구호를 외치는 일련의 대중영합적인 지도자들에 의지해 변혁을 추진하고자 했다. 이러한 정치적 지형은 결국 베네수엘라에서 차베스 정권을 등장시켰고 이어서 역내 좌파정권확산의 배경이 되었다.

결과적으로 볼 때 신자유주의와 함께 확산되어 정착된 자유민주주의 선거제도가 민주주의 원칙에 대한 지지가 부족한 대중영합적인 좌파지도자들의 등장을 촉진하는 수단이 되었다는 것은 역설적이다.

4) 내전의 유산

많은 중남미 국가들은 스페인으로부터 독립한 이후부터 20세기 전반기까지 다양한 원인으로 내전을 겪었다. 1960년대의 이후 구소련 붕괴 때까지 진행된 냉전환경 속에서 마르크스주의 게릴라 단체들이 반정부 무장활동을 전개하자 중남미 군부정권들은 이를 진압하는 과정에서 살인, 고문 등 인권유린을 자행하고 이 결과 수많은 행불자들을 만드는 등 민주주의 원칙에 반하는 정치행태를 보여주었다. 그 대표적인 국가로는 1970년대 소위 '더러운 전쟁'을 했던 아르헨티나와 칠레, 1980년대의 중미 내전에서의 과테말라와 엘살바도르 정부, 1980~90년대의 페루 정부 그리고 지난 50여 년 동안 반정부 게릴라 단체와 내전을 치른 콜롬비아 정부 등이 있다.

5) 정부효율성 부족

찰스 틸리(Charles Tilly)는[113] '정부가 민주적 의사결정과 그 것을 실행할 수 있는 능력이 부족하면 민주주의는 작동할 수 없다'라고 지적했다. 중남미 국가들은 개별적으로 차이가 있지만 지리적 또는 정치사회적 이유로 정부 행정력이 전 국토에 완전하게 미치지 못하고 있다. 특히 상대적으로 빈곤한 국가들은 당연하게 도로와 통신망의 부족으로 더욱 그렇다.

정부의 행정력 부족 현상은 1970년대부터 마약불법유통이 확산되면서 더 악화되고 있는데 이는 특히 콜롬비아, 페루, 볼리비아, 멕시코, 중미국가들에서 더욱 뚜렷하다. 페루에서는 마르크스주의 게릴라 단체인 '빛나는 길'이 수십 년 동안 우아야가 계곡(Huallaga Valley)에서 마약불법유통과 반정부활동을 하고 있고 콜롬비아에서도 1990년대까지 메데인과 칼리 카르텔들이 전국적으로 활동하였고 이들이 몰락한 후에는 소규모 마약불법유통조직, 민간준군사조직(paramilitaries), 반정부무장단체 들의 준동으로 정부행정력의 효율적 집행이 어려웠다. 21세기 들어서는 멕시코에서 마약 카르텔들이 급속하게 성장해 정부의 행정력 집행을 어렵게 하고 있다. 이는 결국 멕시코 마약전쟁으로 이어지면서 많은 사상자와 인권유린 상황을 만들었다.

다. 1978년 이후 민주주의 ————————

1978년부터 중남미 역내에서 민주주의 물결이 확산되면서 대부분 국가

---

113 Charles Tilly (1929~2008) was an American sociologist, political scientist, and historian who wrote on the relationship between politics and society and a professor of Michigan Univ. and Columbia Univ.

들은 과거보다 자유롭게 대통령을 선출하고 있다. 그렇다고 이는 모든 중남미 국가들에 자유민주주의(liberal democracy)가 완전하게 도래되었다는 것을 의미하지는 않는다. 일부 국가들에서는 위임민주주의(delegative democracy)가 자유민주주의를 대체하기도 했다.

1) 자유민주주의(Liberal Democracy)

피터 스미스는[114] 자유민주주의를 '한 국가가 자유스럽고 공정한 선거를 치르면 그것은 선거민주주의(electoral democracy)를 가지고 있는 것이고 여기에 광범위한 시민권을 보장한다면 그것은 자유민주주의'라고 주장했다. 그러므로 광범위한 시민권이 보장되지 않은 선거민주주의는 반자유민주주의(illiberal democracy)로 보고 있다.

필립 슈미터(Philippe Schmitter)와 테리 린(Terry Lynn Karl)도 선거가 자유민주주의를 정의하는 유일한 기준이 아니라고 주장하며 자유민주주의에 대한 열 가지 특징을 제시했다.[115]

프리덤하우스는 선거민주주의를 정치적 권리의 최소기준이라고 정의하고 세계의 모든 자유국가들은 선거민주주의와 함께 시민권이 보장되는 자유민주주의 가치를 가지고 있다고 주장한다. 이에 따라 프리덤하우스는 정치적 권리(political rights)와 시민권(civil rights)에 각각 40%, 60% 비중을 두고 국가자유도를 평가하고 있다. 평가결과는 평점에 따라 자유(Free), 부분자유(Partly Free), 부자유(Not Free)로 구분하고 있다.

---

[114] Peter Smith, Democracy in Latin America: Political Change in Camparative Perspective, Oxford University Press, 2005

[115] Calling anything with elections democracy, despite fraud, was labeled "electoralism" by Philippe C. Schmitter and Terry Lynn Karl, "What democracy is ... and is not," Journal of Democracy 2, no.3(Summer 1991):78

프리덤하우스의 중남미 개별국가별 2021년도 평가결과를 보면 쿠바(12점)와 베네수엘라(14점), 니카라과(23점), 아이티(33점)등이 부자유 국가들이며 아르헨티나(84점), 브라질(73점), 칠레(94점), 코스타리카(91점), 에콰도르(71점), 가이아나(73점), 파나마(83점), 페루(72점), 우루과이(97점)등이 자유국가로 평가되었다. 볼리비아(66점), 콜롬비아(64점), 도미니카공화국(68점), 엘살바도르(59점), 과테말라(51점), 온두라스(47점), 멕시코(60점), 파라과이(65점)등이 부분자유국가이다.

2) 위임민주주의(Delegative Democracy)

위임민주주의는 대통령이 주어진 임기동안 자신이 적합하다고 판단하는 대로 통치할 권한을 부여받았다는 전제하에서 이루어지는 통치형태로 이러한 형태에서는 의회나 정당 그리고 법원은 대통령의 정책의지를 방해하는 제도로 인식되기 때문에 이를 우회하여 정책결정과 변경이 이루어진다.

역내 국가들은 군부정권이 무너진 뒤 과거 그 어느 때보다 선출된 대통령을 가질 수 있었고 거의 완벽한 보통선거권을 확보하였지만 한편으로는 새로운 민간정부의 정책 실행이 민주주의의 틀 속에서 피상적이고 많은 한계를 노정하자 시민들의 실망감은 커졌다. 이 간극을 빌미로 역내 대중영합주의 정치지도자들은 대중적 지지에 기대어 대통령 권한을 자의적으로 행사하는 정치체제를 구현하기 시작했는데 이를 일명 '저강도민주주의', '조현병적민주주의', '위임민주주의'로 부르고 있다.

기에르모 오도넬(Guillermo O'Donnell)은 위임민주주의의 네 가지 특징을 지적하고 있다. 첫째는 대통령을 국가와 일체화 시키거나 국가이익을 보호하는 후견인으로 인식한다. 둘째는 대통령은 선거 캠페인 때 발표했던 공약들을 준수할 필요가 없고 상황에 맞춰 대통령이 적절하다고 생각하는 일들을 할 수 있다는 것이다. 셋째는 대통령은 국가이익을 보호하는 후견자로서 그의 권위는 특정 정당의 정치력에서 오는 것이 아니고 전체 국민들의 지지로부터 발생한다는 것이다. 따라서 대통령은 제반 정당과 제도들을 감독하고 지도할 수 있다고 본다. 넷째 의회나 사법부는 민주적으로 선출된 대통령이 국내외적으로 국익을 위해 하는 일에 방해가 될 뿐이라는 인식이다.

이상과 같은 위임민주주의 상황이 역내 국가들에게는 도래하지 않을 것으로 생각되었지만 실제는 21세기 전후에 우고 차베스 대통령의 베네수엘라, 에보 모랄레스 대통령의 볼리비아, 라파엘 코르레아 대통령의 에콰도르에서 나타나기 시작했고 그 수준은 낮지만 알바로 우리베 대통령의 콜롬비아, 네스토르 키르츠네르 대통령의 아르헨티나에서 나타났다.

폴 손드롤(Paul Sondrol)은 위임민주주의를 위장으로 가린 민주주의라고 부르며 네 가지 특징을 지적하고 있다. 첫째 선거를 통한 권력이동 장치를 봉쇄하고 둘째 민주주의적 위장 속에서 제도와 기구들의 역량을 약화시키며 셋째 정권 엘리트들의 조작과 통제를 통해 정치적 자유화와 경제적 자유화 간 정책 단절을 일으킨다. 그리고 끝으로 시민사회의 역량을 축소시킨다. 베네수엘라 우고 차베스 정권이 이에 대한 주요 사례로 지적되고 있다.

6. 주요 국가별 정치

쿠바를 제외한 역내 모든 국가에서 대통령, 수상 등 국가원수들은 선거를 통해 민주주의적 방법으로 선출되고 있다. 이는 중남미에 민주주의가 지배적 통치제도로 자리하고 있음을 의미하고 있다.

그러나 개별 국가별로 민주주의 정치제도가 운용되고 있는 방식을 보면 민주주의에 대한 복잡한 정의와 같이 서로 다른 특징적 행태를 보여주고 있다. 이는 식민지에서 독립한 이후 헌법적 정부를 구성하고 유지하는 과정에서 각 국가들이 겪어왔던 역사적 유산의 결과물이다.

가. 멕시코

1) 개관

21세기 들어 멕시코 국민들은 정당과 후보들이 정치권력 확보를 위해 자유롭게 경쟁하는 정치상황을 경험하고 있다. 이는 불과 2000년 대선에서 제도혁명당이 패하기 이전에는 기대할 수 없는 것이었다. 시민들의 정치권이 헌법과 법률에 의해 보장되고 정치적 다양성이 수용되고 있다. 그럼에도 불구하고 멕시코 정치는 불평등과 빈곤의 심화, 범죄와 폭력의 증가, 부정부패, 경직된 관료주의 등 극복해야할 많은 도전과제를 가지고 있다.

멕시코는 70년 동안 제도혁명당(PRI)의 권위주의적 통치 환경에 있다가 시민권과 정치권이 존중되는 새로운 정치 환경으로의 변화를 경험했다. 이 과정은 매우 느리고 고통스럽게 진행되었다. 오랜 기간 동안 제도혁명당의 통치에 반대하는 세력의 정치적 저항이 있었고 이에 대한 정부의 탄압이 있었다. 그 대표적인 사건들을 보면 1968년과 1971년에 발생한 시위자 학살사건과 1960~70년대의 더러운 전쟁(Dirty War)으로 불리는 인권유린 등이다.

다만 멕시코의 민주화 과정에서는 내전 등 대규모 봉기, 군부 쿠데타, 외부적 침입 등의 사변이 없었다는 것과 민주화가 1977년 정치개혁, 1996년 선거개혁 등 제도적 개혁을 통해 점진적으로 이루어져 왔다는 것은 매우 주목할 만 하다.

2) 주요 정치사

스페인의 중남미 식민지 건설은 카리브 해 도서를 중심으로 1493년부터 시작되었지만 대륙 본토의 지배는 16세기 초에야 이루어졌다. 멕시코 지배는 1518년 후안 데 그리할바(Juan de Grijalva)가 멕시코 동부 해안을 탐험한 뒤에 1519년 2월 헤르난 코르테스(Hernán Cortés)가 500여명의 군대를 데리고 베라크루스(Veracruz)에 상륙해 중부의 아즈텍 제국(Aztec Empire)을 향해 진격하는 것에서부터 시작되었다.

그는 1521년에 아즈텍 수도인 테노치티틀란(Tenochtitlan)을 점령하고 그 곳에 지금의 멕시코시티를 건설한 뒤 정복지를 넓혀갔다. 스페인은 1535년에 멕시코시티에 누에바 에스파냐 부왕청(Nueva España Viceroy)을 설치하고 이곳을 중심으로 300년 동안 계속된 식민지 통치 시대를 열었다.

멕시코 독립전쟁은 1810년 9월 10일 미겔 이달고(Miguel Hidalgo) 신부의 '돌로레스의 외침(Grito de Dolores, Cry of Dolores)'에서 시작되었다. 이후 10여년 동안 계속된 후 1821년 9월 27일 독립선언문이 서명되며 종식되었다.

1821년 독립전쟁이 종식된 후 1855년까지 35년 동안 멕시코는 정치적으로 매우 불안했다. 이 시기 중 멕시코의 정체는 제정에서 허약한 수준의 연방국가로 변했으며 이 과정에서 군부쿠데타, 외국군 침략, 보수주의자들과 자유주의자들 간 충돌, 가톨릭교회와 정부의 갈등, 경제 불황 등 어려운 정치경제 상황이 계속되었다.

1821년 독립을 주도한 이투르비데(Agustín de Iturbide) 장군은 스스로 아구스틴 1세 황제로 취임하며 제정을 실시했으나 이듬해 산타 아나(Antonio López de Santa Ana)와 과달루페 빅토리아(Guadalupe Victoria) 장군이 이끄는 군부 쿠데타로 무너졌다. 이들은 1822년 12월 '마타 저택

계획(Plan de Casa Mata)'에 서명하고 이 계획에 따라 1824년 멕시코연방공화국 헌법을 공포한 뒤 과달루페 빅토리아가 초대 대통령으로 취임했다. 그러나 이후 1833년 산타 아나 장군이 대통령으로 등장할 때까지 군부 쿠데타가 계속되었다.

산타 아나 장군은 독립전쟁의 영웅이면서 이투르비데 황제 정권을 무너뜨린 주역으로서 그의 정치적 위상은 높았다. 그는 1832년에 부스타만테(Anastasio Bustamante) 대통령 정권에 반기를 들고 무장투쟁을 하였는데 결국 합의를 통해 1933년 대선에 합의하였다. 그는 이 대선에서 승리하고 대통령에 취임한 뒤 1855년까지 독재정치를 이어갔다. 멕시코 역사에서는 이 시기를 '산타 아나의 시대(Era of Santa Ana)'라고 부르고 있다.

산타 아나 대통령은 재임 당시는 물론이고 현재까지도 매우 논쟁의 여지를 많이 남겨둔 정치인이다. 특히 그의 재임기간 중 미국과의 전쟁에서 패해 현제의 텍사스를 포함한 막대한 영토를 빼앗겼다는 것은 멕시코 역사에서 비극적 사건이었다. 그는 결국 1855년 후안 알바레스(Juan Alvarez, 1855.10~12, 24대 대통령), 베니토 후아레스(Benito Juaréz, 1858~1872, 26대 대통령), 이그나시오 코몬포르트(Ignacio Comonfort, 1855~1858, 25대 대통령) 등 자유주의자 정치인과 군부 지도자들에 의해 축출되었다.

산타 아나 대통령이 축출된 이후 멕시코 정치는 자유주의자들이 이끄는 민간정부가 들어서 멕시코 혁명이 발발한 1911년까지 멕시코 정치를 주도했다. 자유주의 정권은 경제개발을 위해 자유주의 이념에 기초한 경제개혁을 실행했다.

1857년 제정 헌법은 보수주의 정권의 배경이 되어왔던 가톨릭교회와 정치를 분리하였고 군부의 특권을 제거했다. 이는 결국 자유주의자들과 보수주의자들 간의 내전(1858~61) 발생의 원인이 되었고 결국 프랑스와 미국 등 외세의 간섭을 불러왔다.

보수주의자들은 내전에서 패배한 뒤 프랑스의 지원을 요청했다. 나폴레옹 3세는 이 요청을 받아들여 프랑스군을 파견해 자유주의자들을 패퇴시켰다. 다음으로 합스부르크(Habsburg)가 출신의 막시밀리안(Ferdinand Maximillian)을 멕시코로 보내서 막시밀리안 1세 황제로 봉하고 제2차 멕시코제정을 열었다.

이에 따라 베니토 후아레스 자유주의 정부는 사실상 국내 망명정부 입장에서 막시밀리안 제정을 상대로 저항을 계속했다. 미국은 베니토 후아레스 정권을 멕시코의 유일한 합법정부로 인정하는 등 외교적 그리고 물리적 지원을 계속했다. 이 결과 제2차 막시밀리안 제정을 지지해왔던 프랑스 군은 최종적으로 패전하고 멕시코에서 철수했다. 프랑스 군의 철수로 제2차 멕시코제정은 무너지고 다시 베니토 후아레스 공화정이 복귀했다. 베니토 후아레스 대통령은 정권을 되찾은 뒤 1872년까지 멕시코를 통치했다. 막시밀리안 1세는 1867년 7월 19일 처형되었다.

이 내전으로 보수주의자들은 프랑스를 멕시코 내정에 끌어들였다는 이유로 정치적 지지와 기반을 상실하였고 자유주의자들은 애국주의자들로 대우를 받으며 정치적 지지를 확보했다.

프랑스 군과의 전투에서 전쟁 영웅으로 떠오른 포르피리오 디아즈(Porfirio Díaz) 장군은 베니토 후아레스 대통령에 이어 집권한 세바스티안 레르도(Sebastián Lerdo de Tejada) 대통령이 연임을 위해 헌법 개정을 시도하자 쿠데타를 일으켜 축출하고 대통령으로 취임했다.

그는 1886~1911년 기간 중 일곱 번의 대통령 직을 수행하며 총 31년 동안 멕시코를 통치했는데 이 시기를 멕시코 역사에서는 '포르피리오 디아즈 시대' 라는 의미의 '포르피리아토(Porfiriato)'로 명명하고 있다.

포르피리오 디아즈 대통령은 논쟁의 여지가 매우 많은 정치인이었다. 그는 장기간에 걸친 '사실상의 독재정치(de facto dictatorship)'를 해왔다는 평가를 받고 있지만 멕시코의 고질이었던 정치적 불안정을 종식시켰고 일명 '과학자들(cientificos)'로 불리는 전문가집단을 등용해 왕성한 경제개발을 추진했던 성과를 가지고 있다.

그러나 그의 개발정책은 대토지 농장주, 그의 정치적 동료 등 기득권층 그리고 외국투자가들에게만 이익이 돌아가고 농민, 노동자, 도시 서민들의 피해로 나타나자 대중적인 저항이 일어나기 시작했다. 이러한 상황에서 그는 1910년 대선에는 출마하지 않겠다는 선언을 하였는데 이를 번복하고 80세의 나이로 다시 대선에 나서 부정선거로 당선되자 그의 정적이었던 프란시스코 마데로(Francisco Madero)가 무장반란을 일으켰다. 결국 그는 1911년 축출되었는데 역설적이게도 이 정치적 사건은 향후 10년 동안 계속될 멕시코 혁명(Mexican Revolution. 1910~20)의 시발점이 되고 말았다.

멕시코 혁명은 10년 동안 계속된 내전으로 큰 변혁을 가져왔으며 그 유산이 현재에도 이어지고 있는 역사적인 정치사건이었다. 1910년 포르피리오 디아즈 대통령에 대항해 일어난 무장반란은 1911년 포르피리오 디아즈 대통령의 퇴진과 이어진 대선에서 프란시스코 마데로의 대통령 당선으로 일단 진정되었다.

그러나 마데로 대통령은 1년 남짓한 집권기간 중 다수의 군벌들이 일으킨 무장반란을 겪어야 했다. 그는 결국 1913년 2월 자신이 임명했던 빅토리아노 후에르타(Victoriano Huerta) 장군의 쿠데타로 대통령을 사임한 뒤 곧 바로 살해당하고 말았다.

멕시코 39대 대통령으로 취임한 빅토리아 후에르타 정권에 대항해 북부에서는 코아홀리아(Coahuila) 주지사 베누스티아노 카란자(Venustiano Carranza)가 반 후에르타 연합군을 만들어 무력투쟁을 전개했고 남부에서는 모렐로스(Morelos) 주에 근거를 가지고 있는 에밀리아노 지파타(Emiliano Zapata)가 다시 거병하여 후에르타 정권에 대항했다. 이로서 멕시코는 다시 내전상황을 맞이했다.

빅토리아 후에르타 대통령은 1914년 카란자 휘하의 알바로 오브레곤 (Álvaro Obregón)과 판초 빌라(Pancho Villa) 장군과 벌린 사카테카스 (Battle of Zacatecas) 전투에서 패배하고 같은 해 7월에 대통령을 사임한 뒤 망명길에 올랐다.

이후부터 멕시코 내전은 카란자, 판초 빌라, 에밀리아노 자파타가 주도권을 잡기위해 이합집산을 하며 진행되었다. 그러나 결국 알바로 오브레곤 등 소노라(Sonora) 주 출신 장군들의 지원을 확보한 카란자가 1917년에 44대 멕시코 대통령에 취임했다. 그는 에밀리아노 자파타를 암살하고 판초 빌라 군대를 격파하여 일단 내전을 끝냈으나 그 자신도 판초 빌라 군대를 격파한 알바로 오브레곤 장군의 쿠데타로 정권을 잃고 도피하던 중 살해당하고 말았다.

알바로 오브레곤 장군은 이후 아돌포 후에르타(Adolfo de la Huerta) 전 소노라 주지사를 임시대통령으로 세운 뒤 곧 바로 선거를 통해 46대 대통령(1920~24)으로 취임했다. 그의 취임으로 10년에 걸친 멕시코 혁명은 종식되었다.

오브레곤 이후 멕시코 정치는 소노라 주 출신 장군들로서 대통령을 역임한 플루타르코 엘리아스 카예스(Plutarco Elías Calles, 1924~28), 라자로 카르데나스(Lázaro Cardenas, 1934~40), 마누엘 아빌라 카마초(Manuel Avila Camacho, 1934~40)등에 의해 주도되었다.

특히 엘리아스 카예스 대통령은 퇴임이후 권력을 유지하기 위해 1928~34년 기간 중 3명의 대통령을 2년 마다 교체하는 등 막후에서 막강한 영향력을 행사했다. 이 시기를 멕시코 역사에서는 '막시마토(Maximato, Maximum Boss) 시대'로 부르고 있다.

엘리아스 카예스는 막시마토의 영향력을 가지고 정치권력을 개인차원에서 분리해 제도화하기 위한 방안으로 1929년 국가혁명당(PNR)을 창당했다. 국가혁명당은 1938년 라자로 카르데나스 대통령이 멕시코혁명당

(PRM)으로 그리고 1946년 아빌라 카마죠 대통령이 다시 제도혁명당(PRI)으로 개명하였다.

제도혁명당은 1929년 창당이후 2000년 국민행동당의 비센테 폭스(Vicente Fox) 대선 후보에게 패할 때까지 70년 동안 멕시코 정치를 지배해 왔다. 제도혁명당은 멕시코 정치에서 유혈충돌 등을 피하기 위해 이해관계가 서로 다른 모든 정치인들이 제도적 틀 속에서 경쟁할 수 있도록 설계되었다. 따라서 제도혁명당은 일단 보수주의자 뿐 아니라 자유주의자 정치인, 군인, 노동자, 농민, 도시빈민, 기업인 등 모두를 아우르기 위해 적절한 정치적 보상을 주며 이들의 지지를 확보하고 장기간에 걸친 정치적 안정을 이루었다. 그러나 반대 정치세력에 대해서는 협동조합주의, 회유와 흡수, 억압, 부정선거(electoral fraud) 등 다양한 정치적 방식을 활용해 탄압하였다.

제도혁명당은 현직 대통령이 차기 당 대선후보를 지명하는 일명 '데다조(El dedazo, 손가락으로 지명하기)'를 운용함으로서 대통령은 임기의 마지막 때까지 막강한 권력을 유지하며 일사분란하게 당, 행정부, 의회를 통제했다.

이러한 관행과 정치제도는 필연적으로 비민주적 의사결정과 부정부패를 가져왔으며 국민을 탄압하는 정치행태를 보여주었다. 그 사례로 1940년, 1952년, 1988년 대선에서는 국내외에서 문제가 될 정도의 각종 부정선거 의혹이 있었으며 1968년에는 부정부패척결, 불평등해소, 민주화 등을 요구하는 시위에 군을 투입해 수백여 명의 시민과 학생의 사망을 발생하게 한 '트라텔롤코 학살(Tlatelolco massacre)'이 일어나기도 했다.

2000년 국민행동당의 비센테 폭스 대통령은 70년 동안 계속된 제도혁명당의 정권독주를 종식시키고 집권했다. 이어서 2006년 대선에서도 같은 당의 펠리페 칼데론 (Felipe Caderón) 대통령이 재집권에 성공하였다. 그러나 칼데론 정부는 취임과 동시에 시작한 멕시코 마약전쟁에서 결정적으로 승리하지 못하고 오히려 치안악화와 경제 불안정 상황을 초래해 2012년 대선에서 다시 제도혁명당의 페냐 니에토(Peña Nieto) 대통령에게 정권을 내주었다.

2018년 대선에서는 일명 '암로(AMRO, Andrés Manuel López Obrador의 약자)'로 불리는 좌파 성향의 로페스 오브라도르가 모레나(Morena)라는 신생 정당을 기반으로 대선에 승리해 65대 대통령으로 취임했다.

3) 정치민주화

멕시코 정치민주화는 1977년 정치개혁으로부터 시작되었지만 그 과정은 지지부진하였다. 몇 차례의 선거와 제도개혁을 하며 1994년에 이르러서야 겨우 제도혁명당(PRI), 국민행동당(PAN), 민주혁명당(PRD) 등 3당이 정치권력을 차지하기 위해 경쟁하는 환경이 조성되었다. 이로서 멕시코 정치는 제도혁명당의 일당 독주에서 벗어나 야당도 의회와 지방권력에 참여하는 정치적 기반이 조성되고 국가권력구조가 변화되는 계기가 마련되었다.

제도혁명당은 1988년 총선에서 하원의 2/3 다수 의석을 상실한 뒤 1997년에는 절대다수 의석을 지키는 데 실패했다. 이러한 상황은 시차를 두고 상원에서도 반복되었는데 제도혁명당이 입법부에서 독점적 지위를 상실했다는 것은 대통령의 행정부로부터 실질적인 독립을 의미하고 있다. 여기에 1994년과 1996년에는 헌법개혁을 통해 사법부의 권한을 크게 강화하였다.

지방선거에서도 제도혁명당은 1989년에 바하 칼리포르니아(Baja California)주에서 최초로 주지사 선거에서 패배한 뒤 2000년에는 31개 주 중 멕시코시티를 포함한 12개를 야당에 내주는 상황에 이르렀다. 여기에 2000년 대선에서는 국민행동당에 패하고 70년 만에 정권을 상실함으로서 늦게나마 멕시코 정치는 다수의 정당이 정권을 장악하기 위한 정치적 경쟁을 하는 대의민주주의 환경을 맞이했다.

의회와 지방권력이 대통령의 행정부로부터 독립하는 등 멕시코 정치의 민주화 과정은 진척되었지만 현실 정치에서는 야당 세력이 다수로 구성된 의회가 국가정책의 결정과 실행을 방해하는 정치적 상황이 만들어졌다.

즉 집권당이 의회의 다수의석을 차지하지 못함으로서 행정부의 정책입안과 실행은 마비되었다. 이러한 문제를 타개하기 위해 정치 주역들 간에 다양성을 전제로 합의도출이 필요한 여건이 조성되기도 했다. 그 사례를 보면 2013년 여당과 야당의 주역들 간 체결된 일명 '멕시코를 위한 협약(Pact for Mexico)'인데 이 협약은 그 동안 멕시코의 고질적 현안들이었던 에너지개혁, 전기통신개혁, 교육개혁 법안들이 의회를 통과해 실행되는 계기가 되었다.

나. 아르헨티나

1) 개관

아르헨티나는 남미에서 브라질 다음으로 큰 경제권으로 과거의 역대정부들이 실시한 실패한 경제정책과 허약한 정치제도에 대한 흥미로운 연구사례를 제공하고있다.

일명 '키르츠네리스모(Kirchnerismo)'로 불리는 네스토르 키르치네르(Nestór Kirchner)대통령과 그의 부인 크리스티나 페르난데스(Cristina Fernandéz de Kirchner) 대통령의 12년 집권 기간 중 아르헨티나에서는 신자유주의 경제정책이 크게 후퇴하며 예상 밖의 경제성장의 성과를 거두었다. 페론당에 뿌리를 두고 있는 이들은 기간 중 이룬 경제적 성과를 기반으로 연임에 성공하며 행정부의 수반으로서의 대통령 권한을 확대하며 그렇지 않아도 허약한 정치제도를 더욱 약화시켰다.

2015년 12월에 들어선 우파 성향의 마크리(Mauricio Macrí) 대통령도 전임 정권과 같이 강력한 대통령 권한을 변함없이 유지했다. 그러나 그는 전임 정권 후반기부터 지속된 고물가와 저성장의 문제를 해결하지 못하고 다시 페론 정당에 정권을 넘겨주었다.

2) 역사적 유산

아르헨티나의 정치사는 분열과 분쟁으로 얼룩져있다. 1816년 스페인으로부터 독립한 뒤 바로 부에노스아이레스를 중심으로 자유무역을 주장하는 중앙집권주의 세력과[116] 분권을 통해 지방 각 주의 자치를 확보하려고 하는 지방분권 연방주의 세력 간의 갈등이 폭발해 내전으로 이어졌다. 이 갈등은 마누엘 데 로사스(Juan Manuel de Rosas)가[117] 부에노스아이레스를 중심으로 연방제를 만들면서 일단 종식되었다. 마누엘 데 로사스는 지방 토착군벌 출신의 전형적인 카우디요(caudillo)로 폭력을 활용한 독재정치를 하다가 1852년 반대세력에 의해 축출되어 국외추방 되었다.[118]

1852~1916년 시기 중 아르헨티나는 미국의 정치모델을 모방한 헌법을 채택한 자유주의파 정치인들이 정치권력을 과점(liberal oligarchy)하여 통치하였다. 이들은 권력분립, 견제와 균형, 개인재산보호, 언론과 보도

---

116 중앙집권주의자 세력의 중심은 리바다비아(Bernardino Rivadavia) 장군이었다.

117 Juan Manuel José Domingo Ortiz de Rosas (30 March 1793 – 14 March 1877), nicknamed "Restorer of the Laws",[A] was an Argentine politician and army officer who ruled Buenos Aires Province and briefly the Argentine

118 한 때 자신의 동료이자 부하였던 또 다른 카우디요인 우르키자(Justo José de Urquiza)에게 축출되었다.

의 자유 등 자유주의적 원칙들이 반영된 법률에 의한 통치를 표방하였다.

이 시기는 일차산품 붐이 있었던 시기로 아르헨티나 경제는 크게 약진했다. 농업과 목축업이 성장하고 수출이 크게 늘어 많은 수익이 국내로 유입되었으며 이를 기반으로 도로, 교량, 항구, 철도, 통신 등 사회간접자본이 크게 확충되었다. 부에노스아이레스는 당시 세계에서 가장 물동량이 많은 항구이었다.

자유주의적 소수 권력계층은 새로운 중산층과 노동계층이 정치에 등장하면서 도전을 받기 시작했다. 19세기 후반에 시작된 이민정책으로 새롭게 유입된 유럽의 이민자들과 그 후손들로 아르헨티나 인구는 크게 증가했다. 1914년 전체인구는 780만 명에 이르렀고 부에노스아이레스 도시인구도 150만 명에 달했다. 이들이 중산층과 노동계층으로 정치에 참여하자 그 동안 자유주의 소수 권력계층이 전통적으로 유지해오던 정치적 과점은 저항을 받고 정치개혁이 일어났다.

정치개혁은 보통선거권 확대와 정당 창설로 나타났다. 새롭게 창설된 정당 중 급진시민연대(Radical Civic Union, UCR)의 정치적 입지가 가장 뚜렷했는데 이는 중산계층의 비즈니스 이익을 대변하며 20세기 초반부터 대공황 시기까지 아르헨티나 정치를 이끌었다. 그러나 급진시민연대는 다시 새롭게 세력을 키워가는 노동자계층의 저항을 받기 시작했다.

대공황과 이어진 1930년대 세계경제의 불안정성은 아르헨티나 정치상황을 크게 불안하게 만들며 정치지형의 변화를 이끌었다. 구체적으로는 노동계층의 절대적 지지를 배경으로 대중영합적인 페론주의가 정치 일선에 등장했다.

3) 페론주의 등장

1940년대 초 아르헨티나 정치는 제2차 세계대전의 영향을 피할 수가 없었다. 독일에서 훈련받은 장교들을 중심으로 아르헨티나 군부는 추축국을 지지하고 있었다. 이 과정에서 연합장교단(Group of United Officers, GOU)으로 불린 일단의 고위 장교들이 이태리의 무솔리니 파시스트 정권을 모델로 한 정권수립을 음모하여 1943년 성공적으로 정권을 장악했다. 그러나 추축국이 전쟁에서 연합군에 밀리자 군부는 출구전략을 모색하기 시작했다.

연합장교단에는 당시 크게 알려지지 않았던 페론(Juan Domingo Perón) 대령이 소속되어 있었다. 그는 초기에 전쟁장관을 맡았으나 곧 바로 노동사회복지장관으로 직무를 바꾸고 노동자계층에 대한 지원을 확대하는 등 노동자 친화정책을 입안하고 실시하면서 이들의 지지를 확보했다.

페론의 노동자계층 친화적 행보를 경계하던 보수적 성향의 일단의 장교들은 페론을 직무에서 축출하고 구금하였다. 이에 대해 노동자계층은 페론의 석방을 요구하는 대규모 시위를 했고 결국 1945년 10월 17일 페론은 석방되어 대통령궁인 카사 로사다(Casa Rosada) 발코니에서 노동자들의 환호에 답하며 페론시대의 도래를 알렸다.

1946년 2월 대선에서 노동당(Labor Party) 후보로 출마해 정권을 장악한 페론은 같은 해 11월 노동당과 급진시민연대에서 이탈한 정치세력을 연합해 정의당(Partido Justicialista, PJ)을 창설했다. 정의당은 페론주의(Peronism)를 표방하고 있어 일명 페론당으로 불리는데 이후 아르헨티나 정치에 긍정과 부정이 교차하는 깊은 영향을 미쳤고 이는 현재에도 진행 중이다.

페론 대통령은 노조, 가톨릭교회, 군부로부터의 적극적인 지지, 자유롭고 공정한 대선에서 승리했다는 권력의 정통성, 농축산물 수출 가격 붐, 풍부한 재정 등 국내외적으로 조성된 우호적 정치 환경 속에서 산업화 등 경제개발정책과 사회복지확대 등의 조치를 취했다.

특히 그는 노동자총연합회(CGT)에 노조들을 통제할 수 있는 권한을 부여하고 이를 이용해 노동자계층의 복지확대 입법과 지원정책을 실행하는 대중영합정치를 벌려나갔다.

동시에 수입대체산업화전략을 적극적으로 추진하며 중앙은행, 철도, 통신, 전기 및 가스, 도시교통 등을 국유화했는데 이 정책은 결과적으로 아르헨티나가 경공업산업구조에서 탈피해 자본집약산업구조로 이동하는데 필요한 재원을 고갈시켰다.

1946~49년의 페론 집권시기 중 아르헨티나의 경제는 성장하였고 국민들의 삶의 질은 개선되었다. 그러나 1950년대 들어서며 경제가 어려워지고 재정이 고갈되어 국영기업이나 사회복지에 원활한 지출을 하지 못하자 국민의 불만이 높아졌다. 여기에 1952년 자신의 최대 지원자이자 부인이었던 에바(Eva Perón)가 사망하며 페론의 몰락이 시작되었다.

페론의 몰락은 경제상황 악화와 함께 그 동안 자신을 지지했던 가톨릭교회와 충돌이 발생하고 또한 페론을 지지해왔던 노조도 가톨릭교회가 조직한 기독민주노조와 서로 물리적 충돌을 일으키는 등 사회적 갈등과 동요가 확산되었다. 이러한 정치적 불안상황 속에서 1955년 9월 로나르디(Eduardo Lonardi) 장군이 이끄는 군부 쿠데타가 발생해 페론 대통령은 스페인으로 추방되었다. 이로서 제1차 페론통치시대가 종식되었다.

4) 군부의 등장과 인권유린

1955~73년 기간 중 아르헨티나는 정치경제적인 혼란을 겪었다. 1955년 쿠데타로 정권을 장악한 군부는 페론당을 불법화하고 그 근간이 되는

노동조합을 탄압하는 등 아르헨티나 사회에서 페론의 잔재를 청산하기 위해 노력했다. 특히 군부는 1958년 대선에서 페론당의 참여를 불허함으로서 이후 새롭게 들어선 급진시민연대 정권의 정통성을 세우는데 실패했다.

1966년에 다시 발생한 군부 쿠데타도 페론당의 정치활동을 종식시키지 못했다. 오히려 스페인에 망명중인 페론은 당을 통해 아르헨티나 정치에 계속 영향을 미치고 있었다. 군부는 1973년 3월에 실시한 대선에서 페론의 출마를 금지했지만 그의 추종자이자 대리인인 캄포라(Héctor Cámpora)가 출마해 승리하고 5월에 대통령으로 취임했다.

이어서 같은 해 6월 페론이 스페인에서 귀국하고 7월에 캄포라가 대통령을 사임하자 이어진 10월 대선에서 페론이 승리해 대통령에 취임했다. 그러나 그는 다음 해 7월에 사망하였고 당시 부통령이었던 부인 이사벨(Isabel Perón)이 대통령을 승계하여 1976년 3월까지 아르헨티나를 통치했다. 이사벨 정권은 1976년 3월 비델라(Jorege Videla) 장군이 이끈 쿠데타로 무너지고 아르헨티나는 다시 군부통치시대를 맞이했다.

육군, 해군, 공군을 대표하는 장군들로 구성된 군사평의회(Military Junta)를 구성해 통치에 착수한 군부정권은 일명 '프로세소(Proceso)'로 불리는 '국가개조조치(Process of National)를 실행하며 정치적 혼란을 종식시키고 경제안정을 도모하고자 하였다.

특히 군부는 좌파세력이 아르헨티나 사회의 혼란과 부패 그리고 전복을 부추기고 있다고 주장하고 이들에 대한 숙청을 가혹하게 진행했다. 군부가 사용한 정치적 표어 중 하나는 가톨릭교회의 오푸스 데이(Opus Dei)에서 유래한 '전통(Tradition), 가족(Family) 그리고 재산(Property)' 으로 이러한 군부의 입장은 가톨릭교회의 정치적 지지를 받았다.

군부의 숙청은 그 대상이 좌파 도시게릴라, 정당, 학생, 노동가, 도시전문직 등이었으나 사실은 시민 그 누구도 안전하다고 느끼지 못했다. 숙청과정에서 많은 인권유린이 행해졌는데 1976~83년 기간에 약 3만 여명의 행방

불명자(disappeared)가 발생했다. 군부정권의 인권유린 상황은 라울 알폰신(Raúl Alfonsín) 민간정부가 들어선 이후 발표된 인권유린 보고서인 '이제 그만(Núnca Más)'에 자세하게 기술되어 있다.

또한 군부정권은 아르헨티나 경제문제의 원인을 정부의 간섭과 강력한 노조활동 때문이라고 규정하고 국영기업의 민영화와 노조탄압을 이어갔다.[119] 이 조치들은 아르헨티나 경제를 더욱 악화시켰다. 경제는 성장을 멈추었고 하이퍼인플레이션의 악순환 속에 실업이 크게 늘어났다.

결국 비델라 장군은 경제상황의 악화를 감당하지 못하고 1981년 비올라(Roberto Viola) 장군에게 정권을 이양했고 비올라 장군도 다시 갈티에리(Leopoldo Galtieri) 장군에게 이를 넘겨주었다.

갈티에리 장군은 정치경제적 난국을 돌파하고 애국심에 기초한 국민적 단합을 이끌어 내기 위해 영국을 상대로 포클랜드(Falklands, Malvinas) 전쟁을 일으켰다. 아르헨티나 군은 일시적으로 포클랜드 섬을 점령했으나 영국의 곧 이은 대규모 반격으로 패배했다. 전쟁의 패배로 갈티에리 군부정권은 최종적으로 무너지고 1983년에 이어진 대선에서 급진시민연합의 알폰신 대통령이 이끄는 민간정부가 출범하였다.

5) 민주주의로의 이행

1983년 대선에서 알폰신 대통령의 당선은 아르헨티나 정치사에서 매우 중요한 사건이었다. 우선 자유롭게 치러진 선거에서 페론당은 처음으로 정권장악에 성공하지 못했다. 급진시민연대의 알폰신 대통령의 당선은 아르헨티나 국민의 새롭게 시작하자는 변화에 대한 욕구를 반영하는 것이었다.

---

119 이 정책은 마르티네즈 호즈(José Alfredo Martínez de Hoz, 1976-1981) 경제부장관이 주도해 실행했다.

그러나 알폰신 정권은 기대와는 다르게 경제를 성공적으로 운용하지 못했다. 그의 경제팀은 다양한 정책을 추진했지만 하이퍼인플레이션 상황을 해결하는데 실패해 1985년에는 연간 인플레율이 6,900%를 기록하였다. 알폰신 대통령은 임금과 물가동결, 정부지출 축소, 공공요금 인상 등을 주요 정책으로 하는 '아우스트랄 계획(Plan Austral)'을 실시해 일시적으로 성공하기도 했으나 결국은 아르헨티나 경제의 고질인 인플레 진정에는 실패했다.

이 결과 1987년 총선에서 급진시민연대는 페론당에게 압도적으로 패했고 2년 뒤인 1989년 6월 알폰신 대통령은 경제위기를 효과적으로 극복하지 못했음을 자인하고 조기사임을 하였다. 그의 사임 당시 아르헨티나 연간 인플레율은 4,900%이었다.

6) 페론 없는 페론주의: 메네미즘(Menemism)

1989년 5월 대선에서 메넴이 승리하고 알폰신 대통령으로부터 평화적으로 정권을 이양 받은 것은 아르헨티나 정치의 민주적 안정성을 보여주는 좋은 징후이었다.

메넴 대통령은 카발로(Domingo Cavallo) 경제부장관이 제시한 태환정책(Convertibility Plan)을[120] 수용하고 실행해 하이퍼인플레이션을 일단 진정시켰다. 아울러 신자유주의 경제정책을 적극 수용하고 운용하며 거시경제적 안정과 성장을 어느 정도 이루었다.

그러나 그의 정책방향은 사실상 좌파성향의 전통적 페론주의를 벗어난 것

---

120 Wikipedia, The Convertibility plan was a plan by the Argentine Currency Board that pegged the Argentine peso to the U.S. dollar between 1991 and 2002 in an attempt to eliminate hyperinflation and stimulate economic growth.

으로서 일명 '메넴주의(Menemism)'로 불리기도 했다. 그는 6년 단임 대통령제 헌법을 4년 중임 대통령제로 개정해 1995년 대선에서 재임에 성공했다.

그러나 그의 재임 기간 중 경제는 태환정책의 역기능으로 성장하지 못했고 각종 부패 스캔들 발생과 함께 정치경제적 혼란이 조성되었다. 이 결과 메넴 대통령의 페론당은 1999년 12월 대선에서 국민의 지지를 얻지 못하고 급진시민연대의 델라루아(Fernando de la Rúa) 대통령에게 정권을 이양했다.

아르헨티나는 메넴 정권 후반기 태환정책의 역기능으로 정권이 바뀌었음에도 불구하고 경제성장이 부진하고 현지화 강세에 따른 수출 감소로 외환 부족 상태가 계속되었다. 델라루아 대통령은 새롭게 조성된 정치경제 및 사회적 혼란을 결국 수습하지 못하고 민중시위에 압박을 받아 2001년 12월 21일 돌연 사임했다.

델라 루아 대통령의 사임 뒤 아르헨티나 정국은 2주 동안 3명의 대통령이 사임과 취임을 이어가는 등 극도의 혼란상항을 겪었다. 세 번째 취임한 페론당의 두알데(Eduardo Duhalde) 대통령은 2003년 5월까지 아르헨티나를 통치한 뒤 페론당의 한 지파로 좌파 성향인 승리전선(Front for Victory)의 키르츠네르 대통령에게 정권을 이양했다.

7) 키르츠네르주의(Kirchnerism)

키르츠네르 대통령은 아르헨티나 산타 페 주지사 출신으로 페론당에 속해 있었다. 그는 2003년 3월 부인 크리스티나(Cristina Fernández)와 페론당에 뿌리를 둔 승리전선을 창당하고 대선에서 메넴 전 대통령을 상대로 승리해 정권을 잡았다. 그는 원칙적으로 페론주의를 따르면서 독자적으로 키르츠네르주의(Kirchnerism)로 불리는 좌파 이념을 가지고 아르헨티나를 통치했다. 키르츠네르주의에 입각한 통치기간은 그의 재임기간(2003.5~2007.12)과 그의 부인 크리스티나 대통령 통치기간(2007.12~2015.12)을 포함해 총 12년 동안 이어졌다.

크리스티나 대통령은 2011년 재선되는 등 나름대로 정치적 성공을 거두었다. 그러나 재임 중 경제상황의 악화에 따른 중산층 이하 서민들의 불만이 높아져 사회적 소요가 확산되었고 여기에 각종 부패 스캔들의 발생으로 민심이 이반되어 2015년 대선에서는 우파 정당인 '변화를 위한 약속(Compromiso para el Cambio)' 의 마우리시오 마크리(Mauricio Macri) 후보에게 정권을 넘겨주었다.

8) 마크리 우파정부 재집권 실패와 페론주의 정권 복귀

마크리 대통령의 취임으로 아르헨티나는 돌연 키르츠네르주의 경제운용에서 벗어나 다시 신자유주의 경제정책을 운용하는 국가로 변모했다. 그러나 그의 정부도 결국 아르헨티나 경제의 고질인 외환부족과 인플레 진정에 성공하지 못했다. 여기에 키르츠네르주의 복지정책의 축소로 서민들의 생활이 어려워지면서 2020년 대선에서 재임에 실패하고 다시 페론당의 페르난데스(Alberto Fernández) 대통령에게 정권을 넘겨주었다. 크리스티나 전 대통령은 페르난데스 대통령 정부의 부통령으로 키르츠네르주의 정치를 이어가고 있다.

다. 브라질 ──────────────────────────────

1) 개관

2011년 1월 브라질 노동당 출신 지우마 호세프 대통령은 취임식에서 '지금 우리는 브라질 국가 역사 속에서 가장 좋은 시기에 살고 있다. 노동당의 지난 8년 집권기간 중에 수백만 개의 일자리가 만들어졌고 경제성장은 배증되었다. 국제통화기금에 대한 의존을 줄였고 동시에 외채문제를 극복했다'며 자축했다. 사실상 브라질의 기간 중 거시 경제지표는 눈에 띄게 개선되었으며 극빈층이 줄어들고 중산층이 크게 증가하는 괄목할만한 성과가 있었다.

그러나 호세프 대통령의 이러한 낙관론은 곧바로 이어진 사회적 저항으로 색이 바랬다. 2012년 6월 정부의 버스요금 소폭인상으로 시작된 시민들의 저항 시위는 전국적으로 확산되었다. 그 주도세력은 버스요금 인상으로 고통을 받게 되는 빈곤계층뿐만 아니라 이제 겨우 중산층 문턱에 도달한 계층을 포함해 다양했다.

시위는 그 방식과 규모가 다양했을 뿐만 아니라 그 이슈도 당초의 버스요금 인상 반대에서 벗어나 공공부문 부패, 경제상황 악화, 치안부재, 공공보건악화, 부적절한 교육제도, 올림픽과 월드컵 행사개최 반대, 정부의 무능, 공권력에 의한 인권유린 등 다양해졌다.

이러한 상황은 2014년부터 시작된 일명 세차작전(Car Wash Operation)이라고 불리는 브라질 최대 부패 스캔들과 경제침체로 더욱 악화되었고 이에 따른 민심 이반으로 호세프 노동당 정부에 대한 지지도가 떨어졌다. 이는 노동당으로 대표되는 진보 세력의 약화를 의미하는 것인데 그 단초가 되는 세차작전 스캔들이 브라질 보수정치세력이 노동당으로 대표되는 진보정치세력에 대한 정치적 공격이라는 음모론적인 관점도 있다.

세차작전 부패스캔들은 최종적으로 8년 집권을 성공적으로 마무리하고 호세프 정권까지 탄생시킨 룰라 전 대통령까지 구속시켰고 자이르 보우소나루(Jair Bolsonaro) 극우정권이 들어서는 중요한 정치적 배경이 되었다.

참고로 브라질에서 일어난 최근의 정치과정은 민주주의가 과거처럼 총을 든 군부 쿠데타에 의해 전복되는 것이 아니라 정치화된 사법부 권력이 기득권계층, 언론 등과 손잡고 소리 없이 민주주의를 전복시킬 수 있다는 것을 보여주는 사례로 이는 중남미 민주주의가 생각보다 쉽게 기득권의 반동과 정치적 음모에 무너질 수도 있음을 보여주고 있다.

2) 역사적 유산

브라질은 1494년 스페인과 포르투갈 간에 체결된 토르데시야스 조약(Treaty of Tordesillas), 그리고 1500년 포르투갈 귀족이었던 카브랄(Pedro Cabral) 함대가 인도를 가던 중 해풍으로 항로를 이탈해 우연하게 브라질 해안에 도착한 것으로부터 정복이 시작되었다. 브라질이란 명칭도 해안에 인접한 밀림에서 자라는 붉은 색조의 브라질우드(brazilwood)라는 목재에서 유래했다.

당시 브라질은 스페인 정복지와는 다르게 금과 은 등 귀금속이 부족했기 때문에 관심을 받지 못했다. 그러던 중 1530년 경 부터 프랑스가 브라질 해안에 출몰하며 포르투갈의 기득권을 위협하기 시작하자 식민지배 체제를 구축하기 시작했으며 1549년에 이르러서 포르투갈 왕실의 전통적 식민지 지배모델을 완성했다.[121]

브라질의 독립은 스페인 식민지에서와 같이 나폴레옹의 이베리아 반도 침

---

[121] 1549년 살바도르(Salvador)에 브라질전국총독부(Governorate General of Brazil)을 설치하고 1534년부터 운영해온 15개 지역 총독부(Capitancia)를 복속시켰다.

공으로부터 시작되었다. 포르투갈 왕실은 프랑스군을 피해 왕실 전체가 브라질 리우 데 자네이루로 이전해 와서 1821년 다시 포르투갈로 복귀할 때까지 머물렀다.

돈 주앙 6세(D. João VI)는 1821년 왕실을 본국으로 복귀시키며 리우 데 자네이루에는 아들인 페드루 왕자를 부왕으로 책정해 남겨두었다. 페드루 왕자는 1821년 브라질 제국(Empire of Brazil)을 선포하고 페드루 1세로 황제에 취임했다. 브라질 독립은 스페인 식민지에서와 같은 격렬한 전쟁을 치루지 않고 대체적으로 평화스럽게 이루어졌다는 것은 매우 특기할 만 하다.

브라질의 독립과정에서 보여준 역사적 유산은 이후 브라질 정치와 사회에 긍정적인 영향을 주었는데 브라질 정치인들은 대체적으로 격렬하고 극적인 분쟁을 피하고 보다 온건하고 점진적인 변화를 추구하는 경향이 그것이다. 독립이후 브라질 역사에서 사회구조의 변화를 추구하는 혁명이나 내전 등 극단적인 사회적 충돌이 없었다는 것이 그 증거이다.

브라질 제국은 1888년 서구사회에서는 가장 늦게 노예제도를 전면 폐지하였다. 이 조치는 노예제도 의존 경제를 이끌어 온 정치적 영향력이 강한 커피 농장주들과 전통적 토지기득권 세력의 저항을 받았다. 그러나 이 저항은 브라질 제국의 몰락을 가져오는 중요한 배경이 되었는데 이들 세력이 공화주의자들과 군부를 자극해 발생한 쿠데타로 1889년 11월 브라질 제정은 무너졌다.

제정이 붕괴된 뒤 브라질은 미국의 모델을 따른 공화민주주의(Republican Democracy)를 채택하고 그 운영은 사웅파울러를 중심으로 한 커피 농장주들과 미나스제라이스를 중심으로 한 광산 및 제조업자들 간의 권력 분점 방식을 통해 해왔다. 이들은 권력을 유지하기 위해 군부, 귀족, 고위관리 등과 담합하고 선거를 조작하는 등의 방법을 사용했다. 이 과정에서 과거 왕정 엘리트계층의 권력과 영향력은 더욱 강화되었다.

브라질 사회학자 파오로(Raymundo Faoro)는 이들을 식민지 시대부터 1930년대의 바르가스(Getúlio Vargas) 대통령 시대까지 브라질 권력을 소유하고 지켜온 계층이라고 지적하고 있다.[122] 그는 이들이 '지배를 위해 국가권력을 사용하지 않았고 권력을 계속 보유하기 위해 권력을 사용했으며 그 유산은 바르가스 시대 이후에도 군부를 포함한 관료계층이나 세습권력자들에게 계속 이어지고 있다'고 주장하고 있다.

제정에서 공화정으로 정체가 바뀐 뒤 브라질의 제1공화국의 초기에는 군부 독재체제가 계속되었다. 군부는 리우 데 자네이루 뿐만 아니라 지방에서도 장악력을 높여갔다. 언론의 자유가 실종되고 선거는 권력을 가진 자들에 의해 조정되고 조작되었다. 이 상황은 1894년 민간정부가 들어설 때까지 이어졌다.

1894년 새롭게 들어선 민간정부는 1930년까지 이어졌지만 이 기간 중 브라질 정치는 '밀크를 탄 커피 정치(Coffee with Milk Politics)'로 회자되었는데 이는 사웅파울러 주 커피재배 대농장주 집단과 미나스제라이스 주 목축업 대농장주 집단 간에 권력분점을 통한 야합정치를 뜻하고 있다.

그러나 1930년 대선에서는 사웅파울러 출신의 워싱턴 루이스(Washington Luis Pereira de Sousa) 대통령이 권력분점 야합을 어기고 같은 지역 출신의 훌리오 프레스테스(Júlio Prestes)를 차기 대선후보로 지명하였다. 이에 대응해 미나스제라이스에서는 헤툴리오 바르가스(Gétulio Vargas)를 대선에 내세웠으나 패했다.

선거결과에 불만을 품고 있던 미나스제라이스 주와 인근의 파라이바(Paraibá), 리우그란데두술(Rio Grande do Sul) 주 정치 엘리트들은 커피 가격하락에 따른 경제 불황, 부정선거 논란, 대선에서 바르가스의 부통

---

122 Raymundo Faoro(1925-2003) was a lawyer, jurist, sociologist, historian, writer and president of the Brazilian Bar Association. Faoro was the author of several books. The most important of all his books was "Os Donos Do Poder"(The Owners of Power). Wiki.

령 후보로 출마한 주앙 페소아(Joao Pessoa) 피살사건 등으로 정치상황이 불안해지자 이를 기회로 군부의 불만세력을 충동해 쿠데타를 일으켜 워싱턴 루이스 정권을 축출하고 바르가스 정권을 출범시켰다. 이렇게 해서 브라질 제1공화정은 끝이 나고 일명 '바르가스 시대(Vagas Era)'가 시작되었다. 역사는 이 사건을 '브라질의 1930년 혁명(Brazilian Revolution of 1930)'으로 부르고 있다.

바르가스 대통령은 1930~45년 기간 중 장기간 브라질을 통치했다. 그는 1932년 입헌혁명(1932 Constitutionalist Revolution)을 수습하고 1934년 헌법 개정을 수용하며 제2공화정을 출범시켰는데 1935년에 공산주의자 폭동이 발생해 사회가 불안해지자 1934년 헌법을 무효화하고 독재자의 길을 걸었다. 1937년에는 군부를 등에 업고 친위 쿠데타를 일으켰으며 '새로운 국가(New State, Estado Novo)' 건설을 기치로 새 헌법을 선포했다. 이로서 1930~37년의 제2공화정이 끝나고 새로운 헌법에 따른 제3공화정이 시작되어 그가 퇴진하는 1945년까지 이어졌다.

바르가스 대통령의 독재정치는 군부의 지지를 받으며 제2차 세계대전이 끝나가는 시기까지 이어졌다. 그러나 시민, 학생, 노동자, 정치인들의 저항이 거세지고 그의 절대 권력을 향한 의지를 위험하게 본 군부는 그에게 대통령 사임을 강요했다. 결국 그는 1945년 10월 29일 대통령 직에서 물러났고 그가 이끌어 온 3공화정도 막을 내렸다.

바르가스 대통령은 퇴진이후에도 상원과 하원의원을 역임하며 정치일선에 머물다가 다시 1950년 브라질 노동당 대선후보로 출마해 승리하고 이듬 해 1월에 다시 대통령으로 복귀했다. 그는 전임 두트라(Eurico Dutra) 대통령의 친미정책 특히 미국 투자자 보호를 위한 정책을 버리고 다시 국수주의적 정책으로 복귀했다. 이 시기에 그는 브라질석유공사(Petrobras)를 창설했다.

그러나 그는 자신의 정적들과 그동안 자신을 지지해주었던 군 내부 저항세력의 퇴진압력을 견디지 못하고 1954년 8월 24일 대통령 재임 중 자살하고 말았다. 브라질 역사학자들은 바르가스를 20세기 브라질 정치에서 가장 영향력이 있는 인물임과 동시에 대중의 광범위한 지지를 받은 첫 번째 지도자로 평가하고 있다. 그는 대기업자본가, 대토지소유자를 상대로 투쟁했으며 우파 정치인, 반민족주의자, 친미주의자, 브라질 공산당 등도 그의 정치적 적들이었다.

바르가스 대통령 자살 이후 2명의 임시대통령이 잠시 정권을 담당한 뒤 주셀리노 쿠비체크(Juscelino Kubitschek)가 1955년 대선에서 승리해 1956년 1월 취임했다. 그는 야당과 화해적 모습을 보이며 경제의 안정과 성장을 달성했으며 수도를 브라질리아로 이전하였다.

그의 후임으로 정권을 이어받은 자니우 쿠아드루스(Janio Quadros) 대통령은 6개월 여간 대통령 직을 수행한 뒤 자진 사임하고 주앙 굴라르(Joao Goulart) 부통령에게 권력을 이양했다. 굴라르 대통령은 1963년 대선에서 그의 정책 노선이 냉전시기 사회주의로 비쳐져 우익세력과 군부를 자극하였는데 결국 1964년 3월 31일 군부 쿠데타로 실각했다. 이로서 1946년부터 계속된 제4공화정은 끝이 났다. 굴라르 대통령은 2003년 이그나시오 룰라 대통령이 집권하기 전까지 마지막 좌파 대통령으로 간주되고 있다.

쿠데타에 성공한 브라질 군부는 1964년 4월 1일부터 정권을 장악하고 1985년 1월 15일 민정이양 시까지 21년 동안 5명의 군부 대통령을[123] 세워 권위주의적 독재정권을 유지했다.

군부 쿠데타는 굴라르 대통령의 좌파성향 정책에 불만을 가진 우파 정치인들이[124] 군부와 공모하여 일으킨 정치적 사건으로 냉전시기에 미국의 지

---

[123] Marshal Humerto de Alencar Castelo Branco, Marshal Artur da Costa e Silva, General Emilio Garrastazu Médici, General Ernesto Geisel, General Joao Figueiredo

[124] Jose de Magalhaes Pinto, Adhemar de Barrios, Carlos Lacerda 등으로 이들은 당시 미나스제라이스, 사웅파울러, 과나바라 주지사들로 1945년에는 바르가스 대통령 축출에도 주동세력으로 활동했다.

지를 받았다. 또한 쿠데타는 당시 브라질 사회의 보수계층을 구성하는 가톨릭교회, 중상계층, 반공단체 등 보수적 시민운동 등의 지지도 받았다.

군부정권은 국가주의, 경제개발, 반공 등을 지침으로 하여 1967년 헌법을 개정하고 권위주의적 통제 시스템을 만들었다. 특히 언론통제와 정치적 반대세력을 탄압하였고 이 과정에서 인권유린을 자행하였다.

그럼에도 불구하고 군부정권의 통치가 자리를 잡은 1970년대는 '브라질의 기적(Brazilian Miracle)'의 시기라고 불릴 정도로 경제개발이 왕성하게 추진되었다. 우선 정부가 경제활동에 직접적으로 개입하였는데 고속도로, 교량, 철도 등 인프라 건설에 과감한 투자를 하였다.

또한 국영전력공사(Electrobras)나 석유공사(Petrobras)를 통해 철강공장, 석유화학공장, 핵발전소 등을 건설했다. 수입석유에 대한 의존을 줄이기 위해 에탄올 산업을 진흥시켰다. 이 결과 1980년에 브라질 총 수출 중 공산품 비중은 57%로 1968년의 20% 대비 크게 증가했다. 국내총생산은 1968년 9.8%, 1973년에는 14%로 매년 고도성장을 유지했다.

1979년 3월 다섯 번 째 군부 대통령으로 취임한 주앙 피게이레두(Joao Figueiredo)는 정치범죄자들에 대한 사면법을 제정하는 등 브라질의 재민주화정책(Re-democratization Policy)을 시행하였다. 그러나 1980년대 들어 브라질 경제상황이 어려워지면서 군부정권 통치에 대한 국민의 불만이 높아졌다. 1984년에는 시위 등 사회적 저항이 다발하였고 특히 대통령 직선제에 대한 요구가 거세지는 등 정점에 이르렀다.

피게레이두 대통령은 대통령 직선제를 거부하였다. 이 결과 의회에서 표결로 대통령을 선출하는 방식이 계속되었다. 1985년 1월15일 의회에서 실시된 대통령 선출 표결에서 야당의 탕크레두 네베스(Tancredo Neves)가 당선되고 같은 해 3월 15일 피게이레두 대통령이 퇴임하며 군부정권의 통치는 끝났다.

브라질의 군부 정권은 중남미 다른 국가들에게 영감을 주었다. 소위 '국가안보 독트린(Doctrine of National Security)'은 국가위기 시에 군부가 국가안위를 위해 봉기할 수 있다는 명분을 만들어 주었다. 인권유린도 모두 이러한 이념적 명분 속에서 이루어졌다. 2014년 브라질 군부는 정권에서 떠난 뒤 30년 만에 처음으로 군부정권 시기 중 고문과 살해 등 인권유린이 있었음을 공식적으로 인정했다.

1985년 군부정권이 물러난 뒤 탕크레두 네베스(Tancredo Neves) 대통령의 돌연 사망으로 정권을 인수한 조제 사르네이(José Sarney) 정부는 군부정권에서 시작된 경제위기와 하이퍼 인플레이션을 통제하는데 실패하여 민심을 잃었다. 이는 1989년 대선에서 무명의 페르난두 콜로르(Fernando Collor de Melo)가 대통령으로 당선되는 배경이었다. 그는 군정이 종식된 뒤 민주적으로 선출된 첫 번째 대통령이 되었다.

콜로르 대통령은 대통령 재임 중 부패혐의를 받아 상원에서 탄핵을 받고 1992년 12월에 사임하고 이타마르 프랑쿠(Itamar Franco) 부통령이 잔여기간의 대통령 직을 이어받았다. 프랑쿠 대통령은 재무장관으로 저명한 사회학자이며 브라질 사민당(PSDB) 상원의원이었던 페르난두 엔히키 카르도주(Fernando Henrique Cardoso)를 임명했다. 그는 1994년 하이퍼 인플레이션을 통제하기 위한 정책으로 헤알 플랜(Plan Real)을 실시해 인플레 진정에 성공하였다.

헤알플랜의 성공을 배경으로 카르도쥬는 1994년 대선에서 승리해 대통령에 취임하였다. 1998년 연임에 성공하였는데 브라질 역사에서 대통령으로 연임한 첫 번째 사례가 되었다. 그러나 그의 정치적 성공의 배경이었던 헤알 플랜의 경제적 효과가 사라지고 연임기간 중 저성장, 저투자, 실업증대, 공공부채증가, 에너지 및 통화위기 등이 이어지면서 그가 실시해온 신자유주의 경제정책 노선에 저항해 온 정치적 반대세력이 증가하고 대중의 불만이 커졌다.

카르도쥬 정부에 대한 대중의 불만을 배경으로 브라질 노동당의 이그나시오 룰라 대선후보가 2002년 대선에서 승리하고 2006년 대선에서 연임에 성공해 2010년 12월까지 8년간 집권했다. 카르도쥬 정부로부터 반대 정치 세력인 노동당의 룰라 정부로 평화로운 정권교체가 이루어진 것은 브라질 민주주의 여정에서 매우 의미 있는 정치적 성과이었다.

룰라 정부는 2003년부터 이어지는 일차산품 가격상승을 기반으로 사회보장정책을 확대하여 중산층을 크게 늘렸으며 빈곤계층을 줄이는데 성공했다, 그는 통치기간 중 좌파정권으로서의 성향을 자제하고 경제에서 신자유주의 경제정책을 원천적으로 거부하지 않으며 그 대가로 사회보장확대에 필요한 재원을 마련해 실행함으로서 퇴임 시에 성공한 대통령으로 평가를 받았다.

이를 기반으로 룰라 대통령의 후계자로 노동당의 대선후보인 지우마 호세프가 2010년 대선에서 성공하여 이듬 해 1월 36대 대통령으로 취임했다. 그녀는 이어서 2014년 대선에서도 승리해 연임에 성공하였으나 재임기간 중 맞이한 일차산품 가격하락과 이에 따른 사회보장정책의 축소 그리고 부패스캔들로 인해 대중의 정권에 대한 신뢰가 떨어진 가운데 자신이 실행한 몇 가지 연방정부의 부적절한 회계처리를 빌미로 의회에서 탄핵을 받고 최종적으로 2016년 8월 31일 대통령 직에서 물러났다.

호세프 대통령 탄핵으로 미셰우 테메르 부통령이 잔여임기인 2018년 12월까지 대통령으로 브라질을 통치했다. 그러나 그도 새롭게 나타난 부패혐의로 탄핵의 위험에 시달렸다. 브라질 대중들의 노동당 정부에 대한 신뢰의 하락은 2018년 10월 대선에서 보수우파 성향인 사회자유당(PSL)의 자이르 보우소나르 후보가 노동당의 페르난두 하다드(Fernando Hadadd) 후보에 승리하는 결정적 배경이 되었다. 보우소나르 당선자는 2019년 1월1일 39대 대통령으로 취임했다.

3) 정치제도와 문화

브라질에서 18세 이상 70세 미만 유권자의 투표는 의무이다. 단 백지나 무효투표행위 또는 기권을 할 수 있다. 중앙선거관리위원회(TSE)에 따르면 이러한 형태의 투표행위는 매년 증가하고 있는데 2016년 대선 결선투표에서는 전체의 21.6%가 기권을 했고 백지나 무효투표를 포함하면 그 비중이 32%에 이르기도 했다. 이는 브라질 국민들의 정치제도에 대한 불만으로 분석되고 있다.

그럼에도 불구하고 브라질에서 선거는 정치권력을 합법적이며 공정하게 장악할 수 있는 유일한 길로 인식되고 있다. 브라질에는 다수의 군소규모의 정당이 활동하고 있지만 정치를 주도하고 있는 정당은 브라질사민당(PSDB)과 브라질민주운동당(PMDB), 노동당(PT), 브라질연합(UNIAO), 진보당(PP) 등이다. 다만 의회는 비례대표로 진출한 많은 정당에 소속된 의원들로 분할이 되어있기 때문에 다수당이라고 하더라도 정당 간 연대가 없이는 법안이 원활하게 통과되지 못한다.[125]

의회가 다수당으로 구성되어 있기 때문에 정당 간 상호연대가 없으면 법안의 통과가 어렵기 때문에 브라질에서는 좌파와 우파를 불문하고 대중주의적 정책을 채택하는 것이 어렵다는 것이 남미 역내 이웃국가들과 차이가 있다.

다수당 출신의 집권자들이 정책을 입안하고 실행하기 위해서는 군소정당과 연대해야 하는데 이 경우에 정당 간 이해관계가 형성되고 지불행위 등 부패행위가 수반되는 것이 관례다. 정치집단 간 지불은 장관 등 정부 고위직 임명과 현금으로 이루어지고 있다. 이러한 이유로 브라질의 정체를 '연정대통령제(Coalitional Presidentialism)'이라고 비아냥거리기도 한다.

---

125 2022년 기준 중앙선거관리위원회에 공식적으로 등록된 정당 수는 32개이다. 이중 23개 정당이 상원과 하원에 의원을 보유하고 있다.

4) 사회구조

군정이후에 제정된 1988년 브라질 헌법에 따르면 평등주의 이념이 잘 구현되어 있다. 그러나 현실에서 평등권은 브라질의 전통인 엘리트주의 문화에 압도되어 있다. 이러한 현상은 시민들의 일상생활에서 흔하게 나타나고 있다. 즉 사회적 계층이 법보다 더 중요하고 법은 현실에서 모두에게 평등하게 적용되고 있지도 않다.

사회적 지위는 브라질 사회구조의 한 부분으로 사회적 지위가 높을수록 면책범위가 커진다. 이는 결국 법에 대한 신뢰를 떨어뜨려 '브라질에서 가장 존중받는 법은 면책법(the law of impunity)'이라는 표현이 있을 정도이다.

즉 브라질에서는 식민시대에 형성된 사회적 이원주의(social dualism)가 현재에도 그대로 이어지고 있다. 식민지 시대 인종에 기초해 형성된 사회적 계층은 현재에도 이어져 사회적 불평등 구조를 형성하고 있으며 각종 이해관계 부문에서 서로 충돌하고 있다.[126]

예를 들면 진보를 표방한 노동당 정권에서도 불평등을 축소한다는 구호와는 다르게 보건과 교육부문 개선을 요구하는 시민사회의 요구들은 기득권 엘리트 계층들의 조직적이고 암묵적인 반대로 눈에 띄는 개선을 이루지 못하고 있다.

이러한 상황은 2012년부터 브라질 사회에 나타난 시민들의 대규모 시위 확산으로 이어지고 있다. 시민들의 시위는 모두 브라질의 낡은 사회구조에 대한 물리적 저항으로 시위를 주도하는 세력은 과거의 빈곤계층과 점점 비중이 커진 중간층, 독립 미디어, 일단의 검찰관리, 복음주의교회 등이

---

126 Britta H. Crandall, Brazil: The Politics of Elite Rule, 'it is often noted, the color of poverty is black. Almost 70 percent of Brazilians living in extreme poverty are black; blacks earn an estimated 42 percent less than their white counterparts; they are less educated and die younger- often due to violence.'

참여하고 있다.

라. 칠레

1) 개관

칠레는 지리적으로 매우 독특하다. 국토의 남북 길이는 4,270 킬로미터로 미국의 동서 간 거리 중 가장 긴 곳과 비슷하다. 동서 간 폭은 가장 넓은 곳이 347 킬로미터이다. 그러나 칠레는 이러한 지리적 독특함보다는 역사적으로 볼 때 역내에서 가지고 있는 국가위상으로 정치적 관점에서 주목을 받고 있다.

우선 칠레에서는 강력한 정당과 제도적 기반을 갖춘 민주주의가 나름대로 오랫동안 유지되어 왔다는 것과 이 결과 정치적 안정이 계속해왔다는 것이다. 물론 1851~91년 기간 중 내전을 경험했고 1924~32년 중 제한된 범위 내에서 군부가 정치에 간여하기도 했지만 군부는 일정기간 통치 후에 임무가 끝났다고 생각되면 병영으로 복귀했다.

다만 군부는 1970년에 민주적 선거를 통해 들어선 아엔데 사회주의 정부가 좌파적 국가개혁을 실시하자 1973년 쿠데타를 일으켜 아엔데 정부를 전복시키고 18년 동안 권위주의적 군부통치를 실시했다.

1990년대 선거를 통해 민정이양이 이루어진 뒤에는 현재까지 정당을 기반으로 하는 민주적 정권교체가 안정적으로 이루어지고 있다.

2) 초기 과두정치(Oligarchic Politics)와 칠레 민주주의 근간

칠레는 스페인으로부터 독립한 뒤 인근국가들과 같이 자유주의 세력과 보수주의 세력 간의 충돌이 있었다. 당시 자유주의 세력은 피피올로스(pip-iolos, 풋내기), 보수주의 세력은 펠루코네스(Pelucones, 거물)로 불렸다.

이들은 결국 보수당과 자유당 등으로 대표되는 정당정치의 근간이 되었지만 그 과정에서 오랫동안 정치적 갈등과 불안정을 조성했다. 자유주의자들은 분권적이고 의회 주도 공화국을 원했고 보수주의자들은 중앙집권적 대통령 주도 공화국을 희망했다. 양 정치세력 간 갈등은 1829년 내전으로 이어졌는데 결국 보수주의파가 승리해 이후 30년 동안 칠레 정치를 주도했다.

디에고 포르탈레스(Diego Portales) 당시 내무장관의 주도로 제정된 칠레의 1933년 헌법은 강력한 대통령제와 중앙집권체제를 지지하고 법의 지배를 보장하는 국가제도 강화라는 방향성을 가지고 있었다. 특히 페루와 볼리비아를 상대로 연방전쟁(War of Confederation)에서 승리하고 강력한 국가 정체성을 형성해 칠레의 조지 워싱턴으로 불리는 불네스(Manuel Bulnes, 1841-51) 대통령은 국가제도와 기구를 만드는데 많은 노력을 기울였다. 그는 주어진 두 번의 임기를 마치고 스스로 대통령 직에서 물러났다. 이는 당시 역내 국가의 다른 정치지도자와 매우 차별되는 정치적 행위였다.

이러한 환경 속에서 만들어진 정당은 역내 여타 국가들과는 다르게 유럽의 형태를 모방했다. 따라서 칠레 정당은 계층, 종교, 지역 등이 정당 형성의 중심적 가치로서 역내 다른 국가의 인물중심, 후견주의를 중심적 가치로 하는 부패하기 쉬운 정당과 차이가 있었다.

칠레 보수당은 1836년에 설립되어 정치를 주도해왔다. 1851년 대선에서 승리한 보수당의 마누엘 몬트(Manuel Montt) 대통령은 가톨릭교회의 세속화에 반대하는 입장을 가지고 있었는데 이는 보수당의 이념과 상반되는 것으로 당내 저항을 받았다. 결국 몬트 대통령과 그의 추종자들은 보수당을 이탈해 1857년 국가당(National Party)을 창당했다.

자유당은 자유주의자를 표방하는 정치세력이 중심이 되어 1849년 공식적으로 설립되었다. 자유당은 권위주의적 요소를 많이 가지고 있는 1933년 헌법의 개혁을 명백하게 주장하고 동시에 사회적 복수주의 이념, 시민 자유권 확대, 교회세속화 반대 등의 이념적 지향성을 명백하게 했다. 자유당은 1861년 의회 다수당이 되고 1891년까지 5명의 대통령을 당선시키며 정치를 주도했다. 이 시기를 칠레 역사에서 '자유당공화국(Liberal Republic)'이라고 부르고 있다.

그러나 자유당도 1863년 가톨릭교회 세속화 반대를 더욱 강력하게 주장하고 있는 일단의 정치세력이 분리해 급진당(Radical Party)을 창당하였다. 이 결과 4개 정당이 칠레 정치를 이끌어 나가는 상황이 만들어졌다. 이중 급진당은 중하계층 지식인들, 소상공인, 기술자, 개혁적 성향의 사회단체들을 지지 세력으로 확보하며 중요한 정치세력으로 성장했다.

칠레는 볼리비아와 페루를 상대로 한 태평양전쟁(1870~1883)에서 승리하고 현재 국토의 1/3에 해당하는 북부 영토를 이들로부터 양도받았다. 이 영토는 초석과 구리의 산지로 현재에도 경제적 의미가 큰 지역이다. 칠레는 이 전쟁의 승리로 영토를 넓혔을 뿐만 아니라 국가 정체성 확립과 결속을 다졌다.

3) 의회 주도 정치시기(1891~1925)

1887년 급진당과 자유당은 같은 뿌리로서 서로 연대해 발마세다(José Manuel Balmaceda)를 대통령으로 선출했다. 그러나 그의 통치기간 중

초석 붐에 기인한 외환증대로 인플레가 발생하고 경제의 불안정성이 높아졌다. 이러한 상황 속에서 발마세다 대통령에 대한 보수당의 정치적 반대, 그의 독선적인 철권 정치에 대한 자유당과 급진당 연합의 지지철회로 의회와 대통령의 갈등이 커졌다.

의회는 해군을 충동해 발마세다 대통령에게 반기를 들었다. 이에 대해 발마세다 대통령은 육군을 부추겨 대항해 내전이 발발했다. 이 내전에서 의회가 승리하고 발마세대 대통령은 퇴진하였다.[127] 이는 의회 권력이 대통령 권력에 도전해하여 승리한 것으로 이후부터 1925년까지 칠레는 의회가 정치를 주도하는 소위 '의회공화국(Parliamentary Republic)' 시대를 맞이하게 되었다.

이 시기 중 칠레 정치에서 의회는 강력한 권력을 가진 반면 5년 마다 선출되는 대통령 권력은 크게 약화되었다. 지역 군벌인 카우디요 들이 중심이 되어 다수의 정당들이 만들어지고 이들은 의회에서 상호 이합집산을 하며 칠레 정치를 이끌었다. 의회 권력이 정치를 주도하는 33년 동안 내각이 121번 구성될 정도로 정치는 복잡하고 혼란했으나 한 가지 일관성을 보인 것인 전통적 기득권자들의 과두정치는 계속되었다는 것이다.

이러한 과두정치체제의 권위에 도전하는 새로운 세력이 중산층과 노동자 계층을 중심으로 나타나 성장하기 시작했다. 초석, 석탄, 구리 등의 생산이 확대되면서 늘어난 노동자들은 점점 의식화되며 조직화되었고 1907년 산타 마리아 학교 학살사건을 계기로 더욱 견고해졌다. 이 시기 에밀리오 레카바렌(Luis Emilio Recabarren)은 좌파 노동자조직을 만드는데 주동적 역할을 했다. 그는 1912년 칠레사회주의노동당을 창설했고 1922년 이를 칠레공산당(PCC)으로 명칭을 바꾸었다. 칠레공산당은 1933년 설립된 칠

---

127 발마세다 대통령은 1891년 8월 28일 플라시야 전투(Battle of Placilla)에서 최종적으로 패하고 다음 날 대통령 권한을 바케다노(Manuel Baquedano) 장군에게 이양하고 퇴진했다. 그는 산티아고의 아르헨티나 공관에 머물다가 9월 19일 권총으로 자살했다.

레사회당(PS)의 전신이다.

의회가 주도하는 정치는 칠레의 통치를 더욱 혼란스럽고 복잡하게 만들었다. 더군다나 제1차 세계대전 중 인조합성 초석의 개발로 칠레의 초석수출이 급감하며 정치경제 불안이 크게 조성되자 1920년 대통령에 취임한 아르투로 알레산드리(Arturo Alessandri Palma)는 의회주도 정치제도의 개혁을 제안을 하였다. 그러나 의회 기득권 세력은 이를 계속 거부하였다.

1924년 9월 3일 군부의 청년장교들을 중심으로 하는 쿠데타가 발생해 알레싼드리 대통령은 퇴진하고 9월 11일 루이스 알타미라노(Luis Altamirano) 장군이 이끄는 군사평의회(military junta)가 설치되었다. 이로서 의회가 주도하는 칠레 정치는 종식되었다.

4) 1925년 헌법과 정치적 연합의 시기(1925~73)

알타미라노가 이끄는 군사평의회는 1925년 이바네즈 중령이 주도하는 쿠데타로 다시 무너지고 쿠데타 주도세력은 베요 코데시도(Emilio Bello Codesido)를 중심으로 한 새로운 군사평의회를 설치했다. 군사평의회는 이태리에 망명해있던 알레싼드리 대통령을 다시 불러들여 대통령 임무를 수행하도록 조치하고 일단 병영으로 복귀했다.

아르투로 알레싼드리 대통령은 의회 주도 정치 시스템을 개혁하기 위해 1925년 헌법을 제정했다. 1925년 헌법은 강력한 정당 중심의 민주주의 제도를 표방하고 6년 임기의 강력한 대통령제를 지지하였다. 또한 상하원 의원은 각각 8년과 4년 임기로 비례대표 방식으로 선출되었다. 상하원 의원 선출 시기는 대통령의 그 것과 일치하지 않는데 이는 차후 대통령이 의회 다수당 세력에 적게 의존하는 정치 환경이 되었다.

그러나 아루투로 싼드리 대통령은 이바네즈를 중심으로 한 군부의 영향력을 이기지 못하고 다시 사임하고 망명하였다. 이후 보수당, 자유당, 급진당 등이 함께 지지한 피게로아 라라인(Emiliano Figueroa Larraín) 대통령이 집권에 성공했지만 군부의 압력으로 다시 사임하고 이어서 치러진 1927년 대선에서 최종적으로 이바네스가 당선되어 1931년까지 그의 독재정치가 시작되었다.

이바네스 대통령은 외자도입 확대, 공공사업 추진, 재정확대, 국가경찰군 창설 등 개혁성을 보여주면서 일시적으로 국민들의 지지를 확보했다. 그러나 1929년 대공황의 여파로 경제상황이 악화되고 정치사회적 소요가 이어지자 1831년 7월 26일 사임한 뒤 상원의장에게 대통령 권한을 위임하고 망명했다.

칠레의 선거민주주의는 1932년 12월 알레싼드리가 다시 대통령으로 선출됨으로서 회복되었다. 이 시기 중 정치에 혼란을 야기한 군부는 이제 병영으로 돌아가고 1973년 쿠데타를 일으킬 때까지 정치에 간여하지 않았다.

1925년 헌법이후 칠레 정치는 정당 간 그리고 대통령과 정당 간 협상과 절충 방식으로 이루어졌는데 이는 1973년 군부 쿠데타가 일어날 때까지 계속되었다. 이 시기를 특히 '협상과 절충의 국가(the compromise state)' 시대라고 부르고 있는데 대통령과 의회, 의회 내부 정치에서 협상을 통한 제휴 방식으로 의회 내부 그리고 대통령과 의회 견제와 균형이 이루어졌다. 대통령이 의회에서 다수당의 입장에 있었던 시기가 단지 1961~63년 중이었다는 것을 고려해 본다면 이 시기 칠레 정치에서 협상과 절충이 얼마나 큰 정치적 의미가 있는지를 알 수 있다.

협상과 절충에 기초한 정치의 중심에는 급진당(Radical Party)이 있었다. 급진당은 중도를 표방하며 좌파와 우파성향의 정당들과 상황에 따라 제휴를 바꿔가며 정치를 이끌어갔으며 특히 급진당 출신 대통령들은 그 필요성이 더욱 컸다. 1940년대에는 급진당 출신 대통령 내각에 좌파와 우파 정당 출신 인사들이 동시에 참여하기도 하였다. 이 시기 중 좌파와 우파 정당들이 중도의 급진당과 제휴를 하지 않고 정권을 담당한 경우는 1958년 알레싼드리 우파정권과 1970년 아엔데 좌파정권 외에는 없었다. 이러한 정치 과정에서 중남미의 고질적인 후원주의 정치문화가 중요한 윤활유 역할을 했다.

5) 1973년 군부 쿠데타

1970년 11월 아엔데(Salvador Allende) 좌파정권이 출범하자 1925년부터 이어져 온 협상과 절충에 의한 정치는 사실상 끝이 나고 좌파연합세력이 주도하는 정치사회적 환경이 조성되었다. 이 시기에 아엔데 정권의 사회주의개혁은 많은 경제사회적 혼란과 저항을 일으켰다.

1973년 9월 11일 아엔데 정권은 피노체트 육군참모총장이 주도하는 쿠데타로 붕괴했다. 아엔데 대통령은 같은 날 자살로 생을 마감했다. 피노체트 장군은 쿠데타 초기에 다소 미온적인 태도를 보였지만 곧 바로 주도적인 역할을 하며 18년 동안 이은 군부통치를 이끌었다. 이로서 칠레가 그 동안 자랑해오던 협상과 절충에 의한 민주주의 정치는 일단 끝나고 피노체트의 권위주의적 군부정치가 시작되었다.

참고로 1973년 군부 쿠데타에 미국 중앙정보국이 개입했다는 강력한 논란과 증거가 있다. 또한 칠레 기민당 정치지도자들과 가톨릭교회의 암묵적 지지가 있었던 것으로도 추정되고 있다.

이렇게 시작된 군부통치는 좌파척결이라는 명분으로 강도 높은 인권탄압을 자행했다. 차후에 행해진 조사결과에 따르면 최소 35,000여명의 인권유린 사례가 신고 되었다. 구체적으로는 고문 28,000여명, 처형 2,279명, 행방불명 1,248명 등이다. 또한 10만 여명이 인근 국가들이나 북미 그리고 유럽으로 추방되었다. 여기에 수십만 명이 정치적 이유로 직장을 잃었다.

경제는 당시 시카고 대학의 밀턴 프리드먼(Milton Friedman)' 교수의 제자들로 일명 '시카고 보이스(Chicago Boys)'라고 불리는 신자유주의학파 경제학자들이 주도하였다. 이 결과 칠레는 이웃 국가들보다 훨씬 빠른 시기에 신자유주의 경제정책을 도입해 실행하게 되었다.

피노체트 군부독재정권은 1980년 헌법에 명시된 1988년의 피노체트 군정 8년 연장을 결정하는 국민투표에서 패하고 이어진 1989년 12월 대선에서 좌파성향의 아일원(Patricio Aylwin) 민주주의정당연합(Concertación, Coalition of Parties for Democracy) 후보에 패했다. 이로서 1973년에 시작된 피노체트 군부독재정치는 종식되었다.

6) 민주주의정당연합(Concertación)과 칠레연합의 통치

민주주의정당연합(Concertación)은 1988년 피노체트 군정유지 여부에 대한 국민투표와 이어진 대선에서 피노체트를 중심으로 하는 군부와 우파 성향의 정당들에 맞서기 위해 좌파 그리고 중도좌파 성향의 정당들이 연대한 정치조직이다. 여기에는 기민당(PDC), 사회당(PS), 민주당(PPD), 급진당(PR), 사민당(PSD) 등이 포함되어 있다. 기타 공산당(PCC) 등 군소 좌파 성향의 정당들도 합류하고 있다. 급진당과 사민당은 1994년 급진사민당(PRSD)으로 합병했다.

이에 맞서 우파 정당들은 칠레연합(Alianza, Alliance for Chile)을 조직했다. 칠레연합에는 독립민주연합당(UDI)과 국가개조(RN)당 등 2개 정당이 연대하고 있다.

민주주의정당연합은 1990년 아일원 대통령(1990~94)이 집권한 뒤 에두아르도 프레이 대통령(Eduardo Frei Ruiz-Tagle, 1994~2000), 리카르도 라고스 대통령(Ricardo Lagos, 2000~06), 미셸 바첼레트(Michelle

Bachelet, 2006~10) 등 4명의 대통령을 배출하였다. 이 시기 중 칠레의 대의민주주의 정치는 매우 탄탄해졌으며 미국과 유럽 등 서방 선진국 그리고 역내 국가들의 우호적인 평가를 받았다.

칠레연합은 2017년 말에 실시된 대선에서 국가개조당(RN)의 세바스티안 피녜라(Sebastián Piñera)를 내세워 정권을 탈환했다. 이로서 칠레 정국은 좌파 정당 주도 정치에서 우파 정당 주도 정치로 변화했다.

2013년 말 대선에서는 '새로운 다수연합(New Majority Coalition)'으로 명칭을 바꾼 '민주주의정당연합'의 바첼레트 전 대통령이 재선에 성공하고 2018년 퇴임하였다. 세바스티안 피녜라 전 대통령도 2017년 말 대선에서 재선에 성공해 다시 바첼레트 대통령으로부터 정권을 이어 받았다.

마. 콜롬비아

1) 개관

2016년 6월 23일 콜롬비아 정부와 콜롬비아무장혁명군(FARC)은 콜롬비아 28개 지역에서 콜롬비아무장혁명군이 무기를 내려놓기 위한 세부 계획을 발표했다. 이 발표는 1964년 5월 결성되어 정부를 상대로 게릴라 무장투쟁을 해온 세력이 이제 무장투쟁을 끝내고 시민생활로 돌아가겠다는 신호였고 이로서 52년 동안 지속된 내전은 기술적으로 종식되는 시점에 진입했다.

2012년 10월부터 시작된 양측 간 내전종식을 위한 협정은 2016년 8월 24일 일단 타결되었다. 그러나 이 협정은 국민적 저항을 받아 2016년 10월 2일 실시된 국민투표에서 50.22%로 부결되고 말았다.

산토스(Juan Manuel Santos) 대통령 정부는 국민투표에서 나타난 국민적 저항 사항을 가지고 콜롬비아무장혁명군과 다시 협상을 재개해 같은 해 10월 13일 최종적으로 협정을 타결했다. 협정안은 11월 23일 보고타에서 서명되고 30일 의회의 승인을 받았다. 이로서 콜롬비아 내전의 가장 큰 세력이었던 콜롬비아무장혁명군과 투쟁은 종식되었다.

이 협상성공의 정치적 의미는 그동안 콜롬비아 민주주의를 위협해 왔던 폭력 환경이 개선되었다는 것이다. 콜롬비아 민주주의는 오랫동안 반정부무장단체, 친정부무장민병대, 마약카르텔 그리고 정부군들이 야기하는 폭력 때문에 제대로 운용되지 못했다. 그러나 폭력상황을 조성하는 가장 큰 세력이었던 반정부무장단체와의 내전 종식은 대의민주주의에 기초한 정치가 회복될 수 있는 중요한 계기가 되었다.

2) 주요 정치사

콜롬비아는 인근 국가인 멕시코, 과테말라, 볼리비아, 페루 등에 비해 인디오 원주민 규모가 작은 지역이었다. 1500년 알폰소 데 오헤다(Alfonso de Ojeda)가 최초로 이 지역에 도착했을 때 카리브 족(Caribs), 아라와크 족(Arawaks), 무이스카 족(Muiscas) 등 서로 다른 6개 언어를 사용하는 부족들로 이루어진 4백만 명 정도의 인구가 있었다.

스페인 정복자들은 카르타헤나(1533년)와 산타 마르타(1535)에 스페인 정착지를 건설했고 1538년 곤잘로 히메네스(Gonzalo Jiménez de Quesada)가 지금의 수도인 보고타에 산타페 데 보고타(Santafé de Bogotá)를 세웠다.

콜롬비아는 페루 부왕청의 지휘를 받는 총독부(Capitancy General)로 운영되다가 1739년 누에바 그라나다 부왕청(Viceroyalty of Nueva Granada)으로 승격했다. 통치영역은 오늘날의 콜롬비아, 파나마, 베네수엘라, 에콰도르이다.

스페인으로부터 독립한 뒤 창설된 그란 콜롬비아(Gran Colom-
bia, 1819~31)가 붕괴하고 분리 독립한 콜롬비아는 이후 정치적 불안정 시
기를 겪다가 1840년대에 자유당(Liberal, 1848)과 보수당(Conservative,
1849)이 창설되었다. 자유당은 자유무역, 연방제, 가톨릭교회의 세속화 반
대 등의 정치적 이념을 가졌으며 보수당은 보호무역주의, 중앙집권제, 가
톨릭교회의 세속화 찬성 등의 입장을 견지하고 있었다.

이 두 세력은 서로 정치권력을 차지하기 위해 끊임없이 충돌을 했는데 여
기에는 무장투쟁을 포함하고 있다. 19세기 중 콜롬비아에서는 여덟 번의
내전이 있었다. 그리고 이 중 6개가 정당 간 무력 투쟁이었다.

이러한 투쟁은 20세기에도 이어졌다. 1932년 최초로 발생한 자유당과
보수당 간의 무장투쟁은 결국 '라 비올렌시아(La Violencia, 1948~58)'
라고 불리는 10년의 피비린내 나는 내전으로 전개되었다. '라 비올렌시아'
는 1948년 4월 9일에 다음 해 11월 대선에 나설 자유당의 유력 후보인 가
이탄(Jorge Eliécer Gaitán)의 암살로 일어난 보고타 폭동(Bogotazo)에서
부터 시작되었다. 보고타 폭동에서만 5천여 명이 사망하고 이후 10여 년
동안 이어진 내전에서 당시 인구의 2%에 해당하는 20만 명이 사망하였다.

'라 비올렌시아'가 종식된 뒤 자유당과 보수당은 계속되는 내전을 피하기
위해 '국가전선(National Front)'으로 불리는 권력분점에 합의하였다. 이
는 양 세력이 교차로 대통령을 내되 내각을 양분해 차지하는 것인데 이 정
치 시스템은 '라 비올렌시아'가 끝난 1958년부터 1974년까지 이어졌다.
이 시기에 양대 정치세력 간 대립은 70%이상 감소되었다. 그러나 동시에
반정부무장단체가 결성되어 점점 세력을 확대해 가며 52년 동안 계속된 또
다른 내전을 잉태했다.

콜롬비아는 역내 여타 국가들과는 다르게 군부 쿠데타가 많지 않았다.
19세기 중 한 번 있었고 20세기에는 1953년 '라 비올렌시아' 시기 중 로
하스(Gustavo Rojas) 장군이 주도한 쿠데타가 있었다. 그는 당시 고메즈

(Laureano Gómez) 대통령이 자신을 군부에서 축출하려고 하자 이에 저항한 것으로 쿠데타 성공 후 1957년까지 군부통치를 실시했다.

그는 아르헨티나 페론 대통령과 같은 형태의 정치사회적 개혁을 희망했으나 독재자로 불리며 자신이 속한 군부의 압박으로 사임한 뒤 망명했다. 로하스를 축출한 군부 엘리트들은 일시적으로 정권을 담당한 뒤 1958년 8월 국가전선에 권력을 이양했다.

1960년대부터 태동한 좌파 게릴라무장단체들은 점점 세력을 규합하고 조직화하면서 정부군과 비정규전을 치루며 지배영역을 확대하기 시작하였다. 콜롬비아무장혁명군(FARC), 국가해방군(ELN), M-19 등이 대표적 좌파 게릴라무장단체들이다.

한편 지방의 전통적 지주들은 좌파 게릴라무장단체의 준동으로 물리적이고 경제적인 피해가 커지자 이를 방어하기 위해 무장민병대조직들을 만들어 운용했다. 개별 민병대조직들은 다시 전국적으로 규합해 정부의 묵인 속에서 우파성향의 콜롬비아통합자위단(AUC)으로 통합되었다.

여기에 1970년대부터 메데인과 칼리를 중심으로 세력을 확대하기 시작한 마약 카르텔들은 불법으로 코카인 제조와 유통을 하면서 각종 범죄와 폭력을 자행했다. 이들은 종종 좌파 게릴라무장단체 뿐만 아니라 우파 무장민병대와 협력과 반목을 하며 정부의 소탕활동에 저항했다.

콜롬비아 정부군, 좌파 게릴라무장단체, 우파 민병대, 마약 카르텔 등간의 비대칭 전투는 21세기 까지 이어졌는데 콜롬비아 정치경제 및 사회에 끼친 부정적 영향은 심각한 수준이었다. 특히 이들 간에 벌어진 전투로 많은 사상자가 발생했으며 수많은 인권유린이 자행되었고 농민들의 대규모 디아스포라를 야기했다.

2002년에 들어선 우리베(Álvaro Uribe, 2002~10) 정부는 민주적 안보정책(Democratic security policy)을 실시하였다. 이 정책은 테러와 반란을 통제하기 위해 마련된 대안으로 미국의 지원 속에서 그의 집권기간 내내 실시되었다. 이 정책의 실시는 콜롬비아무장혁명군과 국가해방군의 활동을 일단 위축시키는 성과를 가져왔고 우리베 대통령을 이은 산토스 대통령이 무장반군과 평화협상을 개시할 수 있는 배경이 되었다.

우리베 대통령은 동시에 인권유린과 부패 등의 혐의로 비난을 받고 있었던 콜롬비아통합자위단을 협상을 통해 2006년 해체하고 합법적인 정치권으로 유도하는데 성공했다.

이 결과 콜롬비아는 과거와 비교해 상대적으로 안정된 정치사회적 배경 속에서 외국인투자가 유입되고 동시에 세계적인 일차산품가격 상승기를 맞아 콜롬비아 경제가 성장하기 시작했다.

2010년에 집권한 산토스(Juan Manuel Santos) 대통령은 2012년 8월 27일 좌파 게릴라무장단체와의 무장대립을 종식시키기 위해 콜롬비아무장혁명군과 평화교섭을 위한 예비회담을 실시한다고 발표했다. 양자 간 평화협상안은 우여곡절 끝에 2016년 콜롬비아 의회 승인을 받아 발효되어 콜롬비아무장혁명군과 52년에 걸쳐 진행된 내전은 종식되었다. 이 성과로 산토스 대통령은 2016년 10월 노벨평화상을 수상했다.

우리베 전 대통령은 산토스 대통령의 평화협상에 반대하는 입장을 견지하며 끊임없이 산토스 대통령을 비난하였다. 산토스 대통령을 이은 이반 두케(Iván Duque) 대통령은 우리베 전 대통령이 창설한 우파성향의 민주중심당(CD) 소속으로 산토스 대통령의 평화협상에 대한 비판적 입장을 가지고 있었지만 그 정도는 우리베 전 대통령 보다 온건했다.

2022년 6월 대선에서 과거 좌파 게릴라무장단체 M-19에 참여한 적이 있던 좌파 성향의 구스타보 페트로(Gustavo Petro)가 승리한 것은 콜롬비아 정치에서 매우 역설적인 것으로 대의민주주의가 잘 정착되고 있다는 상징적인 사건이 되었다.

3) 정치제도

콜롬비아는 독립이후 연방주의에 기초한 정치체제를 유지했으나 곧 바로 중앙집권적 정치체제로 전환했다. 특히 중앙집권주의에 기초한 1887년 헌법은 1991년까지 유지되었다.

1887년 헌법에 의하면 대통령은 모든 주지사를 직접 임명하고 주지사는 관할 주의 지방관리를 임명하는 권한을 가진다. 대선에서 승리해 대통령을 배출한 정당은 모든 정부행정조직, 군과 경찰의 요직뿐만 아니라 하급직위까지 엽관주의에 따라 인력을 재배치할 수 있었다.

1991년 헌법은 많은 변화를 보여주었는데 그 방향은 보다 민주적이고 특히 사법제도를 강화하는 것이었다. 우선 의회의 권한은 더욱 강화되었고 중앙집권주의는 크게 완화되었다. 그럼에도 불구하고 대통령을 포함한 행정부의 권력은 여전하게 강력함을 보여주고 있다. 대통령 임기는 4년 단임이었는데 2005년 헌법 개정을 통해 연임이 가능하도록 했다. 그러나 2015년에 대통령 임기를 다시 단임으로 하는 헌법 개정을 실시했다.

의회는 양원제이다. 하원은 직접투표를 통해 선출한다. 그러나 상원은 100명으로 구성되었는데 비례투표를 통해 선출된다. 단, 인디오 원주민 공동체는 2명의 의원을 상원에 보낼 수 있다.

사법제도는 헌법재판소(Constitutional Court), 대법원(Supreme Court), 최고행정법원(Council of State), 고등법원, 지방법원, 판사들로 구성되어 있다. 여기에 군사법원이 추가된다. 의회는 전국판사를 선출하고 지방판사는 지명으로 임명한다.

주 지사와 주 의원, 시장과 시의원은 선거로 선출된다. 시장과 주지사의 선출은 각각 1983년, 1991년부터 시행되고 있다.

콜롬비아 정치는 19세기 중반부터 1990년대까지 자유당과 보수당이 지배해왔다. 그러나 1991년 헌법에 따라 정당창설이 용이해진 이후 많은 정치인들이 전통적 정당인 자유당과 보수당을 떠나 새로운 정당창설에 나섰다. 이 결과 2002년에는 의회에 진출한 정당수가 80개를 상회하였다.

그러나 2003년 정치개혁을 통해 상원에 최소 2명의 의원을 보유하지 못한 정당의 경우 법적자격을 취소하자 정당 수는 크게 감소하여 2010년에는 12개 정당만이 유지되었다. 이 결과로 자유당과 보수당은 콜롬비아 정치에서 지배정당으로서의 위치를 상실하였다. 다만 신생 정당들은 대부분 그 뿌리를 전통적인 자유당과 보수당에 두고 있다.

바. 페루

1) 개관

페루는 독립이후 200년 동안 형태에는 차이가 있었지만 권위주의적 통치체제를 유지했다. 민주주의에 기초한 통치가 이루어지기도 했지만 곧 바로 다시 권위주의 체제로 회귀했다.

그러나 페루는 2000년 이후부터 중단 없이 역사상 가장 긴 민주주의적 통치시기를 경험하고 있다. 2001, 2006, 2011, 2016 그리고 2021년 대선이 나무랄 데 없이 민주주의 방식으로 치러졌으며 이 상황은 2002, 2006, 2010, 2014 그리고 2020년 지방선거에서도 마찬가지이었다. 이 결과 페루 정치에서 권위주의적 통치유산은 이제 종식된 것으로 평가되고 있다.

그럼에도 불구하고 1990~2000년 기간 중 페루를 통치한 후지모리(Alberto Fujimori) 대통령의 권위주의적 통치유산은 현재의 페루 정치와 사회를 양분하고 있다. 후지모리 대통령은 매우 논란의 여지가 많은 정치인으로 우선 그는 집권기간 중 경제사회적 안정이라는 성과를 보여주었지만 종국적으로는 권위주의적 통치에 빠져들어 친위 쿠데타를 일으키는 등 민주주의 정치제도를 위협했다. 여기에 게릴라 무장단체를 진압과정에서 인권 유린을 하였으며 정치인을 포섭하기 위해 수뢰를 하는 등 부패를 만연시켰다는 비난을 함께 받고 있다.

후지모리 대통령의 정치적 유산은 현재에도 유지되고 있다. 후지모리 지지층을 대표하는 '국민의 힘(Popular Force)'이 2010년에 창당되어 페루의 유력한 정당으로 성장했으며 그 대표는 후지모리 대통령의 장녀인 게이코 후지모리(Keiko Fujimori)이다. 케이코 대표는 2006, 2011년 리마 시 하원의원을 역임하고 2011, 2016, 2021년 대선에 출마해 근소한 차이로 패배하는 등 후지모리 지지층을 배경으로 정치적 영향력을 발휘하고 있다.

전체적으로 볼 때 후지모리 대통령이 퇴진한 2000년 이후 페루의 정치적 민주주의는 여러 가지로 성공적인 양상을 보여주고 있다. 그러나 남겨진 정치적 도전들도 만만하지 않아서 아직은 진행형이다.

2) 주요 정치사

페루는 독립이후 인근 국가들과는 다르게 자유주의자들과 보수주의자들 간의 갈등보다 군부통치와 시민통치 간의 갈등이 더 많았다. 1860년대에 이르자 시민통치의 필요성을 지지하는 세력들은 이를 위해 정치운동을 조직하기 시작했다. 특히 페루가 칠레와 치룬 태평양전쟁(1879~83) 패배는 군부세력이 후퇴하고 시민당(Civilista Party)이 만들어지는 중요한 계기가 되었다.

1895년에는 최초로 시민들이 주도하는 민간정부의 통치가 시작되었다. 그러나 시민당의 민간정부의 통치는 길지 못했다. 시민당의 빌링거스트(Guillermo Billinghurst) 대통령 정부는 집권 2년 차인 1914년 베나비데스(Óscar Benavides)와 프라도(Manuel Prado) 대령이 주도하는 쿠데타로 무너졌다. 이들은 각각 38대와 39대 페루 대통령을 역임했다. 프라도 대통령은 1919년 다시 시민당 출신으로 36대 대통령을 지낸 레기아(Augusto Leguía)[128]가 주도하는 쿠데타로 무너졌다.

레기아는 쿠데타에 성공한 뒤 임시대통령으로 취임 직후 의회를 해산하고 새로운 의회를 구성했다. 새로운 의회에서 합법적 대통령으로 선출된 그는 1920년 새 헌법을 제정하고 실시했다. 그는 1930년 미겔 산체스(Luis Miguel Sánchez) 중령이 주도한 쿠데타로 축출될 때까지 대선을 치르지 않고 11년 동안 독재정치를 했다. 이 시기를 페루 역사에서 '레기아의 11년 통치(El Oncenio de Leguía, Leguía's Eleven-Year Rule)'라고 부른다.

레기아 대통령 시기에 그의 통치에 저항한 많은 정치인들이 해외로 망명했다. 여기에는 1924년 멕시코에서 미주인민혁명연맹(APRA, American Popular Revolutionary Alliance)을 창설한 라울 하야(Victor Raúl Haya de la Torre)와 페루 공산당의 지도자인 카를로스 마리아테기(José Carlos Mariátegui)도 포함되어 있었다. 미주인민혁명연대는 페루 정치에서 최초로 이념을 기반으로 하는 대중정당으로 등장해 1931년부터 국내정치를 주도했다. 당시 미주인민혁명연대 지지 세력을 '아푸리스타(Apurista)'로 불렀다.

미주인민혁명연대는 1950년대까지 리마와 수도권을 제외한 전 지역에서 노동자, 학생, 중하위계층의 전폭적인 지지를 업고 정치적 입지를 다졌다. 한편 리마와 수도권의 중상류층은 미주인민혁명연대에 반대하는 입장을 견지했는데 이결과 1950년대까지 페루 정치는 친 아푸리스타와 반 아푸리스타로 나뉘어 대립을 계속했다. 1956~82년 중 미주인민혁명연대는 중도보수 성향을 보여주며 중도계층의 지지를 늘리고 다른 정당들과 연대를 강화하면서 보다 큰 정당으로 영향력을 늘려갔다.

---

[128] 레기아 대통령은 태평양전쟁에 참전한 군인 출신으로 민간인이 된 뒤 시민당에 참여해 대통령을 역임한바 있다.

군부는 정당이 주도하는 정치에 불만을 가지고 항상 견제하는 입장을 취했다. 레기아 대통령이 축출된 후 미겔 산체스 그리고 오스카르 베나비스(Óscar Benavides) 등 군부출신 정치인들이 각각 41대와 42대 대통령으로 군부통치를 이어갔다.

1933년 산체스 대통령이 아프리스타 지지자에게 암살당하자 그 뒤를 이어 베나비스 장군이 대통령에 선출되었다. 그는 헌법을 개정하고 미주인민혁명연대(APRA)를 불법화하며 공산당의 활동을 억압했다. 그러나 그는 1939년 선거에서 승리한 미주인민혁명연대의 민간인 출신 마누엘 프라도(Manuel Prado y Ugarteche, 1939~45)에게 정권을 이양했다.

마누엘 프라도 대통령은 교수이자 법학자인 루이스 부스타만테(José Luis Bustamante, 1945~48) 대통령에게 정권을 이양했다. 그는 국가민주전선의 후보이었지만 미주인민혁명연대와 연대해 대선에서 승리했다. 그러나 그의 정부는 미주인민혁명연대와 정치적 갈등, 그리고 이어지는 정치적 소요, 노동자 저항, 경제 불황 등의 도전과제들을 해결하지 못한 가운데 마누엘 오드리아(Manuel Odria)의 군부 쿠데타로 무너졌다.

마누엘 오드리아 대통령(1948~56)은 45대 대통령으로 취임해 아르헨티나의 후안 페론과 같이 우파 대중주의적 정치를 펼치고자 했으나 그의 통치기간 중 보여준 인권탄압과 만연한 부패에 대한 국민들의 저항으로 1956년 대선에 나서지 못하고 대선에서 승리한 마누엘 프라도 민간정부에 정권을 이양할 수밖에 없었다.

마누엘 프라도 대통령은 이미 43대 대통령을 역임한 정치인으로 1956년 대선에서 벨라운데 국가민주전선 후보에 승리했다. 벨라운데 대통령은 임기 중 오드리아 대통령이 불법단체로 규정한 미주인민혁명연대가 합법적으로 정치에 참여할 수 있도록 의회 입법을 통해 해결하고 산업발전을 위한 제도와 인프라를 확충하는 등의 성과를 보여주었다. 그러나 임기 말년인 1962년 7월 페레스 고도이(Pérez Godoy) 장군이 이끄는 쿠데타로 정권이 무너졌다.

페레스 고도이 장군은 군사정권(Military Junta)의 최고지도자로 군림하면서 대선에 나설 계획을 가지고 있었으나 군부는 이를 반대하였다. 그러나 그가 계획을 포기하지 않자 군부는 다시 쿠데타를 일으키고 군사정권의 2인자인 린들리 로페스(Nicolás Lindley López) 장군을 최고지도자로 세웠다. 그는 1963년 대선을 실시하고 여기에서 승리한 벨라운데(Fernando Belaúnde) 당선자에게 정권을 이양하였다.

벨라운데 민간정부는 1968년 10월 3일 후안 벨라스코(Juan Velasco, 1968~75) 장군이 주도하는 쿠데타로 다시 붕괴하였다. 벨라스코 군부정권은 과거 정권들이 유럽의 정치경제 및 문화적 유산에 기초했던 것과는 다르게 국수주의적이며 인디오 원주민 문화를 강조하였다.

벨라스코 군부정권도 1975년 8월 29일 베르무데스(Francisco Morales Bermudéz) 장군이 주도하는 쿠데타로 무너졌다. 베르무데스 군부정권은 이어지는 경제난국을 해결하지 못하고 난국에 처하자 1978년 제헌의회를 소집해 1933년 헌법을 폐지하고 1978년 헌법을 제정했다. 그는 새 헌법에 따라 1980년에 실시된 대선에서 승리한 인민행동당(Acción Popular)의 벨라운데(Fernando Belalúnde) 당선자에게 정권을 다시 이양했다. 이로서 1968년부터 시작된 군부정권은 12년 만에 종식되었다.

1980년 대선에서 다시 정권을 잡은 벨라운데 대통령은 군부정권에서 억압된 언론의 자유 회복, 경제개발을 위한 인프라 건설 등과 함께 군부정권 잔재 제거와 개혁을 위해 노력을 했다. 그러나 이 때는 중남미의 '잃어버린 10년'의 시기로 그의 정부는 어려운 경제상황에 처할 수 밖에 없었다. 여기에 '빛나는 길(Shining Path)'이 주도하는 좌파무장게릴라단체의 무장활동이 크게 확산하여 사회적 불안이 높았다. 여기에 1982-3년 시기 '엘니뇨(El Niño)' 현상 때문에 전국적으로 심각한 홍수와 가뭄이 나타나 경제적 불안이 더욱 가중되었다.

1985년 4월 14일 대선에서 승리한 미주인민혁명연대(APRA)의 알란 가르시아(Alán García) 대통령도 중남미 전체의 '잃어버린 10년'의 경제침체 상황을 이겨내지 못했다. 특히 연간 인플레가 13,000%에 달하는 등 하이퍼 인플레이션 속에서 기아와 빈곤, 부정부패, 권력남용, 권력투쟁, 그리고 '빛나는 길'과 투팍 아마루 혁명운동(Tupac Amaru Revolutionary Movement, MRTA) 등 좌파게릴라단체의 준동 등으로 사회적 동요가 심각한 수준에 이르렀다.

일부 경제학자들은[129] 가르시아 대통령의 경제운용실패를 '거시적 포퓰리즘(Macroeconomic Populism)'으로 명명했다. 가르시아 대통령은 재임 중 각종 부패혐의로 조사대상이 되자 스스로 망명의 길을 택했다.

1990년 대선에서 '변화 90(Cambio 90)' 후보로 나와 승리한 알베르토 후지모리(Alberto Fujimori) 대통령은 그가 퇴진한 2000년까지 페루 정치에서 '후지모리주의(Fujimorism)'란 정치적 유산을 남기는 등 논란의 여지가 많은 정치인이었다.

일본인 이민자 2세로 교수직으로부터 대통령에 오른 그는 신자유주의 경제정책을 실행하면서 전임 가르시아 대통령이 남겨둔 경제적 불안정 상황을 성공적으로 해결하고 좌파게릴라무장단체의 준동을 분쇄하여 재임기간 중 페루의 경제성장과 사회적 안정을 도모하는데 일단 성공하였다. 그러나 그의 재임기간 중 이루어진 인권유린과 부정부패 그리고 1992년의 친위쿠데타로 민주주의를 유린한 독재자로 평가받고 있다.

페루 헌법은 대통령의 재선까지만 허용하고 있는데 후지모리 대통령은 자신의 지지도가 가장 높았던 1995년 대선에서 재선에 성공하였다. 후지모리 대통령 지지자들은 재선 후 후지모리 대통령의 3선을 허용하는 법안을 의회에서 통과시켰다. 반대파들은 이 법안을 폐기하기 위한 국민투표 부의

---

[129] Rudi Dornbusch, Sebastián Edwards emd

를 추진했으나 실패하고 선관위도 재선제한이 후지모리 대통령에게는 해당되지 않는다고 유권해석을 내렸다. 그는 1999년 말 자신의 3선 도전을 발표하였다.

후지모리 대통령은 '가능한 페루(Posible Peru)당'의 알레한드로 톨레도 (Alejandro Toledo) 후보를 상대로 하는 대선에서 많은 부정선거 의혹과 함께 3선에 성공하였다. 그러나 톨레도 후보의 선거무효 시위가 계속되는 가운데 몬테시노(Vladmiro Montesinos) 국가정보국(SIN) 수장이 반대파 의원을 포섭하기 위해 수뢰하는 녹화 비디오가 공개되어 거대한 정치 스캔들로 떠올랐다.

후지모리 대통령은 이 문제를 수습하기 위해 3선을 사임하고 2001년 4월 대선을 다시 치를 것을 약속하며 이 대선에 본인은 출마하지 않을 것을 선언했다.

이어서 그는 2000년 11월 13일 브루나이에서 개최되는 아시아태평양경제협력체(APEC) 정상회담 참석 차 출국하였다. 회담이 종료된 뒤 그는 11월 17일 일본으로 가서 돌연 대통령 사직서를 팩스로 의회에 제출했다. 그러나 의회는 그의 사직을 거부하고 그 대신 투표를 통해 그를 '도덕적으로 영구히 장애를 가진 자'로 규정한 후 대통령 직에서 축출했다.

이로서 후지모리 대통령 시대는 일단 종식되었다. 다만 그의 정치적 유산은 21세기 페루 정치에서 후지모리주의(Fujimorism)란 이름으로 계속 유지되고 있다.

후지모리 대통령 퇴진 이후 현재까지 페루는 대의민주주의에 기초한 안정적 정치를 유지하고 있다. 2000년 11월 22일 페루 의회는 발렌틴 파니아구아(Valentín Paniagua) 의장을 임시대통령으로 선출했다. 그는 2001년 5월 29일 대선에서 승리한 알레한드로 톨레도 대통령 당선자에게 정권을 이양했다.

56대 대통령으로 취임한 톨레도 대통령 이후 페루 정치는 대의민주주의에 기초해 평화적인 정권교체가 계속되었다. 2006년 대선에서는 알란 가르시아가 재선에 성공해 대통령에 취임했고 2011년 대선은 오얀타 후말라(Ollanta Humala) 대통령, 2016년 대선은 파블로 쿠친스키(Pedro Pablo Kuczynski) 대통령이 공정한 선거를 통해 선출되었다.

쿠친스키 대통령은 2016년 대선에서 승리해 59대 대통령으로 취임했지만 2000년 대 중반 그가 브라질 건설업체로부터[130] 받은 뇌물혐의로 의회에서 탄핵위기에 처하자 2018년 3월 21일 사임했다.

탄핵이후 페루 의회는 과거 쿠친스키 정부에서 부통령을 역임한 뒤 캐나다 대사로 부임한 마르틴 비즈카라(Martín Vizcarra)를 대통령으로 임명했다. 그러나 그도 부패혐의와 코로나 확산을 제대로 방어하지 못했다는 혐의로 2020년 11월 9일 탄핵을 당했다.

마르틴 비즈카라 대통령 탄핵이후 의회 의장인 마누엘 메리노(Manuel Merino)가 대통령 직을 승계했다. 그러나 그의 대통령 승계에 대한 국민들이 저항하면서 그는 취임 6일 만에 사임하고 다시 당시 의회의장이었던 프란시스코 사가스티(Francisco Sagasti)가 대통령으로 취임했다.

프란시스코 사가스티 대통령은 2021년 4월 11일 대선을 공정하게 치루고 좌파성향의 자유페루당 페드로 카스티요(Pedro Castillo) 대통령에게 정권을 이양했다.

3) 정치제도

다양한 세력과 사건들이 최근 수십 년 동안 페루의 정치지형을 변화시켰다. 벨라스코 군부정권은 1968~80년 통치기간 중 정부의 역할과 기능을

---

130 Odebrecht 사

크게 강화했다. 정부부처와 기관 그리고 은행들을 설립하고 국가 기간 서비스산업을 국유화하였다. 광업, 어업, 농업, 중공업 등 주요 산업에서 외국인투자를 배척하고 국영기업들로 채웠다. 이 결과로 공공부문의 고용규모는 크게 증가했다.

그러던 것이 1979년 제헌의회가 소집되어 소위 진보적 성향의 1979년 헌법이 제정되어 실시된 것은 민주정치로 회복해가는 중요한 시작이었다.

이 헌법에 따라 실시된 1980년 대선과 총선은 매우 중요한 정치적 사건으로 그동안 군부정권에서 배제되었던 좌파성향의 전통적인 미주인민혁명연대는 물론이고 마르크스 이념을 주장하는 정당들도 선거에 참가할 수 있었다. 1983년 리마 시장으로 마르크수주의 정당들의 연합 후보인 바르란테스(Alfonso Barrantes)가 선출된 것은 이러한 상황의 상징적인 사건이었다.

1980년대 형성된 정당은 우파성향의 인민행동당(AP), 인민기독당(PPC), 좌파성향의 좌파연합(IU), 그리고 다양한 이념성향을 흡수하고 있는 중도성향의 미주인민혁명당(APRA) 등이다.

그러나 이어진 좌파 게릴라무장단체들이 주도하는 정치적 폭력과 경제상황의 악화는 다시 정치제도에 영향을 미치기 시작했다. 벨라운데 대통령 정권과 가르시아 대통령 정권이 이 문제들을 해결하는데 사실상 실패하면서 정당기반 정치에 대한 국민들의 신뢰는 크게 상실되었다.

이는 기존 정당에 기반을 두고 있지 않는 정치인들이 페루 정치에서 새롭게 등장하는 환경을 만들었고 후지모리 대통령이 페루 정치에 해성처럼 등장할 수 있는 계기가 되었다.

후지모리 대통령은 신속하게 경제를 안정시키고 좌파 게릴라무장단체의 준동을 분쇄하는 등의 성과를 내면서 이를 기반으로 1992년 친위쿠데타를 일으켰다. 후지모리 대통령의 친위 쿠데타는 정당주도 정치에 대한 불신을 표명하는 상징적 정치적 사건으로 이어지는 페루 정치는 후지모리 대통령

개인적인 영향력에 따라 움직였다.

후지모리 대통령 축출이후 페루 정치는 2001, 2006, 2011, 2016, 그리고 2022년 대선에서 정당을 기반으로 성공적인 대선이 치러지면서 다시 대의민주주의 정치제도가 회복되었다. 현재 페루 의회에 진출한 정당을 의원 규모로 보면 자유페루(PL), 인민의 힘(FP), 인민행동(AP), 진보연합(APP), 국가전진(AvP), 국가개조(RP), 우리는 페루(SP), 함께 페루(JP), 가능 페루(PP), 자색당(PM) 등이다.

이중 후지모리의 정치적 유산을 이어가고 있는 정당은 '인민의 힘'인데 후지모리 대통령의 장녀인 게이코(Keiko Fujimori)가[131] 이끌고 있다.

사. 베네수엘라

1) 개관

스페인으로부터 독립한 뒤 베네수엘라 국가명칭은 '베네수엘라국가(State of Venezuela, 1830~56)'이었다. 이후 국가명칭은 여러 차례 변경되어 '베네수엘라공화국(Republic of Venezuela, 1856~64)', '베네수엘라연방국(United States of Venezuela, 1864~1953)', '베네수엘라공화국(1953~99)'이 되었다. 그리고 1999년 차베스(Hugo Chávez)가 집권한 후에 그는 자신이 신봉하는 독립영웅 시몬 볼리바르(Simón Bolívar)를

---

131 Keiko Sofía Fujimori Higuchi (born 25 May 1975) is a Peruvian politician. Fujimori is the eldest daughter of former Peruvian president Alberto Fujimori and Susana Higuchi. From August 1994 to November 2000, she held the role of First Lady of Peru during her father's administrations. She has served as the leader of the Fujimorist political party Popular Force since 2010, and was a congresswoman representing the Lima Metropolitan Area from 2006 to 2011. Fujimori ran for president in the 2011, 2016, and 2021 elections, but was defeated each time in the second round of voting. Wiki

기리는 뜻을 담아 국명을 다시 '베네수엘라 볼리바르 공화국(Bolivarian Republic of Venezuela)'으로 바꾸었다. 베네수엘라는 대통령제 연방공화국(federal presidential republic)으로 국토면적 916천 제곱킬로미터에 수도 카라카스와 23개 주 그리고 부속 도서로 구성되어 있으며 2,800만 명의 인구(2019)를 가지고 있다.

베네수엘라는 1958년 이후부터 1999년 차베스가 집권할 때까지 안정된 민선정부가 자리 잡은 나라로 당시 중남미 정치상황에서 보기 드물게 대의 민주주의 방식으로 평화적인 정권교체가 이루어졌다. 1976년 석유산업을 국유화 한 이후 베네수엘라는 남미에서 1인당 GDP가 가장 높은 나라가 되었고 이후 10여 년 간 경제적 호황을 누렸다. 그러나 이 풍요로운 시기는 1980년대 말 석유가격의 폭락과 350억 달러의 외채를 떠안으면서 끝났다.

이후 1989년 카를로스 안드레스 페레스(Carlos Andrés Pérez) 대통령이 다시 집권하게 되면서 베네수엘라는 격변의 시기에 접어들었다. 페레스 대통령은 1974년부터 1979년까지 석유 국유화를 주도했던 제51대 대통령으로 1989년 제54대 대통령으로 당선되어 재임에 성공했다. 그러나 그는 재임 후 밝혀진 부정부패로 의회의 탄핵을 받아 불명예 퇴진했다.

페레스 대통령 이후 정권을 이어받은 라파엘 칼데라(Rafael Caldera) 대통령은 1994년 금융위기를 맞아 변동환율제와 석유산업 민영화를 단행했고 이로 인해 베네수엘라의 빈부격차는 더욱 극심해졌다.

1998년에는 제5공화국 운동을 주창했던 우고 차베스(Hugo Chavez)가 대선에서 승리해 좌파 정권이 들어섰다. 차베스는 1999년 8월 제헌의회를 통해 헌법을 개정해 대통령 임기를 기존 5년에서 6년으로 그리고 단임제를 연임제로 변경했다.

새 헌법에 치러진 2000년 대선에서 재선에 성공한 차베스는 영아사망률을 낮추고 무료의료와 무료교육 제도를 도입해 사회복지 수준을 높였다. 3선에 성공한 차베스는 2009년 대통령과 정치인의 연임제한을 철폐한 조항을 담은 개헌안을 제시해 국민투표에서 54%의 찬성으로 종신집권의 길을 열었다.

개헌에 성공한 차베스는 2012년 네 번째 대통령 선거에 출마해 54%의 득표율로 당선했지만 지병으로 사망하고 말았다. 니콜라스 마두로(Nicolás Maduro) 부통령이 차베스 사망 전에 후계자로 지명 받아 대통령에 취임했다.

이후 2014년 유가폭락과 마두로 정권의 미숙한 대처로 경제는 하이퍼인플레이션의 상황에 국면하게 되었다. 2019년 1월 마두로는 2기 취임을 선언했으나 국회 의석의 2/3을 넘는 야당은 마두로 정부를 불신임하고 인민의지당(Voluntad Popular) 소속으로 국회의장이었던 후안 과이도(Juán Guaido)가 스스로 임시대통령을 표방하며 과도정부를 선포하면서 정치적 혼란이 지속되고 있다.

계속되고 있는 경제적 난국과 정치적 혼란으로 150만 명이 자국을 떠나 인근 국가로 떠났고 앞으로도 이 추세는 계속될 것으로 예측되고 있다.

2) 주요 정치사

베네수엘라는 1717년부터 보고타에 설치된 뉴 그라나다 부왕청의 통치를 받다가 1777년 카라카스 총독부(Capitancy General)로 분리되었다.

1807년 나폴레옹의 이베리아 반도 침공으로 시작된 반도전쟁(Peninsular War)으로 스페인 왕권이 흔들리자 베네수엘라는 공화국을 선포하며 독립전쟁을 시작했다. 1811년 프란시스코 미란다(Francisco Miranda)의 '제1베네수엘라공화국(First Republic of Venezuela, 1811~12)'. 1813년 시몬 볼리바르의 '제2베네수엘라공화국(Second Republic of Venezuela, 1813~14)'과 '제3베네수엘라공화국(Third Republic of Venezuela,

1817~19)'을 거친 후 1819년에 건국된 '그란 콜롬비아(Gran Colombia)'
로 불리는 '콜롬비아 공화국(Republic of Colombia, 1819~31)'의 연방
으로 편입되었다.[132]

호세 안토니오 파에스(José Antonio Páez)는 스페인 독립전쟁 중 시몬
볼리바르 장군 편에 서서 스페인 군을 상대로 용맹을 떨친 카우디요(Cau-
dillo)[133]로서 시몬 볼리바르 사후 베네수엘라 정치를 주도했다. 그는 1830
년 그란 콜롬비아로부터 분리 독립을 선언하고 세 번에 걸쳐 대통령 직을
수행하였다.[134] 그는 1863년 베네수엘라에서 최종적으로 추방당할 때까지
보수주의 세력과 연대하며 독재자로 군림했다.

보수당이 주도해온 정치에 자유당이 대항해 발생한 연방전쟁(Federal
War, 1859~63)에서 패한 파에스 대통령이 추방당한 후에 자유당 배경의
카우디요 들이 정권을 담당하였다. 1863~70년 기간 중 5명의 대통령이
바뀌는 등 혼란기를 겪은 뒤 1870년에 자유당의 안토니오 구즈만 블랑코
(Antonio Guzmán Blanco, 1870~77, 1879~84, 1886~87)가 대통령으
로 취임하며 정치적 안정기를 찾았다.

구즈만 정권은 독재정치 성향이 강했지만 경제상황을 개선하였고 제도
개혁에서 많은 성과를 이루어냈다. 그는 새로운 화폐로 볼리바르(Bolivar)
를 도입했고 국가(National Anthem)를 복원했으며 국가센서스 실시, 카
라카스와 라과이라 항구 간 철도와 전화통신 가설, 농업과 교육개발 추진,
무역활성화, 국립판테온, 의회청사, 국립극장 등 주요 공공시설 건설 등 국
가건설에 필요한 일들을 성공적으로 수행했다. 또한 그는 프리메이슨으로

---

132 그란 콜롬비아는 1819년에 개최된 앙고스투라 회의(Congress of Angostura)에서 채택된 '
콜롬비아 공화국 기본법(Fundamental Law of the Republic of Korea)'에 따라 선언되었다. 그
리고 최종적으로 쿠쿠타 회의(Congress of Cúcuta)에서 쿠쿠타 헌법이 제정되며 건국되었다.

133 A caudillo is a type of personalist leader wielding military and political power. There
is no precise definition of caudillo, which is often used interchangeably with "warlord" and
"strongman".

134 1830~1835, 1839~43, 1861~63

가톨릭교회 영향력을 축소시키는데 큰 역할을 했다. 역사가 찰스 데이비스(Charles Davis)는 그를 '독재정치가의 전형'으로 묘사하고 있다.

1899년 시프리아노 카스트로(Cipriano Castro)는 동료인 비센테 고메스(Juan Vicente Gómez)의 지원을 받아 안데스 지역의 타치라(Tachíra)에서 군대를 카라카스로 진격시켜 정권을 잡았다. 그는 정권을 잡은 뒤 외채지불불능을 발표해 '1902-03년 베네수엘라 위기(Venezuelan Crisis of 1902-03)'를 일으켰다.

8년 동안 베네수엘라를 통치한 카스트로 대통령이 1908년 신병치료 차 프랑스로 출국하여 있던 중 비센테 고메스 부통령은 카스트로를 축출하고 정권을 장악했다. 비센테 고메스 대통령은 1935년 사망 시까지 베네수엘라의 실질적 통치자로 막강한 정치적 영향력을 행사했다. 기간 중 대통령직을 세 번(1908~13, 1922~29, 1931~35년) 수행했다.

비센테 고메스 대통령의 통치유산과 관련해서는 많은 논란이 있다. 고메스 대통령은 3번의 대통령 재임 시기는 물론이고 비재임 시기에도 영향력을 발휘하여 국가의 최종 의사결정자로 입장을 유지했다. 우선 그는 1918년에 발견된 석유자원을 배경으로 외채 규모를 줄이고 도로와 통신시설 건설 등 국가 인프라 확충과 산업발전을 도모했다. 이 과정에서 그는 부패행위를 통해 개인적 부를 축적하였다.

그의 통치는 독재정치의 유산을 떨쳐내지 못했지만 역설적이게도 과거와는 다르게 지역 간 원활한 소통환경의 조성, 석유산업을 중심으로 인구 이동이 일어나 결과적으로 카우디요 정치의 종식을 가져왔다. 그의 통치는 베네수엘라 정치에서 소위 '1928년 세대(Generation of 1928)'의 등장을 가져왔는데 이는 베네수엘라 민주주의의 토대가 마련되는 계기로 작용했다.

'1928년 세대'는 비센테 고메스 독재정권에 저항하여 카라카스에서 시위를 주도했던 일련의 학생단체로 차후 베네수엘라 정치를 이끌어 가는 주요 인물들인 로물로 베탕쿠루(Romulo Betancourt, AD당 창설, 1945~48,

1959~64년 대통령), 호비토 비얄바(Jóvito Villalba, URD당 창설), 라울 레오니(Raúl Leoní, 1964~69년 대통령), 헤르만 수에레스 플라메리치 (Germán Suaréz Flamerich, 1950~52년 대통령) 등을 포함하고 있었다.

1935년 고메스 대통령이 현직에서 사망하고 들어선 로페스 콘트레라 (Eleanor López Contreras, 1935~42) 그리고 메디나 앙가리타(Isaías Medina Angarita, 1941~45) 등 2명의 군부출신 대통령들이 고메스 대통령의 통치방식을 이어갔다. 그러나 메디나 앙가리타 정권은 1945년 10월 18일 군부와 민주행동당(AD)이 함께 주도한 쿠데타로 무너졌다.

앙가리타 정권이 무너진 뒤 군부와 함께 쿠데타를 주도했던 민주행동당의 로물로 베탕쿠르(Rómulo Betancourt)가 대통령에 취임하였다. 그는 보통선거제도를 도입하고 사회제도개혁을 추진하였으며 석유산업개편을 통해 외국석유회사로부터 받아들이는 이익금 환수를 크게 증대시켰다.

그는 1947년 말 공정한 선거를 실시해 정권을 민주행동당 후보인 로물로 가예고(Rómulo Gallego) 대통령에게 이양했다. 베탕쿠르 대통령은 그가 행한 일련의 민주주의적 정치로 '베네수엘라 민주주의 아버지'로 불리고 있다.

로물로 가예고 정부는 1948년 2월에 들어섰지만 같은 해 11월 24일 델가도 찰바우드(Carlos Delgado Chalbaud, 1948~50)와 페레스 히메네스(Marcos Pérez Jiménez, 1952~58)장군들이 이끄는 군부 쿠데타로 무너졌다.

델가도 찰바우드 장군은 대통령 직을 수행하던 중 시몬 우르비나(Rafael Simón Urbina) 등이 이끄는 일단의 반정부 집단에 납치되어 살해당했다. 찰바우드 대통령 후임으로 민간인 출신으로 수아레스 플라메리치 (Germán Suaréz Flamerich, 1950~52) 대통령이 들어섰으나 실권은 국방장관인 페레스 히메네스가 가지고 있었다.

1952년 11월 30일에 실시된 제헌의회 선거는 선출된 제헌의원들이 임시

대통령을 지명하고 그 뒤 헌법을 제정한다는 조건 속에서 치러졌다. 그러나 군부정권에 반대하는 민주행동당(AD)은 선거에서 배제되고 다소 온건한 민주공화연합당(URD)만이 참여했다. 그러나 민주공화연합당이 62.8%로 승리하자 군부는 돌연 발표를 봉쇄하고 페레스 히메네스를 임시대통령으로 지명하며 야당이 참여하지 않은 제헌의회에서 페레스 히메네스 대통령을 추인했다. 이렇게 들어선 페레스 히메네스 군부독재정치는 1958년 군부 쿠데타로 무너질 때까지 계속되었다.

1958년 페레스 히메네스 군부독재정치가 무너진 뒤 베네수엘라는 1999년 차베스 정권이 들어설 때까지 40년 동안 정당기반의 민주적 정권교체가 평화적으로 이루어졌다. 이 시기는 역설적이게도 중남미 다른 국가에서는 군부정권이 들어서는 시기로서 베네수엘라는 역내국가들 중 유일하게 민주주의 정치가 잘 운용되는 국가로 평가받기도 했다.

1958년 쿠데타 이후 당시 베네수엘라 정치를 주도했던 민주행동당(AD), 기독사회당(COPEI), 민주공화연합당(URD) 등 3당 대표들은 과거와 같이 군부가 정치에 간여하는 상황을 회피하고 민주주의를 회복하기 위한 대안으로 '푼토피호 협약(Puntofijo Pact)'을[135] 체결했다.

'푼토피호 협약'은 선거결과 승복, 협약 서명 정당 간 권력, 요직, 국가프로젝트 분점, 군부에 대한 우호적 대우제공 등을 포함하고 있다. 따라서 집권을 하지 못한 정당도 일정 지분의 권력, 요직, 국가개발 프로젝트를 분점해서 운용할 수 있는 여지를 가질 수 있었다. 단 푼토피호 협약 당사자 중 민주공화연합당은 1962년 베탕쿠르 정부가 쿠바를 미주기구에서 축출하는데 찬성을 하자 이에 반발해 탈퇴하였다. 이후부터 베네수엘라 정치는 민주행동당과 기독사회당이 40년 동안 서로 번갈아 가며 정권을 담당하였다.

---

135 푼토피호 협약은 민주행동당(AD) 대표 로물로 베탕쿠르(Rómulo Betancourt), 기독사회당(COPEI) 대표 라파엘 칼데라(Rafael Caldera), 민주공화연합당(URD) 대표 호비토 비얄바(Jóvito Villalba) 간에 서명되었는데 푼토피호는 당시 서명 장소이었던 라파엘 칼데라 저택의 이름을 딴 것이었다.

그러나 푼토피호 협약에 기초한 정권교체는 정치 엘리트 간에 권력과 부를 과점하고 이에 수반하는 정실주의와 부정부패 등의 역기능을 가져왔기 때문에 당연하게도 정치적 과점체제에서 소외된 다수의 가난한 대중들로부터 저항을 받기 시작했다. 이러한 저항은 1980년대 중남미 역내 부채위기와 유가하락이라는 악화하는 경제상황 속에서 1989년 2월 카라카조(Caracazo)와 같은 대규모 사회적 저항, 1992년 2월 차베스 쿠데타 시도 등으로 나타났고 결국은 1999년 차베스 좌파정권이 탄생하는 배경이 되었다.

후고 차베스는 1992년 쿠데타 시도 후 투옥되어 있다가 1994년 2월에 집권한 라파엘 칼데라 대통령의 사면으로 석방되어 정치활동을 시작했다. 그는 1997년 '제5공화국운동(MVR, Movement for the Fifth Republic)'을 만들어 1998년 대선후보로 나서 승리했다. 제5공화국운동은 차베스가 1982년 군 현역 시기 비밀리에 조직한 '볼리바르 혁명운동 200(MBR-200)'이 모태가 되었다. '제5공화국운동'은 다시 차베스가 추진했던 볼리바르 혁명에 동조하는 제반 정당과 단체를 아울러 현재의 '베네수엘라통합사회당(PSUV)'이 되었다.

1999년에 집권한 차베스 대통령은 그가 사망한 2013년까지 대중 영합적인 사회주의 운동을 추진하였다. 그는 특히 사회주의 이념에 중남미 독립운동의 영웅 볼리바르 사상을 더한 볼리바르 사회주의 이념을 강조하며 베네수엘라 정치제도와 문화를 개조하기 시작했다.

차베스 대통령은 '볼리바르 사상(Bolivarianism)'을 대중민주주의(popular democracy), 경제자립, 부의 균등한 배분, 정치적 부패 종식 등 대중 영합적 수사로 해석해 자신의 통치권 확보와 연장에 활용하였다. 1999년 헌법 개정을 통해 국명도 '베네수엘라 볼리바르 공화국'으로 변경했다.

이로서 푼토피호 협약에 따른 40년 동안의 정치 엘리트 들 간 권력과점의 민주주의는 종식되고 차베스 대통령이 주도하는 좌파정치가 시작되었다. 그는 헌법의 제정과 개정을 통해 베네수엘라를 사회주의 국가로 개조하기 시작했다. 이 과정에서 전통적인 보수기득권 세력과 끊임없는 정치사회적 충돌을 하였다.

또한 차베스 대통령은 역내 중남미 좌파운동을 주도하며 쿠바 카스트로 이후 중남미 사회주의 지도자로 나설 준비를 하고 있었다. 그러나 그는 2013년 3월 5일 암으로 사망하였고 그의 정치적 유산과 과업은 그가 생전에 후계자로 공식 지명한 니콜라스 마두로(Nicoás Maduro) 부통령에게 남겨졌다.

2013년 4월 대선에서 승리한 마두로 대통령은 차베스 대통령의 추종자로서 그의 정치적 유산과 과업을 충실하게 이어받았다. 그러나 그는 차베스 대통령이 가지고 있었던 카리스마적 정치력이 부재한 가운데 야당연합인 민주연합원탁회의(MUD, Mesa de la Unidad Democrática, Democratic Unity Roundtable)와 끊임없는 정치적 대치를 하며 극심한 경제사회적 혼란을 가져왔다.

민주연합원탁회의(MUD)는 2008년 차베스 정권에 반대하는 제반 정당과 단체들이 연합하여 구성한 정치단체로서 차베스 대통령이 2010년 제반 사회주의 정당과 단체들을 통합해 만든 '베네수엘라통합사회당(PSUV)'에 대항하는 정치활동을 해오고 있다.

3) 정치제도

베네수엘라 정부기구는 2000년 이후부터 매우 유동적인데 그 기본 형태는 1999년 개정헌법에 명시되어 있다. 개정헌법에 따르면 베네수엘라 정치제도는 대통령중심제에 행정부(the executive), 입법부(the legislative), 사법부(the judicial), 선관위(the electoral), 인민권력(people's power) 등 5부로 구성되어 있다.

지방권력은 23개 주에 1개 수도로 구성되어 있다. 1999년 헌법은 1989년과 1993년에 지방정권에 부여된 많은 자치권을 중앙권력으로 회수하고 부통령을 의장으로 하는 '정부연방위원회(Federal Council of Government)'를 통해 통제하도록 하였다. 차베스 대통령은 이 위원회를 2010년에 설치하였다.

대통령은 6년 임기로 보통선거를 통해 선출되며 선출된 대통령은 부통령을 포함해 행정부 장관들을 임명할 수 있다. 장관직은 33개(2016)이다.

의회는 1961년 헌법에 따라 양원제로 운영되었으나 1999년 헌법에 따라 단원제로 바뀌었다. 입법안 제출권한을 가진 기관은 행정수반, 의회위원회. 3인 이상 국회의원 공동, 대법원, 선관위, 인민권력, 전체 유권자 0.1%의 서명으로 이루어진 입법청원 등 7개이다.

1999년 헌법도 1961년 헌법과 같이 대법원(TSJ)을 사법부 최고기관으로 규정하고 있다. 의회가 12년 임기의 대법관을 임명하며 재선은 금지되어 있다. 대법관은 당초 20명이었으나 차베스 대통령은 2004년 대통령을 소환하는 국민투표에서 승리한 뒤 대법관 수를 12명 증원해 사실상 사법부를 장악했다.

선관위(CSE)는 1961년 헌법과 다르게 1999년 헌법에서는 행정부와 분리된 독립기관의 자격을 가지게 되었다. 선거최고재판소(TSE)는 1999년 헌법에 따라 모든 선거재판을 관할한다.

인민권력은 1999년 헌법이 새롭게 설정한 권력으로서 푼토피호 협약에 기초한 과거 권력들의 부패와 권력남용에 대한 대항 기구로 만든 것으로 일종의 옴부즈만 또는 감시견의 역할을 하고 있다. 이 부처를 관장하는 최고기관은 공화윤리위원회(Moral Republican Council)이다. 이 위원회는 검찰총장, 감사원장, 인민의 옹호자(People's Defender) 등 3인으로 구성된다. 인민의 옹호자는 국회가 선출한다.

베네수엘라에서 정책결정은 대통령이 독점적으로 주도하고 있으며 개인적 성향에 따라 자의로 실행되는 측면이 많다. 정책의 대상은 공공서비스 제공, 경제개발, 공공질서와 치안의 안정, 대외정책 그리고 국방 등 전 영역이 포함된다.

CHAPTER 6

지역통합

중남미통합(Latin American Integration) 이슈는 역사적으로 19세기 초 중남미 독립전쟁 시기까지 거슬러 올라간다. 일명 '해방자(The Liberator)'로 불리는 남미독립전쟁의 영웅 시몬 볼리바르(Simón Bolívar) 장군은 독립 후 중남미가 유럽과 미국 등 외세에 대항하기 위해서는 중남미국가 또는 연방(State or Confederation of Latin American Nations)의 창설이 필요하다는 것을 인식하고 있었다.

그는 중남미연방 창설을 실현하기 위해 여러 가지 정치외교적인 노력을 했으나 성공하지 못하고 그 대안으로 자신이 주도해 창설한 그란 콜롬비아(Gran Colombia)마저도 베네수엘라, 에콰도르, 콜롬비아로 분할되고 말았다. 후세 역사가들은 그가 이루고자 했던 범미주의(Pan-Americanism)[136]에 기초한 중남미연방 창설을 '볼리바르의 꿈(Bolivarian Dream)'이라고 불렀다.

19세기 말에 이르러 중남미통합 이슈는 미국이 주도하는 범미주의 기치아래 다시 논의가 시작되었다. 미국은 1889년 10월 미주국가국제회의(International Conference of American States) 일명 범미회의(Pan-American Conference)를 워싱턴에서 개최하고 미국과 중남미 전체를 포함하는 미주통합에 대한 이슈를 제기했다. 미국의 미주통합을 위한 일련의 과정은 일차적으로 1948년에 미주기구(OAS)의 창설로 구체화

---

[136] 범아메리카주의(Pan-Americanism) 또는 범미주의(汎美主義)는 미국의 지도 아래 아메리카 대륙 여러 나라가 공통의 이익과 안전을 위하여 협력 제휴한 운동이다. 이 운동은 라틴아메리카 제국이 스페인의 재정복에 대항하는 방위를 협의하려고 시몬 볼리바르의 제창으로 개최된 1826년의 파나마 회의로 시작된다. 1889년까지 라틴아메리카 제국의 운동은 유럽 제국에 대한 안전보장, 미국에 대한 공동 방위를 주된 목적으로 했다. 그러나 1889년, 미국의 초청으로 열린 제1회 범미회의는 미국의 주도 아래 라틴아메리카 제국의 결속을 도모하려 했다. 그 결과 '범미연합'이 설치되었다. 그러나 미국의 카리브 제국에의 간섭, 파나마 독립 원조, 파나마 운하 건설 후의 적극적인 제국주의 정책은 라틴아메리카 제국의 반감을 높이 샀다. 위키백과

되었다.

중남미 역내 국가들만의 움직임으로 중남미통합이 최초로 시도된 것은 1951년 중미국가 중심의 중미국가조직(ODECA)과 1960년 남미국가 중심의 중남미자유무역연합(LAFTA)이었다. 이들 통합기구는 회원국가 규모와 기능 및 역할이 확대되며 중미통합체제(SICA)와 라틴아메리카통합협회(LAIA)로 명칭이 바뀌었다.

1969년에는 안데스 국가들을 회원국으로 하는 안데스국가공동체(Andean Community of Nations), 1974년에는 카리브 국가를 회원국으로 하는 카리브공동체(Caribbean Community)가 창설되었다.

외채위기를 맞아 중남미통합 이슈가 일시적으로 정체된 후 다시 1994년 브라질, 아르헨티나, 파라과이, 우루과이 등 4개국을 회원국으로 하는 남미공동시장(Mercosur)이 창설되었고 곧 이어 1995년 멕시코, 콜롬비아, 베네수엘라 등 3개국을 회원국으로 하는 G3 자유무역협정, 2011년 태평양 연안국가로 구성된 태평양동맹(Pacific Alliance) 등이 경제와 통상증진을 목표로 만들어졌다.

정치성향의 중남미통합기구도 설립되었다. 2007년에는 안데스국가공동체와 남미공동시장 회원국이 참여하는 남미국가연합(UNASUR)이 만들어졌고 2010년에는 미국 주도의 미주기구에 대응해 중남미카리브공동체(CELAC)가 창설되었다. 또한 미국 주도 범미자유무역지대(FTAA) 설치 움직임에 반대해 베네수엘라와 쿠바 주도로 아메리카볼리바르동맹(ALBA)이 만들어졌다.

1991년 과거 식민종주국이었던 스페인과 그 통치를 받았던 중남미 국가 간 이베로아메리카국가공동체(Iberoamerican Community of Nations)가 창설되어 활동하고 있다.[137]

---

137 2018년 26차 회의가 과테말라 안티구아(Antigua)에서 개최되었다.

가. 미주기구(OAS)

미주기구(Organization of American States)는 1948년 4월 30일 창설되었으며 서반구(Western Hemisphere)[138] 국가들 간 결속과 협력을 목표로 하고 있다.

냉전시기를 맞아 역내 공산주의 확산을 저지하는 방파제 역할을 했으며 1990년대 이후에는 대의민주주의의 초석인 공정선거를 위한 감시활동 등 역내 민주주의 체제를 공고화하기 위한 노력을 하고 있다. 회원국은 미국과 캐나다 그리고 중남미 33개 독립국가로 구성되어 있고 워싱턴에 본부를 두고 있다.

남미 독립전쟁 지도자였던 시몬 볼리바르 장군은 그란 콜롬비아를 창설한 뒤 중남미통합을 논의하기 위해 1826년 6월 파나마회의(Congress of Panama)를 개최하였다. 이 회의에 참석한 그란 콜롬비아(현재의 콜롬비아, 베네수엘라, 에콰도르, 파나마로 구성), 아르헨티나, 페루, 볼리비아, 중앙아메리카연방, 멕시코는 중남미통합을 위한 '연합, 연맹, 영구적 연방 조약(Treaty of Union, League and Perpetual Confederation)'을 체결했다.

그러나 이 조약을 비준한 국가는 그란 콜롬비아가 유일하고 다른 국가에서는 비준을 하지 않았다. 그란 콜롬비아도 연방주의자와 분리주의자 간 내

---

[138] The Western Hemisphere is a geographical term for the half of Earth which lies west of the prime meridian (which crosses Greenwich, London, United Kingdom) and east of the antimeridian. The other half is called the Eastern Hemisphere. In geopolitical terms, the context in which the term is most often used, the Encyclopedia Britannica defines it as "North and South America and the surrounding waters. Wiki

분 중 1930년 시몬 볼리바르 장군이 사망하자 콜롬비아, 에콰도르, 베네수엘라로 분리되고 말았다. 이로서 그가 추진하고자 했던 중남미통합은 '볼리바르의 꿈'으로 끝나버렸다.

중남미 국가들의 독립 이후 국가 건설이 끝나가고 있던 시기에 미국은 서반구 국가들의 연대와 협력강화를 목적으로 1889년 1월 워싱턴에서 1차 미주국가국제회의(International Conference of American States)를 개최하였다. 여기에서 미주공화국국제연맹(International Union of American Republics)이 창설되고 사무국으로 미주공화국상업국(Commercial Bureau of American Republics)을 만들었다. 상업국은 제2차 미주국가국제회의(1901-1902)에서 국제상업국(International Commercial Bureau)으로 명칭이 변경되었다. 이들이 현재의 미주기구(OAS)와 사무국(General Secretariat)의 기원이다.

제4차 미주국가국제회의(1910, 부에노스아이레스)에서는 미주공화국국제연맹을 미주공화국연맹(Union of American Republics)으로 그리고 국제상업국은 범미주연맹(Pan American Union)으로 명칭을 변경하였다.

제9차 미주국가국제회의(1948년, 보고타)에서 조지 마셜(George Marshall) 미국 국무장관은 중남미 역내에 공산주의 침투를 저지하기 위해 21개 참가국이 '미주기구헌장(Charter of the Organization of American States)'과 '인간의 권리와 의무에 관한 미주선언(American Declaration of the Rights and Duties of Man)'의 채택을 유도했다.

이 때 채택된 미주기구헌장에 따라 미주기구(OAS)가 창설되었고 인간의 권리와 의무에 관한 미주선언은 인권에 관한 세계 최초의 일반선언이 되었다.

미주공화국연맹과 범미주연합의 기능과 역할은 순조롭게 미주기구와 사무국(General Secretariat)으로 이전되었고 카마르고(Alberto Llera Camargo)가 초대 사무총장(1948-1954)이 되었다.

미주기구는 냉전시기의 시작과 함께 창설된 기구로 당시 중남미 정치상황을 반영하는 역내 정치기구로의 역할과 기능을 수행했다. 이 시기 미주기구가 추구하는 구체적 정치목표는 중남미 역내 평화와 안보, 불간섭원칙에 기초한 대의민주주의 강화, 회원국 간 분쟁의 평화적 해결, 적 공격 공동대처, 경제사회문화발전, 빈곤해소, 재래식 무기사용 제한 등이었다.

1990년대 냉전 종식이후 세계화가 진행되고 중남미 대부분의 국가에서도 대의민주주의가 정착되는 등 변화가 일어나자 미주기구도 새로운 틀에 맞춰 목표의 우선순위를 바꾸었다. 민주주의 강화, 평화를 위한 노력 강화, 인권보호, 자유무역옹호, 마약퇴치, 지속가능 개발 도모 등이 새로운 목표로 등장했다.

그러나 미주기구는 현실정치 속에서 미국이 중남미 역내 정치에 간여할 수 있는 합법적이고 제도적인 장치였고 중남미 국가들은 미국에 대한 중남미의 이해관계 사항을 직접적 그리고 집단적인 방법으로 타협하거나 저항하는 공간이었다.

1948년 창설이후 미주기구에서 논의되고 결정되었던 주요 사안은 기구의 성격상 정치적인 것이 많다. 미주인권위원회(Inter-American on Human Rights) 창설(1959), 미주개발은행(Inter-American Development Bank) 창설(1959), 도미니카(공) 라파엘 트루히요(Rafael Trujillo) 정권에 대한 미주상호협력조약(Inter-American Treaty of Reciprocal Assistance) 적용(1960), 진보동맹(Alliance for Progress) 발족(1961), 쿠바 회원국 자격 정지(1962), 미주인권협약(American Convention of Human Rights) 서명(1969), 미주기구총회(General Assembly) 설치(1970), 제1차 미주정상회담 개최(1994, Miami), 미주민주헌장(Inter-American Democratic Charter) 채택(2001), 쿠바 회원국 자격정지 철회(2009), 온두라스 쿠데타로 회원국 자격 정지(2009), 아이티 대선 개입(2010), 온두라스 회원국 자격정지 철회(2011), 2019년 볼리비아 대선 부정행위 결론

(2020) 등이 주요 사례들이다.

나. 중남미자유무역연합(LAFTA)

　중남미자유무역연합은 아르헨티나, 브라질, 칠레, 멕시코, 파라과이, 페루, 우루과이 7개국이 1960년 체결한 몬테비데오 조약(Treaty of Montevideo)에 의해 창립되었으며 1962년 1월 2일 정식 발족했다. 7개 회원국은 12년 이내 상품에 대한 모든 관세와 규제를 제거하여 역내 국가 간 시장규모를 확대하는 것을 목표로 하고 있다.

　1960년대 말 기준 중남미자유무역연합은 인구 2.2억 명, 상품과 서비스 생산규모 900억 불, 1인당 평균 국내총생산 440불의 시장이었다. 1970년대 들어 볼리비아, 에콰도르, 콜롬비아, 베네수엘라가 신규로 가입해 회원국은 총 11개 국가로 확대 되었다.

　중남미자유무역연합은 회원국 간 역내무역의 확대에 긍정적인 성과를 가져왔다. 우선 시장규모가 국내에서 역내로 확대되자 유휴생산설비가 완전하게 가동할 수 있게 되었으며 개별기업들도 생산증가와 시장규모의 확대로 비용감소 효과를 누려 투자를 확대할 수 있었다.

　그러나 문제점도 들어나기 시작했다. 자유무역은 회원국 간 활발한 무역교류를 통해 상대적으로 빈곤한 국가의 경제상황 개선에 기여해야 하는데 자유무역연합 협정은 개별 국가 경제규모 차이로 발생할 수 있는 역기능들을 충분하게 고려하지 못했다. 회원국은 경제규모가 큰 브라질, 아르헨티나, 멕시코 등 3개 국가, 중위규모의 콜롬비아, 페루, 칠레, 베네수엘라 등 4개 국가 그리고 경제규모가 작은 볼리비아, 에콰도르, 우루과이, 파라과이 등 4개 국가로 분류된다. 또 다른 문제점으로 자유무역의 대상에 상품만 포함되고 서비스는 포함되지 않았다는 것이 지적되고 있다.

중남미자유무역연합은 1980년 중남미통합연합(Latin American Integration Association, LAIA)으로 확대개편 되었다.

다. 중남미통합연합(LAIA, ALADI) ─────────

중남미통합연합은 1980년에 체결된 몬테비데오 조약(Treaty of Montevideo 1980)에 의해 중남미자유무역연합을 대체하고 1980년 8월 12일 발족하였다. 현재 회원국은 13개 국가[139]로 역내 국가이면 가입이 개방되어 있다.

중남미통합연합은 조화롭고 균형 있는 역내 경제사회개발과 중남미 단일시장(single market) 구현을 통해 경제부문의 중남미통합을 추구하고 있다.

주요기능은 무역촉진, 경제보완, 시장 확대 등이다. 이를 위해 다자주의, 공동시장설치, 유연성, 회원국별 차별화된 대우, 다양한 무역협정체결 등의 원칙들을 운용하고 있다.

중남미공동시장 창설을 위한 통합메커니즘으로는 역내특혜관세(Regional Tariff Preferences), 역내전체협정(Regional Scope Agreements), 역내부분협정(Partial Scope Agreements)등이 있다.

또한 볼리비아. 파라과이, 에콰도르 등 경제규모가 작은 후발경제개발도상국가(Relatively Less Economically Developed Countries)에 대한 맞춤형 조치를 설정해 두었는데 이는 회원국 개별 상황에 맞춘 차별화된 대우 원칙에 준한 것이다.

주요기구는 최고의사결정기구로 외무장관협의회(Council of Ministers of

---

[139] 아르헨티나, 볼리비아, 브라질, 칠레, 콜롬비아, 쿠바, 에콰도르, 멕시코, 파나마, 파라과이, 페루, 우루과이, 베네수엘라

Foreign Affairs)가 있고 대표자위원회(Committee of Representatives), 평가의견일치회의(Evaluation and Convergence Conference), 그리고 사무국(General Secretariat)이 있다. 사무국은 우루과이 몬테비데오에 있다.

라. 안데스공동체(Andean Community, CAN)

안데스공동체는 자유무역지대(Free Trade Area)이다. 안데스 산맥지대에 위치한 페루, 콜롬비아, 볼리비아, 에콰도르 4개국이 결성한 관세동맹으로 1996년 현재의 명칭으로 바꾸기 전에는 안데스조약(Andean Pact)으로 불렸다.

안데스조약은 1969년 페루, 콜롬비아, 볼리비아, 에콰도르, 칠레 등 5개 국가 간에 체결된 카르타헤나 협약(Cartagena Agreement)에 의해 창설되었다. 1973년 베네수엘라가 신규가입하고 1976년 칠레가 경제운용체제 차이를 이유로 탈퇴했다.

1994년부터 대외공동관세를 적용하였다. 1996년 트루히요 프로토콜(Trujillo Protocol)에 의해 안데스공동체로 명칭을 변경하고 개혁을 실시했다.

2006년 베네수엘라 차베스 대통령은 페루와 콜롬비아가 미국과 자유무역협정을 체결한 것에 불만을 표시하며 탈퇴하였다. 참고로 베네수엘라는 2005년 남미공동시장 회원국 자격을 신청하고 2012년 정회원국으로 승인을 받았다.

안데스공동체는 4개 회원국, 인구 약 1억 명(2010년 추정), 국내총생산 902.8 십억 불, 1인당 국내총생산 8,928불 등의 거시경제지표를 가지고 있다.

안데스공동체는 남미공동시장(MERCOSUR)과 함께 남미에서 가장 중요한 무역블록(trade bloc) 이다. 안데스공동체와 남미공동시장은 1999년 남미자유무역지대(South American Free Trade Area, SAFTA) 설치를 위한 협상을 개시하고 2004년 쿠스코 협정(Cusco Agreement) 그리고 2008년 남미국가연합구성조약(UNASUR Constitutive Treaty) 체결 과정을 거친 뒤 2011년 남미국가연합을 발족시켰다.

안데스공동체는 대통령협의회(Andean Presidential Council), 외무장관협의회(Andean Foreign Relations Ministers Council), 위원회(Commission), 법원(Andes Court of Justice), 의회(Andean Parliament), 예비기금(Andean Reserve Fund), 보건기구(Andes Health Organization), 중남미 개발은행(CAF), 대학(Símon Bolívar Andes University) 등의 기구와 기관을 운용한다.

마. 중미통합시스템(SICA)

중미통합시스템(SICA, Central American Integration System, Sistema de la Integración Centroamericano)은 1993년 2월1일 발족된 중미정치경제기구이다. 그 시작은 1951년 중미국가들이 역내협력과 통합을 촉진하기 위해 창설한 중미국가기구(ODECA, Organization of Central American States)이다.

중미국가기구(ODECA)는 1951년 10월 14일 코스타리카, 엘살바도르, 과테말라, 온두라스, 니카라과 등 5개국이 산 살바도르헌장(The Charter of San Salvador)을 채택하고 창설했다. 중미국가기구는 중미법원, 중미공동시장(CACM, Central American Common Market), 중미경제통합은행(BCIE), 중미경제통합사무국(SIECA) 등 하부조직을 설립하는 등 활발한 활동을 해왔으나 역내 정치상황의 악화로 1973년부터 활동이 정지되었다.

중미국가기구는 식민시대 중미지역에 설치된 과테말라 총독령 (Captaincy of Guatemala)이 독립해 창설한 중미연방공화국(Federal Republic of Central America, 1823년)이 1941년 내분으로 코스타리카, 엘살바도르, 과테말라, 온두라스, 니카라과 등으로 분할된 뒤 최초로 만들어진 통합기구이었다.

중미통합협상은 1991년 코스타리카, 엘살바도르, 과테말라, 온두라스, 니카라과, 파나마 등 6개국이 재개하여 1993년 중미통합시스템으로 부활했다. 회원국은 1998년 벨리즈, 2013년 도미니카공화국이 신규 가입해 현재 8개국이다.

중미통합시스템은 중미의회(Central American Parliament), 중미경제통합은행(BCIE), 중미공동시장(CACM)을 가지고 있다.

특히 1993년 10월 과테말라 프로토콜(the Guatemala Protocol)이라고 불리는 경제통합일반조약(General Treaty of Economic Integration)을 체결하고 중미무역권(Central American Trade Bloc)에 적용시키고 있다. 중미공동시장은 이에 따라 회원국 간 모든 관세를 제거하고 대외관세를 통일했다.

바. 남미공동시장(MERCOSUR)

남미공동시장은 아르헨티나, 브라질, 파라과이, 우루과이 4개국 간 체결된 아순시온 조약(Treaty of Asuncion, 1991)과 오우루 프레토 프로토콜(Ouro Preto Protocol, 1994)에 따라 1994년에 창설된 남미무역블록(South American Trade Bloc)이다.

회원국은 2012년 정회원국이 된 베네수엘라를 포함해 5개국이며 인구 2.95억 명(2018년 추정, 국내총생산 4,600억 불(2019년 추정), 1인당 국내총생산 19,569불(2019년 추정)의 경제규모를 가지고 있으며 세계에서 5번째로 큰 무역블록이다.

이스라엘, 이집트, 팔레스타인, 레바논과 자유무역협정을 체결했다. 칠레, 볼리비아, 콜롬비아, 에콰도르, 가이아나, 페루, 수리남이 준회원국이며 뉴질랜드와 멕시코가 옵서버 국가이다.

남미공동시장의 주요국가인 아르헨티나와 브라질은 식민 시대부터 역내교역을 해왔다. 16~17세기 중 스페인은 식민지에서의 교역은 지정된 항구에서만 하도록 통제하였다. 1580년 다소 늦게 건설된 부에노스아이레스는 당시 스페인이 지정한 항구는 아니었다.

따라서 스페인의 교역정책은 부에노스아이레스 지역경제개발을 위협할 수밖에 없었다. 유일한 탈출구는 브라질과 교역을 확대하는 것이었는데 이는 스페인 정부가 허가하지 역내교역으로 불법이었다. 그럼에도 불구하고 양 지역 간 교역은 그 필요성 때문에 불법적이나마 계속 성장했다.

남미공동시장의 직접적인 기원이 된 것은 1985년 12월 브라질 사르네이(José Sarney) 대통령과 아르헨티나 알폰신(Raúl Alfonsín) 대통령이 발표한 포즈 데 이과수 선언(Declaration of Foz de Iguazú)이었다. 이 선언은 남미 남단 원추지역(Southern Cone)의 대부분을 차지하고 있는 브라질과 아르헨티나가 양국 간 견고한 경제협력추진을 선언한 것이다.

이 시기는 양국 모두 민정이 회복되었지만 군정시기에 늘어난 대외부채 상환 압박으로 생산과 투자 그리고 교역증진 필요성이 크게 부각되고 있었던 때이었다. 포즈 데 이과수 선언 이후 양국 정부는 여러 계기를 활용해 계속 협력방안을 모색하였다.

1990년 7월 6일 브라질 콜로르(Fernando Collor) 대통령과 아르헨티나 메넴(Carlos Menem) 대통령은 양국 간 관세통합을 합의하고 모든 협상과정을 1994년 12월 31일까지 완료하기로 하는 부에노스아이레스결정(Buenos Aires Act)에 서명했다.

파라과이와 우루과이 정부도 같은 해 9월 아르헨티나-브라질 통합관세 협상에 참가하겠다는 의사를 표명하면서 협상국가는 4개국으로 늘어났다.

남미공동시장은 4개국 간 1991년 아순시온 조약(Treaty of Asunción)을 체결하였다. 아순시온 조약은 4개국 간 자유무역지대를 창설하기 위한 제반 법규와 1994년 12월 31일까지 관세통합 협상을 종료할 것을 규정하고 있다.

이 과정을 거쳐 4개국은 1994년 12월 31일 협상을 종료하고 아순시온 조약을 개정한 오우로 프레토 조약(Treaty of Ouro Preto)에 서명하고 남미공동시장을 정식으로 발족시켰다.

남미공동시장은 최고의사기구로 공동시장위원회(Common Market Council, CMC)가 있는데 회원국 외무장관으로 구성된다. 공동시장위원회 직속기구로 실행기구인 공동시장그룹(Common Market Group, GMC)이 있다.

공동시장그룹은 서브워킹그룹(Working Sub Groups)[140], 특별그룹(Ad-hoc Group), 무역위원회(Trade Commission), 특별회의(Specialized Meetings), 기술협력위원회(Technical Cooperation Committee)등을 하부기구로 운용하고 있다.

특별위원회는 10개의 무역그룹(Trade Group)을 운영한다. 독립기구로 합동의회위원회(Joint Parliamentary Commission), 경제사회자문포럼(Economic and Social Forum), 관리사무국(Administrative Secretariat)등이 있다.

남미공동시장 공동관세는 브라질 마나우스 자유무역 지대(Manaus Free Trade Zone)와 아르헨티나 티에르라 델 푸에고 자유무역지대(Tierra del

---

140 Commercial matters, Customs matters, Technical standards, Tax and monetary policies relating to trade, Land transport, Sea transport, Industrial and technology policies, Agricultural policy, Energy policy, Coordination of macroeconomic policies, Labor, employment and social security matters

Fuego free Trade Zone)에서는 효력이 없다.

사. 카리브공동체(Caribbean Community)

카리브공동체는 바베이도스, 벨리즈, 가이아나, 도미니카, 그레나다, 아이티, 자메이카 등 카리브 해에 소재한 15개 국가[141]를 정회원국으로 1973년 창설된 지역기구이며 회원국 간 경제통합과 협력촉진을 목표로 하고 있다. 이외 5개 준회원국가[142], 8개 옵서버국가를 두고 있다.

구체적 활동은 역내 국가 간 경제정책과 개발계획의 조정, 역내 최빈국 지원 프로젝트 실시, 단일시장(Caricom Single Market)[143], 무역 분쟁 조정 등이다. 사무국은 가이아나 조지타운에 있다.

카리브공동체 인구는 18.5백만 명(2019년 추정)이며 국내총생산은 82십억 불, 1인당 국내총생산은 12,608불이다. 창설 당시 회원국은 영어권 국가 중심이었으나 1995년 화란어를 사용하는 수리남과 2002년 불어를 사용하는 아이티가 회원국이 되고 2003년에는 스페인어도 사용언어로 추가하면서 다국적 언어사용 기구가 되었다.

카리브공동체는 1973년 8월 1일 발효된 차과라마스 조약(Treaty of Chaguaramas)에 따라 창설되었고 1968년~1972년 기간 중 활동했던 카리브자유무역연합(CARIFTA, Caribbean Free Trade Association)을 대체하였다. 카리브공동체는 2001년 차과라모스 조약 개정을 통해 카리브공동

---

141 Antigua and Barbuda, Bahamas, Narbados, Belize, Dominica, Grenada, Guyana, Haiti, Jamaica, Montserrat, Saint Kitts and Nevis, Saint Lucia, Saint Vincent and the Grenadines, Suriname, Trinidad and Tobago

142 Anguila, Bermuda, British Virgin Island, Cayman Islands, Turks and Caicos Islands

143 Aruba, Colombia, Curacao, Dominican Republic, Mexico, Puerto Rico, Saint Martin, Venezuela

시장(CSM)을 카리브공동시장경제(CSME)로 변경하였다.

주요기구는 카리브정상회담(CARICOM Heads of Government), 공동체위원회(Community Council)가 있다. 공동체위원회는 재무기획, 외교 및 공동체관계, 인간과 사회개발, 무역과 경제개발 등 4개의 산하위원회(Secondary Council)와 법률, 예산, 중앙은행총재 등 3개의 지원위원회를 가지고 있다.

대외관계를 보면 라틴아메리카카리브국가공동체(CELAC)를 구성하고 있고 유럽연합과 경제동반자협정(Economic Partnership Agreement)을 체결했다.

아. 태평양동맹(Pacific Alliance) ─────────────

태평양동맹은 칠레, 콜롬비아, 페루, 멕시코 등 태평양 연안 4개국이 상품, 서비스, 자본, 사람의 완전한 자유이동이 가능한 통합지대 형성을 위해 2012년 6월에 창설한 중남미 무역블록(Latin American Trade Bloc)이다.

태평양동맹 인구는 218.5백만 명(2016년 추정)이며 국내총생산은 2.228조 불(2015년 추정)로 중남미 전체 국내총생산의 35%를 차지하고 있다. 1인당 국내총생산은 10,703불이다. 무역규모는 2010년 기준 445 십억 불로 남미공동시장 전체 무역규모와 비교할 때 60% 수준이다.

2011년 4월 28일 페루 알란 가르시아(Alan Garcia) 대통령은 리마에서 멕시코, 칠레, 콜롬비아 대통령과 회동하고 태평양동맹 창설을 합의한 리마 선언(Declaration of Lima)을 발표했다.

창설목표는 아시아 국가들과의 관계 확대를 위해 역내 국가 간 자유무역과 경제통합을 강화하는 것이었다. 이를 위해 회원국 간 무역장벽을 낮추는 것 외에 무비자여행, 공동증권거래소(Common Stock Exchange) 운용[144], 합동 외교공관 설치[145] 등 역내통합을 위한 다양한 통합 프로젝트를 진행하고 있다.

태평양동맹은 현재 페루, 멕시코, 칠레, 콜롬비아 등 4개 정회원국과 호주, 캐나다, 뉴질랜드, 싱가포르 등 4개 준회원국, 60개 옵서버 국가들로 구성되어 있다.[146]

자. 아메리카 볼리바르 동맹(ALBA)

아메리카 볼리바르 동맹(이하 "볼리바르 동맹')의 공식명칭은 '우리 아메리카 인민을 위한 볼리바르 동맹 – 인민무역조약(Bolivarian Alliance for the Peoples of Our America – Peoples' Trade Treaty)'이다.

볼리바르 동맹은 베네수엘라, 쿠바, 볼리비아, 니카라과, 앤티가 바부다, 도미니카, 그레나다, 세인트 키츠 네비스, 세인트루시아, 세인트 빈센트 그레나딘 등 10개 회원국이 정치, 경제, 사회적 통합이라는 이념을 가지고 결성한 정부 간 기구이다. 명칭에 나타나는 볼리바르의 의미는 독립전쟁의 영웅으로 해방자로 불리는 시몬 볼리바르 장군의 중남미통합 이념을 기린다는 것이다.

2004년 베네수엘라 차베스 대통령과 쿠바 카스트로 의장은 당시 미국이 중남미 역내에서 구현하고자 했던 미주자유무역지대(FTAA)에 반대하며 그 대안(Alternative)으로 '우리 아메리카 인민을 위한 볼리바르 대안

---

144 이 프로젝트는 중남미통합시장(Mercado Integrado Latinoamericano, MILA)이다.

145 회원국 4개국은 가나에 합동 대사관을 칠레와 콜롬비아는 알제리, 모로코, 베트남에 합동 대사관을 설치해 운영하고 있다. 멕시코는 모로코 카사블랑카에 무역사무소를 개소하고 회원국과 공동으로 사용하고 있다.

146 2020년 기준

(Bolivarian Alternative for the Peoples of Our America, 이하 볼리바르 대안)'을 결성하였다.[147] 매년 회원국 간 정상회담을 개최하고 있다.[148]

볼리바르 대안 결성 이후 당시 역내에 확산되고 있었던 핑크 타이드 분위기 속에서 좌파정권들이 새롭게 '볼리바르 대안'에 참여하며[149] 2006년 회원국 간 인민무역조약(Peoples' Trade Agreement)이 체결되었다. 2009년 볼리바르 대안의 명칭을 볼리바르 동맹으로 변경하고 인민무역조약을 추가하였다. 옵서버 국가로 아이티, 이란, 시리아 등 3개국이 있다.

볼리바르 동맹은 2009년 볼리비아 코차밤바(Cochabamba)에서 개최된 제7차 정상회담에서 회원국 간 교역에 사용될 가상화폐로 수크레(Sucre)를 채택했다. 수크레는 베네수엘라, 볼리비아, 니카라과, 쿠바, 에콰도르 간 교역에 사용되고 있다.

볼리바르 동맹은 추구하는 이념과 목표를 달성하기 위해 카리브석유통합체(Petrocaribe), 남미석유통합체(Petrosur), 텔레수르(Telesur) 등 역내 국가 간 경제협력 프로젝트를 운용하고 있다.

카리브석유통합체는 2005년에 창설되어 18개 카리브 국가를 회원국으로 가지고 있다. 이 통합체는 베네수엘라와 카리브 국가 간 체결된 산호세 의정서(San José Accords, 1980)와 카라카스 에너지 의정서(Caracas Energy Accords, 2000)에 따라 베네수엘라 원유를 회원국에게 특혜조건으로 공급해 역내 에너지 안정에 기여하는 것을 목표로 하고 있다.[150]

남미석유통합체는 베네수엘라석유공사(PDVSA)가 주도해 아르헨티나석유공사(YPF), 브라질석유공사(PETROBRAS)와 창설한 통합체로 역내 사

---

147 쿠바-베네수엘라 협정(Cuba-Venezuela Agreement, Dec.24,2004)

148 2020. 12.14. 제18차 정상회담을 화상회의 방식으로 개최하였다.

149 볼리비아(2006), 니카라과(2007), 에콰도르(2009), 온두라스(2008), 에콰도르와 온두라스는 이후 탈퇴하였다.

150 The payment system allows for the purchase of oil at market value for 5%–50% up front with a grace period of one to two years; the remainder can be paid through a 17-25 year financing agreement with 1% interest if oil prices are above US$40 per barrel. Wiki.

회복지 프로그램에 대한 자금지원을 목표로 하는 협력체이다.

텔레수르는 볼리바르 동맹 회원국을 대상으로 2005년부터 베네수엘라, 쿠바, 니카라과가 중심이 되어 인터넷 기반으로 텔레비전 방송을 하고 있는 미디어 기업이다.

차. 남미국가연합(UNASUR)

남미 12개국[151]으로 구성된 남미국가연합은 2004년 12월 4일 볼리비아 쿠스코에서 개최된 제3차 남미국가정상회의(South American Summit)에서 남미국가공동체(South American Community of Nations) 창설을 예정하는 쿠스코 선언(Cusco Declaration)이 채택된 것에서부터 시작되었다.

2008년 5월 23일 브라질리아에서 개최된 남미국가 정상회의에서는 남미국가공동체 구성조약(UNASUR Constitutive Treaty)이 서명됨으로서 그 틀을 마련했다. 그러나 조약발효에는 최소 9개 국가의 비준이 필요했는데 2011년 3월 11일 아르헨티나, 볼리비아, 칠레, 에콰도르, 가이아나, 페루, 수리남, 베네수엘라에 이어 우루과이가 비준을 마침으로서 조약이 발효되고 창설이 완료되었다. 남미국가공동체는 2007년 4월 남미국가연합(Union of South American Nations)으로 그 명칭이 바뀌었다.[152]

남미국가연합은 2017년 1월 삼페르(Ernesto Samper) 콜롬비아 전직 대통령의 사무총장 임기가 끝나고 후임자를 선정하는 과정에서 회원국 간 분쟁이 발생했다. 이를 계기로 베네수엘라를 중심으로 한 볼리비아, 수리남,

---

151 남미는 아르헨티나, 브라질, 볼리비아, 칠레, 콜롬비아, 에콰도르, 가이아나, 파라과이, 페루, 수리남, 우루과이, 베네수엘라 등 12개 독립국가와 프랑스 자치령인 프렌치 기아나로 구성되어 있다.

152 2005년 이그나시오 워커(Ignacio Walker) 칠레 외무장관이 남미연합(South American Union)으로 명칭변경을 제안한 이후 논의를 거친 후 2007년 4월 남미국가연합으로 확정되었다.

가이아나 등 국가 그룹과 아르헨티나, 브라질, 칠레, 콜롬비아, 페루, 파라과이 등 리마그룹(Lima Group)[153]이 나뉘어져 대치를 했다.

리마그룹에 속한 국가들은 베네수엘라 마두로 정권의 정치적 인권탄압을 비난하고 정책수정을 요구하는 리마 선언(Declaration of Lima)을 발표하며 베네수엘라에 대한 정치적 압박을 계속했다. 이후 아르헨티나 등 리마그룹 소속 국가와 우루과이, 에콰도르 등 8개 국가가 남미국가연합에서 탈퇴를 선언했다. 현재는 베네수엘라, 볼리비아, 가이아나, 수리남 등 4개 국가만 회원국으로 남아있다.

피네라(Sebastián Piñera) 칠레 대통령과 두케(Iván Duque) 콜롬비아 대통령은 2019년 3월 산티아고 선언(Santiago Declaration)을 통해 남미국가연합을 대체할 새로운 기구 창설을 목표로 "남미발전개발포럼(PRO-SUR, Forum for the Progress and Development of South America)'을 개설했다. 현재 이 포럼에 참여하고 있는 국가는 아르헨티나, 브라질, 칠레, 콜롬비아, 에콰도르, 가이아나, 파라과이, 페루 등이다.

카. 라틴아메리카 카리브 국가공동체(CELAC) ──────

라틴아메리카 카리브 국가공동체(이하 '국가공동체')는 2010년 2월 23일 개최된 리오그룹[154]-카리브공동체 합동정상회담에서 고안되고[155] 2011년

---

153 베네수엘라 정치위기 이슈를 논의하기 위해 페루의 주도아래 아르헨티나, 브라질, 캐나다, 콜롬비아, 코스타리카, 과테말라, 온두라스, 멕시코, 파나마, 파라과이, 페루 등 12개국이 2017년 8월 8일 리마에서 베네수엘라 마두로 정권을 압박하는 리마 선언을 발표했다. 이들 국가 중 남미에 소속되어 있는 아르헨티나, 브라질, 칠레, 콜롬비아, 파라과이, 페루 6개 국가들을 리마그룹으로 부른다.

154 리오그룹은 1986년 12월 18일 리오 데 자네이로에서 창설된 중남미카리브지역 정치협의체로 회원국 간 보다 나은 정치관계 유지를 목표로 하고 있다. 회원국은 24개국이며 2011년 라틴아메리카카리브국가공동체가 창설되면서 해체되었다.

155 The XXI Rio Summit and the II CALC summit were held together on 22–23 February

12월 3일 베네수엘라 카라카스에서 발표된 카라카스 선언(Caracas Declaration)을 근거로 창설되었다. 미주대륙에서 미국과 캐나다를 제외한 33개 독립국가 들을 회원국으로 하고 있다.

국가공동체는 정치성향을 가진 기구로서 중남미통합이라는 오래된 중남미인들의 염원을 담은 통합 사례로 평가되고 있다. 그리고 미국의 중남미에 대한 영향력 배제를 지향하고 있어 미국이 주도하는 미주기구(OAS)에 정치적으로 대항한다는 의미를 가지고 있다.

국가공동체는 매년 정상회담을 개최하여 역내 현안을 토의하고 방향을 설정하고 있다.[156]

3. 중남미통합 평가와 과제

중남미통합 이슈는 제2차 세계대전이 끝난 뒤 1948년 미국이 주도한 미주기구(OAS) 창설로부터 시작되었다. 미주기구는 냉전시기 시작과 함께 역내에 설치된 정치적 통합기구이었다.

미주기구가 창설된 이후에 역내 국가들이 주도한 중남미통합은 볼리바르의 꿈으로 상징되는 정치적 동기보다는 경제개발에 목표를 둔 실시구시적인 것이었다. 이 시기 중남미통합은 1960년대 프레비시(Raúl Prebisch) 유엔중남미경제위원회(ECLAC) 초대 사무총장이 주창한 수입대체산업화(ISI)전략의 이념과 틀 속에서 추진되었다.

2010 in Playa del Carmen, Mexico. The joint summit was named the Latin American and Caribbean Unity Summitand the 32 attending states decided to create the Community of Latin American and Caribbean States (CELAC), which would be formally established in 2011, Wiki

156 2020년 제8차 정상회의가 멕시코시티에서 개최되었다. 제1차 회의(산티아고, 칠레 2013), 제2차 회의(아바나, 쿠바 2014), 제3차 회의(벨렌, 코스타리카 2015), 제4차 회의(키토, 에콰도르 2016), 제5차 회의(푼타 카마, 도미니카공화국 2017), 2018-2019년은 엘살바도르와 볼리비아가 주최 국가이었으나 개최하지 않음.

1962년 몬테비데오조약에 의해 탄생한 중남미자유무역연합(LAFTA)은 국내시장 협소라는 규모의 경제 문제를 해결할 것이라는 기대가 있었다. 그러나 이 기대는 각 회원국이 추진하고 있는 수입대체산업화전략의 일환인 보호무역주의정책으로 인해 한계에 부딪쳤다.

특히 자동차, 섬유, 농산물 등 민감 품목에서는 주요 회원국들의 이해충돌로 상품무역자유화에 대한 논의가 중단되어 당초 기대했던 산업합리화 (industrial rationalization) 목표를 이루지 못했다. 이러한 성과에 실망한 안데스 국가들은[157] 1969년 별도로 안데스조약(Andean Pact)을 체결하기도 했다.

1980년 중남미자유무역연합을 대체해 새롭게 발족한 중남미통합연합은 과거에 경험했던 회원국 간 이해충돌을 피하기 위해 통합 기대치를 낮추고 필요하다면 기구 내에서도 회원국 간 양자무역협정 체결이 가능하게 하는 체제를 운용하였다.

그럼에도 불구하고 역내 국가 경제통합 노력은 1980년 초 중남미를 강타한 외채위기로 성과를 내지 못하고 역내에 새롭게 등장한 신자유주의 경제정책의 개방적지역주의(Open Regionalism)에 기초한 경제통합이 등장했다.

신자유주의 경제정책 추진 주체들은 개방적지역주의가 글로벌 경제의 시장개방, 무역과 금융자유화, 외국인투자, 경제의 시장기능 강화, 국가역할 축소 등으로 특징되는 새로운 환경에 개도국이 선택할 수 있는 가장 적절한 방안이라고 인식했다.

1990년대 이후 중남미통합은 새롭게 등장한 개방적지역주의로부터 변화를 보여주었다. 우선 경제통합은 역내 국가 간 뿐만 아니라 역외 국가와 양자 또는 다자 간 자유무역협정이 활발하게 체결되었다.

---

157 볼리비아, 콜롬비아, 에콰도르, 페루, 칠레, 베네수엘라 등

역내 국가 간에도 자유무역, 공동시장, 관세동맹 등 다양한 형태의 다자간 통합이 이루어졌다. 1994년 창설된 남미공동시장(Mercosur)과 2012년 발족한 태평양동맹(PA)이 대표적인 경제통합기구들이다.[158]

정치적으로는 미국 주도의 미주기구에 대항해 창설한 라틴아메리카카리브 국가공동체(CELAC)와 아메리카 볼리바르 동맹(ALBA)등이 있다.

가. 구지역주의(Old Regionalism)의 실패 ──────
-중남미자유무역연합(LAFTA)과 중남미통합연합(LAIA)

역내 경제통합을 목표로 했던 중남미자유무역연합은 결과적으로 성과를 내지 못한 채 중남미통합연합으로 대체되었다.

중남미통합연합도 현재까지 존속되고 있지만 당초 기대했던 역내 경제통합의 동력을 상실하고 1990년대부터 새롭게 등장한 개방적지역주의 흐름에 밀려 구시대적 경제통합의 틀로 명맥을 유지하고 있는 상황이다.

이들 경제통합기구가 성과를 내지 못한 이유는 당시 경제통합에 긍정적이지 못했던 몇 가지 구조적 모순이 있다. 첫째는 역내 국가가 취했던 경제개발전략과의 모순성이다. 제2차 세계대전이 종료된 이후 중남미 국가들은 새로운 경제개발전략으로 수입대체산업화정책(Import Substitution Industrialization Policy)을 실행했다. 이 정책은 필연적으로 시장경제에 대한 국가 역할을 증대시켰고 국내 제조업 보호를 위한 강력한 보호무역주의 정책을 실시했다.

역내 국가들은 중남미자유무역연합이 추구하는 역내국가 간 무역자유화

---

158 Regional Integration, Trade and Conflict in Latin America, Alejandra Ruiz-Dana, Peter Goldschagg, Edmindo Claro and Hernán Blanco, Jan, 2007, International Institute for Sustainable Development 종합인용

가 규모의 경제 문제를 해결할 수 있다는 데는 원칙적으로 동의하지만 이는 브라질과 아르헨티나와 같이 산업역량이 큰 국가에만 해당이 되는 것이고 중소규모 경제권에 속한 다른 국가의 입장에서는 현실적으로 자국 제조업에 '트로이 목마'가 될 수 있다고 생각했다.

또한 아르헨티나와 브라질에서도 민간기업들은 처음부터 규모의 경제에는 관심이 없었다. 이들은 경제통합으로 역내 시장규모가 확대되어 미국과 유럽으로부터 외국인직접투자가 활발하게 이루어지면 그동안 보호무역주의 우산 속에서 보호받아 왔던 자신들의 시장에 대한 기득권 상실 가능성을 예견하고 경제통합에 적극적인 입장을 가지고 있지 않았다.

둘째는 1969년 채결된 안데스조약이다. 안데스산맥에 산재한 볼리비아, 콜롬비아, 에콰도르, 페루, 칠레, 베네수엘라 등 역내 중규모 경제권 국가들은 아르헨티나, 브라질 등 대규모 경제권 국가와 이해관계 차이로 중남미자유무역연합의 통합협상에 열성적이지 못하였다.

결과적으로 안데스 국가들은 자신들만의 경제통합기구인 안데스조약을 창설했고 이로 인해 중남미자유무역연합으로의 경제통합 동력은 크게 약화되었다.

셋째는 역내 국가 간 양자협상에 따른 관세인하는 중남미자유무역연합의 최혜국대우 원칙에 따라 회원국 전체에 적용되기 때문에 각국의 이해관계가 상호 충돌했다. 당시 관세협상 대상품목은 9,200여개에 달했는데 협상은 상호 융통성을 발휘하지 못해 지지부진할 수밖에 없었다.

넷째는 역내 정치경제 상황의 불안정성이다. 1970년대에 빠르게 등장하기 시작한 군부정권들과 여타 민간정권들의 민주주의에 대한 인식의 차이와 함께 역내에서 확산되고 있는 경제침체는 원활한 협상추진에 큰 장애가 되었다.

다섯째는 미국이 중남미경제통합에 대한 입장이 긍정적이지 못했다는 것이다. 미국은 냉전시기 미주기구를 통해 중남미 국가들에게 패권주의적 영향력을 구사하고 있었는데 중남미 국가들이 주도해 지역통합기구를 만들어 독자적으로 움직이는 것은 미국의 국익에 유리하지 않다고 평가하고 있었다.

이러한 미국의 입장은 1990년 조지 부시(George H. W. Bush) 미대통령이 발표한 Enterprise for the American Initiative(EAI)[159] 정책으로 나타났다.

나. 신개방적지역주의(New-open Regionalism) ────────

1980년대 중후반 세계경제는 시장개방 속에서 확장 국면에 있었지만 중남미 경제는 외채위기로 침체상황을 벗어나지 못하고 있었다. 이러한 상황 타개를 위해 역내 국가 정책입안자들은 워싱턴 컨센서스로 구체화된 신자유주의 경제이념에 기반을 둔 경제구조개혁을 추진했다.

대외교역부문에서도 강력한 보호무역주의 속에서 추진했던 경제통합을 지양하고 시장개방 속에서 추진되는 개방적 경제통합이 힘을 얻었다. 특히 유엔중남미경제위원회(ECLAC)는 1990년대 초 개방적지역주의에 따른 경제통합의 필요성을 강력하게 주장하며 여기에 힘을 실었다.[160]

개방적지역주의 정의는 학자에 따라 다르다. 중남미에서 개방적지역주의

---

159 A program to boost hemispheric trade unveiled by U.S. President George H. W. Bush on June 27, 1990. The primary objectives of the program were to establish a free-trade zone stretching across North and South America, expand investment and provide debt relief for Latin American and Caribbean countries. Investopedia

160 The concept of 'open regionalism' in Latin America originated in Economic Commission for Latin America and the Carribean (ECLAC) proposals of the early 1990s. According to Eduardo Gudynas, the springboard for the evolution of the 'new' wave of regionalism were three documents: 'Productive Transformation with Equity' (PTE) in 1990, 'Sustainable Development: Productive Transformation, Equity, and Environment' in 1991 and finally the 'open regionalism' program in 1994. Regional Integration in Latin America, p.12, Georgia Aitaki, Konstantinos Georgalos, Alexia Karapatsia, Institute od International Economic relationsa Feb. 2008

를 가장 먼저 주창한 로젠탈(Gert Rosenthal) 유엔중남미경제위원회 사무
총장(1985-1997)은 이를 '경제자유화와 규제해제가 잘 이루어진 지역 환
경을 배경으로 경제의 상호의존성을 성장시켜 역내뿐만 아니라 세계적 수
준에서 역내 국가들의 경쟁력을 높여가는 과정'이라고 정의했다.

또한 개방적지역주의는 무역자유화를 추진하는 논리적 근거를 넘어 역
사, 문화, 경제, 사회적 유산을 공유하고 있는 국가 간 관계를 보다 견고하
게 연결해 주는 과정으로 인식되었다.[161]

1994년 오우로 프레토 조약(Treaty of Ouro Preto)에 근거해 창설된 남
미공동시장(MERCOSUR)은 개방적지역주의를 표방한 중남미경제통합기
구의 첫 사례이다.

태평양 연안 국가를 중심으로 구성된 태평양동맹(PA)도 이러한 맥락에서
창설되어 개방성을 강조하며 역내 통합의 기능을 수행하고 있다.

다. 향후 도전과제 ─────────────

중남미 역내 정치 및 경제통합의 과정과 미래에 대한 논의는 계속 진행되
고 있다. 특히 21세기 들어 중남미 다수 국가들이 역외 국가들과 양자 또
는 다자간 자유무역협정을 체결하면서 역내통합의 중요성도 커지고 있다.

유엔중남미위원회도 성공적인 중남미경제통합을 위한 이념적 그리고 물
리적 인프라 환경을 구축하기 위해 노력하고 있다.

중남미 통합기구 중 21세기 들어 새롭게 발족한 라틴아메리카카리브국가
공동체(CELAC), 아메리카를 위한 볼리바르 동맹(ALBA), 태평양동맹(PA)
그리고 아르헨티나와 브라질 등 역내 경제 강국들을 중심으로 1994년 창설

---

161 Regional Integration in Latin America, p.16, Georgia Aitaki, Konstantinos Georgalos,
Alexia Karapatsia, Institute od International Economic relations. Feb. 2008

된 남미공동시장(MERCOSUR)의 역할이 앞으로 매우 중요하다.

역내 경제통합 관련 남미공동시장과 태평양동맹 회원국을 합하면 에콰도르, 볼리비아, 수리남, 가이아나 등 4개국을 제외한 남미 주요 국가들 대부분이 포함된다.[162] 따라서 이들이 현재 추구하고 있는 이념과 제도 차이만 극복한다면 양기구의 통합이 가능할 수 있다는 논의가 있다.

유엔중남미경제위원회는 양 기구 간 협력방안을 마련하는 등 통합을 위한 프로그램을 가동하고 있다. 이들도 상대 기구 회원국을 옵서버 국가로 받아들이면서 관계 증진을 도모하고 있다.

2014년 바첼레트(Michelle Bachelet) 칠레 대통령은 양 기구의 통합추진을 목표로 2014년 '다양성 융합(Convergence in Diversity)'이라는 통합 프로그램을 제시했다.

여기에 근거하여 남미공동시장의 공동시장그룹(GMC)과 태평양동맹의 최고위그룹(GAN)은 2014-2018년 기간 중 통합가능성에 대한 논의를 개시하고 그 결과를 2018년 멕시코에서 개최된 태평양동맹 정상회담에 제출했다.

당시 태평양동맹 정상회담에 남미공동시장 정상들도 참석했는데 이들 8개 국가 정상들은 양 기구 통합을 위한 행동계획(Action Plan)을 채택하고 곧 바로 실행할 것을 결의했다.

그러나 이 행동계획의 실천은 2019년부터 이어진 역내 국가들의 국내정치 불안과 회원국 간의 관계 불안으로 적절하게 이루어지지 못했다. 2020년에도 코로나 바이러스 팬데믹으로 진전이 사실상 중지된 상황이다.[163] 그러나 앞으로 통합을 추진과정과 그 결과가 주목되고 있다.

한편 대서양 국가와 관계를 중시하는 남미공동시장과 태평양 국가와 관

---

162 베네수엘라가 2012년 남미공동시장 정회원국으로 가입했다. 볼리비아도 정회원국 가입을 앞두고 있다.

163 Mercosur-Pacific Alliance Convergence: Moving Forward or Moving Nowhere?, Julia Borba Goncalves, Jul.24 2020, E-International Relations

계를 중시하는 태평양동맹 간의 이념(Idea), 목표(Goal), 제도(Institution)의 차이가 너무 커서 협력은 가능하지만 통합은 어려울 것이라는 견해도 간과할 수 없다.

역내 정치통합과 관련하여 미주기구에 대항해 창설된 라틴아메리카 카리브 국가공동체의 역할과 활동이 앞으로 기대되고 있다. 또한 핑크 타이드(Pink Tide) 시기에 좌파 정권을 중심으로 결성된 아메리카 볼리바르 동맹의 움직임도 앞으로 중남미 역내 정치통합의 방향과 성격에 영향을 줄 수 있다.

라틴아메리카 카리브 국가공동체 성패는 앞으로 역사적 유산인 역내외 패권주의로부터 어떻게 독립할 수 있는가에 달려있다.

우선 역외 전통적인 패권권가인 미국의 정치 및 경제적 영향을 어떻게 극복할 수 있는가이다. 역내 개별 국가들은 21세기 들어 미국의 중남미에 대한 국제정치 및 외교적 관심이 줄어드는 상황을 맞이해 아시아와 유럽 국가들과 정치경제관계를 다변화시켜 미국의 역내 영향을 감소시키고 회피할 수 있는 기회로 활용하기는 했다.

그러나 미국의 중남미에 대한 패권적 영향력을 축소시키거나 배제하기 위해서는 개별 국가적 노력보다는 집단적 행동이 중요한데 앞으로 중남미의 제도적 통합기구로서 라틴아메리카 카리브 국가공동체 역할이 매우 중요하다.

다음 브라질과 아르헨티나는 역내 전통적인 패권국가로서의 위상을 확보하고 유지하기 위해 노력해왔다. 특히 브라질은 중남미에서 미국을 대신해 패권을 확보하려는 의지를 가지고 있는데 이는 역내에서 같은 의지를 가지고 경쟁하고 있는 아르헨티나와 페루, 칠레, 콜롬비아 등 태평양연안 국가들의 이해관계와 상충된다. 앞으로 브라질이 역내에서 지도자적 국가위상을 확보하기 위해서는 역내 패권자로서의 의지를 지양하고 보완적이며 동반자적 입장을 취할 때 우호적인 역내 통합 환경이 조성될 것이다.

아울러 중남미 정치경제통합이 원활하게 추진되기 위해서는 환경적 장애 요소를 제거하거나 개선하는 것도 매우 중요하다. 여기에는 국가 간 영토 분쟁, 정치이념의 차이, 경제보완성의 부족, 에너지, 통신, 수송 등 각종 인프라 부족과 통일성 결여 등이 있다. 이들 이슈들은 그 어느 것도 간과할 수 없는 발전적 해결이 요구되고 있는 것들이다.[164]

---

164 Eight Challenges facing Latin American Integration and a New Role for Asia, Richard Fidler, July 15, 2013, Canadian Dimension

CHAPTER 7

지역전쟁

유럽 국가들이 16세기 초 중남미 식민지배 체제를 구축한 이후부터 현재까지 역내에서는 다양한 주체 간에 크고 작은 전쟁이 끊임없이 발생했다.

스페인 식민시기에는 인디오 원주민들이 스페인 통치에 대해 소규모 군사적 저항을 일으켰으나 스페인 정부군에 의해 바로 진압되었다. 중남미에서 근대적 의미의 전쟁은 18세기 말 아이티 독립전쟁(1791~1803)과 19세기 초 중남미 독립전쟁이 그 시작이었다. 이후에는 신생국가 간 영토전쟁과 역외국가의 간섭전쟁 그리고 개별국가 내전 등이 20세기까지 계속 이어졌다.

전쟁의 원인은 인종충돌, 국가독립, 국경분쟁, 원주민정복, 군벌경합, 자원획득, 계층대립, 역외간섭, 종교 등으로 매우 다양하다.

인종충돌을 원인으로 발생한 대표적 전쟁은 지배계층인 백인과 피지배계층인 흑인 간에 발생한 아이티 독립전쟁이다.

19세기 초부터 발생한 중남미 독립전쟁은 1824년에야 종료되었다. 10여 년 넘게 계속된 스페인과의 독립전쟁은 포르투갈 식민지였던 브라질을 제외한 중남미 전 지역에서 같은 시기에 진행되었다.

스페인 식민지배로부터 독립한 역내 신생국가들은 곧이어 이웃 국가들과 국경획정 전쟁에 휘말렸다. 스페인은 식민지를 크게 4개 지역으로 분할하고 지역별로 부왕청을 설치해 통치했다. 독립전쟁 이후 부왕청 관할 지역이 몇 개의 독립국가로 분할되면서 국경획정에 문제가 발생했는데 당시 전쟁 분위기에 익숙한 신생국가들은 이 문제를 해결하기 위해 손쉬운 전쟁 수단을 동원했다.

영토 확장을 목표로 하는 전쟁도 끊이지 않았다. 신생국가인 아르헨티나의 파타고니아 남부 원주민 정복전쟁과 미국이 영토 확대라는 제국주의적 의도를 가지고 일으킨 미-멕시코 전쟁(1836~48)이 그 대표적 사례들이다.

자원획득을 위한 전쟁도 피할 수가 없었다. '질산염 전쟁(Nitrate War)'
이라고도 불리고 있는 칠레와 볼리비아 및 페루 연합국가 간의 '태평양전
쟁(the War of the Pacific, 1879~1883)'이 그 사례이다. 칠레는 태평양
전쟁 승리의 대가로 페루 남부와 볼리비아 서부의 광대한 아타카마 지역
을 획득하였다.

영국을 포함한 유럽 국가 그리고 미국의 자본주의적 간섭도 중남미 국가
들을 불안하게 했다. 역내 신생국가들은 긴 독립전쟁으로 피폐해진 재정확
보와 경제개발을 위해 높은 비용을 지불하는 조건으로 유럽과 미국의 민간
차관을 도입하거나 직접투자를 유치하였다. 그러나 이들은 정치적 불안과
경제적 비효율로 인해 차관과 투자의 성과를 거두지 못하고 종종 채무지불
불능 상황을 맞이했다. 유럽 국가와 미국은 자국 투자가들의 이익보호를 위
해 역내 국가들에 대한 군사적 간섭을 하였다.

신생국가 주도권 장악을 위한 내부 정치세력 간 갈등으로 야기된 내전도
끊이지 않았다. 연방주의자와 중앙집권주의자, '카우디요'[165]로 불리는 군
벌들, 보수주의자와 자유주의자, 원주민, 농민, 도시빈민 중심의 좌파세력
과 군벌, 세습 기득권 세력 중심의 우파세력 간 정치적 권력과 경제적 이익
독점이 내전의 본질이었다.

종교도 전쟁과 폭력 발생에 영향을 주었다. 미겔 히달고(MIguel Hidal-
go)와 호세 모렐로스(José Morelos) 가톨릭 신부는 멕시코 독립전쟁의 시
발점이었고 19세기 과테말라 라파엘 카레라(Rafael Carrera) 대통령과 에
콰도르 가르시아 모레노(Gabriel García Moreno) 대통령은 가톨릭교회
의 강력한 지지와 지원으로 무력통치를 하였다.

다양한 배경 속에서 발생한 전쟁은 역내 신생국가들의 국가건설에 많은

---

165 원래 '말 등 위에 탄 사람'이란 뜻을 지닌 용어로, 라틴아메리카 여러 지역에서 독립투쟁을 주
도하면서 개인 휘하의 군사력을 강화하고, 1820년대 독립 이후에는 이를 바탕으로 막강한 정치적
·경제적 권력을 장악하게 된 이들을 일컫는다. 굳이 번역한다면 지역의 군벌(軍閥)이나 군사적 수
장이 적절해 보인다.[Daum백과]

부정적 영향을 주었다. 전쟁으로 발생한 영향을 측정하기 위해서는 사망자와 부상자 수, 인구감소율, 정권 취득과 상실, 영토 취득과 상실, 사회적 변혁, 경제적 손익 등이 검토된다.

전쟁으로 인한 사망자와 부상자 수는 종종 그 규모가 부정확하기도 하지만 국가 차원의 희생규모를 판단할 수 있는 중요한 지표이다. 전반적으로 볼 때 19세기 중 중남미에서 발생한 전쟁 희생자 규모는 같은 기간 중 북미의 미국에서 발생한 전쟁 희생자 규모에 비해 매우 크다.

미국 독립전쟁(American Revolutionary War, 1775~1783)의 경우 미국 측 사망자 3만 5천 명, 영국 측 사망자는 3만 명이었다. 그러나 비슷한 시기 아이티 독립전쟁의 사망자 수는 35만 명에 이르렀는데 이중 20만 명은 흑인을 포함한 유색인종이고 나머지는 프랑스군 7만 5천 명, 영국군 4만 5천 명, 기타 백인 농장경영자 2만 5천 명 등이었다.

19세기 후반기 중 파라과이와 아르헨티나, 브라질, 우루과이 3국 동맹 간에 벌어진 '삼국동맹전쟁(the War of Triple Alliance, 1864~1870)'에서 패전한 파라과이는 전체 인구 52만 5천 명 중 30만 명을 잃었고 아르헨티나, 브라질, 우루과이 등 삼국동맹은 전체인구 1,085만 명 중 18만 명의 사망자를 냈다.

독립전쟁 시기 중 멕시코, 에콰도르, 베네수엘라는 전체 인구의 25%를 잃었고 삼국동맹전쟁에서 파라과이는 전체인구의 60%를 잃었는데 특히 15~50세 남자들은 80%가 사망했다. 이와 비교해 미국 남북전쟁(U.S. Civil War)에서 가장 많은 인적손실을 입은 북군의 사망률은 13%이었다.

전쟁 영향을 측정하는 다른 지표는 전쟁이 끝난 뒤 국가원수 교체 상황이다. 독립전쟁 이후 신생국가들의 대통령은 대체적으로 전쟁에서 승리한 장군들의 차지가 되었다. 곧 이어진 국가건설 시기에 발생한 내전에서는 무력을 보유한 지방 군벌인 일명 카우디요(Caudillos) 들이 정권을 잡았다. 이러한 전통은 20세기 중남미에서 다발한 군부 쿠데타로 이어졌다.

영토 확장은 특히 가시적 전쟁 성과이다. 미국은 미-멕시코 전쟁에서 승리한 뒤 당시 멕시코 전체 국토의 반을 병합해 역내 강대국으로 성장하는 계기를 마련했다. 칠레는 태평양전쟁에서 승리하여 광대한 아타카마 사막 지역을 확보했다. 아타카마는 현재 칠레 주력 수출상품인 구리와 미래의 에너지 자원인 리튬이 대량 매장되어 있는 지역으로 칠레의 역내 정치경제적 위상이 강화되는 배경이 되었다.

전쟁은 사회적 변화를 가져오기도 한다. '삼국동맹전쟁'의 승리 이후 브라질에서는 전쟁에서 성과를 보여준 군부의 역할과 입김이 커졌다. 이 결과 군부는 1889년 브라질 군주제가 붕괴하고 공화국으로 탈바꿈하는데 큰 동력으로 작용했다. 한편 직업 군인의 위상이 높아지면서 흑인 출신 등 유색인 출신 군인들의 사회적 활동영역도 넓어졌다.

2. 중남미 주요 전쟁

가. 독립전쟁

1) 아이티 독립전쟁(1791~1803)

1791년 8월 21일 카리브 해에 소재한 히스파니올라 섬의 프랑스 식민지 생도맹그(Saint Domengue)에서 노예반란으로 시작된 참혹한 인종전쟁은 12년 동안 진행되었다. 이 전쟁은 많은 사상자를 낸 후 1804년 1월1일 '아이티(Haiti)'란 이름으로 중남미 최초 독립 국가를 탄생시키며 종식되었다.

아이티가 소재한 히스파니올라 섬은 콜럼버스가 1차 항해 중인 1492년 12월 6일 최초 발견하고 상륙했던 섬으로 당시 그는 인도에 도착한 것으로 착각했다. 콜럼버스는 이 섬을 '라 에스파뇰라(La Española)'로 이름 짓고 스페인 영토로 편입했다. '히스파니올라'는 '에스파뇰라'의 영어식 표현이다.

히스파니올라 섬은 스페인이 중남미 대륙을 본격적으로 정복해 나가며 그 중요성이 점차 줄어들었다. 이러한 상황을 이용해 프랑스 해적들은 17세기 초부터 섬의 서부 1/3을 장악한 뒤 커피, 담배와 사탕수수를 재배해 프랑스에 수출하는 방식으로 경제활동을 해왔다.

스페인은 프랑스와 1697년 라이스윅 조약(Treaty of Ryswik) 조약체결을 통해 섬의 서부 1/3을 프랑스에 양도했다. 프랑스는 새롭게 확보한 식민지를 스페인이 장악한 동부 2/3의 산토도밍고에 대응해 생도맹그로 이름 짓고 식민지 경영을 시작했다.

독립전쟁이 발발하기 3년 전인 1788년 인구조사에 따르면 생도맹그 인구는 프랑스인을 주류로 한 유럽 백인 4만 명, 혼혈 유색 자유인[166] 2만 8천 명, 아프리카에서 유입된 흑인 노예 45만 2천명으로 구성되었다.

생도맹그는 18세기 중 카리브 지역에서 가장 많은 설탕을 유럽에 수출하는 식민지였다. 특히 프랑스인들이 1730년부터 관계수로시스템을 건설함으로서 사탕수수 생산량이 크게 증가해 1740년대에는 영국 식민지였던 자메이카와 함께 역내 최대 설탕 수출지역으로 등장했다. 당시 생도맹그의 설탕 수출액 규모는 영국의 북아메리카 13개 식민지 수출규모와 거의 동등한 수준이었다.[167]

따라서 생도맹그 경제는 전적으로 유럽 국가들의 설탕수요에 의존하고 있었으며 설탕 원료인 사탕수수는 프랑스인이 주축이 된 백인 대규모농

---

166 지배계층이었던 백인들과 흑인과의 사이에 태어난 혼혈인으로 일명 물라토(mulatto)라고도 한다. 이들은 연한 검은 색깔의 피부를 가지고 있었기 때문에 유색인(gens de couleur)로 불렸으며 부계가 백인이었으므로 프랑스에 유학하여 교육을 받기도 하고 군대에 입대하여 출세하기도 했다. 또는 전문직, 농장관리인 등의 일을 맡아했다.

167 1789년 기준 생도맹그는 세계 커피의 60%를 생산하고 영국과 프랑스가 수입하는 설탕의 40%를 담당하였다.

장 소유주들이 매년 아프리카로부터 유입되고 있는 흑인 노예들을 혹사시켜 생산했다.

18세기 중 아프리카 흑인들은 노예로 매매되어 카리브 섬들과 연안 국가들에 유입되었는데 1987년 한 해만 해도 생도맹그에 유입된 흑인 노예 규모는 2만여 명에 달했다. 이 규모는 같은 해 영국이 카리브에 소재한 영국 식민지 전체를 대상으로 들여온 흑인 노예 규모가 3만 8천 명이었다는 것과 비교해보면 생도맹그 유입 흑인노예 규모가 상대적으로 얼마나 큰지를 짐작할 수 있다.

이렇게 유입된 흑인 노예들은 현지의 가혹한 노동과 말라리아, 황열 등 풍토병으로 최소 50%는 1년 내에 사망했다. 따라서 백인 농장주들은 손실 인력을 보충하기 위해 흑인 노예들을 계속 받아들였고 그들의 생존 기간 중 최대한으로 비용을 회수하고자 가혹한 노동을 강요하였다.

흑인 노예들의 유입은 계속되어 전체 흑인 인구는 크게 증가했다. 그들은 자신들의 고향인 서부 아프리카 문화전통을 유지하며 자신들의 노동력을 착취하고 있는 백인 농장주들과 이들에게 빌붙어 자신들을 멸시하고 학대하는 혼혈유색 자유인들에 대한 증오심을 키워나갔다.

혼혈유색 자유인들은 백인들로부터 인종적 멸시와 차별을 당했지만 일정한 경제 사회적 대우를 보장받았고 흑인 노예들과는 차별화되었다. 이들은 근본적으로 백인 농장주들의 가깝고 먼 혼혈 후손들로 이루어졌기 때문에 백인들이 누리고 있는 지위와 대우를 갈망했다.

그러나 백인들은 전체적으로 혼혈유색자유인들과 연대해 흑인 노예들을 통제하면서도 혼혈유색 자유인들을 경멸하고 이들이 자신들과 같은 권리를 갖는 것을 극도로 경계했다. 이들은 자신들이 차별받고 있다는 열등감을 흑인 노예들에게 그대로 전가함으로서 그들을 더욱 가혹하게 다루었다.

백인들도 주요 공직을 독점하고 있는 프랑스 등 유럽 국가 태생의 백인 계층과 현지 태생으로 대규모 농장을 경영하는 부르주아 백인 계층 그리고 상업, 농장관리 등 전문직에 종사하는 프티 부르주아 백인 계층으로 나뉘어졌는데 이들 상호간에도 출신 지역과 이해관계 차이로 불만, 경멸, 증오가 팽배해 적대적 긴장이 잠재되어 있었다.

백인들은 정치경제 권력을 독점하고 있음에도 불구하고 흑인 노예들이 점점 증가하고 도주한 노예들이 집단적 저항을 시도하는 등 상황이 변화하기 시작하자 흑인 노예 반란에 대한 두려움으로 민병대를 조직하는 등 대응조치를 준비하기 시작했다.

아이티 독립전쟁은 백인, 혼혈유색 자유인, 흑인노예 간 반목과 증오심이라는 인종과 사회적 배경 속에서 프랑스 혁명과 나폴레옹 등장이라는 일련의 유럽의 정치적 상황변화가 불을 지폈다. 여기에 스페인과 영국이 프랑스 혁명과 나폴레옹의 등장을 견제하고 동시에 제국주의적 이익을 취하고자 간섭하기 시작하면서 전쟁은 국제화되고 장기화되었다.

전쟁의 원인은 1789년 5월 프랑스 혁명이 발발한 뒤 설립된 프랑스 입헌의회가 같은 해 8월 26일에 공표한 프랑스 인권선언(Declaration of the Rights of Man and the Citizen)에 있었다.

프랑스 인권선언은 '모든 인간과 시민의 자유와 평등'을 표방했는데 그 의미의 구체적 해석은 애매하였다. 이 중 가장 문제가 되는 것은 '모든 인간과 시민의 범위'에 여자와 노예 그리고 식민지 시민이 포함되는 것인가에 대한 여부였다. 이는 생도맹그 내부 인종적 관점에서 볼 때 인권선언 대상 범위에 대한 해석여부에 따라 기존 사회관계의 틀이 유지될 것인가 아니면 타파될 것인가를 결정하는 중요한 것이었다.

생도맹그 내에서는 인종적 계층에 따라 각자의 이해관계를 기초로 상대계층과 충돌하는 입장을 내며 상호 간 이합집산을 하기 시작했다.

백인 농장주들을 중심으로 한 부르주아 백인계층은 이 기회를 프랑스로부터 독립할 수 있는 기회로 파악했는데 이들은 독립을 통해 본국의 간섭 없이 보다 견고한 경제적 부를 쌓을 수 있다고 믿었다. 그러나 혼혈유색 자유인 계층과 흑인노예 계층은 인권선언 대상에 포함되지 않는다며 이들이 희망하는 자유와 평등 그리고 시민권 부여를 반대하였다.

혼혈유색자유인 계층은 백인 계층과 동일한 시민권을 당연하게 요청했으며 이를 확보하기 위해 식민정부를 상대로 무력투쟁을 벌리기도 했지만 흑인노예 계층의 자유와 평등 그리고 시민권 부여에는 일말의 관심도 없었다.

흑인 노예 계층은 백인 계층의 독립 열망에 대한 분위기에 반대해 처음에는 프랑스 왕정통치의 지속을 지지했다. 이들은 만약 백인 계층이 정권을 잡아 지배하는 상황이 온다면 과거 경험으로 볼 때 자신들은 더욱 더 합법적으로 보호를 받지 못할 것이라는 두려움을 가지고 있었다.

이렇게 긴장된 사회적 분위기 속에서 전쟁은 1791년 8월 21일 흑인노예 계층의 한 비밀스러운 부두 종교행사에서 촉발된 반란으로 시작되었다. 이 반란은 급속하게 확대되어 단지 몇 주 후 반란 참여 흑인 노예들이 10만 명에 이르렀고 반란 2개월 만에 4천여 명의 백인이 살해되고 180여 개의 사탕수수 농장과 900여 개의 커피 농장이 파괴되었다. 한편 백인 계층도 민병대를 조직하여 반격을 하기 시작했으며 같은 해 9월에만 1만 5천 여 명의 흑인 반군을 살해했다.

흑인 노예 계층들은 이 단계에서 노예로부터의 해방을 요구했지만 독립을 주장하지는 않았다. 반군 지도자들은 백인 농장주들과는 다르게 프랑스 왕을 위해 싸우고 있다는 것을 고백하기도 했고 자신들에게 고통을 주었던 식민지배자들과는 다르게 프랑스 왕은 자유를 줄 것이라고 믿었다. 그럼에도 불구하고 여러 정치적 상황의 발생으로 흑인 노예 계층의 반란은 독립전쟁으로 변화되어 나갔다.

이렇게 시작된 흑인 노예 계층의 반란은 유럽에서 프랑스가 영국과 전쟁을 선포하고 스페인이 영국 편에 서면서 히스파니올라 섬에서도 영국과 스페인이 자국의 제국주의적 이해관계를 개입시켜 간섭하기 시작했다.

프랑스도 생도맹그를 흑인 노예 반란군과 영국 및 스페인 간섭으로부터 지키기 위해 군대를 계속 파견하며 전쟁을 이어나갔다. 이는 프랑스 제1공화국이 붕괴되고 나폴레옹이 집권한 이후에도 계속되며 국제전 양상을 보여주었다. 이 전쟁은 결국 생도맹그 내부 인종 갈등과 프랑스, 영국, 스페인의 이해관계에 따라 상호 이합집산을 하며 12년 동안 지속되며 많은 사상자를 냈다.

흑인 노예 반란 세력 지도자인 장 자크 데살린(Jean-Jacques Des-salines)[168]은 프랑스 나폴레옹이 집권한 뒤 생도맹그에 기존 노예제도를 계속 유지하겠다는 방침을 정하자 그 때까지 프랑스 측에 서있었던 입장을 철회하고 프랑스군에 저항했다. 그는 독립전쟁에서 최종적으로 승리하고 1804년 1월1일 '아이티(Haiti)'란 국명으로 제정국가를 선포하며 초대 종신황제로 취임하였다.

2) 중남미 독립전쟁

스페인은 중남미 식민통치기구로 부왕청(viceroyalty)과[169] 총독부(Captaincy General)를 설치했다. 1524년 멕시코시티에 뉴스페인 총독부가 설치된 뒤 페루(1528, 리마), 산토도밍고(1540), 과테말라(1560), 유카탄(1564), 뉴그라나다(1563, 보고타), 푸에르토리코(1580), 쿠바(1764), 베네수엘라(1776), 칠레(1789)등으로 이어졌다. 이 중 뉴스페인, 페루, 뉴그

---

168 장자크 데살린(프랑스어: Jean-Jacques Dessalines, 1758년 9월 20일 ~ 1806년 10월 17일)은 아이티 국민적 영웅들 중의 하나이며, 프랑스로부터 나라의 자유를 찾아 그 첫 지도자가 되었다. 생도맹그의 프랑스 식민지에서 노예 출신인 데살린은 1791년 아이티 노예 반란이 일어난 후에 반란 지도자인 투생 루베르투르 아래에서 활동한 후 다시 독립전쟁을 시작해 프랑스의 지배를 제거하였다. 데살린은 1804년 식민지를 아이티로 이름 짓고 자신을 황제로 선언하였다. 그의 매우 잔혹하여 멸시를 받았으며 아이티 건국의 아버지로 영예를 얻었지만 수도 포르토프랭스 근처에서 일어난 반란에서 살해되었다. 위키백과

169 The viceroyalty was a local, political, social, and administrative institution, created by the Spanish monarchy in the 16th century, for ruling its overseas territories.[1]The administration over the vast territories of the Spanish Empirewas carried out by viceroys, who became governors of an area, which was considered not as a colony but as a province of the empire, with the same rights as any other province in Peninsular Spain. Wiki

라나다 총독부는 1535년, 1542년, 1717년에 각각 부왕청으로 승격했다.

부왕청은 직할지와 총독부로 구성된다. 다만 총독부는 총독이 행정과 군사권을 보유하며 스페인 본국에 직접 보고할 수 있는 체제이었기 때문에 부왕청과 상당한 수준의 독립적 관계를 유지하였다.

스페인은 1776년 페루 부왕청 통치영역을 분할해서 부에노스아이레스를 수도로 하는 리오데플라타 부왕청을 신설했다. 이에 따라 독립전쟁이 발발하기 전 18세기 말 스페인의 중남미 통치기구는 4개의 부왕청과 다수의 총독부로 구성되었다. 특히 과테말라 총독부는 1609년 뉴스페인 부왕청, 베네수엘라는 1777년 뉴그라나다 부왕청, 칠레 총독부는 1789년 페루 부왕청에서 분리해 독립적으로 통치하였다.

브라질은 스페인과는 다르게 부왕청은 설치하지 않고 지역별로 총독부를 설치해 식민지를 통치해왔다. 초기 식민통치 수도는 바히아(Bahia)주 살바도르(Salvador)이었다. 그러나 1763년에 리우데자네이루로 수도를 옮기면서 이 곳에 부왕청이 설치되었다.

스페인과 포르투갈의 부왕청은 서로 다른 자연환경, 인종, 정치 및 경제적 환경을 반영해 운영되었기 때문에 19세기 초에 시작된 독립운동도 지역적 특성을 반영해 다양한 방식으로 진행되었다.

가) 뉴그라나다 부왕령과 베네수엘라 총독령 독립전쟁

스페인은 남미의 북부지역을 관할하기 위해 1548년 산타 페 데 보고타(Santa Fé de Bogotá, 보고타)에 아우디엔시아(Audiencia, 왕실법원)를[170] 설치한 뒤 이어서 1563년 총독부(Captaincy General)[171]를 설치

---

170 스페인의 아메리카 식민지에서 가장 중요한 통치기관 중의 하나였다. 스페인에서는 민사소송인 경우 아우디엔시아의 법관을 소송담당관이라 불렀고 형사사건의 법관은 치안관이라 불렀으며, 장관 또는 총독이 이를 주재했다. 펠리페 2세 재위(1556~98)시부터 사형이 선고되거나 민사사건에서 소송가액이 일정한 액수를 초과하는 예외적인 경우를 제외하고는 아우디엔시아의 판결은 최종적인 것이었다.[Daum백과] 아우디엔시아 – 다음백과

171 were military and administrative divisions in colonial Spanish America and the Span-

했다.

뉴그라나다 총독부는 1542년에 설치된 페루 부왕청 소속이었다가 1717년 5월 부왕청으로 승격되어 페루 부왕청에서 분리되었다. 뉴그라나다 부왕령은 현재의 콜롬비아, 에콰도르, 파나마, 베네수엘라와 함께 가이아나, 트리니다드 토바고, 수리남 남서부, 브라질 북서부, 페루 북부를 포함하고 있다.

뉴그라나다에서 독립혁명은 프란시스코 미란다(Sebastián de Francisco de Miranda)에서 시작되어 '남미의 해방자'로 불리는 시몬 볼리바르(Simón Bolivar)로 이어졌다.

프란시스코 미란다는 베네수엘라에서 태어난 스페인 이민자의 후손으로 크리오요(criollo) 계층이었다. 그는 일찍이 스페인 군에 입대해 복무했으나 명령불복종 등 불미스러운 일로 스페인군을 떠났다. 이후 미국독립전쟁, 프랑스혁명에 참가하는 등 군사적 활동을 계속하던 중 중남미를 스페인으로부터 무력 해방시킨다는 포부를 가지고 군대를 조직해 베네수엘라 총독부에 대한 군사적 공격을 감행하는 등 적극적인 무력 활동에 나섰다.

1808년 7월 프랑스 나폴레옹은 스페인 왕정의 혼란을 이용해 스페인을 침공하고 페르난도 7세를 퇴위시킨 뒤 친형인 조제프 보나파르트를 스페인 왕으로 옹립했다. 이에 대해 스페인 지도층은 '페르난도 7세의 이름으로'라는 중앙혁명위원회(Junta Central)를 결성해 프랑스에 대항하기 시작했다.

스페인을 포함한 유럽 본토에서 일어나고 있는 새로운 국제정치 상황은 중남미 혁명가들에게 중남미 독립활동을 할 수 있는 명료한 명분을 주었다. 이들은 스페인 왕정이 붕괴되어 프랑스에 넘어갔으므로 스페인과 중남미

---

ish Philippines, established in areas under risk of foreign invasion or Indian attack, During the Reconquista, the term "captain general" and similar ones had been used for the official in charge of all the troops in a given district. This office was transferred to America during the conquest and was usually granted along with the hereditary governorship to the adelantado in the patent issued by the Crown, Wiki

식민지 간에 존재하는 헌법적 연계도 종료되었다는 것이다.

나폴레옹의 공격으로 중앙혁명위원회가 붕괴되고 이를 뒤이은 스페인 의회(Cortés, Congress)는 스페인 본토와 스페인 식민지를 대표하는 정부로 활동했다. 그러나 프란시스코 미란다, 시몬 볼리바르 등을 포함한 혁명세력들은 일단 페르난도 7세의 왕정을 지지한다는 명분을 가지고 스페인 의회의 통치를 거부하였다. 시간이 지나며 혁명세력들이 스페인으로부터 독립을 기도하자 스페인은 정부군을 파견해 혁명세력 진압에 나섰다.

1810년 4월 19일 베네수엘라 카라카스에서는 코르테스 마드리아가(Jose Cortés de Madriaga) 수사의 선동으로 야기된 군중저항으로 비센테 엠페란(Vicente de Emperán) 총독이 퇴출되며 독립혁명전쟁이 시작되었다.

이렇게 시작된 독립혁명전쟁에 프란시스코 미란다, 시몬 볼리바르 등 다수의 크리오요 지도자들이 대거 참여하였다. 한편 1811년 7월 5일 개최된 카라카스 개방의회는 스페인으로부터 독립을 선언했는데 이는 역내 최초의 독립선언이었다.

독립혁명전쟁의 본질은 식민지에서 태어난 백인들로 구성된 크리오요 계층과 스페인 본토에서 파견된 백인들로 구성된 페닌술라 계층 간 정치경제 권력 확보를 위한 갈등이었다.

크리오요들의 당초 입장은 식민지에서 스페인 왕의 권위는 인정하지만 통치는 거부하며 지금까지 페닌술라들이 독점하고 있는 정치권력을 차지하는 것이었다. 그러나 전쟁이 진행되면서 스페인 왕권을 퇴출하고 공화정을 지지하였다.

독립혁명전쟁에 대한 계층 간 이해관계는 차이가 있었다. 메스티소들은 처음에는 가톨릭교회 영향으로 왕정을 선호했으나 전쟁이 진행되며 독립혁명세력의 영향을 받아 점차 공화정으로 입장을 바꾸기 시작했다.

베네수엘라 오리노코(Orinoco) 평원의 거친 환경에서 목축을 하며 살아온 야네로스(llaneros)들은 매우 용맹한 기마창병으로 중요한 전투자원이었다. 따라서 이들은 정부군과 독립혁명군 양 쪽으로부터 선호되어 모집되었는데 혁명군에 가담하는 비중이 점차 커졌다.

인디오 원주민들은 전통적으로 크리오요들에게 우호적 입장을 가지고 있지 않았기 때문에 자신들의 권리를 지켜주는 쪽은 가톨릭교회와 왕권이라고 생각했다. 그러나 결국 이들도 정부군과 혁명군 양 진영으로부터 참여를 유혹받았다. 이들은 일부 혁명군에 가담해 있으면서도 왕권을 위해 싸우고 있다고 믿는 경우도 많았다.

흑인들은 당초 독립혁명전쟁에는 관심이 없었다. 그러나 정부군과 혁명군 모두 이들을 군사력으로 활용하기 위해 노예로 부터 해방조건을 가지고 유인했는데 이 결과 흑인 계층이 혁명군에 가담하는 비중이 높았다.

1811년 12월 베네수엘라 의회는 연방헌법을 채택하고 프란시스코 미란다를 베네수엘라 공화국 혁명군 총사령관으로 임명하며 독립혁명전쟁은 구체적으로 시작되었다.

그러나 프란시스코 미란다 혁명군은 스페인 정부군에 패해 1812년 7월 30일 항복을 하고 말았다. 그 이후 베네수엘라 독립혁명전쟁은 시몬 볼리바르 장군이 주도하며 뉴그라나다 부왕령 전역에서 정부군과 전투를 계속하였다. 이 전투 중 보야카(Boyacá), 카라보보(Carabobo), 피친차(Pichincha) 전투와 카르타헤나 해전 등은 매우 중요한 승리 분기점이었다.

한편 시몬 볼리바르 장군은 페루 부왕령에서 진행되고 있는 독립혁명전쟁을 리오 데 플라타 부왕령의 산 마르틴(San Martín) 장군과 함께 지원하여 성공하기도 했다.

시몬 볼리바르 장군은 종국적으로 뉴그라나다 부왕령을 스페인으로부터 해방한 뒤 1819년 부왕령 전체 지역을 아우르는 그란 콜롬비아(Gran Colombia)를 창설해 초대 대통령으로 취임했다.

그러나 1831년 시몬 볼리바르가 사망한 후 그란 콜롬비아는 연방을 구성하는 지역별 이해관계 차이로 같은 해 콜롬비아(파나마 포함), 에콰도르, 베네수엘라 등 3 국가로 분할되었다.

나) 리오 데 라플라타 부왕령 독립전쟁

리오 데 라플라타 부왕청은 1776년 페루 부왕청에서 분리되어 부에노스 아이레스를 수도로 8개의 인텐덴시아(Intendencia)와 4개의 고베르나시온(Gobernación)[172]으로 구성된 행정 및 군사체제를 가지고 설치되었다. 현재의 아르헨티나, 칠레, 볼리비아, 파라과이 그리고 우루과이를 포함하는 광대한 영토이다.

리오 데 라플라타 부왕청 설치목적은 당시 부에노스아이레스를 중심으로 이루어지고 있는 밀무역에 대한 통제를 강화하고 동시에 이 지역에 대한 영국과 포르투갈의 도전에 대항하기 위한 것이었다.

그러나 리오 데 라플라타 부왕청은 1824년 독립혁명전쟁의 결과로 붕괴되고 말았다. 독립혁명의 시작은 고지 페루(Upper Peru)의 추키사카(Chuquisaca, 수크레)[173]와 라파스에서 각각 1809년 5월과 7월 현지 크리오요들이 중심이 되어 일으킨 독립항쟁이었다. 그러나 혁명세력은 페루 부왕청과 리오 데 라플라타 부왕청이 곧 바로 보낸 정부군에 의해 진압되고 말았다.

한편 부왕청 수도인 부에노스아이레스는 1806~7년 영국의 부에노스아이레스 침공을 민병대를 조직해서 격퇴한 경험을 가지고 있었다. 1806년 6월 영국군은 부에노스아이레스 인근 킬메스(Quilmes)에 상륙한 뒤 부에노스아이레스로 북상하기 시작했다. 소브레몬테(Rafael Sobremonte) 부왕은 이 소식을 접하자 곧바로 코르도바로 피신했다.

---

172 인텐덴시아-부에노스아이레스, 파라과이, 코르도바, 살타, 포토시, 라파스, 코차밤바, 차르카스(현재의 수크레), 고베르나시온-몬테비데오, 미시오네스, 치키토스, 목소스

173 볼리비아에서는 1809년 5월 추키사카 항쟁이 '자유를 향한 첫 번째 외침(Primer grito libertario/ First cry of freedom)'으로 묘사되며 중남미 최초의 독립항쟁으로 알려지고 있으나 역사가들의 견해에는 차이가 있다.

그러나 푸에이레돈(Juan Martín Pueyrredón)과 리니에르스(Santiago de Liniers)는 민병대를 조직해 영국군과의 전투에서 승리했고 이후 민병대 조직을 계속 운영하고 있었다.

1810년 5월 13일 부에노스아이레스 크리오요 지도층은 스페인의 중앙혁명위원회가 프랑스의 공격으로 붕괴되었다는 소식을 접한 즉시 개방시의회(Cabildo Abierto)를 구성하여 중앙혁명위원회가 임명한 시스네로스(Baltasar Hidalgo de Cisneros) 부왕을 축출하고 '페르난도 7세의 이름으로' 혁명위원회를 구성했다. 한편 부왕령 내 고지 페루, 코르도바, 살타, 몬테비데오 등 친 스페인정부 지역은 부에노스아이레스 혁명위원회를 적으로 돌렸다.

아바스칼(Fernando Abascal) 페루 부왕은 부에노스아이레스에서의 혁명 움직임을 진압하기 위해 우선 혁명위원회에 반대하는 친 스페인정부 지역 지도자들을 활용하였다. 또한 고지 페루와 칠레 남부에서 군대를 조직해 부에노스아이레스와 산티아고를 접수하는 작전을 실행했다.

리오 데 라플라타 부왕령 독립전쟁은 크게 고지 페루와 남부 인접지역, 칠레 총독령, 반다 오리엔탈, 페루 부왕령 등에서 다양하게 전개되었다. 우선 리오 데 라플라타 부왕령 독립혁명전쟁에서 가장 중요한 인물은 '아르헨티나, 칠레, 페루의 해방자'로 명명된 산 마르틴(José de San Martín) 장군이다.

산 마르틴은 리오 데 라플라 부왕령이었던 코리엔테스(Corrientes) 지방에서 태어난 뒤 일찍이 스페인에 유학했다. 특히 스페인 반도전쟁에서 스페인군으로 프랑스에 대항하는 전쟁에 참여했다.

1812년 아르헨티나로 돌아온 뒤 그는 리오 데 라플라타 연방정부에 참여하여 산 로렌조 전투에서 승리하였다. 이어서 북부혁명군을 지휘해 페루 부왕과 스페인 본국의 지원을 받아 강력한 저항을 계속하는 고지 페루를 확보하기 위한 전투를 계속했다.

그러나 고지 페루 스페인 정부군의 강력한 저항으로 전쟁이 쉽게 종료되지 않자 그는 전략을 바꿔 고지페루를 공격하는 것보다는 안데스 산맥을 넘어 칠레를 확보하고 곧바로 북상해 페루 부왕청 수도인 리마를 바로 접수하는 것이 최종적인 승리에 더 유리하다고 판단했다.

그는 쿠요(Cuyo) 지방 멘도사(Mendoza)에서 안데스 군을 조직하고 훈련시킨 뒤 칠레의 오히긴스(Bernardo O´higgins) 장군과 함께 안데스 산맥을 넘어 칠레에 진출하고 차카부코(Battle of Chacabuco, 1817)와 마이푸 전투(Battle of Maipú, 1818)에서 스페인 정부군에 승리하였다. 칠레는 1818년 2월 12일 공식적으로 독립을 선포했다.

산 마르틴 장군은 작전의 최종 목표인 페루 부왕청의 수도 리마를 장악하기 위해 해상으로 북상해 1821년 7월 12일 리마를 함락시키고 7월 28일 페루 독립을 선포했다.

당시 페루에는 칠레의 오히긴스 장군과 같은 유력한 정치인이 없어 일단 산 마르틴 장군이 '페루의 보호자(Protector of Peru)'로 지명 받고 페루 정치를 주도했다.

그는 1822년 7월26일 뉴그라나다 부왕령을 해방한 시몬 볼리바르 장군과 에콰도르 과야킬(Guayaquil)에서 가진 회담에서 페루 부왕령에 잔존하고 있는 스페인 정부군의 축출을 논의한 뒤 이 과업을 시몬 볼리바르 장군에게 남기고 은퇴하였다.

1824년 2월 10일 볼리바르 장군은 페루 의회로부터 '페루 독재관(Dictator of Peru)'으로 지명 받은 뒤 심복인 안토니오 수크레(Antonio Sucre) 장군의 지원을 받아 고지 페루를 장악하고 있는 스페인 정부군을 상대로 한 1824년 8월 후닌 전투(Battle of Junín) 전투에서 승리했다.

이어서 수크레 장군은 같은 해 12월 스페인 정부군 잔존 세력과 벌린 아야쿠초 전투(Battle of Ayacucho)에서 최종적으로 승리하고 고지 페루에서 이들을 완전하게 축출했다.

1825년 8월 6일 고지 페루 의회는 볼리바르 장군을 기리는 '볼리비아 공화국' 창설을 선언하고 시몬 볼리바르 장군을 초대 대통령으로 선임했다. 볼리바르 장군은 1827년 카라카스로 복귀했다.

한편 포르투갈은 라플라타 강 건너편 몬테비데오를 포함하는 반다 오리엔탈(Banda Oriental, 현재의 우루과이)에 대한 소유권을 주장하기 시작했다. 포르투갈 왕 후안 4세의 아내 카를로타 호아키나(Carlota Joaquina)는 스페인 식민지는 찰스 3세의 소유이기 때문에 찰스 3세의 딸이면서 페르난도 7세의 누이인 자신이 상속권을 가지고 있다고 주장했다. 특히 포르투갈 식민지였던 브라질에서 가장 가까운 반다 오리엔탈에 대한 관심이 높았다.

따라서 이후에 반다 오리엔탈은 브라질을 앞세운 포르투갈, 스페인, 리오 데 라플라타 독립혁명세력, 호세 아르티가스(José Artigas)[174]가 이끄는 반다 오리엔탈 독립세력 간 영토 확보 또는 보존을 위한 각축장이 되었다. 이들 당사자들은 독립혁명전쟁 중 이해관계에 따라 상호 이합집산을 하며 주도권 쟁탈투쟁을 하다가 결국 아르헨티나-브라질 전쟁(Cisplatine War, 1825~8년)으로 까지 이어졌다. 3년 동안 이어진 이 전쟁은 영국과 프랑스의 중재로 종식되었는데 이 중재로 아르헨티나와 브라질 사이 완충국가로 우루과이가 탄생했다.

파라과이는 리오 데 라플라타 부왕령에 속해 있었으나 부에노스아이레스 독립혁명세력에 동조하지 않고 독자적으로 움직였다. 파라과이 독립혁명세력은 1811년 5월 14일 스페인이 임명한 벨라스코(Bernardo de Velasco) 파라과이 총독을 퇴출시키며 독립을 선언했으며 1813년 10월 12일에는 공식적으로 파라과이 공화국을 선포했다. 그러나 파라과이 공화국은 1842년 11월까지 주변국가들로 부터 공식적인 승인을 받지 못했다.

---

174 1764~1850, 우루과이 독립의 아버지로 평가받고 있다. 그는 리오 데 라플라타 전체지역을 통치하려고 하는 아르헨티나 임시정부와 대항해 싸웠다. 그러나 그는 과거에 스페인 군에 입대하기도 했는데 1810년에는 스페인에 대항하여 독립운동을 이끌고 있는 부에노스아이레스 임시정부에 가담해 싸우기도 했다.

1810년 5월 혁명으로 시작된 리오 데 라플라타 부왕령 독립혁명전쟁 중 선포된 리오 데 라플라타 연방(United Provinces of Rio de La Plata)은 당시 전체 부왕령 중 칠레, 볼리비아, 파라과이, 우루과이를 제외한 나머지 광대한 영토를 가지고 현재의 아르헨티나가 되었다.

다) 페루 부왕령 독립전쟁

페루 부왕청은 1542년에 설치되었다. 관할 영역은 현재의 페루를 포함한 남미 전체를 포함하고 있었다. 1776년 리오 데 라플라타 부왕청이 새롭게 설치되자 페루 부왕청은 오래 동안 누려온 수지맞는 안데스 무역을 부에노스아이레스 항구를 가진 리오 데 라플라타 부왕청에 양도해야 했다.

그러나 페루 부왕청은 오래된 역사와 스페인 본국과의 끈끈한 정치적 관계를 가진 중요한 위치에 있었기 때문에 뉴그라나다 부왕청과 리오 데 라플라타 부왕청에 대한 일정한 영향력을 가지고 있었다.

독립혁명전쟁 시기 중 페루 부왕이었던 페르난도 아바스칼(José Fernando de Abascal y Sousa)은 스페인 귀족 출신 군인으로 스페인 반도전쟁과 영국 아바나 침공 방어전에도 참가한 경험 많은 무장이었다. 그는 남미 독립혁명전쟁에서 스페인 정부군을 지휘하며 적극적인 방어활동을 전개했다.

아바스칼 부왕은 리오 데 라플라타 부왕령인 부에노스아이레스에서 5월 혁명이 발생하자 즉시 리오 데 라플라타 부왕령에 속한 코르도바, 포토시, 라파스, 차르카스를 점령해 페루 부왕령으로 편입했다. 또한 칠레와 뉴 그라나다 부왕령 키토(현재 에콰도르)도 페루 부왕령으로 편입해 무력간섭을 위한 명분을 마련했다.

아바스칼 부왕은 스페인 본국으로부터도 군대지원을 받아[175] 칠레에서는

---

[175] 1814년 4월 24일 마로토(Rafael Maroto) 장군이 이끄는 스페인 지원군이 카야오(Callao) 항구에 도착해 페루 부왕청 군대와 함께 칠로에 섬으로 보내졌다.

혁명군의 산마르틴 장군, 오히긴스 장군 등을 상대로 그리고 고지 페루에서는 부에노스아이레스에서 파병된 혁명군을 상대로 공방전을 지속하였다.

특히 칠레에서는 1810년 9월 18일 시민들이 '페르난도 7세의 이름으로'라는 명분을 가지고 혁명위원회가 구성되고 이 위원회가 독자적으로 통치하기 시작했다. 이에 대해 아바스칼 페루 부왕은 발파라이소 항구를 봉쇄하고 남부에 위치한 칠로에(Chiloé) 섬에 군대와 탄약을 보내 추가 모병과 물자 확보 등 전열을 정리한 뒤 산티아고 진출을 시도했다.

아바스칼 부왕은 1816년 7월 스페인으로 돌아가고 부하 장군이었던 페수엘라(Joaquín de Pezuela)가 새로운 부왕으로 임명되었다. 그는 칠레와 페루 부왕령 그리고 고지 페루에서 리오 데 라플라타 혁명군과 공방전을 전개하였으나 1819년 코크레인(Thmas Cochrane) 제독이 이끄는 칠레 해군 함대가 카야오 항구에 포격을 시작하자 리마를 버리고 떠났으며 곧 바로 산마르틴 장군이 리마에 입성했다.

스페인은 새로운 부왕으로 세르나(José de la Serna) 장군을 임명하였다. 그는 1824년 12월 아야쿠초 전투(Battle of Ayacuch)에서 볼리바르 장군의 심복이었던 수크레(Antonio Joséde Sucre) 장군의 혁명군에 패하고 최종적으로 항복문서에 서명했다.

라) 뉴스페인 부왕령 독립전쟁

뉴스페인 부왕청은 1521년 아즈텍 제국(Aztec Empire)의 수도 테노치티틀란(Tenochititlan)이 함락된 뒤 같은 해 8월 18일 뉴스페인 왕국(Kingdom of New Spain)이란 이름으로 설치되었다. 관할지역은 현재의 멕시코 전역, 미국의 남서부, 캘리포니아, 중미, 남미 북부, 필리핀, 괌을 포함하였다.

뉴스페인 부왕청 영역의 독립혁명전쟁은 1810년 9월 16일 멕시코 돌로레스(Dolores) 교구 미겔 이달고(Miguel Hidalgo) 신부가 600여명의 대중을 상대로 한 일명 '돌로레스의 외침(Grito de Dolores, Cry of Dolores)'[176] 연설로부터 시작되어 멕시코 제국 독립선언(Declaration of Independence of the Mexican Empire)이 공표된 1821년 9월 28일에 종식되었다.

이달고 신부의 돌로레스 외침은 이후 독립운동의 표어가 되었으나 그가 시작한 독립운동은 스페인 정부군에 의해 일단 진압되었다. 이달고 신부는 1811년 7월 스페인 정부군에 체포되어 처형당했지만 그가 시작한 독립운동은 다사다난한 여정 겪으며 계속되었다.

훔볼트(Alexander von Humboldt)에 따르면 1803년 멕시코 인구는 최소 580만 명으로 그 구성은 메스티소 약 3백만 명, 인디오 원주민 250만 명, 크리오요 11만 2천 명, 스페인 본토인 8만 명으로 이루어졌다. 이러한 인구 구성 배경 속에서 진행된 멕시코 독립혁명운동은 인종과 계층 간 이해 충돌로 혁명주체세력들의 이합집산이 잦았다.

3세기 동안 지배계층으로 군림한 스페인 본토인(peninsular)들과 현지태생 백인인 크리오요들은 당연히 기득권 유지를 보장해주는 스페인 식민통치를 지지했다. 다만 주류세력에 포함되지 못하고 소외된 자유주의 이념을 가진 일부 크리오요들은 독립국가에 대한 염원을 가지고 있었다.

그러나 자유주의 이념을 가진 크리오요들은 소수인 자신들이 군대를 조직하는 것은 어렵다고 인식하고 메스티소와 인디오 원주민을 활용하고자 했다. 이들은 이달고 신부를 활용해 일단 메스티소와 인디오 원주민으로 구성된 농민을 무력화하는데 성공하고 독립혁명운동에 계층투쟁의 성격을 부여해 동력을 확보했다.

이달고 신부 처형 뒤 혁명전쟁은 모렐로스(José María Morelos) 신부가 이끌었다. 모렐로스는 메스티소로 크리오요이었던 이달고와는 인종 계층

---

176 '과달루페 성모(멕시코 서민이 숭배하는 검은 피부의 성모)여, 영원 하라. 나쁜 정부와 가추피네스(스페인 본토출신 지배자들을 경멸하는 표현)에게 죽음을'

이 달랐지만 동문수학하며 정치이념을 공유하고 있었다.

베네가스(Francisco Javier Venegas) 뉴스페인 부왕은 독립혁명군을 진압하기 위해 카에하(Félix María Calleja) 장군에게 스페인 정부군 지휘를 맡겼다. 카에하 장군은 매우 유능한 군인으로 일단 이달고와 모렐로스 독립혁명군을 성공적으로 막아냈다. 그후 그는 1813년 3월 자신과 불화 중인 베네가스를 대체하고 부왕으로 취임했다.

카에하 부왕 지휘 하에 이투르비데(Agustín Iturbide) 장군은 1815년 11월 5일 모렐로스 혁명군을 격파하고 그를 사로잡았다. 모렐로스는 같은 해 12월 22일 처형되었는데 이로서 독립혁명의 급한 불길은 일단 진정되었다.

1816년 9월에 새롭게 취임한 아포다카(Juan Luiz Apodaca) 부왕은 혁명군에 사면을 조건으로 항복을 유도하였고 많은 혁명군 세력들은 이에 응했다. 그러나 멕시코 남부지역의 비센테 게레로(Vicente Guerrero) 그리고 베라크루즈 지역의 과달루페 빅토리아(Guadalupe Victoria)와 니콜라스 브라보(Nicholás Bravo)등은 이에 응하지 않고 계속 저항하였다.

비센테 게레로는 모렐로스 신부와 함께 독립혁명전쟁을 수행했다. 그는 아포다카 부왕의 사면조건에 전혀 응하지 않고 스페인 정부군을 상대로 자신만의 게릴라 전투를 계속 확대해 나갔다.

아포다카 부왕은 독립혁명군을 분쇄하기 위해 은퇴한 이투르비데 장군을 다시 기용하였다. 이투르비데 장군은 왕정주의자로서 공화정에 대한 강한 거부감을 가진 보수주의적 성향을 가지고 있었다. 그는 멕시코가 공화정이 되는 것보다 독립적 왕정을 유지하는 것이 옳다는 생각을 가지고 있었으며 이를 위해서는 일단 자유주의 이념을 가지고 싸우는 혁명군, 대토지소유 계층, 교회 사제 등을 모두 포용하는 것이 필요하다고 생각했다.

이투르비데는 이러한 생각을 숨기고 비센테 게레로 독립혁명군을 토벌하려고 나선 전쟁터에서 공화주의자인 비센테 게레로와 과달루페 빅토리아 등과 소위 '이괄라 강령(Plan de Iguala)'에 합의하였다.

이괄라 강령의 핵심은 세 가지 가치를 보장하는 조건으로 동맹을 체결한 다는 것이다. 여기에서 세 가지 가치는 스페인으로부터의 자유(Freedom), 가톨릭을 유일한 종교로 인정(Religion), 모든 멕시코인은 평등하다는 조 건에서 단결을 유지(Union)한다는 것이다. 이 협상에 따라 이투루비데, 비 센테 게레로, 과달루페 빅토리아 군대는 통합해 '3가지 보장 군대(Ejército de Trigarantes, Army of Three Guarantees)'를 창설하고 이투루비데 장군이 지휘하였다.

아포다카 부왕과 페르난도 7세는 이괄라 강령을 거부하였다. 이어서 스 페인 의회는 후안 오도노주(Juan O'Donojú)를 신임 부왕으로 임명했다. 이투루비데 장군은 동맹군 세력을 배경으로 오도노주 부왕과 가진 베라크 루즈 주 코르도바 협상에서 1821년 8월 24일 '코르도바 협약(Treaty of Córdoba)을 체결했다. 오도노주 부왕은 당시 스페인의 통치력이 끝나가 고 있음을 감지하고 협상에 임했다.

코르도바 협약은 총 17개 조항으로 이괄라 강령을 포함해 더 진전된 것인 데 가장 중요한 내용은 스페인과 멕시코 혁명세력 당사자들이 스페인으로 부터 '제1차 멕시코제정' 창설을 합의했다는 것이다.

이 협약에 따르면 멕시코는 입헌제정국가로 페르난도 7세를 황제로 추대 하고 만약 페르난도 7세가 이를 거부하면 왕실이 그의 형제, 사촌 등 다른 왕족을 지명할 수 있게 했다. 여기에 이투루비데는 굳이 왕족이 아니더라도 왕실이 새로운 황제를 지명할 수 있다는 조항을 삽입했다.

오도노주 부왕은 자신이 이러한 협약에 서명할 권한이 없었지만 멕시코 가 독립한다고 하더라도 스페인 왕실이 계속 지배권을 확보할 수 있다는 판 단으로 서명을 했다.

코르도바 협약이 체결된 뒤 이투루비데 군대는 1821년 9월 27일 멕시코 시티에 입성하고 다음 날 멕시코 제정 독립을 선포했다. 이투루비데 장군은 곧바로 임시정부 대통령으로 지명되어 통치하다가 1822년 5월 19일 아구스틴 1세(Agustín I)로 황제에 취임하였다.

마) 브라질 부왕령 독립전쟁

브라질 부왕령은 포르투갈의 남미 식민지인 '브라질국가(State of Brazil)'의 영토를 지칭하고 있다. 부왕(viceroy) 명칭은 1763년까지 왕실 등 귀족이 브라질국가 총독(capitan- general)으로 임명될 때 종종 부여되었다.

그러던 것이 그 이후 새롭게 임명된 총독에게는 모두 계속 부왕이란 명칭이 부여되었는데 이는 1808년 프랑스의 포르투갈 침공으로 왕실 전체가 브라질로 옮겨올 때까지 계속되었다. 그러나 부왕청(viceroyalty)이라는 용어는 '브라질국가'에 공식적으로 사용되지 않았다.

브라질 부왕령은 다수의 총독령(Capitancy)으로 분할되어 지배되었는데 1821년부터 총독령 명칭은 주(Province)로 바뀌었다. 1817년 기준 브라질국가는 그라우파라(Grao-Para), 마토그로소(Mato Grosso), 마랑호(Maranhao), 피아우이(Piauí), 세아라(Ceará), 리오그란데데노르테(Rio Grande do Norte), 파라이바(Paraíba), 페르남부코(Pernambuco), 알라고아스(Alagoas), 세르지페(Sergipe), 바히아(Bahia), 고이아스(Goiás), 미나스제라이스(Minas Gerais), 에스피리투산토(Espírito Santo), 리우데자네이루(Rio de Janeiro), 사웅파울러(Sao Paulo), 산타 카타리나(Santa Catarina), 리우그란데데술(Rio Grande do Sul) 등 18개 주로 구성되었다.

브라질국가는 1822년 브라질제국(Empire of Brazil)으로 독립하면서 분쟁 중인 반다 오리엔탈을 시스플라티나(Cisplatina)주로 편입해 19개 주가 되었다. 그러나 시스플라티나 주는 이후에 다시 분리되어 우루과이 공화국으로 독립하였다.

당시 브라질 인구는 약 360만 명으로 이 중 60%는 자유인이었고 나머지는 아프리카에서 유입된 흑인 노예들이었다. 자유인 중 대다수는 유럽, 인도, 아프리카 인종 간 혼혈이었다. 백인 계층은 레이놀(Reinol)이라고 불리는 포르투갈 본토 백인과 모좀보(Mozombo)라고 브라질 태생 백인으로 구성되어 있었다. 대부분의 브라질인들은 내륙보다는 항구와 그 주변지역에 거주했다. 지역적으로 페르남부코, 바히아, 미나스제라이스 주에 집중되어 있었다.

브라질 독립전쟁은 1822년 9월 7일 독립을 선언한 브라질제국(Empire of Brazil)이 식민종주국인 포르투갈에 대해 벌린 일련의 정치 및 군사적 사건으로 1824년까지 진행되었다.

1808년 나폴레옹 전쟁을 피해 왕실을 브라질로 옮긴 주앙 4세(Dom John VI)는 1815년 '포르투갈 브라질 알가르브 연합왕국(United Kingdom of Portugal, Brazil and the Algarves)'을 만들어 브라질을 브라질 왕국(Kingdom of Brazil)으로 격상시켰다.

주앙 4세는 아들 페드루(Dom Pedro)를 브라질왕국 섭정으로 임명하고 1821년 4월 26일 포르투갈로 귀국했다. 일설에 따르면 주앙 4세는 귀국하면서 아들 페드루에게 브라질이 결국 포르투갈로부터 분리될 수도 있다는 우려를 나타내며 만약 그러한 상황이 오면 기회주의자들에게 권력을 넘기지 말고 스스로 왕관을 차지하도록 조언을 했다고 한다.

주앙 4세가 귀국한 뒤 포르투갈 본국은 브라질을 다시 과거와 같은 식민지 상태로 유지하기 위해 여러 가지 제한조치를 취하기 시작했다. 그러나 페드루는 본국의 브라질에 대한 제한조치를 반대하였다.

포르투갈 의회(Cortés)는 페드루의 반대를 무마시키기 위해 1821년 9월 그의 귀국을 명령하고 선박을 보냈으나 페드루는 이를 돌려보냈다. 이에 격분한 의회는 브라질을 과거와 같이 다수의 총독령(Capitancy)로 분할하고 총독이 개별적으로 본국의 지휘를 받아 통치권한을 행사하도록 하는 행정개혁을 실시해 페드루 지위의 무력화를 시도했다.

페드루는 1822년 1월 22일 브라질 잔류를 공식적으로 선포했다. 이에 대해 리우데자네이루 소재 포르투갈 주둔군이 반발하거나 본국 진압군이 파병되기도 했으나 일단은 모두 큰 무력충돌 없이 포르투갈로 귀국하였다.

1822년 9월 7일 페드루는 브라질 제국(Empire of Brazil) 명칭으로 공식적인 독립을 선포했다. 또한 자신은 페드루 1세로 '헌법적 황제 그리고 브라질 종신 방어자(Constitutional Emperor and Perpetual Defender of Brazil)'로 취임했다.

페드루 1세가 브라질 제국으로 독립을 선포했지만 그의 통치권이 실질적으로 미치는 영역은 리우데자네이루와 그 인근 지역에 제한되어 있었다. 이 지역을 벗어난 바히아, 페르남부코, 마랑호, 세아라, 피아우이 등 지역은 포르투갈 정부군 수비대들이 실질적으로 장악하고 있었다.

여기에 더해 포르투갈에 충성을 보여주는 민병대들이 조직되어 브라질제국에 저항하기 시작했다. 포르투갈 본국도 파병과 물자보급을 하며 이들을 지원했기 때문에 양자 간 전쟁은 불가피하게 진행되었다.

브라질 제국은 포르투갈 정부군을 패퇴시키기 위해서 해상봉쇄를 통해 물자보급과 추가파병을 단절하는 것이 필요하다는 판단으로 은퇴한 영국 해군제독인 코크레인(Thomas Cochrane)과 유럽의 해군 용병들을 고용해 해상전투를 전개했다.

이 작전은 크게 주효해 포르투갈 군은 퇴각하기 시작했고 1823년 11월까지는 브라질 전역이 브라질 제국의 영향력 아래 놓이게 되었다. 이어서 12월에는 몬테비데오와 시스플라틴 주에 주둔하고 있던 포르투갈 정부군도 모두 철수해 1824년에 들어서면서 브라질 제국은 명실상부한 독립 국가가 되었다.

나. 국가건설 초기 국경전쟁

1) 리오 데 라플라타 연방과 브라질 간 전쟁 그리고 우루과이 독립

리오 데 라플라타 연방(United Provinces of the Rio de la Plata, 이하 리오 연방)은 현재의 아르헨티나로 부에노스아이레스를 수도로 정하고 과거 리오 데 라플라타 부왕령의 대부분을 영토를 차지하고 있었다.

반다 오리엔탈 지역은 현재의 우루과이, 브라질 리오 그란데 도 술과 산타 카타리나 주의 일부를 포함하고 있는 영역으로 이 지역 남부는 리오 데 라플라타 부왕 그리고 북부는 브라질 부왕청의 산 페드로 데 리오 그란데 데 술 총독이 관할하고 있었다.

스페인과 포르투갈은 이 지역의 소유권 확보를 위해 16세기부터 계속 분쟁을 계속해 왔다. 1776-77년 스페인-포르투갈 전쟁 결과 체결된 제1차 산 이델폰소 조약(1st Treaty of San Idelfonso, 1777)으로 스페인은 산타 카타리나 섬과 리오 그란데 데 산 페드로를 포르투갈 영토로 인정하는 대신 콜로니아(Colonia de Sacramento)를 포함한 반다 오리엔탈 그리고 미시오네스 오리엔탈(Misiones Oriental)을 리오 데 라플라타 부왕령으로 확인받았다. 그럼에도 불구하고 세부적인 경계획정이 매우 애매해 계속 분쟁을 일으켰다.

독립혁명전쟁의 시작과 함께 반다 오리엔탈 지역은 스페인, 리오 연방, 포르투갈을 앞세운 브라질 ,아르티가스(José Gervasio Artigas) 등 반다 오리렌탈 독립추진 세력들의 이해관계에 따른 이전투구의 장소가 되었다.

1817년 브라질로 왕실을 이전한 포르투갈은 반다 오리엔탈 남부를 점령하고 시스플라티나 주(Provincia Cisplatina)로 명명한 뒤 브라질 영토에 편입시켜 버렸다. 이에 대해 리오 연방은 반다 오리엔탈 독립 세력이 브라질에 대항하도록 부추기며 지원을 계속했다.

1825년 8월 25일 반다 오리엔탈 독립 세력은 라 플로리다(La Florida) 대표회의에서 독립을 선포하고 리오 연방과 연합할 것을 발표했다. 그리고 연방의회는 10월 25일 반다 오리엔탈 저항세력의 요청을 수락하였다. 이에 대해 브라질은 12월 10일 리오 연방에 전쟁을 선포했고 리오 연방도 이듬 해 1월 1일 이를 접수하면서 전쟁이 시작되었다.

전쟁은 육지와 해상 양 쪽에서 진행되었다. 육지에서는 사란디 전투(Battle of Sarandí, 1825.10), 이투자인고 전투(Battle of Ituzaingó, 1827.2)가 치러졌으며 해상에서는 훈칼 전투(Battle of Juncal, 1827.2), 몬테 산티아고 전투(Battle of Monte Santiago)가 진행되었다.

그러나 전쟁은 어느 쪽도 결정적인 승리에 이르지 못한 체 교착상태에 빠지면서 국내적으로 경제상황만 악화되었다. 이러한 상황 속에 리오 연방과 브라질 양 쪽에 교역적 이익을 가지고 있는 영국은 반다 오리엔탈을 양자 간 완충지역으로 만드는 방향으로 중재를 하였는데 양측은 이를 받아들이고 1828년 몬테비데오 조약(Treaty of Montevideo)을 체결하였다.

몬테비데오 조약 체결로 반다 오리엔탈 지역은 우루과이 동방공화국(Eastern Republic of Uruguay)으로 독립하게 되었다. 우루과이 독립은 리오 연방이나 브라질 모두 전쟁 전에 계획되었거나 예견된 것은 아니었지만 우루과이 독립 세력의 노력과 헌신 그리고 영국 등 유럽 국가들의 지원에 힘입어 성공적으로 이루어졌다.

2) 페루-그란 콜롬비아 전쟁

스페인으로부터 독립에 성공한 페루와 그란 콜롬비아는 양국 간 이해관계 충돌과 민족주의적 입장 때문에 1828~29년 기간에 전쟁을 치렀다.

남미연방을 꿈꾸었던 볼리바르 장군은 새롭게 독립한 페루와 볼리비아가 그란 콜롬비아에 참여하기를 희망했지만 페루와 볼리비아에서 영향력을 가진 대부분의 시민들은 이에 대해 부정적인 입장을 견지했다.

1826년 9월 볼리바르 장군은 신생 독립한 페루를 볼리비아 태생의 산타크루즈(André de Santa Cruz) 장군 그리고 볼리비아는 베네수엘라 태생 수크레(Antonio Sucre) 장군에게 통치를 맡기고 그란 콜롬비아로 돌아갔다. 그러나 이 두 통치자들은 이 지역에서 태동하고 있는 민족주의 의식을 인지하지 못했다.

페루 독립은 그란 콜롬비아 군대의 주도적 역할로 이루어졌기 때문에 볼리바르 장군의 영향력이 강했다. 1827년 1월 페루 주둔 그란 콜롬비아 군대가 내부소요 발생으로 페루에서 철수하자 같은 해 6월에 페루 의회는 에콰도르 남부 출신 호세 델 라 마르(José de la Mar) 장군을 대통령으로 선출하며 그란 콜롬비아의 지원을 받고 있는 산타 크루즈 장군을 배제하였다.

호세 델 라 마르 대통령은 볼리바르 장군에 의해 그란 콜롬비아의 일원이 된 에콰도르 남부지역을 당초 이를 보유했던 페루에 되돌려야 한다는 생각을 가지고 있었다. 여기에 페루 자유주의자 세력이 그란 콜롬비아에 대한 전쟁을 부추기고 있었다. 1827년 4월에는 과야킬(Guayaquil)에서 엘리잘데(Juan Francisco Elizalde) 대령이 이끄는 그란 콜롬비아군의 반란으로 과야킬 주가 페루의 통치체제에 들어오는 사건도 발생했다.

같은 시기 페루 남부에서 군대를 지휘하고 있던 가마라(Agustín Gamarra) 장군은 극단적 민족주의자로 볼리바르 장군이 고지 페루를 분리해 볼리비아를 창설한 것에 대해 원한을 가지고 있었으며 볼리비아를 다시 페루 영토로 복속시킬 생각을 가지고 있었다. 그는 볼리비아 대통령이었던 수크레 장군을 부추겨 볼리비아에 주둔한 5천 명의 그란 콜롬비아 군을 본국으로 돌려보내는데 성공하고 그 공백을 이용해 1828년 5월 오천 명의 병력으로 볼리비아를 침공해 점령해버렸다. 가마라 장군에 패한 수크레 대통령은 일단 에콰도르로 귀국했다.

페루와 볼리비아는 7월 6일 피키자 조약(Treaty of Piquiza)을 체결했는데 이 조약은 볼리비아에 있는 모든 외국 군대 철수, 볼리비아 내 페루 군대 비용지불, 볼리비아 헌법 무효화 등을 포함하였다.

가마라 장군은 산타 크루즈와 라 푸엔테(Antonio Gutierrez de la Fuente) 장군을 만나 페루와 볼리비아 정권을 동시에 장악하는 음모를 꾸미기도 했다. 음모의 내용은 우선 가마라 장군이 그란 콜롬비아와 전투를 하고 있는 호세 델 라 마르 대통령 진지까지 진격해 지원해주는 척 하다가 적당한 기회에 그를 체포하면 곧이어 라 푸엔테 장군은 부통령이 지키는 리마를 공격해 장악하고 산타 크루즈 장군은 볼리비아 통치권을 장악하는 것이었다. 그리고 페루와 볼리비아를 연방국가로 만든 뒤 산타 크루즈 장군이 통치한다는 것이 음모의 대강이었다. 그러나 그대로 실현되지는 않았다.

그란 콜롬비아는 페루와 볼리비아에서 잃어버린 영향력을 회복하고 동시에 아마존 열대우림영토의 확보와 전쟁비용 회수를 위해 1828년 7월 3일 이들을 상대로 전쟁을 선포했다.

이에 따라 페루 호세 델 라 마르 대통령은 리마를 떠나 페루 북부에서 수크레 장군을 맞아 전투를 지휘했다. 전투에서 승리하지 못한 그는 수크레 장군과 1829년 2월 국경획정과 배상조건 등을 내용으로 한 히론 조약(Treaty of Girón)을 체결한 뒤 리마로 돌아왔다. 그러나 페루 의회는 이 조약을 폐기하였다.

가마라 장군은 호세 델 라 마르 대통령이 페루 국민들의 신뢰를 상실한 것으로 판단하자 그를 체포해 중미로 추방시켰다. 페루 의회는 같은 해 8월 31일 가마라 장군과 라 푸엔테 장군을 각각 임시 대통령과 부통령으로 선출하고 9월 22일 그란 콜롬비아와 과야킬 조약(Treaty of Guayaquil) 체결을 통해 분쟁중인 영토를 그란 콜롬비아에 양도했다.

이 전쟁은 당사국 모두에게 만족스러운 결과를 가져오지 못했다. 가마라 장군은 희망했던 페루-볼리비아 연방을 만들지 못했고 그란 콜롬비아는 수

크레 장군의 승리로 볼리바르 장군이 국내 자유주의자들의 연방분리운동
을 일단 진정시킬 수 있었지만 결국 1830년 그란 콜롬비아가 콜롬비아, 에
콰도르, 베네수엘라로 분할되는 것을 피할 수 없었다.

다. 국가분리 전쟁 ─────────────────────────

1) 아르헨티나 내전
─────────

아르헨티나 내전은 1814~1880년 기간 중 근대국가로 변모하는 과정에
서 발생한 일련의 국내 정치세력 간 무력충돌로서 시기적으로 볼 때 독립혁
명전쟁과 일부 중복되기도 하지만 그 궤는 다르다.

리오 데 라플라타 연방은 기존 부왕령에서 고지 페루(볼리비아), 파라과
이, 반다오리엔탈(우루과이)이 분리된 뒤에도 과거 부왕체제 속에서 나름
대로 독립적인 통치를 해왔던 지방 주들이 이해관계에 따라 서로 이합집산
하며 충돌했다.

독립혁명전쟁의 중심에 섰던 부에노스아이레스 시는 항구로서 세관을 보
유하고 있다는 이점을 활용해 부에노스아이레스 시가 중심이 되는 중앙집
권적 정부를 구현하고자 했다. 이에 대해 군벌지도자(Caudillos)들이 득세
하고 있는 부에노스아이레스 주를 포함한 지방 주들은 자치가 최대한 보장
받는 지방분권적 정부를 선호하였다.

그러던 중 1828~1831년 시기에 아르헨티나는 중앙집권연대(Liga Uni-
taria)와 연방연대(Liga Federal)로 나뉘어 내전에 돌입했다. 중앙집권연
대에는 주로 내륙에 위치한 살타(Salta), 산티아고 델 에스테로(Santia-
go del Estero), 투쿠만(Tucumán), 카타마르카(Catamarca), , 코르도바
(Códovba), 라 리오하(La Rioja), 산후안(san Juan), 멘도사(Mendoa), 산

루이스(San Luis) 주 등이 포함되었으며 연방연대에는 부에노스아이레스, 산타페(Santa Fé) , 코리엔테스(Corrientes), 엔트레리오스(Entre Ríos) 등 연안지역에 위치한 주들이 속해 있었다. 따라서 이들을 내륙연대(Liga del Interior) 그리고 연안연대(Liga del Litoral)로 불리기도 했다.

중앙집권주의자들과 연방주의자들 간 무력투쟁은 세페다(Cepeda, 1820), 나바로(Navarro, 1828), 산로케(San Roque), 마르케스 브릿지 (Márques Bridge, 1829), 라 타블라다(La Tablada, 1829), 온카티보 (Oncativo, 1830), 사우세 그란데(Sauce Grande, 1840), 파마이야(Fa-millá, 1841), 카구아주(Caaguazú, 1841), 라구나 림피아(Laguna Lim-pia, 1846), 브엘타 데 오블리가도(Vuelta de Obligado, 1846), 카세로스 (Caseros, 1852), 파본(Pavón, 1861), 돈 곤잘로(Don Gonzalo, 1873) 전투 등에서 볼 수 있는 바와 같이 간헐적이지만 매우 오랫동안 계속되었다.

이 내전 기간 중 연방주의자 세력이 우세했다. 특히 1829~1851년 기간 중 부에노스아이레스 주 통치자였던 로사스(Juan Manuel Rosas) 장군은 연방연대를 대표해 강력하고 폭력적인 독재정치를 실행했다. 그는 중앙집 권주의자로 출발했지만 곧이어 연방주의자로 입장을 바꾸었다.

로사스는 '거친 자 중 가장 거친 자(toughest of the tough)'로 불리는 카 우디요 기질이 강한 인물로서 그의 폭력적인 독재정치는 많은 희생을 강요 해 비판이 따랐다. 그럼에도 불구하고 그의 통치기간 중에 아르헨티나는 내 전을 종식하고 국가통합을 이루는 등 근대국가로 발전할 수 있는 기반을 마 련했다. 특히 그는 남부 인디오 원주민 지역인 광대한 파타고니아를 정복해 아르헨티나 영토로 편입했다.

로사스 장군은 1852년 2월 과거 부하 장군이었던 엔트레리오스 주 카 우디요 군벌 우르키사(Justo José de Urquiza)[177]와 벌린 카세로스 전투

(Battle of Caseros)에서 패배하여 아르헨티나에서 추방되었다.

우르키사 장군은 1853년 제헌의회를 소집해 새 헌법을 채택하고 이에 근거해 1854년 아르헨티나연방 대통령으로 취임했다. 그는 로사스 장군보다 온건했으며 아르헨티나가 신봉건주의(neo-feudalism) 정치에서 벗어나 근대국가(emerging nation)로 옮겨가는 촉매역할을 한 것으로 평가되고 있다.

2) 중미연방

중미연방공화국(Federal Republic of Central America)은 1821년 9월 15일 뉴스페인 부왕령에 속한 과테말라 총독부(Capitancy General of Guatemala)에서 독립하였다.

일시 중미연합(United Provinces of Central America)으로 명명된 중미연방공화국은 현재의 과테말라, 엘살바도르, 온두라스, 코스타리카, 니카라과 그리고 멕시코 치아파스(Chiapas) 주와 과테말라 로스 알토스(Los Altos)를 합한 지역 등 6개 지역으로 구성되어 있었다.

독립 후에는 전쟁 중 군대를 보내 지원해준 아구스틴 1세 황제의 영향력으로 멕시코제국(Empire of Mexico)의 일원이 되었으나 1823년 3월 아구스틴 1세 황제가 폐위되어 멕시코 제정이 무너지자 같은 해 7월 1일 중미연방공화국으로 독립하였다. 다만 치아파스는 멕시코 영토로 남았다.

그러나 연방 내 지역 간 정치적 주도권을 차지하기 위한 내전이 일어나자 각 지역은 개별적으로 연방에서 탈퇴하기 시작했다. 1841년 2월 엘살바도르가 마지막으로 독립을 선언함으로서 중미연방공화국은 공식적으로 해체되었다.

중미연방은 1821년 독립 이후 각 지역 간 정치체제에 대한 입장과 이해관계의 상이에 따른 정치집단이 형성되었다. 이들은 정치적 주도권을 장악하기 위해 서로 대립하며 무력충돌에 이르렀다.

우선 크게 보수주의와 자유주의 이념을 배경으로 하는 정치집단들이 형성되었다. 보수주의자들은 가톨릭교회의 전통적 권익과 식민지시대 지배세력의 기득권을 보호하고자 했다. 이와 반대로 자유주의자들은 가톨릭교회의 전통적 권익 보호에 반대하며 과거 지배세력의 기득권 유지를 인정하지 않고 변화를 요구했다.

지역 간에도 정치적 주도권 장악을 위한 충돌이 계속되었다. 과테말라는 과거 총독청 소재지역으로 연방의 정치적 권력에 대한 우선권을 내세우고 있는 반면 여타 지역들은 연방 정치에서 과테말라의 독주를 인정하지 않았다. 특히 엘살바도르와 온두라스의 반발이 컸다.

보수주의자들은 다시 세빌파(Serviles)와 지방파(Provincianos)로 나뉘었다. 이들의 기본이념과 이해관계는 같았다. 그러나 세빌파는 과테말라 주도 정치를 원하였고 지방파는 이를 반대했다. 과테말라를 제외한 타 지역들은 당연하게 지방파에 속해 있었다.

이러한 배경 속에서 전개된 보수주의자와 자유주의자 간 무력충돌은 1826년 자유주의자 출신 아르세(Manuel José Arce)가 대통령에 취임하며 일단락되는 듯 했다. 그러나 자유주의적 입장을 대변해야할 그가 가톨릭교회 이슈를 포함해 보수주의자들과 협력하는 행태를 보이기 시작했다.

이에 배신감을 가진 엘살바도르와 온두라스 중심 자유주의자들은 아르세 정권에 대항해 무력투쟁을 시작했다. 결국 1829년 온두라스 출신 자유주의자인 모자란(Francisco Mozarán) 장군이 승리해 아르세 정권은 축출되었다. 곧이어 모자란 장군이 대통령으로 선출되고 자유주의자들이 다시 연방 정권을 장악했다.

그러나 모자란 정권도 권력자들의 이해관계 상충으로 내분이 끊이지 않았다. 여기에 가톨릭교회와 보수주의자들의 부추김, 정치적 결탁, 각 지방 간

주도권 암투 등이 더해지며 정치집단 간 내전이 계속되었다.

결국 중미연방은 과테말라, 엘살바도르, 코스타리카, 니카라과, 온두라스 등 중미 5개 국가로 분리되며 내전이 종료되었다. 로스 알토스는 1838년 일시 독립하였으나 최종적으로 분리되어 과테말라와 멕시코 영토로 편입되었다.

3) 페루-볼리비아 연방과 칠레 간 연방전쟁(War of Cofederation)

전쟁의 시작은 페루에 추방되었던 프레이레(Ramón Freire) 전 칠레 대통령이 1836년 7월 7일 일단의 군함을 가지고 페루 카야오(Callao) 항구를 출발해 칠레 남부 칠로에(Chiloé) 섬 안쿠드(San Carlos de Ancud) 항구를 점령한 것이었다.

칠레 정부는 즉시 칠로에에 군대를 보내 반군을 몰아내고 같은 해 8월 21일 페루 카야오 항구에 군함을 보내 3척의 페루 군함을 포획해 칠레로 가져왔다. 페루는 같은 해 10월 28일 볼리비아와 페루-볼리비아 연방(Peru-Bolivian Confederation, 이하 "연방"으로 표시) 창설을 공표하였다. 연방은 볼리비아, 북 페루, 남 페루 등 3개국으로 이루어졌다. 칠레는 이를 군사적 위협으로 간주하고 전쟁에 돌입했다.

칠레와 페루의 긴장관계는 연방창설 이전부터 시작되었다. 우선 칠레는 페루가 독립혁명전쟁 중 빚진 전쟁자금 150만 페소를 상환하지 않고 오히려 무시하고 있는 것에 대해 큰 불만을 가지고 있었다.

여기에 더해 페루 정부는 자국의 카야오 항구가 칠레의 발파라이소 항구보다 더 유리한 위치에 있다는 것을 홍보하기 위해 노력했다. 특히 마젤란 해협을 통과해 태평양에 진입한 선박이 발파라이소를 경유하지 않고 카야오에 정박하는 경우 특혜관세를 부과하는 등 태평양 연안에서 자국 무역

항의 우위확보를 위해 조치들을 취했는데 이는 칠레의 국익에 반하는 것이었다.

한편 칠레와 볼리비아도 아타카마 사막(Atacama Desert) 소유권을 가지고 역시 분쟁을 지속하고 있었는데 연방이 창설되며 이 문제는 이제 페루까지 포함되는 연방 이슈가 되어 버렸다.

연방 최고지도자가 된 산타 크루즈(André de Santa Cruz) 볼리비아 대통령은 신생 연방의 연착륙을 위해 당분간 전쟁을 피하고자 했다. 그러나 칠레의 포르탈레스(Diego Portales) 전쟁장관이 연방해체를 요구하고 나서자 산타 크루즈 대통령은 당연히 이를 거부했고 칠레는 이를 빌미로 1836년 12월 28일 전쟁을 선포했다.

1836년 산타 크루즈 볼리비아 대통령의 주도로 페루-볼리비아 연방이 창설되었지만 당시 양국 정국은 혼돈이 계속되고 있었다.

과거 페루 부왕청에 속하며 고지 페루(Alto Peru)로 불렸던 볼리비아는 1776년에 리오 데 라플라타 부왕청 관할로 변경되었지만 역사적으로나 지리적으로 볼 때 페루 부왕청과 연대감이 강했다.

고지 페루 출신인 산타 크루즈 대통령은 이 두 국가를 하나로 통일시키려는 큰 뜻을 가지고 이를 추진했다. 그러나 당시 페루와 볼리비아 정국은 독립이후 산타 크루즈 자신을 포함해 전쟁에 참여한 장군들의 정권장악을 위한 정치적 혼란이 계속되었다.

당시 혼란의 주역들은 산타 크루즈(1827년 7대 페루 대통령, 1836~38년 페루 임시대통령, 1839~39년 연방최고지도자, 1829~39년 6대 볼리비아 대통령), 가마라(Agustín Gamarra, 1829~33 10대 페루 대통령, 1838~41년 14대 페루 대통령), 오브레고소(Luis José Obregoso, 1833~34년 11대 페루 대통령, 1834~35년 12대 페루 대통령, 1837~38년 북페루 대통령), 호세 데 라마르(José de la Mar, 1822~23년 2대 페루 대통령, 1827~29년 8대 페루 대통령), 살라베리(Felipe Santiago de

Salaverry, 1835~36년 13대 페루 대통령) 등이었다. 이들은 모두 독립혁명전쟁의 영웅들이었지만 이후에 서로 배반과 투쟁의 대상이 되었다.

그럼에도 불구하고 양국 간 전쟁은 3년 동안 진행되었으며 마지막 전투는 페루 융가이에서 이루어졌다. 융가이 전투(Battle of Yungay)에서 연방군은 산타 크루즈 최고지도자가 지휘했고 칠레군은 불네스(Manuel Bulnes) 전쟁장관이 이끌었다. 이 전투에서 칠레군은 연방군에 승리했고 페루-볼리비아연방은 해체되었다. 불네스 장군은 같은 해 8월 페루 리마에 입성하고 전쟁 중 칠레 측에 가담했던 가마라 장군이 대통령에 취임하도록 지원했다.

가마라 페루 대통령은 1841년 볼리비아 정국이 불안해지자 이 틈을 이용해 볼리비아를 병합하기 위해 페루-볼리비아 전쟁을 일으켰다. 그러나 인가비 전투(Battle of Ingavi)에서 볼리비아 발리비안(José Ballivián) 장군에게 패하고 포로 신분으로 처형당했다. 이 사건을 마지막으로 페루와 볼리비아 간 국가통합 시도는 종식되었다.

칠레의 불네스 전쟁장관은 연방전쟁에서 승리한 뒤 1941~51년 기간 중 칠레 대통령을 역임했다.

4) 에콰도르 과야킬(Guayaquil)-키토(Quito)간 내전

에콰도르는 역내에서 이웃 국가인 콜롬비아와 페루와 비교해 존재감이 부족했다. 그러나 그란 콜롬비아에서 분리된 이후 내부적으로 안데스 산맥 고지의 내륙도시 키토와 태평양 연안의 항구도시 과야킬 간에 국가주도권을 장악하기 위한 정치 및 군사 엘리트들의 무력투쟁이 20세기 초까지 계속되었다.

1830년 대 키토 인구는 약 35만 8천 명 정도로 '산맥에 사는 사람들'이라는 의미의 세라뇨스(Serraños)라고 불렸다. 이들의 지도자들은 정치적으로 보수성향을 가지고 있었으며 가톨릭교회를 옹호하였다.

한편 과야킬은 약 9만 4친 명의 인구를 가진 항구도시로 상업에 종사하는 계층이 많아 자유주의적 성향이 강하고 독립적이며 가톨릭교회의 권위를 중요하게 생각하지 않았다.

이들 양 지역 지도자들의 정치적 입장은 국가 주도권 확보를 위한 무력투쟁의 중요한 배경을 이루었다. 무력충돌 시작은 그란 콜롬비아 대통령이었던 시몬 볼리바르가 플로레스(Juan José Flores) 장군에게 에콰도르 통치를 맡기고 보고타로 돌아간 것이었다.

플로레스 장군은 1830년 5월 13일 그란 콜롬비아로부터 독립을 선언하고 8월 14일 새롭게 제정된 보수적 헌법에 근거하여 대통령에 취임하였다. 그는 베네수엘라 카베요(Cabello) 지역 출신으로 보수적인 성향이 강했으며 1대(1830~34), 3대(1839~43), 4대(1843~45) 대통령을 역임했다. 1845년 대통령 직에서 축출된 이후에도 그는 계속 과야킬을 배경으로 하는 정권에 대항하는 정치적 활동을 계속했다.

플로레스 대통령에 대항한 과야킬 출신 자유주의자들의 대표적 정치인은 로카푸에르테(Vicente Rocafuerte) 장군으로 베네수엘라 출신인 플로레스의 집권에 반대하고 저항했다. 그는 1935년 같은 지역출신인 라몬 로카(Vicente Ramón Roca, 1845~49년 3대 대통령)장군과 함께 플로레스 대통령을 축출하고 정권을 잡았으나 1839년에는 다시 플로레스에게 탈환 당했다.

이후 에콰도르 정치적 무력 투쟁은 플로레스, 로카 푸에르테를 중심으로 라몬 로카 그리고 다음 세대인 모레노(Gabriel García Moreno, 1861~65, 1869~75 2회 대통령)에 이르기까지 계속되었다. 에콰도르의 지역 간 역사적 유산은 현재까지도 국내 정치 환경 저변에 깊게 흐르고 있다.

에콰도르는 국내적으로 정치적 무력투쟁을 하면서도 인근 국가인 콜롬비아와 페루와 국경분쟁을 계속했는데 그 방식과 시기 그리고 결과 등은 국내 정치투쟁과 서로 원인과 결과를 주고받는 등 얽혀있다.

라. 미국-멕시코 전쟁 ──────────

　미국과 멕시코 전쟁은 1846년에 시작되어 1848년 미국의 승리로 끝났다. 이 전쟁의 시작은 미국의 멕시코 영토침탈 의도에 따른 것으로 구체적으로는 당시 멕시코 영토이었던 텍사스 주의 독립운동이었다.

　멕시코는 텍사스 주의 독립을 저지하기 위해 텍사스 주군을 반란군으로 규정하고 일진일퇴하는 전투를 계속했다. 그러나 1836년 멕시코의 산타 아나(Antonio López de Santa Ana) 장군은 산하신토 전투(Battle of San Jacinto)에서 텍사스 주군에게 크게 패하고 포로가 되자 샘 휴스턴(Sam Houston) 텍사스 주지사와 벨라스코 조약(Treaty of Velasco)을 체결하고 텍사스 주의 독립을 인정했다.

　멕시코 의회는 벨라스코 조약을 즉시 거부하며 텍사스 주 독립운동을 반란으로 규정하고 이를 진압하기 위한 전쟁을 1944년까지 이어나갔다. 한편 1845년 7월 4일 미국은 텍사스 정부와 합의를 통해 텍사스를 미국 영토로 복속시켰다. 멕시코는 미국의 조치에 대해 크게 반발하였다.

　이듬 해 4월 25일 멕시코 기병대가 리오그란데 강(Río Grande River)과 누에세스 강(Nueces River) 사이에 있는 미국 병영을 공격하는 사건이 발생했다. 그렇지 않아도 전쟁 구실을 찾고 있던 미국의 포크(James Polk) 대통령은 즉각 이 공격을 전쟁행위로 규정하고 1846년 5월 13일 멕시코에 대한 선전포고를 했다.

　이렇게 시작된 미국과 멕시코 전쟁은 1848년까지 계속되었으며 미국 군대가 멕시코시티를 점령하며 끝났다.

1) 텍사스 독립전쟁(1835~1836)

텍사스는 멕시코 영토이지만 먼 곳에 위치해 있어 식민지 시대부터 중앙
정부의 통치력이 원활하게 미치지 못했고 거주민도 많지 않았다. 특히 미국
과 국경을 접하고 있어 항상 미국의 영토 확대 목표가 되었다.

미국의 영토 확대 정책은 1795년 스페인으로부터 플로리다(Florida)를
매입한 것으로부터 시작해 1803년 프랑스로부터 루이지애나(Louisiana)
매입, 1819년 스페인으로부터 다시 동부 플로리다(east Florida) 매입 등
으로 나타났다. 1826년에는 텍사스 매입을 멕시코에 제안하였다.

스페인과 신생 독립국인 멕시코는 미국의 영토 확장 의도를 이미 인지하
고 있었기 때문에 1820년까지는 텍사스 지역에 외국인 이주를 허가하지
않고 있었다. 그럼에도 불구하고 이주의 시작은 미국 미주리 출신 사업가
모세 오스틴(Moses Austin)이 1820년 12월 스페인의 텍사스 주지사인 마
르티네스(Antonio María Martínez)로부터 300 가구의 미국인 이주허가
권을 얻어낸 것이었다.

이듬 해 모세 오스틴이 사망하고 그의 아들 스티븐 오스틴(Stephen Aus-
tin)이 사업권을 이어받아 이주를 실행했다. 그는 이후에도 텍사스를 개척
해 식민화하기 위해 미국인들을 계속 이주시켰다.

텍사스로 이주한 미국인들과 식민지 시대부터 텍사스에 거주했던 스페인
계 텍사스인(Tejanos) 들은 서로 연대하고 세력을 형성한 뒤 신생 멕시코
의 중앙집권정책에 반대하였다. 이들은 초기에는 텍사스 주의 자치권을 요
구했으나 점점 독립의 의지를 보여주기 시작했다.

멕시코의 산타 아나(Antonio López de Santa Ana) 대통령은 보수주의
자로 중앙집권적 정체를 옹호하며 자유주의자들이 주장하는 연방제 정체
를 반대하였다. 반면 멕시코 지방권력자들은 산발적으로 산타 아나 대통령
의 중앙집권주의에 반대하고 주정부 자치권을 확보하기 위한 소위 멕시코

연방주의자 전쟁(Mexican Federalist War)을 하고 있었다.

산타 아나 대통령은 1835년 5월 31일에 1824년 제정 연방주의적 헌법을 폐지하고 중앙집권적 헌법을 채택했다. 텍사스의 미국 이주민들과 스페인계 텍사스인(Tejanos) 들은 이 헌법 시행을 격렬하게 반대하면서 샌안토니오에 소재한 멕시코군 병영을 무력 공격하는 사건을 일으켰다. 이 사건은 이후 알라모(Alamo) 전투, 골리아드 학살(Goliad Massacre) 등과 같은 크고 작은 전투로 이어졌고 해상 전투도 병행되었다.

그러던 중 산타 아나가 지휘한 멕시코 군은 1836년 4월 21일 산하신토 전투(Battle of San Jacinto)에서 텍사스 샘 휴스턴(Sam Houston) 주지사가 지휘하는 텍사스 군에게 대패하고 그는 전쟁 포로 신분으로 굴욕적인 벨라스코 조약(Treaty of Velasco)을 체결해 텍사스 독립과 멕시코 군 철수를 동의했다.

그러나 멕시코 의회는 같은 해 7월 29일 벨라스코 조약은 산타 아나가 권한 위임 없이 체결한 것임을 이유로 폐기하고 그를 추방하였다. 그럼에도 불구하고 멕시코 정부는 텍사스를 다시 복속시킬 수 있는 강력한 수단을 가지지 못한 가운데 이후 8년 동안 텍사스 정부와 소소한 전쟁을 이어갔다.

2) 제2차 텍사스-멕시코전쟁(1836~1844)

멕시코 의회가 벨라스코 조약을 폐기함으로서 텍사스 주는 여전히 멕시코 영토의 반란지역으로 간주되었다. 멕시코는 텍사스를 회복하기 위해 다시 육지와 바다에서 텍사스 군을 상대로 전투를 이어갔다.

그러나 이러한 전투들은 시기적으로나 지역적으로 매우 산발적으로 치러졌고 멕시코 군이 결정적으로 승리하지 못함으로서 오히려 텍사스의 독립은 기정사실이 되었다.

한편 멕시코 중앙정부는 이 기간 중에도 연방 체제를 지지하는 지방 군벌의 계속되는 무장반란을 피해갈 수가 없었는데 이러한 상황은 멕시코 군의 전력을 약화시키는 요인이었다.

3) 미-멕시코 전쟁(1846~48)

미국 의회는 1945년 3월 1일 텍사스를 미국 영토로 즉각 복속시키는 결의안을 의결했다. 멕시코는 이 결의안에 항의하고 3월 28일 미국과 외교관계를 단절했다. 7월 4일 텍사스 정부가 미국의 텍사스 복속 결의안 조건을 수용하자 7월 20일 멕시코 대통령은 의회에 만약 미국 군이 텍사스에 진입하면 전쟁을 선포할 수 있는 권한을 요구했다.

1846년 1월 13일 미국의 포크(James Polk) 대통령은 테일러(Zachary Taylor) 장군에게 텍사스와 멕시코 국경사이의 분쟁지역인 리오그란데 강과 누에세스 강 사이 지역을 점령할 것을 명령했다. 이는 미국이 멕시코를 전쟁에 유인하기 위한 조치이었다.

멕시코는 같은 해 4월 25일 리오그란데 강 북쪽 그리고 누에세스 강 남쪽 사이에 주둔하고 있는 미국 기병대를 공격했으며 포크 대통령은 이를 전쟁 행위로 간주하고 5월 13일 멕시코에 전쟁을 선포했다.

미국은 즉각 분쟁지역이었던 리오그란데 강 북부지역을 장악하고 이어서 변방지역인 뉴멕시코, 캘리포니아, 태평양연안, 동북 및 서부 멕시코를 점령하고 멕시코시티를 향해 베라크루스와 푸에블라를 점령했다.

미국은 멕시코의 패배를 확정하기 위해 멕시코시티 점령을 위해 공격을 시작했다. 멕시코의 산타 아나는 미국 군을 시 외곽에서 저지하고자 했으나 콘트레라스(Battle of Contreras)와 추루부스코 전투(Battle of Churubusco)에서 패배해 미국 군의 멕시코시티 진입을 허용했다.

멕시코시티에서의 저항은 몰리노 델 레이(Battle of Molino del Rey)와 차풀테펙(Battle of Chapultepec) 전투 등 두 곳에서 전투가 벌어졌으나 결국 미국군이 승리하고 1847년 9월 점령이 완료되었다.

이어서 1848년 2월 2일 전쟁을 공식적으로 종료하는 과달루페 이달고 조약(Treaty of Guadalupe Hidalgo)이 체결되었다. 이 조약으로 멕시코와 텍사스 간 국경은 리오그란데 강으로 확정되었고 멕시코는 현재의 캘리포니아, 뉴멕시코 지역 대부분, 애리조나, 네바다, 콜로라도, 유타 등을 미국에 양도했다. 또한 미국은 멕시코에 1,500만 불의 보상금을 지불하고 멕시코는 전쟁 중 미국시민의 손실 보상금으로 500만 불을 지불하였다.

전쟁 중 미국은 전투 중 사망 1,192명, 부상 사망 529명, 사고 사망 362명, 전염병 사망 11,155명의 손실을 입었다. 멕시코 측 손실은 정확한 자료가 없으나 미국군 사망규모의 몇 배가 될 것으로 추정되고 있다. 참고로 전쟁 중 병사들이 가장 두려워한 것은 전투보다는 조용한 살인자라고 불린 황열, 이질 등 전염병이었다.

마. 멕시코혁명(The Mexican Revolution) ──────────

멕시코혁명은 1910~20년 기간 중 계속된 내전으로 1877년부터 1910년까지 플로레스(Manuel González Flores. 1880~1884년 대통령) 통치 기간 4년을 제외하고 8번의 대통령을 역임한 포르피리오 디아스(Porfirio Díaz) 정권에 대한 저항으로 시작되었다.

그 시작은 1910년 6월 대선에서 포르피리오 대통령이 부정선거로 당선되자 대선에 출마한 그의 정적 프란시스코 마데로(Francisco Madero)는 같은 해 10월 5일 미국 텍사스 샌안토니오에서 샌 루이스 포토시 계획(Plan of San Luis Potosi)을 발표하며 포르피리오 정권에 대한 무장봉기를 선언한 사건이었다.

포르피리오 대통령 재임기간(1876년~1911년)을 포르피리아토(Por-firiato)라고 부르는데 그는 이 기간 중 산업진흥을 도모하였고 외국인직접투자자를 적극적으로 유치하였으며 도로, 댐, 철도와 같은 사회간접자본도 크게 확충하였다.

이러한 성과는 당시 '과학자들(cientificos)'이라고 불리는 대통령 측근의 기술관료 들이 주도해 이루어졌다. 그럼에도 불구하고 외관상 보이는 경제발전의 성과와는 다르게 내부적으로는 빈부격차가 크게 확대되었고 기술관료들의 독선적 경제정책으로 기존 지지계층으로 부터도 많은 원망을 받고 있었다.

우선 포르피리오 정권의 기술관료들은 토지제도 근대화란 명목으로 토지등기제도를 추진하며 소유권이 불분명한 농민과 인디오 원주민 공동체 소유 토지를 몰수해 이를 대토지소유 농장주나 외국자본에 매각했다. 이 결과로 토지를 강탈당했다고 생각하는 농민과 인디오 원주민들의 저항감은 극도에 달했다. 한편 포르피리오 정권의 지지계층이었던 대토지소유 농장주들은 1908년에 기술관료들이 은행제도를 개혁한다면서 대출이자율을 높이자 크게 분노하였다. 기업가들도 과거부터 관행으로 묵인해왔던 밀수행위를 세수확대를 위해 강력하게 통제하자 역시 불만이 높아졌다.

교사들과 도시노동자들은 최저임금동결에 저항하고 있었으며 언론은 보조금 삭감으로 정부에 비우호적 입장이었다.

이와 같이 사회를 구성하는 모든 부문과 계층에서 이해관계 충돌이 분출하는 가운데 1910년 6월 대선이 실시되었고 포르피리오 대통령은 많은 선거부정 의혹 속에서 여덟 번째 연임하는 대통령에 당선되었다.

프란시스코 마데로 선언으로 시작된 반정부 무장봉기는 국내에서 많은 호응을 받기 시작하자 1911년 5월 포르피리오 대통령은 사임하고 망명을 떠났다. 이후 멕시코 정국은 혁명전쟁이 종료된 1920년까지 상징적으로 7

명의 임시대통령을 포함하여 11명의 대통령이 집권하는 등 극도로 혼란스러운 시기를 겪었다.

이 시기 혁명전쟁의 주역들은 대통령을 역임한 마데로(Francisco Madero, 1911~1913년 37대 대통령), 후에르타(Victoriano Huerta, 1913~1914년 39대 대통령), 카란자(Venustiano Carranza, 1917~1920년 44대 대통령), 오브레곤(Álbaro Obregón, 1920~1924년 46대 대통령)을 포함하여 모렐로스 주 농민세력을 기반으로 봉기한 자파타(Emiliano Zapata), 멕시코 북부 산적 출신으로 일명 '판초(Pancho)'로 불리는 비야(Francisco Villa), 오로스코(Pascual Orozco), 레이에스(Bernardo Reyes), 디아스(Félix Díaz) 등 무장세력의 지도자들이었다. 이들은 모두 자신들이 대표하고 있는 이익집단을 위해 동맹과 배신 그리고 때로는 상하관계로 연합하며 참혹하고 긴 내전을 계속했다.

1920년 초 대선에서 카란자 대통령은 연임이 불가능해지자 자신이 지지하는 후계자를 내세우려고 했다. 카란자 대통령의 이러한 시도는 소노라 주 출신 혁명전쟁의 장군들인 오브레곤, 카에스(Plutarco Elías Calles), 아돌포 후에르타(Adolfo de la Huerta)의 무력저항으로 저지되었다. 카란자 대통령은 도주 중 같은 해 5월 21일 살해되었다.

그 이후에 치러진 멕시코 대선에서 오브레곤이 승리하고 46대 대통령으로 취임함으로서 10년 동안 참혹하게 전개된 멕시코혁명전쟁은 종식되었다. 멕시코혁명전쟁의 초기 지도자들은 모두 사라지고 이제 멕시코 정치는 오브레곤과 같은 북부 출신의 실용적이고 근면한 군인 정치가들에 의해 장악되었다.

특히 오브레곤과 함께 카란자 대통령에게 반기를 들었던 카에스(1924~1928년 47대 대통령)는 국가혁명당(PNR, Partido Nacional Revolucionario, 1929~1938)을 창당하고 멕시코 내 여러 계층세력을 당내 자원으로 흡수하고 세력균형을 제도화했다.

그가 창당한 국가혁명당은 이후 멕시코혁명당(PRM, Partido de la Revolución Mexicana, 1938~1946)으로 신화한 뒤 1946년에 제도혁명당(PRI, Partido Revolucionario Institucional)으로 변신했다. 제도혁명당은 70년 동안 멕시코 정치를 장악했다.

바. 삼국동맹전쟁(1864~70)

삼국동맹전쟁(The War of the Triple Alliance)은 1864~70년 기간 중 파라과이와 브라질, 아르헨티나, 우루과이로 이루어진 3국 동맹이 벌린 영토 확장 전쟁이다.

전쟁의 시작은 1864년 11월 12일 파라과이의 타쿠아리(Tacuari) 군함이 자국 내 파라과이 강(Paraguay River)을 항행하는 브라질 우편함을 포획한 사건이었다. 이는 파라과이 독재자였던 로페스(Francisco Solano López)가 리오 데 라플라타 강 유역에서 영향력을 확대하기 위한 전략적 행동이었다.

파라과이는 독립이후에 인접하고 있는 아르헨티나와 브라질과 국경분쟁을 계속 이어왔다. 1864~65년 중 우루과이에서는 보주주의 성향의 백색당(Blancos)과 자유주의 성향의 적색당(Colorados) 간 정권장악을 위한 내전(Uruguayan War)이 발생하였다.

우루과이 내전은 1860년 백색당의 베로(Bernardo Prudencio Berro) 대통령이 집권하자 적색당의 지도자인 바리오스(Venancio Flores Barrios) 전 대통령이 1863년에 반란을 일으켜 내전으로 확대되었다. 이 내전은 우루과이 영토에 인접해 이해관계를 가지고 있는 브라질, 아르헨티나, 파라과이 등의 간섭을 가져왔고 6년 간의 긴 전쟁으로 이어졌다.

내전 발발 전부터 브라질과 아르헨티나는 정치적으로 적색당을 지지하고 있었다. 반면 파라과이는 백색당을 지원했다. 내전이 발발하자 브라질은 우루과이와 접한 남부 국경지대 보호와 영향력 확대를 위해 간섭을 결정하고 1864년 10월 12일 군대를 파견했다. 백색당 정권은 브라질과 적색당 연합군의 공격을 받아 1865년 2월 20일 무너지고 말았다.

파라과이 로페스 대통령은 우루과이 백색당 정권을 지원하고 리오 데 라 플라타 유역에서 영향력을 확대하고자 파라과이 강을 항해하는 브라질 우편선을 나포하고 1864년 12월 14일 브라질 마토 그로소(Matto Grosso) 주를 점령했다. 이어서 이듬 해 초에는 리오 그란데 술(Rio Grande do Sul) 주를 공격했다. 이 공격 과정에서 파라과이 군은 아르헨티나 코리엔테스(Corrientes) 주를 경유하였는데 이는 그렇지 않아도 파라과이에 대한 전쟁구실을 찾고 있었던 아르헨티나에게 기회를 주었다.

파라과이의 군사적 행위에 대해 아르헨티나, 브라질, 우루과이 3국은 1865년 5월 1일 파라과이 공격에 공동 대응한다는 삼국동맹을 체결하고 육지와 강에서 본격적으로 전쟁에 돌입했다.

파라과이는 삼국동맹보다 인력과 무기 그리고 보급의 열세에도 불구하고 파라과이 군의 로페스 대통령에 대한 충성심과 애국심으로 6년여 동안 많은 전투를 이어왔다.

이 전쟁은 1870년 3월 1일 세르로 코라 전투(Battle of Cerro Corá)에서 로페스 대통령이 전사하며 종료되었다. 새롭게 구성된 파라과이 임시정부는 삼국동맹과 종전협상을 시작했다.

파라과이와 삼국동맹은 1870년 6월 20일 일단 잠정적으로 종전조약을 체결하고 1872년 11월 19일 각 국가 간 이해관계를 조정한 뒤 1876년 2월 3일 최종적으로 확정했다.

이 전쟁으로 파라과이는 전체인구 30만 명의 절반을 잃어버렸다. 또한 아르헨티나에게 3만 6천 평방마일 그리고 브라질에게 2만 4천 평방마일의 영토를 양도함으로서 남미의 내륙 소국으로 전락했다.

브라질은 이 전쟁으로 로페스 정권을 무너뜨린다는 정치적 목표를 달성했으며 파라과이와 분쟁 중인 영토를 확보하는 큰 성과를 거두었다. 전쟁에 승리한 브라질 군부는 정치적 입지가 강화되어 향후 브라질 정국운영에서 무시할 수 없는 세력으로 등장했다.

아르헨티나는 이 전쟁이 영토 확장과 함께 정국 불안의 고질적 요소이었던 지역 군벌들의 영향력을 축소시켜 근대국가로 발전할 수 있는 발판을 마련하였다.

우루과이는 이 전쟁을 통해 '아르헨티나와 브라질 양국은 우루과이에 영향력 확대를 위한 적대행위를 종식한다' 내용을 규정하고 있는 1827년 8월 27일의 리오 데 자네이로 조약(Treaty of Rio de Janeiro)의 효력을 재확인하는 성과를 얻었다.

사. 쿠바 독립전쟁

쿠바는 19세기 초 중남미 독립혁명전쟁 시기에 독립하지 못하고 오히려 대륙에서 밀려난 식민지 지배계층의 피난처가 되었고 19세기 말 미서전쟁이 발발하기 전까지 스페인의 식민지배를 받았다.

또한 히스파니올라 섬의 생도맹그가 흑인이 통치하는 아이티 공화국으로 독립하자 지배 계층이었던 백인 사탕수수 농장소유주들이 쿠바로 대거 이주했다. 이들은 자연환경이 비슷한 쿠바에서 다시 사탕수수 농장을 세워 경영하기 시작했는데 이 결과 쿠바는 카리브에서 과거 생도맹그를 대치하는 중요한 설탕 생산지가 되었다. 스페인 정부는 사탕수수 생산량을 증가시켜 세계 설탕시장을 장악하고자 아프리카 흑인을 노예로 대거 이주시켰다.

쿠바의 정치사회적 환경은 독립혁명전쟁 시기와 크게 다르지 않았다. 상류계층은 스페인 본토 출신인 페닌술라레스(peninsulares)와 쿠바에서 태어난 스페인계 백인인 크리오요스(criollos)로 구성되었으나 이들 간 반목이 심했다.

그럼에도 불구하고 쿠바 상황은 대륙과는 달랐다. 우선 쿠바 내 흑인노예 인구가 크게 증가해 다수를 구성하자[178] 이미 생도맹그에서 흑인노예 반란을 경험한 백인 크리오요스 들은 반란에 대한 두려움으로 페닌술라레스에 대한 불만을 독립운동의 동력으로 사용하지 않았다. 다만 1868년부터 1차 쿠바독립전쟁으로 불리는 소규모 반란들이 일어나기는 했지만 모두 진압되었다.

1차 쿠바독립전쟁은 1868년 10월 9일 쿠바 동부 오리엔테(Oriente) 주에 소재한 사탕수수 농장주였던 세스페데스(Carlos Manuel de Céspedes)가 시작하였다. 그는 자신이 소유한 흑인노예들을 해방한 뒤 이들을 포함한 147명의 혁명군을 구성하고 데마하구아 선언 (The declaration of La Demajagua)을 하였다.

이렇게 시작된 1차 쿠바독립전쟁은 예상과 다르게 10년 동안 이어지는 일명 '십년 전쟁(10 Years War)'이 되었다. 전쟁을 시작한 세스페데스는 1874년 스페인군에 의해 살해되었다. 그가 살해된 이후 전쟁은 고메스(Máximo Gómez), 마르티(José Martí), 마세오(Antonio Maceo), 산체스(Serafín Sanchéz), 몬카다(Guillermo Moncada) 장군 등이 이끌었다.

스페인은 리나레스(Arcenio Linares), 웨일레르(Valeriano Weyler), 세르베라(Pascual Cervera), 캄포스(Arcenio Campos) 등 7명 장군들이 총사령관을 번갈아 담당하며 전쟁을 수행했다.

10년 전쟁은 1877년 12월 21일 스페인군의 승리로 끝나고 이듬 해 2월 11일 양 당사자 간에 잔혼 조약(Treaty of Zanjón)을 체결하며 공식적으

---

178 1817년 쿠바 인구는 630,980명으로 이 중 백인 291,021명 자유흑인 115,691명, 흑인노예 224,268명으로 흑인이 다수를 구성했다. 이 인구 규모는 1791년과 비교해 132%가 증가한 것이다. 참고로 1898년 쿠바 인구는 160만 명 수준이었다. Latin America's Wars, The Age of the Caudillo, 1791-1899, Robert L. Scheina, Potomac Books, Inc, 2003

로 종식되었다. 오랫동안 계속된 전쟁으로 양측에는 많은 사상자가 발생했다. 스페인 군은 20만 명 그리고 쿠바 혁명군은 10~15만 명의 희생자가 나온 것으로 기록되고 있다. 스페인 군은 전투 중 사망자 보다 황열 등 풍토병에 의한 사망자가 더 많았다.

2차 쿠바독립전쟁은 십년 전쟁 이후에 미국에 망명해있던 마르티가 주도하였다. 그는 1893년 쿠바혁명당을 창설해 군대를 조직하고 '십년 전쟁'의 영웅이었던 고메스와 마세오 장군의 참전을 얻어낸 후 1895년 4월 쿠바에 상륙해 독립혁명전쟁을 시작했다.

마르티는 쿠바 상륙 후 얼마 지나지 않은 5월 19일 전사하고 말았다. 그의 사망 이후 전쟁은 고메스와 마세오 장군이 이끌어 갔다. 2차 독립혁명전쟁은 양측 간 많은 희생자를 내며 지루한 공방을 이어갔는데 1897년 말과 1898년 초부터 독립혁명군이 승세를 타기 시작했다.

바로 이 시점인 1898년 2월 15일에 아바나 항에 정박 중인 미국 군함 메인(Maine)호가 의문의 폭발로 침몰하며 미 해군 260명이 사망하는 사건이 발생했다. 미국은 이를 스페인의 소행으로 간주하고 4월 23일 전쟁을 선포하였다.

메인호 폭발사건으로 스페인 군에 승세를 잡아가던 2차 독립혁명전쟁은 갑자기 발생한 미서전쟁과 함께 진행되었다. 이 상황은 전쟁을 초기에 주도했던 마르티가 매우 우려했던 것이었다.

마르티는 미국의 쿠바에 대한 야욕을 미국 망명 시기부터 일찍이 감지하고 독립전쟁과정에서 미국의 간섭을 극도로 경계했다. 그러나 결국은 쿠바독립혁명전쟁에 미국의 능동적이고 적극적인 간섭이 일어나고 말았다.

아. 태평양전쟁(The War of the Pacific) ————

태평양전쟁은 1879년~83년 기간 중 칠레와 페루-볼리비아 동맹국 간에 치러진 영토 및 경제전쟁 이다. 전쟁의 시작은 1878년 2월 23일 볼리비아가 자국 영토인 아타카마 사막지역에서 초석(nitrates)을 생산수출하고 있는 칠레 기업에 대한 수출세를 일방적으로 인상한 조치이었다.

아타카마 사막지대는 볼리비아, 칠레가 국경을 접하고 있는 105천 평방 킬로미터의 사막지대로 이 지역은 독립전쟁이후 국경획정과 관련해 양국 간 이견이 있었지만 황량하고 거주가 어려웠기 때문에 서로 적극적인 관리를 하지 않았던 지역이었다. 그러나 1839년 아타카마 사막지대에서 구아노(guano)광이 발견되고 초석이 생산되자 양국의 관심이 크게 높아졌다.

칠레와 볼리비아는 1866년 남위 24도를 기점으로 아타카마 사막을 분할해 국경을 설치하고 남위 23도와 24도 사이에서 이미 초석을 생산해 수출하고 있는 칠레기업에 대해서는 볼리비아가 방해나 세금인상을 하지 않기로 조약을 채결했다.

그러나 양국은 조약해석에서 의견이 달라 외교적 분쟁이 지속되고 있는 가운데 볼리비아가 1873년 2월 6일 페루와 상호방위조약을 체결했다. 이 조약은 당사국 중 어느 한 쪽이 가상적국으로부터 공격을 받으면 자동으로 참전한다는 것이다.

칠레는 1878년 2월 23일 수출세 인상이 조약위반이라고 볼리비아에 항의했지만 거부되었다. 오히려 볼리비아는 1879년 2월 14일까지 납세를 하지 않으면 소급관세 부여와 함께 칠레 기업에 대한 양허취소와 재산몰수를 한다는 포고를 발표했다.

칠레는 볼리비아의 조치에 대응해 1879년 2월 24일 해군을 파견해 볼리비아 초석 수출항인 안토파가스타(Antofagasta)와 주변 외항들을 점령했다. 이에 맞서 볼리비아도 3월 18일 전쟁을 선포하고 볼리비아 영내에 있는 칠레 자산을 몰수하고 페루에 참전을 요청했다. 페루는 내키지는 않았지만[179] 볼리비아와의 비밀로 체결한 상호방위조약에 따라 전쟁에 참여할 수밖에 없었다. 칠레는 페루에 전쟁준비 중지를 요청했으나 페루의 대응이 만족스럽지 않자 4월 5일 전쟁을 선포했다. 페루도 동일부로 칠레에 전쟁을 선포했다.

이렇게 시작된 칠레와 페루-볼리비아 동맹 간 전쟁은 해전과 육전이 병행되었다. 칠레가 페루를 공략하기 위해서는 해군의 역할이 매우 중요했다. 핀토(Aníbal Pinto) 칠레 대통령은 당초 카야오(Callao) 항구를 공격하려고 했으나 레보에도(Juan Williams Rebolledo) 제독의 권유로 가까운 안토파가스타 항구를 공격하는 것으로 전쟁을 시작했다.

칠레는 전반적으로 해전에서 페루를 압도하며 앙가모스 전투(Battle of Angamos), 이끼께(Iquique) 함락, 타라파카 전투(Battle of Tarapacá), 타크나 전투(Battle of Tacna), 아리카 전투(Battle of Arica), 카야오 봉쇄(Blockade of Callao)등을 통해 1881년 1월 13일 마지막으로 리마를 공격해 승리했다.

피에롤라(Nicolás de Piérola) 페루 대통령은 리마를 탈출해 지방에서 게릴라 전투를 이어갔으나 리마에 잔류한 정치지도자들은 칼데론(Francisco García Calderón)을 새 대통령으로 선출하고 칠레와 종전협상을 하였다.

이 전쟁은 칠레의 완전한 승리로 끝나며 1883년 10월 20일 당사국 간 안콘 조약(Treaty of Ancon) 체결을 통해 공식적으로 종식되었다. 이 조약에 따라 칠레는 볼리비아가 가지고 있던 태평양 연안 영토를 모두 차지했다. 볼리비아는 아타카마 영토를 잃어버리면서 태평양으로의 진출이 막힌 내륙국가로 전락했다. 페루는 타라파카를 칠레에 양도하고 타크나와 아리카 지역은 10년 간 칠레가 통치한 이후 주민투표에 의해 소유권을 결정하는 것

---

179 페루 이그나시오 프라도(Mariano Ignacio Prado) 대통령은 참전요청을 받은 후 칠레에 외교 특사를 보내 중재를 시도했다.

으로 하였는데 타크나는 페루 그리고 아리카는 칠레에 남았다.

이 전쟁은 칠레, 페루, 볼리비아 3개 국가에 서로 깊은 상흔을 남겼다. 볼리비아는 현재도 태평양 진출항구 확보를 위해 칠레와 외교적 분쟁을 계속 중이다. 칠레와 페루도 영토분쟁으로 국방과 외교적 긴장관계가 지속되고 있다.

자. 미서전쟁 ──────────────────

미서전쟁은 1898년 2월15일 쿠바 아바나 항구에 정박해 있던 미 군함 메인호가 원인모를 폭발로 침몰해 승무원 350명 중 252명이 사망하거나 실종된 사건으로부터 시작되었다.

미국 정부는 같은 해 3월 자체조사 후 군함의 침몰은 수뢰가 무기고를 폭발시켜 일어난 것으로 확정했다. 이어서 공격의 배후를 스페인 군으로 지목하고 4월 25일 스페인에 선전포고를 하였다. 미국이 스페인에 대한 선전포고를 서둘러 한 것은 국내 황색언론의 부추김이 큰 몫을 했다.

미국은 19세기 말 독일, 일본과 함께 새로운 세계 강대국으로 등장하며 중남미에 대한 헤게모니 장악을 노렸다. 한편 과거부터 중남미에 막강한 영향력을 행사해 왔던 영국도 독일과 일본에 대한 경계를 높이고 있었기 때문에 미국에 일정한 수준에서 주도권을 양도할 수밖에 없었다.

쿠바는 카리브 해 입구에 위치해 있으면서 미국에 가장 근접한 섬으로 전략적으로 매우 중요한 지역이다. 따라서 미국 정부는 쿠바의 1차와 2차 독립혁명전쟁 진행 상황을 면밀하게 주시하고 있었다.

1890년대 미국 언론사들은 업계 간 극심한 경쟁에 승리하기 위해 흥미 위주의 황색보도에 치중하는 경향을 보이고 있었다. 특히 이들은 쿠바 독립혁명전쟁에서 스페인 군이 행한 잔혹행위를 진실여부와 관계없이 목격

담 형식으로 보도하였다. 이러한 황색보도는 미국 국민의 스페인에 대한 반 감을 높였을 뿐만 아니라 쿠바 독립을 노와야 한다는 분위기를 조성했다.

이러한 분위기 속에서 메인호 폭침사건은 미국이 쿠바 독립혁명전쟁에 끼어 들어갈 수 있는 적시의 군사 외교적 구실이 되었다. 이렇게 시작된 미 서전쟁에서 미국은 쿠바 독립혁명군과 연대해 육지와 해양에서 스페인군 과 싸웠다.

전쟁은 선전포고 이후 4개월 동안 진행되었다. 스페인은 산티아고 육전 (Land battle of Santiago)과 해전(Sea Battle of Santiago)에서 미국에 최종적으로 패하고 8월 12일 미국의 평화조약 조건을 받아들였다.

미국과 스페인은 1898년 12월 전후협상을 종료한 뒤 공식적으로 전쟁을 끝냈다. 이 협상 과정에서 미국 정부는 의도적으로 쿠바 독립혁명군 측을 협상에서 제외하였다.

스페인의 카스테야노스(Adolfo Jimenéz Castellanos) 총사령관은 1899 년 1월 1일 공식적으로 미국의 브루크(R. Brooke)장군에게 쿠바 수도 아 바나를 양도했다. 이 결과 쿠바는 일시적이나마 미국의 보호령(protector-ate)이 되었다. 또한 이는 미국과 쿠바의 악연이 태동하는 계기가 되었다.

미국의 미서전쟁 승리는 미국이 중남미 패권정책을 구체화하는 중요한 역사적 사건이었다.

Part 3.
경제

CHAPTER 8

지역경제

1. 개관

세계경제의 글로벌화 추이 속에서 기업가는 비즈니스 성공을 위해 진출 지역에 대한 정치, 경제, 사회, 문화 등에 대해 충분한 이해를 가지고 있어야 한다. 특히 진출대상 지역에 특화된 경제적 측면의 비즈니스 환경을 깊게 이해하기 위해서는 해당지역 경제가 과거 어떤 과정을 거쳐 현재에 이르렀는가에 대해 알아볼 필요가 있다. 이는 미래 경제 환경을 예측하는데 필요하다.

중남미에서는 1820년대 중반 이후에 이르러서 스페인과 포르투갈의 식민지배로부터 벗어난 다수의 독립국가 들이 출현하였다. 이후 이들 국가들은 개별 국가별로 자연, 지리, 보유자원, 인구, 식민지유산 환경 등에 따라 국가건설과정 중 경제개발 속도와 방법의 차이를 보여주기 시작했다.

우선 역내 신생국가들은 독립전쟁에 사용했던 비용을 상환하고 국가건설에 필요한 재원확보를 위해 과거 식민지 종주국이었던 스페인과 포르투갈을 포함해 영국, 프랑스, 화란 등 여타 유럽 국가들과 건설적 관계를 유지하는 것이 필요했다.

또한 이 시기는 18세기 후반 영국에서 시작된 산업혁명으로 유럽 국가들의 공업생산력이 크게 확장하고 있었던 때로 스페인과 포르투갈의 독점무역체제로부터 벗어난 중남미 국가들은 영국, 프랑스, 화란 등 유럽국가에게 공산품 제조에 필요한 원자재를 조달하고 완성된 공산품을 수출할 수 있는 중요한 시장이 되었다.

1766년 영국으로부터의 독립을 선언하고 독립전쟁에서 승리한 뒤 1788년 공화제 헌법을 채택하고 아메리카합중국을 수립한 미국은 지리적 인접성을 이용해 중남미에 대한 정치경제적 관심과 영향력을 높이기 시작했다. 미국의 관심과 영향력 확대는 중남미 신생국가들과 유럽 국가들에게 새로운 국제 정치경제 환경이 조성된 것으로 당사자들 간 많은 이해충돌의 원인과 결과가 되었다.

역내 신생독립국가들은 새롭게 태동된 국제 정치경제 환경 속에서 자국에 적합하다고 판단되는 경제개발모델을 채용해 성장정책을 실행다. 그리고 그 과정에서 많은 시행착오를 경험하며 다양한 형태로 성장비용을 지불했다.

이러한 상황은 20세기 들어서도 이어졌다. 즉 역내 국가들은 두 번에 걸친 세계대전, 대공황, 통화위기, 석유위기, 금융위기 등을 겪으며 자국 여건에 적합하다고 판단되는 경제모델을 채택해 개발전략으로 운용해왔다. 다만 그 성과는 정책실행 과정에서 나타난 정치 사회적 안정여부, 기득권보호 수준, 정책입안과 실행능력, 보유자원 내용과 규모, 부패와 범죄 등 제반 요소들에 의해 개별국가 간 차이가 있다.

19세기는 중남미 신생독립국가들의 국가건설 시기이다. 이 시기 중 중남미경제는 총생산부문에서 전체적으로 성장세를 보여주었다. 그러나 전쟁 경비로 발생한 채무지불, 부실한 국가체제, 내전 등 중남미 신생국가들이 겪은 많은 국가경영의 장애요소로 인해 부문별 경제는 대부분 많은 문제점을 노출하는 등 취약한 상황을 벗어날 수 없었다.

역내 국가 간 교역환경은 열악했다. 특히 원활한 교역의 필수조건인 도로와 운송수단의 부족이 심각했다. 그 사례로 멕시코 유카탄 반도는 내륙과 연결된 도로가 개발되지 못해 유일한 상품교역은 해상으로 미국에 수출하는 것이었다. 페루 아마존 우림에서 채취된 목재는 아마존 강을 통해 일단 대서양으로 나간 뒤 남미대륙 남단의 케이프 혼을 돌아 태평양의 리마 항구에서 하역되었다.

역내 국가 간 화폐통합도 부족했다. 페루 남부에서는 볼리비아 화폐가 유통되고 멕시코 남부에서는 과테말라 화폐가 사용되었다. 또한 구상무역이 성행되기도 했다.

20세기 초 전후 중남미 무역은 일차산품 위주로 이루어졌다. 국가 규모에 상관없이 국내총생신에서 차지하는 공업생산 비중은 10%를 넘지 못해 공산품 무역은 미미한 수준이었다.

그러나 역내 신생국가들은 20세기 중반까지 물리적, 제도적 인프라 개선과 확충에 노력해 역내 국가 간 통합은 상당하게 진척되었다. 이 결과 국내외 수송비용이 하락하고 수송기간이 단축되는 등 교역환경이 크게 개선되었다.

20세기 중남미 경제사는 '제도적 전환의 이야기(a story of institutional transformation)'라고도 하는데 여기에서 제도(institutions)란 두 가지의 함축적 의미를 가지고 있다.

첫째는 사법부, 중앙은행, 세관, 국세청, 경제부 등 통상적 정부기구(the usual organizations)를 말한다. 둘째는 경제주체의 행동에 대한 대응방식을 정하는 다양한 게임규칙(the rules of the games)을 의미한다.

1920년대는 '제도혁신의 10년(a decade of institutional innovation)'이라고 불릴 정도로 이 기간 중에 중앙은행 설립이 일반화 되었고 조세와 관세 체제가 정비되었다.

1940~1960년대는 국영기업, 개발은행, 경제개발청, 농업개발기구 등 국가경제개발을 추진하기 위한 제도적 기구들을 확충하면서 국가가 주도하는 경제개발을 추진했다.

1970~1980년대는 국가가 주도하는 경제개발모델을 포기하고 시장이 주도하는 경제개발모델을 도입하여 운용하였다. 국가경제 운용 패러다임 변화는 당시의 국가주도 제도적 인프라가 폐지되거나 축소 운영되어 경제에 대한 통제와 관리기능이 국가에서 시장으로 빠르게 이전되었다.

중남미경제는 세계경제의 성장국면에 따라 1920년대와 1970년대 두 번의 큰 성장세를 경험했다.

1920년대 성장세는 1850년대부터 시작된 일차산품 수출 의존 경제성장의 성과가 누적되어오던 것에 제1차세계대전 특수가 더해져 이루어진 것으로 그 수혜가 매우 컸다. 그러나 이 성장의 시기는 세계대전 특수가 사라지고 곧바로 1929년 세계 경제 대공황을 맞이하면서 종식되었다. 이어서 중남미경제는 큰 고통의 시기를 맞이하였다.

1970년대 성장세는 2차 세계대전이 끝나고 세계경제가 회복되어 점점 확장하는 단계에 중남미가 이에 적극적으로 대응하며 이루어진 것이다. 당시 역내 국가들은 수입대체산업화정책(ISI)이라는 국가주도 경제개발모델을 채택 운용하였고 이 결과 늘어난 역내 공업생산이 경제성장을 견인했다. 그러나 국가주도 경제개발성장 재원은 당시 국제금융시장에 넘쳐나던 낮은 이자의 오일머니로 1980년대 중남미 외채위기의 가장 중요한 원인이 되었다.

앞서 언급한 두 번의 경제성장은 각각 경기후퇴를 경험한 뒤 다시 전환과정을 거치게 된다. 즉 1920년대는 1920~1950년대 그리고 1970년대는 1982년 최초 외채위기 발생이후 2000년 전후까지 이다.

중남미경제는 전환기를 거친 뒤 새로운 확장기로 진입하면서 매번 상당한 수준의 제도적 변화를 일으켰다. 특히 중산층 형성, 원주민 사회운동 태동, 노동운동 강화 등 사회적 변화가 나타났다.

그러나 모든 기득권의 원천인 재산소유권 변화는 사실상 이루어지 않았다. 기득권을 가지고 있는 전통적 엘리트 계층의 우월적 권력은 형태와 방식을 달리해 강력하게 유지되었다.

2. 시기별 중남미 경제

중남미 경제발전과정을 파악하기 위해서는 '국제무역', '수출경제', '자원경제', '일차산품 가격 사이클', '산업화', '개발' 등에 대한 이해가 필요하다. 이는 거의 모든 시기 역내경제발전은 앞서 언급한 코드를 중심으로 이루어졌기 때문이다.

국제무역은 중남미 신생국가들이 다른 국가 특히 유럽과 미국 등 선진국들과 관계를 설정하는데 매우 중요한 통로이었다. 신생국가들은 전쟁채무의 상환과 국가건설에 필요한 재원마련을 위해 식민시대 때와 같이 일차산품 수출에 의존할 수밖에 없었다.

이 시기 역내 신생정부들은 일차산품 수출을 원활하게 하기 위해 도로, 철도, 항만 등 수송 인프라 건설 중심의 물리적 개발정책을 실행했다. 아울러 이를 제도적으로 지원하기 위한 지속적인 재정 확보를 위해 화폐, 관세, 국세 등에 대한 국가 시스템을 구축하기 시작했다.

중남미 경제에서 무역(trade)과 개발(development)이라는 두 가지 이슈는 국가경제의 발전이라는 동일한 목표를 가지고 있지만 실행이념과 방식의 차이로 이들은 서로 충돌했다.

소위 '개발주의자'와 '무역주의자'로 포장된 두 이슈는 일차산품 가격 사이클 변동으로 야기된 국내경제의 호황과 불황에 대응하는데 서로 다른 경제개발모델을 운용하였고 모두 일정한 시행착오를 경험해야만 했다.

우선 개발주의자들은 일차산품 수출이 일단 역내 경제성장에 일정한 역할을 해온 것과 그 성과는 인정하고 있다. 그러나 이들은 일차산품 수출은 선진국의 이익에 더 크게 부합해왔다고 주장하면서 이의 개선을 위해 강력한 보호무역정책의 실시와 함께 역내 산업화를 추진해야 한다고 주장했다. 또한 국내 경제문제의 대부분은 '역내 경제의 선진국 경제에 대한 지나친 의존' 때문이라고 주장하며 이를 제한해야 한다는 국수주의적 입장을 견지하고 있다.

한편 무역주의자들은 역내 국가들이 보유하고 있는 일차산품을 선진국에 대한 비교우위로 인식하고 이를 기반으로 한 경제발전을 이루어야 한다는 입장이다.

중남미 경제가 격변하는 중요한 시기마다 두 이슈는 문제해결을 위해 채택된 새로운 경제개발모델을 움직이는 이념의 중심에 자리 잡고 있었다.

이상의 관점 속에서 중남미 경제의 흐름을 시기별로 구분해 그 발전과정을 보면 현재의 중남미 경제상황을 보다 깊게 이해하고 미래를 예상함에 있어 매우 유용한 관점을 제공한다. 또한 이를 통해 역내에 숨어있는 비즈니스 여건을 분석하고 새로운 기회를 포착할 수 있다.

가. 1820~70년대: 국가건설시기 ───────────

식민지 종주국이었던 스페인으로부터 독립한 역내 신생국가들은 유럽 선진국 시장의 수요에 부응해 매우 활발한 무역을 했다. 역내 신생국가들은 유럽 선진 국가들의 일상적 소비와 공업생산에 필요한 일차산품을 수출하고 섬유원단, 가구, 의류, 장신구, 사치품 등 공산품을 수입했다.

이들 중 영국이 가장 큰 교역국가이었으며 북미의 신생국가인 미국도 중남미의 중요한 무역 당사국으로 등장했다. 19세기말에 이르러서는 미국의 중남미 국가들과의 교역량이 증가하기 시작해 영국의 교역규모를 상회하였다. 다만 예외적으로 아르헨티나는 영국과의 교역규모가 미국보다 더 컸다. 당시 아르헨티나는 영국에 가죽과 양모를 수출하고 섬유제품과 사치품을 수입하였다. 양국 간 긴밀한 경제적 유대관계는 '런던이 감기 들면 부에노스아이레스는 폐렴에 시달린다.' 라는 말이 회자될 정도이었다.

중남미 역내국가 간 교역도 증가하였다. 개별 국가별 주종 수출품목은 지리적 위치, 기후 등에 따라 매우 다르다. 아르헨티나는 육류, 곡물, 양모, 칠레는 밀, 은, 동, 페루는 구아노(guano), 초석, 에콰도르는 카카오, 브라질은 커피, 고무, 카카오, 멕시코는 귀금속(특히 은), 카리브 해와 중미 소재 국가들은 사탕수수, 바나나, 커피 등이 주종 수출품목 이었다.

19세기 중남미 무역은 '원자재와 공산품의 교환'으로 특징된다. 중남미는 유럽 등 선진국에 금, 은, 커피, 설탕, 과일, 목재, 염료, 향신료, 담배, 옥수수, 감자, 토마토, 카카오 등을 수출했다. 그리고 섬유원단, 가구, 의류, 장신구, 사치품 등 공산품을 수입했다. 이는 당시 역내 공산품 생산기반이 매우 취약했기 때문이었는데 중남미는 유럽에서 생산되는 공산품을 수입하는데 더 급급한 상황을 보여주었다.

이 시기 중남미 수출품목에서 특히 의미가 있는 것은 금과 은이었다. 금과 은은 유럽에서 바로 통화증가로 이어져 유럽시장에서는 인플레가 유발되기도 했다. 이러한 통화증가는 새로운 무역확대를 가져왔다.

한편 역내 신생국가들은 과거 보호무역주의적인 스페인의 무역독점체제를 벗어나 새로운 시대에 맞게 무역개방정책을 실행하였고 이를 통해 국제경제시스템에 성공적으로 편입하는 긍정적인 성과를 거두었다.

역내 무역확대는 식민시대 기득권층의 부를 증식시키는데 크게 기여했다. 무역을 독점하였던 이들은 무역수익을 가지고 토지매입을 확대했는데 종종 현지화 평가절하 상황을 대토지집적의 기회로 삼기도 했다.

그러나 신생국가들은 일차산품의 국제가격 변화로 인한 붐과 버스트(Boom and Bust) 경제상황의 반복, 국가건설과정에서 필연적으로 나타나는 정치불안, 효율적이고 신뢰성이 있으며 효과가 검증된 제도의 부족 등으로 신중한 재정경제정책을 펼칠 수가 없었다.

중남미 독립전쟁은 당시 민중의 '자유와 평등'을 위한 것으로 선언되었지만 현실에서는 실현되지 못하고 이상으로서의 의미만 남았다. 특히 당시 대부분의 정치경제 엘리트 계층을 형성했던 식민시대 기득권층은 암묵적으로 합의된 연대감을 가지고 자기들의 재산확대와 보호를 모색하는 방향으로 경제정책을 운용해나갔다.

즉 19세기 역내 신생국가들은 헌법상으로는 자유주의적 이상을 나열하고 있었지만 현실에서는 반자유적이며 기득권을 보호하는데 치중했다. 기득권층은 정치적으로 권력을 독점하며 낮은 계층과의 공유를 원하지 않았다. 경제적으로는 식민시대 경제권력 유지를 위해 국내에서 외국자본과의 경쟁을 회피하는 국수주의입장을 견지했다. 이 흐름은 지금까지도 이어지고 있다.

19세기 유럽에서 생성되고 진화하고 있었던 자유주의적 제도개선이 기득권보호를 위해 암묵적으로 거부되자 역내에서는 중장기적 경제개발에 필요한 객관적이고 공정한 제도의 발전이 지연되었다.

그러나 기득권층들은 오히려 그 이유를 비유럽인이 대다수인 역내의 하류계층 때문이라고 인식했다. 하류계층의 의식 속에 깊게 자리 잡고 있는 식민지 문화요소인 '운명론'이 자유주의적 경제체제의 전통이 자리 잡는데 큰 방해요소로 작용했다는 것이었다.

이러한 한계에도 불구하고 이 시기 중 자유주의적 정치경제 이상 확산, 시장주의 확대, 민주주의 확립이 서서히 진행되었다.

나. 1870년~제1차 세계대전: 수출 붐 시기

1870~1930년대 중남미경제는 거시경제안정을 이루는데 성공하지 못했다. 특히 각국 정부는 적절한 제도미비로 환율을 안정적으로 관리하지 못했다. 그러나 철도 등을 포함한 근대적인 수송시스템을 도입해 역내 경제의 외연 확장과 해외 수요증가에 따른 수출기회에 적절하게 대응하였다.

브라질, 멕시코, 아르헨티나 등 역내 대국들은 1870~1914년 기간 중 수출호황을 경험했으며 칠레, 콜롬비아, 쿠바 등의 수출도 괄목하게 증가했다. 이 시기 교역은 원자재를 수출하고 공산품을 수입하는 중남미 국가나 원자재를 수입하고 공산품을 수출했던 유럽 국가 모두에게 유익했다.

다만 개별국가 내부적으로 볼 때 수출증가는 광산물과 농산물 등 일차산품에 의한 것으로 그 일차적 수혜는 광산과 토지를 소유한 전통적 기득계층에게 돌아갔다. 즉 수출이 경제를 활성화시켰음에도 불구하고 그 주종 품목이 공산품이 아닌 농축산물과 광산물로서 고용확대로 이어지지 못하고 오히려 기득계층의 대토지소유 확대를 부추겼다.

이러한 상황은 소위 '부자들의 저주(curse of the riches)'라고 하는 '기업문화저해' 환경이 되었으며 결과적으로 기득계층과 빈곤계층과의 불평등 관계가 더 확대되었다.

이 시기 중 공무원, 상인, 사무직등을 중심으로 새로운 중산계층이 형성되기 시작했다. 이 계층은 향후 역내 민주주의제도 정착의 중요한 기반이 되었다.

수출증가는 당연하게 국내투자와 외국인투자 증가를 가져왔다. 투자확대는 다시 수출확대로 이어지고 경제의 선순환이 계속되었다. 개별국가 간 차이는 있지만 경제의 선순환은 대체적으로 대공황 발생 전까지 이어졌다.

그러나 수출증가로 생성된 경제적 동력이 다른 산업부문으로 확산되는 것은 지지부진 했다. 이는 역내 경제가 지나치게 자원수출에 의존하고 있다는 문제와 함께 각 국가 정부가 극복해야할 새로운 문제로 등장했다.

1899~1913년 시기 중남미 경제를 평가해 보면 세계전체 대비 중남미전체 국내총생산 비중은 7.1%에서 8.6%로 성장했다. 기간 중 주요 수출품목은 광산물과 곡물, 육류, 과수 등 농축산물 그리고 설탕, 커피 등 기호식품 등이었다. 국가적으로는 아르헨티나가 가장 뚜렷한 수출성장을 한 사례국가이다.

이 과정을 통해 중남미 경제는 국제경제체제에 역동적으로 편입되기 시작했다. 초기에는 중남미 경제에서 유럽 국가들이 차지하는 비중이 높았으나 20세기 전후를 기점으로 그 축은 점차 미국으로 옮겨졌다.

19세기 말 중남미 수출호황에 긍정적 영향을 준 요인을 기술, 자본, 노동 측면에서 검토할 수 있다. 첫째 기술적 측면에서 새로운 수송과 보관기술의 등장은 수송비용 절감으로 이어져 중남미 전체의 교역조건이 크게 개선되었다.

둘째 자본유입인데 초기에는 영국 자본이 대거 유입되었으나 이후에 다른 유럽 국가와 미국의 자본유입이 크게 증가했다. 그리고 이 자본의 대부분은 도로와 철도 그리고 항만 건설 등에 사용되었다.

셋째 노동의 이동이다. 신생국가들은 국내경제 활성화를 위해 시키는데 필요한 노동력 부족을 이민 추진을 통해 해결하고자 했다. 특히 아르헨티나, 브라질, 칠레 등이 유럽 이민을 대량으로 받아들였다. 페루와 브라질에서는 중국과 일본에서도 많은 이민이 도착했다.

그러나 각 국가 정부는 역내 경제 호황을 내부경제 확대에 활용해 정착시키는 데에는 성공하지 못했다.

중남미 수출상품은 대부분 일차산품으로 유럽국가와 미국의 제조업에 필요한 원자재이거나 농축산식품이었다. 그런데 일차산품 수출주도 경제로부터 생성된 성과배분과 수출산업의 전후방산업연계는 당시 정치경제적 논란의 핵심이슈로 떠올랐다.

경제성장 성과배분 이슈는 국내와 해외의 성과창출 참여자 간 분배와 국내 참여자들 간의 분배문제로 나뉘는데 국내의 대토지를 소유하고 있는 기득권층은 대체적으로 정부가 부과하는 수출세나 토지세 등에 대한 증세에 강하게 저항했다. 이 상황은 현재에도 지속되고 있다.

중남미 조세정책은 '중남미 근대화'의 전제조건인 '수입대체산업화'를 촉진시키는 방향으로 설정되었다. 역내 국가들은 자국 경제가 무역에 의존하고 있었음에도 불구하고 국내산업보호를 위한 강력한 보호무역주의 정책을 채택하는데 주저하지 않았으며 그 수단으로 고율의 수입관세를 부과하였다.

그러나 역내 국가들은 당시나 현재도 관세를 포함한 조세정책으로 확보된 공공재원을 역내 근대화 목표를 달성하기 위해 현명하게 집행하지 않았다. 19세기와 20세기 초 이들 국가들이 호황시기에 확보된 공공재원을 물리적 인프라 확충과 인적개발에 투자했더라면 역내 경제개발은 크게 개선되었을 것이다.

수출은 후방산업 연계를 통해 경제를 활성화시키고 혁신을 유발한다. 중남미 국가들이 일차산품을 수출하면서 후방산업 예를 들면 광물의 경우 광물가공제조업, 사탕수수의 경우 설탕제조업, 육류의 경우 육류가공업 등을 육성했더라면 고용증가, 소비증가, 생산증가로 이어질 수 있었다. 그러나 19세기 후반기가 끝나갈 때까지 그런 일은 일어나지 않았다.

단, 수출과 관련된 은행, 보험, 해상운송, 국내수송 등과 관련된 법과 규정 그리고 기관들이 생성되는 등 여러 가지 제도적 장치들은 마련되었다.

그럼에도 불구하고 역내 국가들의 산업화는 이 시기에 느리게나마 시작되었다. 아르헨티나, 칠레, 쿠바, 우루과이, 페루, 콜롬비아, 베네수엘라 등이 주도국가들 이다. 브라질은 19세기 내내 정체되어 있다가 20세기에 들어서면서 도약하기 시작했다.

다. 1900~1920년대

20세기에 들어서면서 미국은 중남미에 대한 정치경제적 영향력을 확대하며 역내 새로운 강대국으로 등장하였다. 미국은 1823년 먼로주의를 선언하며 유럽의 중남미에 대한 영향력 배제를 시도했지만 이를 물리적으로 실행하기에는 국력이 부족했다.

그러나 미국은 1898년 미서전쟁에서 승리하고 이어서 콜롬비아로부터 파나마를 독립시킨 뒤 파나마 운하를 건설하였으며 중미와 카리브 지역에서는 소위 '바나나 전쟁(Banana Wars)'[180]을 통해 역내 정치경제적 영향

---

180 Wikipedia, The Banana Wars were occupations, police actions, and interventions on the part of the United States in Central America and the Caribbean between the end of the Spanish-American War in 1898 and the inception of the Good Neighbor Policy in 1934. These military interventions were most often carried out by the United States Marine

력을 확대하는 등 물리적 행동을 보여주기 시작했다.

특히 시어도어 루스벨트(Theodore Roosevelt) 대통령은 1904년 '루스벨트 계론(Roosevelt Corollary)'[181]을 발표하며 중남미 역내에 대한 미국의 독점적 영향력 확대를 예고했다.

루스벨트 계론의 상징적인 사례는 소위 중미의 바나나전쟁인데 이는 1934년 프랭클린 루스벨트(Franklin Roosevelt) 대통령이 선린정책(Good Neighbor Policy)'을 실시할 때까지 이어졌다. 이 시기 미국의 중미국가들에 대한 제국주의적 영향력 행사는 역내 자유주의적 정치경제체제 발전을 저해하였으며 현재 중미국가들이 겪고 있는 어려운 정치경제 환경의 배경을 만들었다.[182]

제1차 세계대전이 끝난 후 전쟁수요의 감소로 유럽과 미국의 중남미 일차산품에 대한 수입이 감소하였다. 이들 국가들의 공산품 수출도 자국의 전후 수요증대로 감소할 수밖에 없었다.

이 상황은 역내 국가들이 스스로 공업생산을 확대해야 한다는 인식을 가지고 제조업을 확충하는 계기가 되었으며 이는 국산 공산품 경쟁력 확보를 위한 보호무역정책 강화로 이어졌다. 수출은 공업생산과는 다르게 국내경제보다는 국제경제체제에 편입되어야 한다는 것이 이미 학습되어 있었기 때문에 대외의존체제를 그대로 유지하였다.

Corps, which developed a manual, The Strategy and Tactics of Small Wars(1921) based on its experiences. On occasion, the Navy provided gunfire support and Army troops were also used.

181 Wikipedia, The Roosevelt Corollary was an addition to the Monroe Doctrine articulated by President Theodore Roosevelt in his State of the Union address in 1904 after the Venezuela Crisis of 1902-1903. The corollary states that the United States will intervene in conflicts between the ,European countries and Latin American countries to enforce legitimate claims of the European powers, rather than having the Europeans press their claims directly.

182 Doing Business in Latin America, Challenges and Opportunities, first published by Routledgy, 2014. One modern consequence of this is that Latin Americans have an overwhelming tendency to blame every endogenous drawback of theirs on the influence of the United States.

그러나 역내 공업생산은 국내시장의 협소라는 환경적 제약이 있었다. 시장규모의 확대를 도모하는 지역경제통합도 이루어지지 않았다.

역내 대부분의 국가들은 제1차 세계대전 이후 기본통화제도를 금본위제도로 복귀했다. 그러나 유럽과 미국 등 선진국의 일차산품 수요 감소로 중남미 국가들의 무역수지가 악화되었고 이 결과로 발생한 금 유입 감소는 디플레로 이어졌다. 멕시코, 아르헨티나, 브라질 등 중남미 국가들은 이 상황을 극복하기 위해 금본위제도를 폐기하였다.

이어서 1929년에 발생해 1930년대 말까지 이어진 세계공황은 일차산품 수출의존 경제를 운용하고 있는 멕시코, 아르헨티나, 브라질, 칠레, 콜롬비아, 중미 국가들에게 매우 큰 부정적 영향을 끼쳤다.

1900~1920년대 중남미 경제는 개별 국가 간 차이가 있지만 전체적으로 세계경제가 부여한 기회를 충분하게 활용하지 못했다. 그 원인으로 식민시대 부터 이어진 중남미 사회제도와 구조가 지적되고 있다. 그러나 이 관점은 영국으로부터 독립한 미국과 캐나다 등의 소위 앵글로 색슨 계통의 사회제도와 구조가 더 우수하다는 편견이 개입되어 있다는 지적이 있다.

라. 수입대체산업시기

1929년에 발생한 대공황은 역내 국가들의 일차산품 수출주도 경제모델에 치명적인 타격을 가했다. 유럽 국가들과 미국의 일차산품 수요감소는 즉각 중남미 국가들의 수출감소와 일차산품 가격하락에 따른 교역조건 악화를 가져왔다. 교역조건의 악화는 대외무역수지와 재정수지 적자를 유발하고 외국인직접투자 감소와 금본위제도의 붕괴로 이어졌다.

미국은 1930년 대공황에 대처하기 위해 스무트-할리관세법(Smoot-Hawley Tariff Act)[183]을 재정해 실시하였는데 이를 시작으로 당시 국제무역시스템이었던 자유무역제도가 무너지기 시작했다.

선진국에서부터 반자유무역주의적 조치가 확산되자 중남미 국가들도 자국경제를 보호하고 경제난국을 타개하기 위한 차원에서 수입규제 등 보호무역, 환율통제, 평가절하, 다중환율제도 등 다양한 조치를 고안하고 실시했다.

우선 대공황으로 야기된 세계경제의 불안정한 상황 속에서 역내 경제정책입안자들은 지금까지 지지해 온 일차산품 수출의존 경제정책 운용에 대해 깊은 회의감을 가지고 이를 수정하기 시작했다.

그들은 선진국과 교역을 하며 계속 악화되기만 하는 교역조건(terms of trade)이 중남미 빈곤의 원인이라고 인식했다. 그리고 국가근대화를 위한 새로운 개발모델로 수입대체산업화(ISI: Import Substitution Industrialization) 전략을 채택하였다.

수입대체산업화전략은 국가가 주도하는 보호무역, 부의 이전, 중산층 확대 등으로 국내수요를 확대하고 국내공급부문에서는 전력, 가스, 수도 등 기간산업을 국유화하고 제조업에 대한 보조금 지급 등을 통한 산업화를 추진해 공산품 공급역량을 늘리겠다는 것이다.

즉, 수입대체산업화전략의 초점은 경제개발의 동력을 수출부문이 아닌 국내시장개발에 두고 있으며 이는 과거 일차산품 수출주도 경제개발전략에서 탈피하겠다는 것을 의미한다. 이 전략은 멕시코, 아르헨티나, 브라질

---

183 미국이 자국의 불황을 타개하기 위해 1930년에 제정한 관세법. 이 관세법의 제정 후 세계공황은 확대되었다. 1929년 10월24일 뉴욕증시의 대폭락에서 발단된 불황으로 세계 각국의 생산은 급감하고 실업은 급증했다. 이처럼 내수기반이 붕괴되자 미국이나 유럽의 기업들은 수입품 규제에 눈을 돌렸고, 각국 업계와 의회는 수입제한을 위해 높은 관세를 매기도록 정부에 압력을 가했다. 그 첫 조치로 미국에서는 스무트와 홀리 의원이 주도해 '스무트-홀리 관세법'을 제정, 관세율을 대폭 인상했다. 미국의 이 같은 조치에 자극 받은 영국과 프랑스 등의 유럽 국가들도 잇달아 경쟁적으로 수입관세를 높였다. 1930년 통과된 스무트-홀리 관세법은 관세율을 100년 내 최고치인 59%로 인상해 전 세계에 보호무역주의 연쇄효과를 일으켰고, 1929~1932년간 국제무역이 63% 감소했다. 매경 시사용어사전

등 국내시장규모가 큰 국가들로부터 시작되었다. 이후 칠레, 콜롬비아, 페루 등 중간 규모의 국내시장을 가진 국가들과 중미 소국들도 이 대열에 참여하여 중남미 역내 전체의 경제개발전략으로 자리 잡았다.

특히 1930년대는 국제경제운용 패러다임이 바뀌던 시기로 자유무역을 기반으로 하는 고전주의 경제이론이 쇠퇴하고 국가경제 운용에 있어서 정부역할이 강조되는 케인즈 경제학(Keynsian Economics)[184]이 주류로 등장하던 때였다.

이에 따라 역내 국가 정부들은 국가경제 운용상의 문제점이었던 국내수요 부족을 적극적 재정금융정책 실행을 통해 해결하는 것을 당연한 것으로 받아들였다. 이는 구체적으로 외국자본이 운영하는 국내 주요 기간산업을 국유화하는 것으로 나타났다.[185]

중남미 역내 국가들은 산업화가 선진국의 전유물이 아니라는 관점을 가지고 정부주도 국내수요 창출로 산업화를 달성한 뒤 수출성장도 함께 도모하겠다는 목표를 가졌다. 따라서 이 시기 중남미 수입대체산업화정책은 일면 '경제민족주의' 성향을 가지고 있었다.

제2차 세계대전은 중남미 산업화에 긍정적으로 작용한 외생변수였다. 전쟁 시기 중남미 역내 국가들은 선진국으로부터 공산품 수입감소와 일차산품 수출증가로 무역수지가 개선되고 외환보유고가 증가하는 상황을 맞이했다.

이 결과 경제에 대한 정부의 역할증대를 전제로 한 수입대체산업화정책을 실행할 수 있는 여건이 마련되었으며 이 정책은 제조업뿐만 아니라 전통산업인 농업부문에까지 확대되었다.

---

184 케인즈학파는 고전학파 이론의 맹점을 비판하면서 대공황의 타개를 위해 정부가 민간경제에 대하여 보다 적극적으로 간섭하고 정부지출을 늘려 유효수요를 창출함으로써 대량실업을 없애고 완전고용을 달성할 것을 제창하였다. 케인스의 일반이론은 주로 1930년대의 자본주의 경제의 병폐인 불완전고용, 즉 불황을 주로 분석의 대상으로 삼았다는 데서, '불황의 경제학'이라고 평하는 학자도 있다. 동 이론은 세계의 많은 나라의 경제정책에 이론적 기초를 제공하여 새로운 경제정책을 수립하게 하였다. 시사 경제용어사전, 기획재정부

185 가장 유명한 사례는 멕시코 카르데나스(Lázaro Cárdenas del Rio, 1934~1940) 대통령의 멕시코 석유회사 국유화 조치였다.

정책의 내용은 보호무역주의 강화 등 강력한 무역규제, 이자와 환율 등에 대한 금융통제, 외국인직접투자 규제, 도로, 철도 건설 등 물리적 인프라 건설, 은행을 포함하는 금융제도 정비 등 소프트웨어적 인프라 건설, 보건, 치안, 교육 등 사회적 인프라 건설을 포함하고 있었다. 이 결과 기간 중 중남미 전체 경제는 상당한 수준의 성장세를 유지해 나갈 수가 있었다.

그러나 제2차 세계대전이 종료되자 유럽, 미국 등 선진국 경제가 다시 회복하기 시작하며 중남미 국가들이 축적했던 외환보유고는 점점 감소되었다. 이는 선진국으로부터 소비재의 수입은 축소되었으나 섬유산업, 화학, 철강, 자동차. 기계 산업에 필요한 기자재와 중간재 수입이 크게 증가했기 때문이었다. 철도, 교량, 도로 등 인프라 건설과 농업개발에 필요한 각종 장비의 수입도 외환보유고 감소 원인이었다.

전후 선진국 중심으로 새롭게 마련된 브레튼우즈 체제와 관세와 무역에 관한 일반협정(GATT)에 따른 새로운 자유무역시스템이 들어서기 시작하였다. 이에 따라 수입대체산업화정책은 그 자체의 내부적 모순 외에도 새롭게 등장한 자유무역주의 경제무역체제의 흐름과 충돌하며 여러 가지 부작용이 구체적으로 나타나기 시작했다.

그럼에도 불구하고 이 정책이 1970년대 말까지 이어질 수 있었던 것은 기간 중에 세계석유파동으로 조성된 저렴한 오일머니가 공공차관과 민간대출로 중남미 국가들에게 유입되어 정책을 지지해 주었기 때문이다.

마. 냉전시기

수입대체산업화전략 입안자들 중 가장 중심적인 인사들은 종속이론을 주창한 라울 프레비시(Raúl Prebisch)와 프루타도(Celso Frutado)등 이었다. 특히 프레비시는 아르헨티나 경제부장관을 역임하고 유엔중남미경제위원회 초대 사무총장을 수행하면서 역내 국가들의 경제정책수립에 큰 영향을 주었다.

이 학파는 중남미를 포함한 제3세계 국가들의 저개발 원인을 세계무역과 국제경제구조에 있다고 주장하는 신 마르크스주의와 신 케인스주의 견해를 동시에 유지하고 있다.

특히 케인스주의와 수입대체산업화전략의 조합은 중남미경제위원회가 주도하였고 역내 많은 경제정책 입안자들로부터 강력한 지지를 받았다. 이들은 중남미 국가들이 주변부 국가 위치로부터 탈피하기 위해서는 유럽 국가나 미국 등 중심부 국가에 대한 무역 및 경제의존도를 축소시켜야 하는데 이를 위해서는 역내 산업화가 필수적으로 선행되어야 한다는 믿음을 가졌다.

역내 산업화를 위해서는 '규모의 경제'라는 환경이 조성되어야 한다. 그러나 당시 멕시코, 브라질 등을 제외하고 대부분의 국가들은 이 환경적 조건을 충족시키지 못했다. 이 문제를 해결하기 위한 방안으로 역내 경제통합이 필요한 것으로 인식되기 시작했다. 경제통합의 필요성은 역내 국가를 포함한 국제통화기금(IMF), 국제부흥개발은행(IBRD), 세계은행(WB) 등 다자 국제금융기구들의 공감과 지지를 받았다.

2차 세계대전 종료와 함께 냉전체제가 시작되면서 중남미 국가들은 미국과 쏘련 중 어느 국가의 영향권 아래 있을 것인가를 선택해야 했다. 미국은 중남미 국가들을 우방으로 유지하기 위해 미국편에 서는 대가로 당시 중남미에 등장하기 시작한 군부 권위주의 정권을 너그럽게 용인하기 시작했다.

새롭게 정치 일선에 등장한 군부정권들은 식민시대 부터 이어온 정치경제 엘리트 계층의 기득권을 인정하고 보호해주는 입장을 취하며 이들의 지지를 얻었다. 그러나 군부정권에 반대하는 계층에 대해서는 '질서와 발전(Order and Progress)'이라는 명분을 가지고 잔혹하게 인권을 유린하는 수준의 탄압을 하였다.

한편 식민시대 부터 이어온 중남미 사회의 구조적 불평등 문제를 고려한다면 비록 결과적으로 거짓이기는 하지만 '평등과 발전'을 강조하는 공산주의 이념에 회유되어 폭동, 사보타지 등 과격한 사회운동을 통해 현상을 타파하려는 시민들의 사회적 동력은 도시 빈민촌과 농촌에 항상 잠재되어 있었다.

1959년 무장투쟁을 통해 이룬 쿠바의 사회주의 혁명, 1944년 과테말라의 선거에 의한 아레발로(Juan José Arevalo) 사회주의 정권 탄생 그리고 1970년 칠레의 선거에 의한 아엔데(Salvador Allende) 사회주의 정권 탄생들이 그 주요 사례들이다.

미국은 쿠바 혁명이 준 학습효과로 중남미에 사회주의 정권이 다시 등장하는 것을 매우 경계했다. 따라서 미행정부는 중남미에 권위주의적인 군부정권의 등장을 부추기지는 않았지만 냉전시기를 감안해 쿠바와 같은 사회주의 정권이 들어서는 것보다는 나은 대안으로 이 상황을 용인하였다. 즉 미국 정부와 투자가들은 법과 질서의 유지를 위해 권위주의적 통치가 필요하다는 명분을 내세우며 군부정권에 우호적인 입장을 냉전이 종식될 때까지 계속 유지했다.

그러나 냉전시기 미국의 이러한 입장은 중남미 다수 대중들이 정서적으로 반미성향을 갖게 만들었으며 역내의 모든 정치, 경제, 사회적 문제의 원인이 미국 때문이라고 믿고 비난하는 원인이 되었다.

군부쿠데타는 중남미 정치에서 군부 엘리트들이 정권을 장악하기 위한 전통적 수단이었다. 미국은 군부쿠데타가 '미 제국주의 확산을 위한 수단'이라는 비난에도 불구하고 역내에 공산주의 확산을 방어하기 위한 외교적 대안으로 받아들였다.

아르헨티나, 브라질, 칠레, 콜롬비아, 페루, 중미 국가의 군부정권들은 자신들을 용인한 미국에 대한 반대급부로 반공정책과 함께 미국 주도의 친시장주의 정책을 실시했다.

쿠바 사태로 경각심을 갖게 된 미국은 1960년대 '진보동맹(The Alliance for Progress)' 정책을 실시하였다. 이는 역내 공산주의 확산을 방어하기 위한 방안으로 경제성장을 도모하자는 것으로 이를 위해 미국이 개별 국가에 금융을 지원해 경제성장 여건을 조성한다는 것이었다.

정책의 주요 세부내용은 조세감면, 농지개혁, 사회복지개선 부문에서의 많은 개혁조치를 포함하고 있었는데 이 조치들은 중남미 전통적 기득권계층의 이해관계와 충돌하는 것들이 많이 잠재해 있었다. 이 결과 미국이 야심차게 시작했던 중남미 경제개발환경 조성을 위한 노력은 이들의 보이지 않은 저항을 받아 충분하게 성공하지 못했다.

중남미 수입대체산업화전략은 보호무역, 환율통제, 개발은행, 금융규제, 재정 인센티브, 인프라 공공지출 등을 그 수단으로 사용했는데 특히 개별 국가별로 실시한 강력한 보호무역정책은 규모의 경제를 위해 필요한 역내 경제통합논의를 크게 저해했다.

〈수입대체산업화전략에 대한 평가〉

제2차 세계대전 이후 경제개발정책의 일환으로 실시된 수입대체산업화전략은 일단 긍정적 효과를 가져왔다. 1950~1970년대 기간 중남미수출은 연평균 5%, 국내총생산은 4.5% 성장을 실현했다.

이러한 긍정적 경제성과는 교육, 보건, 사회보장 부문에서도 상황을 개선시키는 등 경제사회적 변화에도 영향을 주었다. 단 그 시기와 수준은 국가 간 편차가 있다.

경제성장과 사회복지부문의 개선은 당연하게 역내 중산층의 확대로 이어졌다. 또한 산업화는 노동조합의 조직과 활동을 강화 확대시켰는데 이는 차후 국가경쟁력 약화와 생산성 하락의 배경이 되었다.

수입대체산업화전략은 그 명칭과 같이 중점적 지원대상이 제조업이기 때문에 농업부문에 대한 상대적 차별을 가져왔다. 즉 정부는 농업부문 지원을 위해 영농장비 수입 인센티브 제공, 농업용 수송도로 확충 등 인프라 건설 등을 했으나 기본적으로 정부지원의 중점 부문은 제조업이었다.[186] 이 결과 대토지소유 기반 농촌사회에 속한 많은 농민이 새로운 일자리를 찾아 도시로 유입되면서 역내 전체적으로 도시화가 매우 빠르게 진행되었다.

그러나 수입대체산업화전략은 생산성 향상, 연구개발, 자본재 생산 부문에서에서의 성과는 실망스러운 것이었다. 이는 1970년대 말에 시작한 경제위기를 대처하는 과정에서 그 취약함이 명료하게 들어났다.

수입대체산업전략은 국가가 국내산업보호와 육성을 위해 경제에 강력하게 개입하는 것을 전제로 하고 있는데 현실적으로는 정부의 간섭과 규제 확대로 나타났다. 그리고 그 수준과 강도는 시간이 갈수록 높아지고 강해졌다.

이 과정에서 국내산업을 담당하고 있는 민간기업과 국영기업은 연구개발과 혁신을 통한 기술개발과 생산성향상을 이루는데 성공하지 못하고 오로지 정부가 보장해준 기득권을 지키는 것에 안주하였다.

특히 산업화전략은 소비재뿐만 아니라 기자재 및 중간재까지 국내에서 생산하여 전체적으로 제조업부문의 수입의존도를 낮춘다는 목표를 지향하였다. 그러나 현실은 그 반대로 오히려 소비재생산 확대에 필요한 기자재 및 중간재를 더욱 많이 수입에 의존하는 상황이 되었다. 이는 결국 수입확대로 이어져 1980초부터 시작된 중남미 외채위기의 큰 원인이 되었다.

보호무역은 수입대체산업화전략의 중요한 정책수단이었다. 그러나 선진국 상품수입으로부터 국내산업을 보호한다는 목적으로 실시된 이 정책은 국내산업이 외국제품과 경쟁을 회피하게 만들어 개방경제 속에서 국내산 상품의 국제경쟁력을 상실하게 했다. 아울러 규모의 경제를 위해 필요했던 중남미경제통합도 중남미 역내 국가 간 보호무역 강화로 지지부진하였다.

---

186 기간 중 전체 수출에서 식품 수출비중이 1953년 52.7%에서 1980년 26.9%로 하락했다.

정부주도로 실시된 대규모 공공투자는 경제적 성과부족으로 낭비성 투자가 되는 경우가 많았으며 사회보장확대로 국가재정이 악화되었다. 그럼에도 불구하고 1970년대 오일머니의 범람은 중남미 국가들이 부족한 재원을 공공부문과 민간부문 차관 또는 채무방식으로 해외 민간금융기구로부터 쉽게 충당할 수 있는 여건을 제공했다.

이렇게 해서 급격하게 증가한 중남미 외채는 1980년대 중남미 외채위기의 원인이 되었으며 이후 '잃어버린 10년(Lost Decade)'의 배경이 되었다.

결론적으로 보면 수입대체산업화전략은 기간 중 소비재 제조업의 산업화를 통해 어느 정도 경제성장을 실현했고 이를 통해 교육, 보건부문 등에서 사회복지가 확대되었으며 중산층 확대의 계기도 만들어냈다. 그러나 이 전략은 역내 산업의 국제경쟁력 상실과 1980년대 외채위기와 잃어버린 10년의 원인과 배경이 되고 말았다. 또한 국가 경제자원이 비효율적으로 사용되는 경제왜곡과 불균형의 환경을 만들어 향후 중남미 경제의 악순환 환경을 만드는 단초를 제공했다.

수입대체산업화전략의 긍정적 그리고 부정적 효과는 결과적으로 1980년대 후반기부터 미국 등 선진국이 주도하는 신자유주의경제체제가 도입 실시되는 배경이 되었다.

바. 외채위기시기: 잃어버린 10년 ────────

중남미 경제성장은 1973년 세계석유위기 이후 넘쳐나는 오일머니의 유입으로 계속 유지되었다. 1971년 8월 미국이 브레튼우즈 체제를 포기하면서 촉발된 일차산품 국제가격의 상승세는 1973년 석유가격의 급등으로 이어졌다.

중남미 국가들은 유가상승에 따른 수입비용 증가로 경상수지가 크게 악화되었다. 이와 반대로 산유국의 오일머니는 축적되어 그 규모가 확대되자 투자지역이 필요했다. 실질 이자율은 마이너스 금리 수준이었다. 한편 세계은행 등 다자금융기구는 1970년대 말 즈음에는 중남미 수출 일차산품 국제가격이 상승할 것이라는 낙관적 전망을 내 놓았다.

이러한 상황에서 유가상승으로 인한 교역조건 악화와 외환부족 그리고 적자재정으로 어려움을 겪고 있던 중남미 국가들은 저리의 오일머니 유입을 거부감 없이 받아들였다. 여기에 세계은행 등 다자금융기구와 선진국 민간은행들도 넘쳐나는 오일 머니가 중남미 국가들에 유입되도록 부추기며 지원하였다. 당시에 이들은 소위 '군집효과(herd effect)'[187] 위험성을 간과했다.

커져만 가는 외채규모의 문제점에 대해 역내 개별국가는 물론이고 다자금융기구를 포함한 금융주체들은 경험과 정보의 부족으로 둔감했다.

우선 국가차원에서 외채유입을 통제하거나 관련 정보를 수집하고 분석하는 기구가 없었다. 중앙정부는 물론이고 국영기업과 지방정부도 합리적 판단 없이 외채를 도입하는 것을 주저하지 않았다. 이렇게 도입된 오일머니는 국가개발 명분으로 추진되는 산업 및 사회개발정책에 무분별하게 사용되었다.

이 결과 1982년 중반 외채위기가 발발하기 직전까지 공공부문 단기채와 정부보증 민간부채는 계속 증가했는데 이 상황을 경고해주는 정보시스템도 작동하지 않았다. 이는 외채도입에 따른 커미션 지불과 같은 일상적 부패와 함께 당시 권위주의적 군부정권이 조성한 경직된 사회분위기에 기인

---

187 '군집효과'는 산업생산과 재고량 등의 기초적인 요인에 의한 개별 원자재 가격의 변화가 없음에도 불구하고 이들이 동행성을 가지고 움직이는 현상을 말한다. 특히 2000년대에 접어들어 금·원유·구리·대두 등의 원자재 가격은 강한 동행성을 보이는데, 이는 원자재에 투자하는 펀드의 규모가 확대되면서 원자재에 대한 인식이 '대체 투자재'로 전환되어, 금리·환율 등의 외생변수에 의해 변화하기 때문이다. 예를 들어, 유가가 오르면 인플레이션에 대한 우려가 커져서 금리와 환율이 변하고 결국 원자재 가격이 영향을 받는 식으로 펀더멘털의 변화 없이 인플레이션이라는 시장 외적인 경제 변수가 원자재 가격에 영향을 미치는 연쇄효과를 유발한다. 매경 시사용어사전

하고 있다.

역내 개별 국가별로 외채도입의 형식과 방법은 비슷했다. 그러나 금리 등 도입조건과 사용처는 각각 달랐다. 일부 국가들의 외채는 유로커런시 시장이 성장하던 1960년대 말부터 증가하기도 했다.

중남미 전체 채무이자 변제 규모는 1973년 기준 전체 수출의 25%에 이를 정도로 이미 높은 수준이었다. 멕시코는 34%이었다. 다만 쿠바, 니카라과, 페루, 콜롬비아 등 4개 국가는 여기에서 예외적이었다.

우선 쿠바와 니카라과는 사회주의 정권이 지배하는 국가들로서 자본주의의 상징인 국제금융시장에 대한 접근이 거부되었고 페루는 당시 외국은행들과 분쟁 중이어서 접근이 제한되었다. 오직 콜롬비아 정부만이 외채도입 확대가 국내저축 증가를 저해한다는 정책적 판단으로 1974년부터 외채유입을 통제했다.

외채도입은 공공과 민간부문 모두에서 이루어졌고 그 사용처는 매우 다양했다. 브라질, 멕시코, 콜롬비아 등에서는 기자재 수입 등 자본투자에 사용되어 투자율이 상승하기도 했지만 동시에 소비재 수입확대나 자본의 해외도피에 이용되기도 했다. 군부정권이 유지되고 있는 국가에서는 군수장비를 확충하는데 사용되기도 했다.

또한 기간 중 저금리로 유입된 외채는 도로, 항만, 전기, 수도 등 인프라확충과 생산구조 개선에도 사용되었다. 역내 국가들은 신기술을 도입해 활용할만한 잠재력이 충분하지 않았음에도 불구하고 산업구조개선의 명목으로 자본집약적 제조업과 이를 지원할 대형 인프라 건설에 과다한 외채를 사용하였다. 이러한 경향은 멕시코, 아르헨티나, 베네수엘라 등에서 특히 두드러졌다.

결과적으로 외채에 대한 적정한 통제와 관리부재는 공공지출의 질을 크게 떨어뜨렸고 부실하게 기획된 대형 인프라 건설들은 부패의 개입과 함께

사회적 그리고 환경적으로 부정적인 영향을 가져왔다.[188]

이러한 일련의 과정은 중남미경제의 구조적 취약점을 더욱 가중시켰다. 지난 25년 동안 수입대체산업화전략으로 누적된 문제점들에 대한 해결방안이 도출되기는커녕 오히려 다시 수면 밑으로 가라앉게 되었다.

재정개혁과 합리적인 정부지출운용, 국내산업 대외경쟁력 강화, 역내시장규모 확대 등 주요 혁신의 이슈들은 공공차관과 단기대출의 형태로 역내에 유입된 오일머니와 이와 관련된 부패사슬의 장막에 가려져 버렸다.

기간 중 외채유입으로 늘어난 충분한 외화유동성 때문에 수출증진을 위한 정부와 민간부문의 노력도 부족했다.

결국 유동성 증가와 함께 수요증가는 수입상품 가격상승으로 이어져 하이퍼 인플레이션 상황을 야기했다. 하이퍼 인플레이션은 극심한 경제침체와 경제구조의 왜곡을 일으켰다.

1981년 석유가격이 다시 약세로 돌아서면서 역내 최대 산유국이었던 멕시코의 외환보유고에 적신호가 켜졌다. 멕시코 페소화 가치하락이 1982년까지 이어지면서 멕시코 정부는 급기야 1982년 8월 13일 90일 간 대외채무상환유예(moratorium)을 선언했다. 90일 모라토리엄은 다시 1983년까지 이어졌다.

멕시코 정부는 국제통화기금과 긴급자금 지원을 위한 협정에 서명했지만 [189] 멕시코 사태는 필연적으로 다른 국가로 확산되어 역내 전체가 외채위기를 맞게 되었다.

그러나 멕시코 모라토리엄 선언 전후로 여타 주요 남미 국가들도 사실상 이미 외채위기 발발 상황에 처해 있었다. 우선 아르헨티나는 1982년 4~6월 중 영국과 치른 포클랜드 전쟁으로 인해 국내은행들의 외환보유 상황

---

188 사례: Grande Carajás Program in Brazil, Project results were damaging despite the fact that the mining company had a good record for environmental safeguards.

189 당시 멕시코 외채규모는 미국에서 가장 큰 9개 은행 자본의 44%에 이르렀다.

이 악화되고 있었고 브라질도 세계경기 침체와 이자율 상승으로 경상수지와 재정수지가 크게 악화되어 외환보유고가 격감하고 있었다. 베네수엘라, 칠레, 쿠바, 중미 국가들도 같은 상황 속에서 채권은행과 외채상환 협상을 진행해야 했다.

중남미 외채위기는 사실상 이미 수년 전부터 예견되었다. 1976~1978년 일차산품 국제가격 약세와 오일머니의 유입, 취약한 금융시스템과 자본이동에 대한 개방정책, 외채도입에 대한 정부통제 부족과 부패만연 등으로 역내 전체 외채는 이미 크게 증가했다. 여기에 미국의 재정적자 축소 실패로 상승하기 시작한 국제금리는[190] 이미 막대한 외채를 가진 중남미 금융시장에 큰 부담을 주었다.

외채위기가 발생하자 채권은행들은 우선 1차적 대응을 했다. 이들은 멕시코 외채지불유예 발표로 확산되기 시작한 역내 위기상황은 일시적 외환 유동성 부족 때문에 발생한 것으로 판단하고 그 해결방안으로 채무재조정[191]을 해준 뒤 개별 국가별로 잘못된 재정운용을 개선하면 된다고 보았다.

우선 채권은행들은 채무재조정의 조건으로 정부의 과도한 산업보호 폐지 등 경제구조조정과 정부의 경제에 대한 역할 축소를 요청했다. 중남미 국가들도 외채위기 극복을 위해 현지화 평가절하, 국내수요 억제를 통한 수입축소, 재정 감축 등 다양한 경제정책을 운용하였다.

그러나 이러한 경제정책은 외채위기로 들어난 경제왜곡의 부작용을 해결하지 못하고 역내 전체의 경제가 장기간 후퇴하는 상황을 피할 수 없었다. 구체적으로 보면 역내 전체 국내총생산이 1980~1981년 100을 기준으로

---

190 1981년 저개발국가(LDCs)들에 대한 금리가 -6%였던 것이 1982년에는 +14.6%로 상승했다. IaDB, Progress, Poverty and Exclusion, An Economic History of Latin America in the 20th Century, Rosemary Thorp, 1998

191 채무조정비용은 채무국에게 불리하게 적용되었다. 채무조정비용지수가 1980~1981년을 100으로 기준할 경우 채무조정 이후에는 아르헨티나 319, 멕시코 280, 브라질 144 이었다. IaDB, Progress, Poverty and Exclusion, An Economic History of Latin America in the 20th Century, Rosemary Thorp, 1998

할 때 1982년 95.6, 1983년 91.3, 1984년 92.2, 1985년 92.7, 1986~90년 평균 94.1, 1991~93년 평균 94.7, 1994~95년 평균 95.8로 과거 수준을 크게 밑 돌았다.

역내 국가들의 재정위기로 사회복지지출이 삭감되었고 이는 제반 사회지표의 추락으로 나타났다. 실업률은 1980년 6.7%에서 1985년 10.1%, 1990년 8.0%, 1995년 7.8%로 상승했고 실질최저임금은 1980년 기준 100 대비 1985년 86.4, 1990년 68.9, 1995년 70.1로 크게 하락했다. 따라서 빈곤가정 비중도 1980년 전체의 35%에서 1990년 41%로 증가했다.

전체적으로 볼 때 1980년대는 중남미 경제가 결과적으로 크게 강제조정되는 시기였다. 개별 국가 간 시기와 방법의 차이는 있지만 각국 정부들은 우선 급한 단기외채 조정협상을 계속해가면서 전통적 방식의 안정화정책을 실행해 나갔다. 그러나 그 결과는 효율적이지 못했다.

결국 중남미 국가들은 국제통화기금이 중심이 된 국제금융권과 다자 또는 양자 외채협상을 성사시키기 위해 이들이 요구하는 신자유주의적 경제구조조정 조건을 받아들이는 수밖에 없었다.

사. 1990년대 이후: 신자유주의 경제정책 실시와 평가 ————

1) 신자유주의 경제정책 도입과 실시

신자유주의경제정책은 소위 '워싱턴 컨센서스(Washington Consensus)'[192]로 불리는 경제구조조정안으로 나타났다. 구체적으로 경제구조조

---

192 1990년대 미국이 중남미 국가들에 대해 제시하였던 미국식 시장경제체제의 확산 전략을 뜻하며 미국이 주도하는 신자유주의의 대명사로도 인식되고 있다. 이 용어는 1989년 미국 국제경제연구소의 정치경제학자 존 윌리엄슨이 당시 경제위기로 어려움을 겪고 있던 중남미 국가들에 대한 개혁 처방을 워싱턴 컨센서스(Washington Consensus)로 명명한 데서 유래하였고 1990년대초

정의 가장 중요한 축은 무역자유화와 국영기업민영화였다.

중남미 국가 정부들은 경제안정을 위한 필수조건인 국제금융시장 접근을 위해 국제통화기금이 조건부로 요구하는 워싱턴 컨센서스 이행을 받아들일 수밖에 없었다.

이중 무역자유화는 외채조정협상에서 가장 중요한 전제조건이었다. 강력한 보호무역정책을 유지해왔던 멕시코도 1984년 인플레 진정을 위해 무역자유화 조치를 취했다는 명분을 내세우고 있지만 사실은 채권은행들의 요구에 부응한 것이었다.

국영기업 민영화는 재정과 경상수지부문의 적자를 동시에 해결할 수 있는 매력적인 정책대안이었으며 특히 선진국 투자가들의 관심사항이었다.

이러한 조치들은 모두 단기적으로 긍정적인 성과를 가져왔다. 그러나 정책의 취약부문에 대한 보완이 충분하게 마련되지 못했기 때문에 경제사회적 부작용은 이미 노정되거나 잠재하고 있었다.

그 사례로 국영기업 민영화는 민영화 대금 유입과 국영기업에 대한 정부 재정지원 중단으로 재정과 경상수지 안정에 일시적 도움이 되었지만 이어진 민영화기업들의 구조조정은 대량 실업을 발생시켜 사회문제로 등장했고 국민 생활에 직접적 영향을 미치는 수도, 전기, 가스 등 기초서비스의 가격을 상승시켰다.

특히 1980년 대 이후 도시 비공식 자영업이 크게 늘어났는데[193] 이는 국영기업 민영화에 따른 대량 해고와 이어진 민간기업의 구조조정과 비정규직화의 결과로서 도시 빈곤층 증가의 가장 큰 원인이 되었다.

1980년대는 칠레와 볼리비아 등을 제외한 대부분의 국가에서 계속되고

미국의 재무부, 국제통화기금(IMF), 세계은행(World Bank) 등 미국 워싱턴에 있는 기관들의 논의를 거치면서 그 개념이 정립되었다. 한국은행 경제금융용어 700선

193 도시 비공식 자영업 비중이 1980년 40.2%에서 1985년 47.0%, 1990년 52.1%, 1995년 55.7%로 증가했다. IaDB, Progress, Poverty and Exclusion, An Economic History of Latin America in the 20th Century, Rosemary Thorp, 1998

있는 외채조정협상과 함께 효율성이 떨어지는 단기적 경제안정화 정책만 실시되는 어려운 시기이었다. 그럼에도 불구하고 이 시기는 외채조정협상에서 새로운 경제운용 패러다임으로 강요된 신자유주의 경제원칙이 자리를 잡아가며 정부의 경제에 대한 역할이 감소하고 시장의 역할이 강조되는 상황이 되었다.

1990년대 들어서는 신자유주의 경제정책의 운용기반은 더욱 확고해졌다. 또한 역내 경제운용 패러다임이 변화되는 과정 속에서 몇 가지 국내외 정치경제적 상황이 우호적으로 변화했다.

첫째 미국 정부는 1989년 브래디 플랜(Brady Plan)[194]을 발표했는데 이는 역내 국가들의 외채조정협상이 원활하게 진행될 수 있는 발판을 제공하였다. 둘째 국제금리가 하락해 역내 국가 경제정책 운용에 숨을 돌리는 계기가 되었고 셋째 국영기업 민영화 추진으로 선진국 투자자본이 새롭게 유입되기 시작했다. 선진국 신규 투자자본은 특히 아르헨티나, 브라질, 멕시코 등 경제규모가 큰 국가들에게 집중되었으며 이를 배경으로 이들 국가들은 국제금융시장에서 신규채권을 발행할 정도로 신뢰감이 회복되었다.

특히 1980년대 말부터 세계적으로 확산된 금융자유화 분위기 속에서 연기금과 보험사들의 자산구성 다양화가 제도적으로 허용되고 유로본드가 붐 상황이 되면서 중남미를 향한 유럽 국가들의 직접투자가 활발해졌다. 이 결과로 1992년 중남미 전체 자본수지는 1981년 이후 처음으로 흑자로 돌아섰고 아르헨티나, 브라질, 멕시코, 칠레 등 중남미 국가들은 '신흥시장'이라고 불리며 당시 화두였던 '세계화' 대열에 참여할 수 있었다.

신자유주의 경제정책의 초점도 1990년대 들어서며 변화하기 시작했다.

---

194 브래디플랜은 1980년대 멕시코 등 중남미 국가들의 채무불이행 사태가 발생하자 미국의 재무장관인 니콜라스 브래디(Nicholas Brady)가 발표한 개발도상국 채무구제방안을 말한다. 1989년 브래디 재무장관은 이들 국가의 채무를 일부 탕감해주는 한편, 미국정부가 지급 보증하는 최장 30년 만기의 채권인 일명 '브래디본드(Brady Bond)'를 발행해 개발도상국들의 채무상환을 도와, 당시 외채 위기를 겪던 남미국가들은 물론 필리핀과 불가리아 등도 혜택을 받았다. 중남미 국가들의 경제 회복에 크게 기여했다는 평가를 받았다. 매경 시사용어사전

1980년대는 외채조정협상 시기로서 정책의 초점이 워싱턴 컨센서스에 기초한 재정건전성 유지, 무역과 금융자유화, 국영기업 민영화 등 정부역할의 축소에 두어졌지만 1990년대에는 이를 더욱 제도화하는 구조개혁에 맞추어졌다.

1996년 미주개발은행(IaDB)은 역내 국가들이 1980년대에는 경제안정화, 무역자유화, 금융자유화 등에 역량을 집중하고 1990년대에는 세제개혁, 금융개혁, 노동개혁, 연금개혁, 민영화에 초점을 두고 정책을 실행한 것으로 분석 평가하는 보고서를 발행했다. 단 이 보고서는 개별 국가별 역량에 따라 그 개혁의 시기와 수준에 차이가 있음을 전제하고 있다.

전체적으로 볼 때 1990년대는 1980년대 외채위기 상황이 신자유주의 경제정책의 실시로 일단 안정을 가져온 상황 속에서 정책의 지속가능성을 높이기 위한 제도적 장치 마련을 위한 시기로 평가되고 있다.

2) 신자유주의경제 패러다임과 역내경제통합

중남미 외채위기는 당시까지 진행되고 있었던 역내 경제통합에도 부정적 영향을 주었다. 역내 경제통합은 수입대체산업화전략의 실행에 따른 보호무역주의 강화로 1970년대에도 이미 의미가 있는 논의가 진행되지 못했지만 1980년대 외채위기를 맞아 그 우선순위가 더 밀려나 있었다.

그러나 1970년대와 80년대 간헐적으로 신자유주의경제정책을 경험한 아르헨티나와 브라질에서 1980년대 중후반 군부정권이 종식되고 새롭게 들어선 민간정부는 경제안정과 성장이라는 현안 해결에 도전해야 했다. 그 대안으로 이들은 양국 간 교역확대 필요성을 인식하고 시장규모의 확대를 위한 경제통합을 논의하기 시작했다.

역내 경제통합 이슈는 이러한 계기를 통해 다시 수면위로 떠오르기 시작했다. 유엔중남미경제위원회(ECLAC)도 양국 간 논의가 앞으로 역내경제 통합을 이루는 새로운 디딤돌로 생각하고 적극 지지했다.

이는 당시 전 세계적 현상인 무역블록(trading blocs) 형성 움직임에 자극 받은 바도 있음을 부정할 수 없다. 우선 중남미 지역에 대한 역사적 유대감 을 가지고 있는 스페인, 영국, 프랑스, 이태리 등을 포함하는 유럽공동체는 1993년 안데스협정(Andean Pact) 및 중미공동시장(CACM)등과 협정을 체결하는 등 관계를 강화하고 지원한다는 의지를 보여주었다.

북미에서는 멕시코가 미국, 캐나다와 1994년 북미자유무역협정을 발효 시켰다. 같은 해 미국은 마이애미에서 개최한 미주정상회의에서 미주대륙 전체를 자유무역지대로 만들자는 미주자유무역지대(FTAA) 구상을 내놓 기도 했다.

그러나 중남미 국가들은 미국의 제안이 중남미에 대한 영향력 확대를 목 적으로 하는 새로운 시도일 수 있다는 의구심을 가졌다. 따라서 미국의 미 주자유무역지대 창설 시도는 중남미 국가들이 미국과 캐나다를 제외하고 역내 국가만 참여하는 경제통합체의 창설 명분만 주고 말았다.

아르헨티나와 브라질은 1986년 7월 남미공동시장(MERCOSUR) 창설의 기초가 되는 협정을 체결하였다. 이 협정은 특혜관세, 이중국적회사, 투자 기금, 바이오기술, 공동연구, 자본제개발, 원자력협력 등 16개 프로토콜에 대한 논의를 포함하였다.

협정의 최종 목표는 양국 간 관세동맹 형성으로 이는 사실상 새로운 형태 의 보호무역장치였다. 1991년에는 파라과이와 우루과이가 이 협상에 참여 해 4개국 간 협상으로 확대되었다. 4개국 간 협상은 1994년 12월에 마감 되어 남미공동시장(Mercosur)이 공식적으로 창설되었다.

안데스협정도 콜롬비아와 베네수엘라 그리고 에콰도르와 콜롬비아 양자 간 무역관계가 활발해지며 과거에 상실된 동력을 회복하기 시작했다. 이를 계기로 안데스협정은 1996년 회원국 간 카르타헤나 협정 체결을 통해 안데스공동체(Andean Community)로 개편하였다.

이러한 분위기 속에서 중미공동시장과 카리브공동시장도 모두 개편과성을 거치며 역내 경제통합 활동이 다시 활발해지기 시작했다.

3) 신자유주의경제정책의 평가

신자유주의경제 패러다임이 적용되었던 20세기 말 중남미 경제성과를 평가하는 것은 시기상조이다. 특히 새로운 경제정책 패러다임에 따라 이루어진 구조개혁에 대한 평가는 개별 국가별 역량과 구체적 대응 방식 차이로 일반화하는 것이 어렵다.[195]

이 시기 세계경제는 제도, 기술, 생산요소이동, 유통 등에서 많은 변화를 겪고 있었는데 개별 국가의 역량과 대응방안에 따라 이 상황은 기회와 동시에 위협이 되기도 했다. 그 사례로 외채위기와 새로운 경제 패러다임에 따른 경제구조조정은 역내 국가들에게 높은 경제사회적 비용이 되었지만 한편 중남미 경제체제의 세계화를 공고하게 하는 중요한 계기가 되었다.

새로운 경제모델 속에서 진행된 개혁은 개별 국가별로 그리고 경제부문별로 다양한 형태를 보여주었다.

수출은 계속되고 있는 교역조건 악화와 현지화 고평가에도 불구하고 증가했다. 멕시코, 콜롬비아, 엘살바도르, 자메이카 등은 해외 이민자들의 송금으로 외환재원이 늘어나기도 했다. 역내 전체적으로 자본의 역내유입이 증가해 경상수지가 상당하게 개선되었다.

경제성장은 1990년대 다소 회복되었지만 대단한 수준은 아니었다. 투자와 국내저축은 증가해 국내총생산 대비 비중이 다소 개선되었다. 그러나 개

---

195 IaDB, Progress, Poverty and Exclusion, An Economic History of Latin America in the 20th Century, Rosemary Thorp, 1998, p.237

선정도는 1950년대 수준도 회복하지 못할 정도여서 지속가능 경제성장을 지지하기에는 크게 부족했다.

인플레는 과거보다 크게 진정되었으나 항상 재발할 수 있는 위험요소가 잠재되어 있었다.

소득분배는 우루과이, 코스타리카, 콜롬비아 등에서 다소 개선된 것을 제외하고 전체적으로 더욱 악화되었다. 빈곤계층은 1980년대에 크게 증가했다. 다만 1990년대 들어 다소 개선되는 조짐을 보였다.

고용은 민간부문에서 다소 증가했으나 공공부문의 민영화 과정에서 발생한 해고와 공무원의 감축으로 침체상황은 계속되었다. 이는 비공식부문 특히 불법 자영업자들의 급격한 증가로 이어졌다.

그러나 이 시기에 나타난 경제의 긍정 또는 부정적 성과들이 전적으로 신자유주의 경제정책이나 세계화 편입 등과 같은 새로운 경제 패러다임 운용의 결과라고 평가하는 것은 적절하지 않다.

무엇보다도 역내 각 국가들이 가지고 있는 역사 및 제도적 유산, 자연과 지리, 정치경제 및 사회적 환경, 정부 역량 등이 다르기 때문에 새로운 경제 패러다임에 따른 개혁조치들이 개별 국가의 경제성장과 사회복지증진 측면에서 이룬 성과는 다르다. 결국 그 구체적 성과는 개별 국가의 총체적 역량과 관계될 수밖에 없다.

우선 신자유주의 경제정책에 대한 칠레의 대응을 보면 그 궤적이 역내 다른 국가들보다 빠르다. 1970년 대선에서 승리한 살바도르 아옌데(Salvador Allende) 사회주의 정권을 1973년 쿠데타로 전복시킨 피노체트 군부정권은 아옌데 정권의 사회주의 경제체제를 제거하기 위해 신자유주의 경제체제를 도입하고 전면적으로 실행하였다.

이 시기 금융과 무역자유화에 기반을 둔 신자유주의 경제정책은 군부정권의 강압적인 분위기 속에서 실행되면서 국민, 민간기업, 국영기업 등 모

두에게 위기와 기회를 반복적으로 경험하게 하였다.[196]

1990년 피노체트 군부 정권이 종식되고 출범한 아일윈(Patricio Aylwin) 민간정부는 중도좌파 성향의 정권임에도 불구하고 군부 정권이 채택한 신자유주의 경제정책을 그대로 이어갔으며 결국 현재 칠레 경제정책의 근간으로 자리 잡았다.[197]

칠레는 외채위기로 인해 신자유주의 경제정책 도입을 강요당할 수밖에 없었던 역내 다른 국가들과는 다르게 자발적으로 이 정책을 먼저 도입 실시하면서 시행착오를 경험하고 극복하는 과정을 겪은 뒤 21세기 들어 안정적 경제성장을 이끌어 갈 수 있는 동력을 마련하였다.

이 결과 칠레는 남미에서 신자유주의 경제정책의 성공사례로서 이를 주도한 미국의 역내 모델국가(Poster child country)로 평가를 받았다.

아르헨티나의 경제정책 운용은 항상 정치로부터 독립하지 못하고 불안정한 상황 속에 있었다. 특히 1940년대 페론 정권이 들어온 뒤부터 정치적 이슈가 계속 경제적 불안정을 조성했고 이러한 유산은 현재까지도 이어지고 있다.

1973년 2차 페론 정권이 들어섰으나 1976년 다시 우파 군부 쿠데타에 의해 무너졌다. 아르헨티나 군부 정권은 칠레가 취한 신자유주의 경제정책을 운용하지는 않았다.

1983년 경제적 위기에 처한 군부정권은 국민의 관심을 돌리기 위해 도발한 영국과의 포클랜드 전쟁에서 패배하고 정권을 민간정부에 이양했다. 민

---

196 정책의 실시 후 칠레는 저렴한 외국산 제품의 수입으로 이어진 소비 붐 속에서 국내제조업이 붕괴하는 위기를 겪었으며 1981년 교역조건 악화, 1982년 외국자본 철수 등으로 야기된 경제위기 등 도전을 맞았으나 이 과정에서 국내산업은 선순환으로 구조 조정되어 특히 금융, 서비스, 유통 부문에서 국제적 경쟁력을 갖춘 기업들이 늘어나고 새롭게 자리를 잡아가는 안정된 경제체제를 만들었다.

197 'Thus, the Aylwin government took office in 1990, it openly endorsed elements of military project, especially a new commitment to the rules of the free market game. This was extraordinary important in maintaining investors' confidence throughout the transition.' IaDB, Progress, Poverty and Exclusion, An Economic History of Latin America in the 20th Century, Rosemary Thorp, 1998, p.245

간정권으로 복귀한 아르헨티나는 당시 하이퍼 인플레이션과 외채위기 상황 속에 있었다.

급진시민연합당(Radical Civic Union)의 알폰신(Raúl Alfonsín Raúl)[198] 대통령은 경제난국을 해결하기 위해 정통 그리고 비정통적 경제정책을 모두 운용했으나 결국 실패하고 임기 내 차기 대통령 당선자인 메넴(Carlos Menem)에게 정권을 넘겨주었다.

1990년 들어선 메넴 정부는 페소와 달러의 환율을 동가로 정하고 헌법으로 페소의 달러 태환을 보장하는 태환정책(Convertibility Plan)[199]을 실시했다.

태환정책은 정부가 재정적자 보전을 위해 필요에 따라 해왔던 화폐 발행을 원천적으로 봉쇄하였다. 따라서 정부는 필연적으로 재정긴축을 할 수밖에 없어 공공부문의 통화증가 요인이 사라졌다.

헌법에 근거를 둔 페소의 달러 태환보장은 페소화 강세와 함께 안정감을 주어 아르헨티나 경제의 고질이었던 인플레가 급격하게 진정되었다.

또한 메넴 정부가 과감하게 추진한 국영기업 민영화는 중앙정부의 국영기업에 대한 재정지원 감축과 함께 민영화 대금의 국가재정 유입이라는 효과를 가져와 정부가 만성적 재정적자를 벗어날 수 있는 계기를 만들었다.

여기에 메넴 정부는 금융과 무역자유화 정책 등 신자유주의 경제모델의 근간이 되는 정책을 적극적으로 실행함으로서 아르헨티나는 일단 미국과

---

198 Ricardo Alfonsín Foulkes (12 March 1927 – 31 March 2009) was an Argentine lawyer and statesman who served as President of Argentina from 10 December 1983 to 8 July 1989. He was the first democratically elected president after more than seven years of military dictatorship, and is considered the "father of modern democracy in Argentina". Wiki

199 The Argentine Currency Board pegged the Argentine peso to the U.S. dollar between 1991 and 2002 in an attempt to eliminate hyperinflation and stimulate economic growth. While it initially met with considerable success, the board's actions ultimately failed. From then on, the government never needed to use the foreign exchange reserves of the country in the maintenance of the peg, except when the recession and the massive bank withdrawals started in 2000. Wiki

유럽 국가 정부, 다자국제금융기구, 민간투자가들로 부터 신뢰를 회복하였다.

메넴 대통령은 페론주의를 잇고 있는 좌파성향의 정의당(Justicialist Party) 소속이었지만 그는 신자유주의 경제정책을 과감하게 도입하고 실시하며 페론주의와 차별화한 소위 메넴주의(Menemism)를 구현하였다.

1999년 말까지 계속된 그의 통치기간 중 계속 유지된 태환정책으로 아르헨티나 경제의 최대 고질이었던 하이퍼 인플레이션은 진정되었고 거시경제 성장지표는 완만하게나마 개선되었다. 그러나 페소의 달러 태환보장과 연계된 환율정책으로 고평가된 페소는 국내 제조기업의 경영악화와 수출 감소를 일으켰다.

이에 따른 민간 제조업부문의 고용악화는 이미 국영기업 민영화에 따른 구조조정과 공무원 축소 등에 더해 메넴 정부 통치기간 중 실업이 크게 증가하는 원인이 되었다. 이 상황은 메넴 이후 2000년 집권한 급진시민연합당의 델라루아(Fernando de la Rúa) 대통령이 2001년 말 경제난국을 맞아 임기 내 조기 퇴진하고 아르헨티나가 다시 외채위기를 맞이하는 원인과 결과가 되었다.

1999년 12월 집권한 델라루아 정부는 메넴 정부가 추진해온 신자유주의 경제정책들 중 가장 상징적인 태환정책의 후유증들이 동시에 수면위로 떠오르면서 2000년 10월 위기와 2001년 3월 위기를 직면해야 했다.

2001년 초부터 시작된 외환보유고 감소는 국민들의 경제에 대한 심리적 안정을 크게 해쳐 결국 아르헨티나 경제의 고질병인 외환도피가 시작되었다. 여기에 2001년 12월 초 국제통화기금이 아르헨티나에 대한 자금지원 중단을 발표하자 정부는 헌법에 의해 보장된 페소의 달러 태환을 중지했다. 이 조치는 전국적으로 총파업 등 시민들의 격렬한 저항을 일으켜 델라루아 대통령의 퇴진을 가져왔다.

멕시코는 미국과 지리적 인접성 그리고 상대적으로 개방된 시장접근성을 근간으로 신자유주의 경제모델을 기회로 활용하였다. 무역시장개방, 국영 기업 민영화, 자본시장개방 등의 조치들을 신속하게 실행했다. 1985~86년 유가하락으로 개혁조치들의 안정성이 일시적으로 흔들렸지만 결국 극복했다.

특히 1994년 1월 미국과 캐나다와 함께 북미자유무역협정(NAFTA)을 체결하고 발효시키며 막대한 외국인 투자를 유치하였다. 주력시장인 미국과의 지리적 인접성은 멕시코 경제 안정성 유지에 버팀목이었다. 다만 미국 경제에 지나치게 의존할 수밖에 없다는 현실은 멕시코 경제의 유연성을 제약하는 환경으로 남아있다.

중남미 국가들에게 실시된 신자유주의 경제모델에 따른 개혁은 몇 가지 문제점을 포함하고 있었다.

첫째는 해외자본 유입 규모와 안정성이다. 역내 국가들의 거시경제 안정성은 해외자본 유입과 연관되어 있다. 역내 정책입안자들의 대안선택의 자율성도 현실적으로는 해외자본 유입 규모와 안정성이 어떻게 될 것인가에 따라 제한을 받았다. 고금리 정책과 투자증진 정책, 해외자본 유입과 현지화 평가절상, 현지화 평가절상과 수출산업, 현지화 강세 속 허구적 물가안정 등이 그 대표적인 것들이다.

둘째는 1980~90년대 중남미 수출은 다시 일차산품에 의존할 수밖에 없었다는 것이다. 수입대체산업화전략 시기를 경험한 역내 국가들에게 다양한 공산품의 수출확대는 자원고갈과 가격변동에 따른 붐 앤 버스트 경제의 취약성을 극복하는 유일한 길이었다.

그러나 현실은 새로운 경제 패러다임의 틀 속에서 역내 국가들이 비교우위를 가지고 있는 일차산품 수출이 논리에 더 적합한 개발전략인 것으로 고려되었다. 이 상황은 결국 과도한 원자재 개발을 가져와 자원고갈을 부추겼고 공해와 오염 증가로 자연생태환경에 부정적 영향을 주었다.

셋째는 신자유주의 경제모델 운용 과정에서 발생하는 부의 불공평 배분 등 사회문제를 간과하고 해결하지 못함으로서 21세기 중남미 좌파정권들이 출현하는 경제사회적 배경을 만들었다.

경제구조개혁에서 발생한 대량실업과 이에 따른 비공식적 소상공인 등 자영업자 확산에 대한 정책적 대응이 크게 부족했고 고용과 생산성 향상에 큰 역할을 담당하고 있는 중소기업에 대한 지원도 충분하지 않았다. 이 모든 상황은 새로운 경제 패러다임 속에서 정부의 경제에 대한 간섭과 역할이 축소된 것에 따른 것이다. 즉 경제가 시장 중심으로 움직이고 정부는 과거의 서비스 공급자에서 조력자로 위상이 크게 변화했기 때문이다.

부의 불평등 배분 문제는 새로운 경제 패러다임의 운영 시기 중 발생한 경제성장의 과실이 공평하게 분배되지 못한 것으로 구체적으로는 경제성장의 이익이 사회복지부문으로 확산되지 못해 부익부 빈익빈 현상이 심화된 것이다.

3. 20세기 중남미 경제 회고

20세기 중남미 경제는 크게 두 번의 성장기를 경험했다. 첫 번째는 20세기 초부터 시작해 1929년 세계 대공황 시작할 때까지이다. 두 번째는 국가별로 차이가 있지만 1930~50년대 중 어느 시점부터 시작해 1980년대 초까지이다.

첫 번째 성장기인 20세기 초 역내 국가들은 신생 독립국가의 모습에서 벗어나 경제성장에 필요한 철도, 항만, 도로 등 물리적 인프라 건설과 함께 중앙은행 설립, 세관 확충, 세제 개혁 등 제도적 인프라를 갖추기 시작했다. 또한 문맹퇴치를 위해 교육제도를 정비하는 등 인간개발에도 노력을 했다.

두 번째 성장기는 물리적 인프라 확충과 각종 제도정비에 힘입어 제조업과 서비스 산업이 성장하고 인간개발 개선에 따른 노동생산성도 높아져 역내 전체적으로 경제가 안정적으로 운영되던 때이었다.

이러한 경제성장에도 불구하고 식민 시대부터 계속되고 있는 부의 불공평한 분배는 전혀 개선되지 않고 중남미 경제의 뿌리 깊은 고질이 되었다. 특히 중남미 경제정책 입안자들은 대부분 식민 시대부터 이어온 기득권 계층들이었기 때문에 부의 불공평한 분배는 경제성장 시기에도 변함없이 유지되었을 뿐만 아니라 일반인들도 이를 당연한 것으로 받아들이는 숙명론적인 의식을 가지고 있었다.

기간 중 경제성장의 구체적 성과는 개별 국가 간 차이가 있다. 이 차이는 성장과정 중 발생한 크고 작은 경제위기를 어떻게 극복할 수 있었는가에 따라 결정되었다. 예를 들면 1차 경제성장 시기에는 성장이 일차산품 붐과 몇 가지 전제조건의 존재 여부에 달려있었다.

전제조건 중 가장 중요한 것들은 정치적 안정, 수출가능 일차산품 다양성, 국내시장규모 등으로 이 중 정치적 안정이 가장 중요했다. 특히 일차산품 수출로 발생한 부가 불공평하게 분배되어 이에 대한 사회적 저항이 강해지면 정치적 긴장이 발생하고 정국불안으로 이어져 경제성장을 저해하였다.

1910년에 발생해 10년 동안 계속된 '멕시코 혁명'이 그 사례로 멕시코는 이 혁명이라는 명칭의 내전으로 인해 기간 중 경제성장에 큰 어려움을 겪었다. 이 시기 멕시코 정부는 경제성장보다는 군비 충당에 더 급급했다.

1929년 세계대공황 발생으로 일단 침체를 경험한 중남미 경제는 곧바로 회복되기 시작했다. 대부분 국가들은 수입대체를 위한 산업화와 국내시장을 위한 농업개발 정책을 실행해 경제를 빠르게 회복시켰다.

회복의 속도는 개별 국가 별 차이가 브라질과 콜롬비아가 가장 빠른 회복세를 보여 주었으며 과거 농축산물 수출을 주도한 아르헨티나와 쿠바 등은 여러 가지 국내적 요인 때문에 성장속도가 느렸다.

제2차 세계대전 이후 역내 국가들의 수입대체산업화가 빠르게 진행되면서 중남미 경제는 상당한 성장세를 계속 유지했으나 기간 중 거시 경제적 불균형이 누적되어 1980년 초 외채위기 상황에 처하게 되었다.

전대미문의 외채위기를 맞이해 개별 국가들은 그 대응방식과 수준, 보유 자원, 산업, 정부역량 등에 따라 위기극복 성과와 시기에 차이를 보였다. 역내 국가 중에서는 칠레가 가장 모범적으로 외채위기를 극복해 21세기 들어 안정적인 경제성장을 할 수 있는 기틀을 마련했다.

중남미 외채위기는 반세기 가깝게 중남미 경제의 성장모델이었던 수입대체산업화전략을 폐기시키고 워싱턴 컨센서스로 구체화된 신자유주의 경제성장모델이 새로운 대안으로 등장하는 계기를 만들었다.

새로운 경제성장모델이 생성한 기회와 위기에 대한 역내 국가들의 대응은 그 시기, 규모, 방식에 많은 차이를 보여주었다. 따라서 개별 국가별로 경제회복의 속도와 지속가능성 그리고 후유증이 달랐다.

신자유주의 경제성장모델은 긍정과 부정적인 평가를 받으며 21세기를 맞이해 역내 좌파정권 확산의 배경이 되었고 수정의 길로 들어서게 되었다.

CHAPTER 9

지역산업

오늘날 선진국 경제는 대체적으로 1차산업에 전체인구의 5% 그리고 2차 및 3차산업에 각각 20%, 75%가 종사하고 있다. 선진국 경제는 산업혁명 이후 제조업의 성장으로 2차산업 비중이 1차산업을 넘어섰다. 제조업 성장은 수송, 금융, 마케팅, 유통, 홍보 등 서비스 부문 수요증가로 이어져 3차산업 확대를 가져왔다.

그러나 중남미 경제는 주력산업의 이동이 선진국과 다르게 진행되었다. 즉 주력산업이 농목축수산업의 1차산업에서 제조업으로 대표되는 2차산업이 충분히 발전하지 못한 체 서비스업 중심의 3차산업으로 옮겨갔다.

주요국 산업별 고용비중[200]

국 가	1차 산업	2차 산업	3차 산업
아르헨티나	10	19	71
브라질	21	21	58
칠레	13	23	64
콜롬비아	22	19	59
도미니카(공)	16	21	63
과테말라	39	20	38
자마이카	18	18	64
멕시코	15	26	59
트리니다드토바고	7	28	65
베네수엘라	11	20	69
캐나다	3	22	75
미국	2	20	78

자료원: UN 2007/2008 Report

---

[200] Brian W. Blouet/Olwyn M. Blouet, Latin America and The Caribbean, A Systematic and REgional Survey, 6th Edition, pp.149

　1차산업은 자원의 개발과 이용으로 이루어진다. 중남미는 다양한 기후와 토양 환경을 가지고 있기 때문에 여러 가지 형태의 농목축수산업이 가능하다. 또한 다양한 광물자원이 풍부하게 매장되어 있다.

　중남미 자원은 식민지 시대부터 현재까지 개발 수출되어 역내외 경제활동에 이용되고 있다. 그렇지만 수송 등 물리적 인프라의 부족으로 현재에도 개발이 유보되고 있는 경우도 많다. 그러나 최근 대두된 기후변화와 환경보호 이슈로 중남미 농업과 광업부문의 지나친 개발활동은 국제적으로 비판의 대상이 되고 있다.

　보유 광물자원과 규모는 개별 국가별로 차이가 있다. 멕시코, 페루, 콜롬비아, 에콰도르, 볼리비아, 칠레, 베네수엘라 등은 대체적으로 광물자원을 풍부하게 보유하고 있으며 칠레를 제외하고는 모두 석유와 천연가스도 생산 수출하고 있다.

　광업은 자본집약적 산업으로 고용유발 효과가 크지 않다. 추출물 수출도 가공되지 않거나 최소 가공 형태로 이루어져 부가가치 수준이 낮다.

　파라과이, 우루과이, 아르헨티나, 중미 및 카리브 대부분 국가들은 광물자원을 보유하고 있지 않다. 그러나 아르헨티나, 우루과이, 파라과이는 농작물 재배가 가능한 광활한 토지를 보유하고 있어 농업과 목축업이 활발하다.

가. 임업

카리브와 중미 지역 대부분, 안데스 산맥 지대, 브라질 아열대 지역은 자연식생(natural vegetation) 지역이다. 칠레 남부지역은 침엽수림이 풍부하다.

식민지 시대 이전 인디오 원주민들은 경작지 확보를 위해 화전을 일구었다. 그렇지만 시간을 두고 재생 회복이 가능한 자연친화적이었다.

스페인 정복자들은 중남미에 정착한 후 얼마 지나지 않아 목재 자원에 대한 가치를 알아차렸다. 목재는 선박건조, 광산개발의 주요 자재로 사용되었을 뿐만 아니라 천연염료를 추출하는 원자재로도 가치가 있어 전략자원으로 간주되었다.[201]

19세기 들어 대규모 농장과 목축지가 개발되면서 숲은 파괴되기 시작했다. 숲의 파괴는 기후변화 이슈가 첨예하게 논의되고 있는 현재에도 계속되고 있다.

숲의 파괴는 우선 목재 사용이 가능한 나무를 베어 상업적으로 활용하는 것으로부터 시작된다. 남은 숲은 태워 평원으로 만든 후 목축지나 농지로 전환시킨다. 이 개발 패턴은 열대우림이 풍부한 아마존 지역에서 지금도 계속되고 있어 생태계 및 환경파괴의 주요인으로 국제적인 저항을 받고 있다.

역내에서 브라질이 가장 큰 목재 생산국이며 칠레, 아르헨티나, 콜롬비아, 파라과이가 그 뒤를 잇고 있다.[202] 브라질은 대부분 열대성 경목(hardwood)을 생산하고 국내시장에서 소비된다. 칠레와 아르헨티나는 침엽수 목재를 생산해 국내소비와 수출을 병행하고 있다. 파라과이는 동부지역에서 열대성 경목 그리고 차코지역에서 케브라초를 생산해 수출하고 있다.

---

201 선박건조에 브라질우드(Brazilwood)가 사용되었고 파우브라질(Pau-brasil)에서는 붉은 염료를 추출할 수 있었다. 차코(Chaco) 지역에서 자라나는 케브라초(Quebracho) 나무는 가죽 염료인 타닌을 추출하기위해 사용되었다. 마호가니(Mahogany)는 적갈색의 아메리카산의 단단한 목재로 유럽가구 제작에 많이 사용되었다.

202 2004년 목재생산규모(2004, 미터톤) - 브라질:21,200, 칠레:7,004, 아르헨티나:2,130, 콜롬비아:599, 파라과이:550, Statistical Yearbook, UN, 2006

나. 수산업

중남미 수산업은 태평양 연안 국가들이 대서양 연안 국가들 보다 더 활발한 생산 활동을 하고 있다. 페루, 칠레, 멕시코 등이 주도하며 에콰도르, 파나마, 콜롬비아 등이 뒤를 잇고 있다.

대서양 연안에서는 아르헨티나와 브라질이 주도하며 베네수엘라도 카리브 해에서 수산업을 영위하고 있다.[203]

페루, 칠레, 에콰도르 수산업이 활발한 이유는 남극에서 에콰도르 남부까지 북상하는 차가운 페루 해류(Peru Current, 일명 훔볼트 해류, Humboldt Current)에 어족 자원이 풍부하기 때문이다.

차가운 페루 해류에는 플랑크톤이 풍부한데 이를 먹이로 삼는 멸치나 정어리 떼가 해류와 함께 북상하고 이들 어족을 먹이 사슬로 하는 다른 대형 어족들이 함께 올라오고 있다. 참고로 페루와 칠레에서 포획된 멸치는 어분이나 비료로 가공되며 이 중 어분은 소 등의 가축 먹이로 사용되고 있다.

태평양 연안지역은 부정기적으로 엘니뇨현상[204]이 발생한다. 엘니뇨현상으로 페루 해류의 온도가 상승하면 태평양 연안 국가들의 수산업은 큰 타격을 받는다. 이 시기 중에는 어업뿐만 아니라 수산물 가공업도 함께 어려운 상황을 맞이하게 된다.

멕시코는 태평양과 카리브 해와 접해있고 브라질은 대서양의 긴 해안을

---

203 주요국가 수산물 생산규모(2005, 미터톤) - 아르헨티나:932,000, 브라질:750,000, 칠레:4,330,000, 콜롬비아:121,000, 에콰도르:408,000, 멕시코:1,305,000, 파나마:215,000, 페루 9,389,000, 베네수엘라:470,000, Statistical Yearbook, UN, 2006

204 엘니뇨(El Niño)라는 이름은 페루 어부들의 표현에서 비롯되었는데, 스페인어로 '남자아이(The Child)' 또는 '아기 예수(The christ Child)'라는 뜻이다. 페루와 에콰도르의 국경에 있는 과야킬 만에서 12월 크리스마스를 전후하여 북쪽으로부터 난류가 유입되어 연안의 해수면이 상승하고, 이 난류를 따라 평소에 볼 수 없던 고기가 잡혀 페루 어민들이 크리스마스와 연관시켜 하늘의 은혜에 감사하는 의미로 엘니뇨(El Nino)라 불렸다. 처음에는 감사하는 의미로 엘니뇨라 했지만 바닷물의 기온이 평소보다 올라가 페루 연안에서는 안초비(멸치의 일종)의 어획량 감소 및 홍수의 발생 등으로 페루와 칠레 등에 경제사회적 타격을 주었다.

가지고 있지만 경제에서 수산업의 중요성은 크지 않다. 한편 태평양과 대서양을 함께 접하고 있는 중미의 작은 국가들에서 어업은 거의 생계형으로 매우 중요하다.

칠레 남부에서는 노르웨이, 아이슬란드 등과 같이 대서양 연어가 그리고 멕시코, 에콰도르, 중미국가 등에서는 새우가 양식되어 북미와 유럽 등으로 수출되고 있다. 수산물 양식 산업은 칠레가 가장 앞서 있으며 브라질, 멕시코, 콜롬비아가 그 뒤를 잇고 있다.[205]

다. 농업

1) 동향

초기 유럽 정착민들에게 열대우림지역은 경작에 적당하지 않았다. 열대우림지역의 상부 토양은 유기물이 풍부하지만 그 층이 얇다. 따라서 경작을 위해 우림이 제거되면 폭우나 강한 햇빛에 유기물이 노출되어 유실되거나 말라 조만간 척박해진다. 원주민들은 과거부터 화전농법기술로 생계형 농업을 영위했지만 유럽 정착민들의 대규모 농업은 경작지에 적정한 보호수목이 확보되지 않는 경우 실패할 수밖에 없었다.

최근 중국의 막대한 대두 수입증대로 아마존 열대우림이 대두 경작지로 개발되고 있다. 개발농지에는 막대한 양의 화학 비료와 제초제가 투입되고 있는데 경작지 확보를 위한 열대우림 파괴와 무분별한 화학제품 사용이 환경에 주는 부정적 영향이 세계적 환경이슈가 되고 있다.

---

205 주요국가 양식수산물 생산규모(2005, 미터톤) - 칠레:698,214, 브라질:258,000, 멕시코:118,000, 에콰도르:78,300, 콜롬비아:60,000, 온두라스:29,000, 쿠바:27,500, 코스타리카:24,000, 베네수엘라:22,200, 페루:22,100, Statistical Yearbook, UN, 2006, FAO World Fisheries Production 2006

안데스 산악지대에서는 전통적으로 자급자족을 위한 생계형 농업이 이루어졌다. 인디오 원주민들은 3,000 미터 이상 산악지대 비탈에서 계단식 농업을 했는데 주로 감자, 유카 등 구근식물(tubers, roots), 옥수수 등 단단한 곡물(hardy grains)을 생산했다. 이 지대는 지리적 고립성, 가파른 비탈 경작지, 잦은 산사태, 수송의 어려움 등으로 대규모 영농이 원천적으로 가능하지 못했다.

1,000~2,000 미터 고도 지대는 커피 재배에 적합한 기후를 가지고 있어 대규모 커피농장이 조성되기 시작했다. 콜롬비아가 그 대표적 국가이다.

안데스 산맥 고원에 형성된 계곡지대는 넓은 평원과 온난한 기후를 가지고 있어 곡물 경작은 가능했다. 그러나 판매시장의 부재로 곡물 생산은 자급자족에 그쳤고 토지는 주로 목축지로 사용되었다.

남유럽에서 칠레로 이주한 유럽인들은 칠레 중부 계곡지대가 지중해성 기후와 비슷해 이에 적합한 밀, 포도, 과수 등을 경작했다. 특히 칠레는 남반구 국가로 유럽과 미국 등 북반구와 상반되는 계절을 가지고 있어 여름 과수를 겨울 시기에 있는 북반구 국가들에게 수출할 수 있었다. 이는 칠레에 대규모 과수 기업농장이 성장할 수 있는 시장환경이 되었다.

비옥한 토지로 이루어진 팜파스 지대에서는 19세기 중반부터 농업과 목축업이 활발하게 이루어졌다. 이 시기에 철도, 냉동선박, 철조망, 풍력펌프, 육류가공 등으로 대표되는 수송, 보관, 가공 기술이 발전해 대규모 농축산업이 발전할 수 있는 좋은 환경이 조성되었다. 현재 이 지역에서는 대두가 대규모로 재배되어 중국에 수출되고 있다.

20세기 중반까지 중남미 농업형태는 식민시대 유산으로부터 벗어나지 못하고 있었다. 즉 전통적으로 기득권층이 보유한 아시엔다(hacienda) 또는 에스탄시아(estancia)라고 불리는 대규모 농장 농업과 가난한 다수 농민의 생계형 농업이 그것들 이다.

제2차 세계대전 이후 중남미 국가들은 국내외 경제사회적 압박 속에서 균등한 토지분배를 통한 농업개발을 위해 토지개혁을 실시하였다. 그러나 정치경제 권력을 장악한 기득권 계층의 암묵적이고 조직적인 반항, 토지수용과 농업개발용 인프라 건설과 시장형성에 필요한 재원부족, 관료주의 팽배 등으로 그 성과는 매우 제한적이었다. 이는 가난한 다수 농민들의 도시 이주를 촉발했고 이들이 다시 도시 빈민으로 추락하는 배경이 되었다.

21세기 들어 중남미 농업은 국제수요의 증대로 수출확대를 경험했다. 이 기간 중에 역내 국가 중 정치경제적으로 불안정한 베네수엘라를 제외한 대부분 국가들에서 농업생산이 크게 증가했다. 다만 중미와 카리브 지역에서는 그 성과가 다소 혼재되어 있다.

기간 중 이러한 가시적 성과에도 불구하고 농촌 빈곤은 해소되지 못했다. 오히려 농업시장개방에 따라 유럽과 미국의 저렴한 곡물이 수입되자 국내 소규모 생계형 농민들은 시장경쟁력 상실이라는 국면에 처했다. 이는 특히 북미자유무역협정을 체결한 멕시코에서 뚜렷하게 나타났다.

이러한 여건은 가난한 다수 농민들이 기존의 밀과 옥수수 등 곡물 재배를 포기하고 경제적 수익이 더 큰 코카, 마리화나 등 작물을 불법적으로 재배하는 원인을 제공했다.

2) 주요 국가별 농업생산

브라질은 사탕수수, 대두, 커피, 오렌지, 과라나(guarana), 아사이 베리(acai), 브라질너트의 최대 생산국이다. 또한 옥수수, 파파야, 담배, 파인애플, 바나나, 면화, 콩, 코코넛, 수박, 레몬의 5대 생산국, 코코아, 캐슈너트, 아보카도, 망고, 구아바, 쌀, 수수, 자몽의 10대 생산국에 들어 있다.

아르헨티나는 대두, 옥수수, 해바라기 씨앗, 레몬, 배의 세계 5대 생산국, 보리. 포도, 돼지감자, 담배, 면화의 10대 생산국, 밀, 사탕수수, 수수, 자몽의 15대 생산국에 포함되고 있다.

칠레는 체리, 크렌베리의 5대 생산국, 포도, 사과, 키위, 배, 자두, 개암 등의 10대 생산국에 포함되어 있다. 칠레는 대체적으로 부가가치가 높은 과수 생산에 집중하고 있다.

콜롬비아는 커피, 아보카도, 팜유 등의 5대 생산국, 사탕수수, 바나나, 파인애플, 코코아 등의 10대 생산국이다.

페루는 아보카도, 블루베리, 돼지감자, 아스파라거스의 5대 생산국, 커피와 코코아의 10대 생산국, 포도, 사탕수수, 쌀, 바나나, 옥수수, 카사노바의 15대 생산국 내에 들어있는 등 다양한 농작물을 생산하고 있다.

중미 및 카리브국가 중 과테말라는 커피, 사탕수수, 멜론, 천연고무의 5대 생산국, 바나나, 팜유의 15대 생산국이다. 온두라스는 커피 5대 생산국, 팜유의 10대 생산국에 들어가 있다. 코스타리카는 파인애플 생산국이다. 도미니카공화국은 파파야와 아보카도의 5대 생산국, 코코아의 10대 생산국이다.

멕시코는 고추, 레몬, 오렌지, 망고, 파파야, 딸기, 자몽, 호박, 아스파라거스 등의 5대 생산국, 사탕수수, 옥수수, 수수, 콩, 토마토, 코코넛, 파인애플, 멜론, 블루베리의 10대 생산국에 포함되어 있다.

라. 광업

광업은 중남미 국가들이 전통적으로 외환을 벌어들이는 창구가 되는 중요한 산업이다. 중남미는 전 세계 구리 45%, 은 50%, 몰리브덴 26%, 아연 21%를 생산하고 있다. 최근에는 전기자동차 배터리의 원료가 되는 리튬이 많은 다국적 기업의 관심을 받고 있다. 아르헨티나의 살타(salta), 볼리비아 유유니(Yuyuni), 칠레 아타카마(Atacama) 지역이 주요 산지이다.

브라질은 세계에서 두 번째 철광 수출 국가로 구리, 금, 보크사이트, 망간, 니켈 등 다양한 광물자원을 보유하고 있다. 토파즈, 아쿠아마린, 에메랄드 등 귀석도 생산 수출하고 있다. 칠레는 세계 3대 구리 생산 국가이다. 페루는 은과 구리의 세계 2대 생산국, 금의 6대 생산국이다. 기타 아연, 납, 주석 등의 광물자원도 풍부하게 보유하고 있다. 볼리비아는 은, 주석, 아연의 세계 5대, 7대, 8대 생산국이다. 멕시코는 세계 최대 은 생산국으로 전체 생산의 23%를 차지하고 있다. 이외에도 구리, 아연, 금을 생산하고 있다.

주석은 페루, 볼리비아, 브라질에서 그리고 알루미늄 원자재인 보크사이트는 브라질, 베네수엘라, 가이아나, 수리남, 자메이카 등에서 생산된다.

원유와 천연가스는 베네수엘라, 멕시코, 콜롬비아, 에콰도르, 페루, 칠레, 볼리비아, 아르헨티나, 브라질, 트리니다드 앤드 토바고, 쿠바, 볼리비아 등에서 생산되어 수출되고 있다. 단, 브라질은 국내수요가 커서 수출은 하지 않고 있는데 현재 대서양 연안 대륙붕에 대규모 유전이 발견되어 개발이 추진되고 있다. 칠레는 원유와 천연가스 생산규모가 적어 국내수요에 충당하고 있다.

광산물과 원유개발 및 추출에는 막대한 자본과 기술이 필요하기 때문에 자원개발 다국적기업의 참여와 역할수행이 불가피하다. 한편 지하자원 소유권은 국가가 소유하고 있으므로 개발이익 분배와 관련해 각국 정부들은 다국적 기업들과 이해관계가 상충되고 있다. 이 과정에서 역내 국가 정부들은 종종 자원민족주의를 앞세우며 국유화조치를 실시해 다국적기업 현지 투자지분을 몰수하기도 했다.[206]

광업개발은 필연적으로 환경파괴를 수반한다. 광업 폐기물은 주변에 폐기되어 토양과 수질을 오염시킨다. 북미나 유럽 선진국 광업법은 광업회사에게 파괴된 주변 환경에 대한 원상복구를 강력하게 요구하고 있지만 중

---

206 가장 최근 사례는 2003년 베네수엘라 차베스 대통령의 석유산업 국유화조치와 2006년 볼리비아 에보 모랄레스 대통령의 석유가스산업 국유화조치이다.

남미에서는 법률존재 여부와 그 실행에 있어 국가별로 많은 차이를 보이고 있다.

참고로 브라질과 페루 등에서는 불법 채굴업자와 소규모 불법 광업회사들의 환경 오염사례가 많다. 특히 강에서 토사에 함께 실려 오는 금편과 보석 조각을 채집하며 수질을 크게 오염시키고 있다. 브라질에서 인디오 원주민 보호구역이 많은 북부 보아 비스타(Boa Vista)마을 내륙에 불법채굴업자들이 들어와 원주민 거주영역을 침투해가며 토양과 수질을 오염시켜 사회적 이슈화가 되고 있는 것이 한 사례이다.

3. 2차산업: 제조업

20세기 초 중남미 제조업은 적은 인구와 저소득에 따른 수요부족으로 발전이 느렸다. 주요 제조업도 식품, 의류, 신발, 단순한 농기구 등 생산에 그쳤다. 한편 부에노스아이레스나 리우데자네이루 등 대도시에서는 상류계층 수요에 맞춰 고가의 보석, 가구, 의류 등을 생산하는 수공산업(craft industry)이 성업하기도 했다.

그러나 이후 중남미 제조업은 몇 가지 외부요인의 영향으로 활성화되기 시작했다. 첫째는 1929년 대공황으로 인한 세계무역의 붕괴이다. 이 시기 그동안 호황을 누려왔던 중남미 광물과 농산물 수출은 격감했다. 그러나 동시에 선진국으로부터의 공산품 수입도 크게 감소해 국내 제조업이 시장경쟁력을 가질 수 있는 환경이 조성되었다.

둘째는 2차 세계대전이다. 이 시기 중남미 국가들은 미국과 유럽 국가들에게 주석, 납, 구리, 아연, 원유, 식량 등 전략 물자를 수출하는 호황을 맞이했다. 한편 미국과 유럽 국가들은 탱크, 항공기, 전함 등 무기를 생산하느라 일반 소비재를 생산해 수출할 수 없었다. 따라서 중남미 제조업은 다시 한 번 외부 경쟁자가 배제된 상태에서 내수시장을 차지할 수 있는 환경이 조성되었다.

셋째는 제2차 세계대전이 종료된 후 중남미 역내 국가들이 경제개발전략으로 채택한 수입대체산업화정책(ISI)이다. 각 국가 정부는 수입공산품에 고율관세를 부과하고 비관세장벽을 설치하는 등 보호무역정책을 강화해 국내산업을 보호하고 자국 시장에서 수입공산품 경쟁력을 약화시켰다.

이 정책은 1940년대부터 시작되어 1980년대까지 이어졌다. 이 기간 중 아르헨티나, 브라질, 멕시코 등 대형 국가들은 물론이고 콜롬비아, 베네수엘라, 칠레, 페루 등 중형 국가들도 소비재에서부터 철강산업까지 투자를 하며 제조업의 활성화를 도모했다. 이 결과 역내 공산품 수출비중도 커졌다.

1980년대 들어 중남미 제조업은 그동안 누적되어 왔던 수입대체산업화정책의 역기능이 나타나기 시작했다. 특히 이 시기에 세계경제의 침체와 외채위기를 맞이한 중남미 경제는 채무재조정 조건으로 국제통화기금을 포함한 채권단이 제시한 소위 '워싱턴 컨센서스'라는 경제구조조정안을 받아들일 수밖에 없었다.

워싱턴 컨센서스에 따라 역내 국가들에서는 무역 및 금융시장 개방, 긴축재정, 국영기업 민영화 등 경제구조조정 정책들이 빠르게 추진되었다. 그동안 정부의 강력한 보호무역정책으로 내수시장을 장악했던 국내제조업은 수입품에 대한 국산품 가격 및 품질경쟁력의 상실로 시장에서 퇴출되었다. 이와 함께 자본집약적 기술과 자본을 가진 외국기업들의 역내 투자가 시작되었다.

워싱턴 컨센서스에 의한 역내 경제구조조정이 제조업에 미친 영향은 개별 국가별로 차이가 있다. 그러나 무역시장 개방이 중국과 인도의 저렴한 상품 수입을 확대시켜 국내제조업의 내수시장에서의 어려움이 크게 증가한 것은 대체적으로 동일하다.

브라질은 중국산 공산품 수입확대로 야기되고 있는 국내산업 피해를 줄이기 위해 각종 비관세장벽을 운용하기도 했다. 그러나 제조업 수출은 역내국가 간 교역활성화에 힘입어 전체 수출에서 차지하는 비중이 커졌다.[207]

과거부터 제조업이 탄탄했던 브라질과 멕시코의 공산품 수출비중은 크게 늘어났다. 아르헨티나는 무역시장 개방과 함께 실시된 태환정책으로 현지화가 지나치게 강세를 유지했다. 이 결과 아르헨티나 공산품 수출가격 경쟁력은 크게 떨어지고 그 수출비중은 정체될 수밖에 없었다.[208]

2019년 세계은행보고서의 공업생산 부가가치 규모[209]로 평가한 중남미 국가들의 세계 순위를 보면 멕시코(10위,2,114억불),브라질(13위,1,805억불),아르헨티나(29위,659억불),베네수엘라(31위,582억불),콜롬비아(46위,371억불),칠레(48위,317억불),페루(52위,287억불),에콰도르(62위,153억불),과테말라(64위,140억불),쿠바(65위,130억불),도미니카공화국(67위,120억불),파라과이(76위,79억불),코스타리카(80위,71억불),우루과이(81위,69억불),엘살바도르(91위,42억불),볼리비아(92위,41억불),온두라스(96위,40억불),파나마(99위,37억불) 순이다.[210]

4. 3차산업: 서비스업

서비스업은 도소매, 운송, 통신, 금융, 의료, 교육, 관광 등 경제의 많은 부

---

207 중남미 전체: 1965(8%) → 1980(20%) → 2002(48%) → 2006(47%), Brian W. Blouet/ Olwyn M. Blouet, Latin America and The Caribbean, A Systematic and REgional Survey, 6th Edition, pp.160

208 브라질: 1965(8%) → 1980(39%) → 2002(54%) → 2006(51%)/ 멕시코: 1965(16%) → 1980(12%) → 2002(84%) → 2006(78%)/ 아르헨티나: 1965(6%) → 1980(23%) → 2002(31%) → 2006(32%), Brian W. Blouet/Olwyn M. Blouet, Latin America and The Caribbean, A Systematic and REgional Survey, 6th Edition, pp.160

209 Manufacturing refers to industries belonging to ISIC divisions 15-37. Value added is the net output of a sector after adding up all outputs and subtracting intermediate inputs.

210 World Bank national accounts data, and OECD National Accounts data files.

문을 포함한다. 선진국 경제에서는 서비스업이 대강 국내총생산의 80% 정도를 담당하고 있다. 그러나 중남미 경제에서는 그 비중이 50%를 조금 상회한다.

중남미 서비스업 비중이 상대적으로 낮은 것은 선진국과는 다르게 많은 서비스 상품이 비공식적으로 제공되고 있기 때문에 이 부분이 공식 통계에 계상되지 못한 탓도 있다.

중남미 무역시장 개방정책은 서비스업 확대에 큰 기여를 했다. 시장개방으로 많은 저렴한 수입상품이 소비자에게 쉽게 다가갈 수 있는 환경이 만들어지자 미국과 유럽 기업들은 새로운 환경을 활용해 유통, 운송, 은행, 금융 서비스 부문 등에 투자를 확대하였다. 특히 국영기업민영화 추진으로 과거 공공서비스 영역이었던 전기, 통신, 수도 등도 민영화되어 서비스 규모가 확대되고 질이 개선되었다.

관광은 매우 중요한 서비스산업이다. 유엔세계관광기구 보고서에 의하면 멕시코는 역내 최대 관광국가로 2019년도에 45백만 명이 방문해 미주대륙에서 미국에 이어 두 번째로 많은 실적을 거두었다. 아르헨티나(740만 명), 도미니카공화국(640만 명), 브라질(640만 명), 칠레(450만 명), 페루(440만 명), 쿠바(430만 명), 콜롬비아(420만 명)등이 멕시코의 뒤를 잇고 있다.

세계경제포럼의 2019년 관광경쟁력지수에 따르면 멕시코는 19위로 역내에서 관광경쟁력이 가장 높은 것으로 나타났다. 브라질(32위), 코스타리카(41위), 파나마(47위), 페루(49위), 아르헨티나(50위), 칠레(52위), 콜롬비아(55위)에콰도르(70위), 도미니카공화국(73위), 우루과이(74위) 등이 그 뒤를 잇고 있다.[211]

---

211 The Travel & Tourism Competitiveness Report 2019, WEF, 2019. pp.15

2019년도 세계 기준 외국인직접투자 규모는 1,540 십억 불이었다. 2015년에 2,042 십억 불을 기록한 뒤 2018년까지 매년 감소하다가 2019년에 전년의 1,495 십억 불 대비 3% 성장한 것이다.

지역별 유입비중을 보면 아시아 개도국이 30.7%로 가장 높고 이어 유럽연합(29%), 미국(16.9%), 중남미(10.5%) 순이다.[212]

중남미 외국인직접투자 규모는 2013년 205 십억 불로 정점에 도달한 뒤 전 세계적 흐름을 반영하며 2018년 소폭 상승한 것을 제외하고는 매년 감소세를 보였다. 2019년에는 161 십억 불이 유입되어 그 비중이 10.5%로 2013년 정점을 나타낸 14%와 대비해 크게 낮아졌다.

국별로는 브라질(43.0%)과 멕시코(18.2%)가 중남미 전체에서 60% 이상을 차지하고 있고 콜롬비아(8.9%), 칠레(7.4%), 페루(5,5%) 등이 뒤를 잇고 있다.

외국인직접투자가 이루어진 산업부문은 2019년 기준으로 볼 때 서비스업(39%), 제조업(39%), 1차산업(22%) 순이다. 이를 2010년의 제조업(41%), 1차산업(32%), 서비스업(28%) 비중과 비교하면 제조업은 비슷하고 서비스업은 크게 증가한 반면 1차산업은 대폭 감소했음을 알 수 있다.

2010년은 일차산품 붐이 종식되고 있는 시점으로 이후부터 이 부문에 대한 외국인직접투자는 계속 감소하였다. 2017년, 2018년에는 각각 12%, 13% 수준에 머물렀다.

역내 외국인직접투자 최대 유입국가인 브라질과 멕시코의 2019년 산업별 외국인직접투자 유입비중은 차이가 있다. 브라질은 제조업(52%), 서

---

212 Foreign Direct Investment in Latin America and the Caribbean 2020, ECLAC

비스업(25%), 자원부문(24%) 구조인데 멕시코는 서비스업(47%), 제조업(46%), 자원부문(6%)의 구조이다. 브라질 제조업 비중이 높은 이유는 자원 집약 제조업 비중(13%)이 포함되었기 때문이다.

CHAPTER 10

지역소비시장

1. 개관

중남미 소비시장은 유럽과 미국 등 선진국 소비시장과 매우 유사하다. 전체 시장규모와 구매력이 성장함과 동시에 시장세분화도 진행되며 점점 세련되어가고 있다.

한편 중남미 개별 국가별로 특화된 시장특성도 현지 문화의 영향을 받아 뿌리 깊게 형성되어 유지되고 있다. 중남미 진출기업들이 현지시장 확대를 도모하기 위해서는 이에 대한 보다 깊은 이해와 포용이 필요하다.

2. 시장규모와 성장세

가. 개요

21세기 들어 중남미 소비시장은 규모면에서 커졌을 뿐 아니라 세련되고 섬세해졌다. 이는 역내 전체적으로 중산층이 두터워지고 빈곤이 감소한 것에 기인한다.

기간 중 경제 자유화, 글로벌 경제 편입, 도시화 진행, 연결성 확대 등도 소비시장이 세계적으로 보편적인 특성을 가지며 수요를 창출하는데 큰 역할을 했다. 그러나 인종(race), 민족(ethnicity), 지리적 특성에 따라 세부적인 시장 환경의 차이가 존재하는데 이는 기회가 되기도 하고 반면 장애 요소로 작용하기도 한다.

중남미는 세계총생산의 7%를 담당하며 1인당 국민총소득(GNI)은 9,000불(2013년)이다. 인구는 581백만 명(2013년)으로 세계 전체인구의 8%를 차지하고 있다. 개별 국가별 시장은 196 백만 명의 인구를 가진 브라질과 같이 시장규모가 큰 국가로부터 4백만 명의 파나마와 같이 그 규모가 작은 국가까지 매우 다양하다.

인구성장률은 최근 10여 년 동안 감소경향을 보였다. 이는 일차적으로 많은 인구를 보유하고 있는 브라질과 멕시코의 출산율이 과거보다 줄어든 데 원인이 있다. 그럼에도 불구하고 역내 전체 평균 인구성장률은 1.1%대를 유지하고 있다.

전체 인구의 79%가 도시에 거주하고 있다. 중미와 안데스 국가들의 인구 밀도는 역내 다른 지역보다 높다. 가구별 구성원 규모는 평균 5명으로 저소득 계층일수록 구성원 수가 많은 것으로 나타나고 있다.

유엔중남미경제위원회(ECLAC)는 2030년에 중남미 인구가 661백만 명에 이르고 국내총생산 15조 불에 구매력이 3.7조 불에 달할 것으로 전망하고 있다. 따라서 중남미 상품 및 서비스 시장에 많은 미래기회가 잠재되어 있는 것으로 분석되고 있다.

브라질과 멕시코가 중남미 전체 시장규모의 60% 이상을 차지하고 있다. 브라질은 중남미 최대 경제권으로 역내에서 차지하고 있는 국내총생산 비중은 멕시코, 아르헨티나, 칠레, 콜롬비아, 베네수엘라를 합친 것과 비슷하다. 멕시코는 중남미 두 번째 경제규모를 가지고 있으며 역내에서 차지하고 있는 국내총생산 비중은 아르헨티나, 칠레, 콜롬비아, 페루를 합친 규모이다.

나. 중산층(Emerging Middle Class) ─────────────

21세기 들어 일차산품 호황기가 길게 지속되면서 역내 자원보유 국가들은 기간 중 새롭게 중산층이 늘어나고 빈곤층이 감소하여 부의 불평등 배분이 다소 개선되는 성과를 경험했다.

참고로 세계은행이 정의한 중산층은 2009년 기준 일당 가구별 소득이 구매력 평가기준 10~50불로 4인기준 가구소득이 연 14,600~73,000불에 해당하는 계층이다. 중남미 경우 중산층 하한선이 총 인구의 68%이므로 중산층 규모는 전체 인구의 30%에 해당한다. 68%에 해당되는 중산층 이하 계층은 일당 가구별 소득이 4~10불의 빈곤층과 4불 이하의 극빈층으로 나뉜다.

중산층은 칠레, 멕시코, 브라질, 우루과이, 코스타리카, 콜롬비아에서 점점 두텁게 형성되고 있다. 새롭게 형성된 중산층은 대부분 도시에 거주하며 교육수준이 상대적으로 높고 민간부문에 고용되어 있다. 이들은 빈곤 그리고 극빈계층의 믿음과 주장을 공유하며 연대하고 있는 등 역내 전통적 중산층과 다른 특징을 가지고 있다.

단 이들의 빈곤 그리고 극빈계층과의 공유와 연대는 개별 국가의 정체성에 따라 조정된다. 예를 들면 콜롬비아 중산층은 멕시코나 칠레 중산층보다 빈곤 그리고 극빈계층의 믿음과 가치를 더 많이 공유하고 연대한다.

중남미 중산층의 확대는 자동차, 전자제품, 통신기기 및 서비스, 보건의료기구, 레저용품, 기타 내구재 등에 대한 소비수요 확대를 가져왔다.

다. 소비 피라미드 바닥계층(the Base of the Pyramid) ——

일차산품 붐 시기를 맞아 역내 중산층이 늘어나고 빈곤이 개선되었다고는 하나 소득불평등 상황은 여전하게 계속되고 있다. 전체 인구의 1/3인 165~170 백만 명이 일당 4불 이하의 극빈계층에 속해있다. 개별 국가별로는 차이가 있는데 그 예로 중미 지역에서 코스타리카는 20% 수준인 반면 온두라스는 62%에 이르고 남미 지역에서 칠레는 14%인데 볼리비아는 51%에 달하고 있다.

이렇게 볼 때 일당 10불 이하 즉 연평균 소득이 3,650불 이하 중하계층의 인구 규모는 약 4억 명으로 그 시장규모는 약 6,000천 억 불로 추정된다.

중남미 소비시장에서 피라미드 최하위층에 속한 극빈계층이 중요한 것은 이들의 소비성향과 시장잠재력에 있다. 우선 극빈계층은 사랑과 소속감으로 대변되는 가족중심의 소비성향을 보이며 현재적 소비에 중점을 두고 있다. 또한 이 계층은 계층상승 욕구를 가지고 미래를 낙관적으로 보며 전체적으로 젊은 세대로 구성되어 있다는 것이다. 따라서 경제상황이 호전되면 이 계층은 계층상승에 따른 소비확대가 크게 기대되는 잠재시장이다.

세계자원연구원(WRI)의 연구결과(2010)에 따르면 피라미드 최하위층 소비형태는 세련되고 감각적이며 기술적응성이 높다. 브랜드 제품이나 서비스 가치를 중요시하고 높은 가격을 지불할 의사가 있으며 실제로 이 계층의 70%가 브랜드 제품이나 서비스를 구입하고 있는 것으로 분석되고 있다.

이러한 배경에는 이 계층이 빈곤 때문에 소비행위에서 배제되는 것에 대한 심리적 저항이 자리하고 있다. 현실적인 소비시장에서는 신용카드를 활용한 금융기관의 소액대출시스템이 이를 지지하고 있다.

피라미드 최하위층의 소비에서 우선순위를 보면 가장 중요한 것들은 식품, 에너지, 주거, 교통 등이며 다음으로 보건의료, 통신, 수도, 의류, 교육, 오락 등의 순서로 이어지고 있다.

중남미 피라미드 최하위층 소비시장은 그 규모도 크고 수익성도 높으며 계속 성장하고 있다. 따라서 도시화가 빠르게 진행되고 모바일 연결성이 확산되어 소통장애가 감소되고 있는 현재의 환경을 감안하여 이 계층이 형성하는 소비시장에 효과적 접근을 하기 위한 혁신적인 방안을 구상할 필요가 있다.

3. 구매동력

가. 경제적 동력 ─────────────────────

1) 경제성장과 안정

21세기 들어 시작된 일차산품 수요증대와 가격인상은 중남미 역내 국가들의 경제운용에 큰 기회가 되었다. 이로 인한 일자리 창출과 소득증가는 소비를 크게 부추겨 중남미 소비시장이 4조 불 규모로 성장하는 계기를 만들었다. 아울러 소비자들이 미래소비에 대한 낙관적 기대를 높였다.

경제의 세계화는 가장 중요한 구매원동력이었다. 아시아 국가들의 상품이 유입되고 소비자 구매력이 증가하면서 중남미 소비시장은 그 규모가 커졌다. 아시아 국가들이 생산하는 가전, 자동차 등 고가 공산품에 대한 수요증가는 물론이고 해외관광도 늘었다.

2) 빈곤감소와 사회적 계층이동(Social Mobility)

역내 경제호황으로 인한 소득증가는 새로운 중산층 출현과 함께 빈곤층을 감소시키면서 사회적 계층이동 현상이 나타났다. 2004~2011년 시기 중에 역내 국내총생산은 8% 증가해 약 7천만 명이 빈곤 계층에서 벗어났다.

미주개발은행(IDB) 2013년 보고서에 따르면 2003~09년 시기 중 중산층에 신규로 포함된 인구는 50% 증가해 152 백만 명에 이르렀다. 브라질에서만 2005년 이후 60 백만 명 이상이 중산층으로 새롭게 편입되었다.

물론 일당 2불미만 소득의 극빈계층 비중이 아직도 높지만 2003년 44%,

2009년 30%, 2012년 25%의 비중이 보여주고 있는 바와 같이 점점 감소하고 있다.

전체적으로 볼 때 중남미 경제가 지속 성장하고 사회 안정이 개선되면 미래에도 중산층 규모가 커지고 이에 따른 구매력도 크게 성장할 것이다.

3) 금융접근성

소비자들의 금융접근 기회의 확대는 시장성장에 매우 중요한 역할을 했다. 소비자들은 은행이 발급하는 신용카드를 이용해 과거에 접근할 수 없었던 고가제품 구입이 가능하게 되었다. 신용카드 이자율이 30% 이상으로 고율이었음에도 불구하고 도시와 농촌에서 신용카드를 이용한 소비가 왕성하게 일어났다.

1990년에는 중남미 가구의 3%만이 신용카드를 보유했지만 2020년에는 25%에까지 이르렀다. 역내 소비시장 규모가 가장 큰 브라질에서는 2002~06년 중 신용카드 발급은 91% 증가한 79백만 장이었으며 2002~12년 중 소비자금융은 800% 증가했다.

국제통화기금 보고에 따르면 2004~07년 중 신용카드 연간 사용증가율은 12.4%로 높은 수준이었다. 2008~09년 금융위기 시기에 일시 주춤하였으나 2010~11년 중 다시 회복했다.

이러한 성장세는 개별 국가별로 볼 때 차이를 보이고 있다. 볼리비아, 과테말라, 온두라스 등 중미국가, 우루과이 등은 평균 6%로 낮은 성장을 한 반면 브라질, 아르헨티나, 칠레, 페루 등은 매우 견고한 성장을 했다.

나. 사회인구적 동력

1) 이중소득가구(Dual Income Household)

중남미 역내 이중소득 가구의 증가가 가구별 구매력을 확대하는데 크게 기여했다. 2009년 국제노동기구 유엔개발프로그램(UNDP/ILO) 보고서에 따르면 2008년 중남미 전체 노동가능 여성인구의 53%가 고용되어 활동하고 있다.

따라서 여성들은 과거와 다르게 가구 내 구매의사 결정 과정에서 영향력이 커졌다. 특히 가족의 일상적인 생계와 연관된 상품과 서비스뿐만 스마트폰, 인터넷 서비스, 포장음식과 냉동식품, 자동차, 보육 등 고가제품과 서비스 구매의사결정에도 간여한다.

여성들은 고용된 후에 직장과 가정의 일을 병행해야 하기 때문에 항상 시간이 부족해 동시다발적으로 일을 처리해야만 하는 압박을 받는다. 따라서 한 곳에서 구매를 완결할 수 있는 원스톱 서비스가 가능한 소매상이나 통신판매 등의 활용도가 높아진다.

또한 1980년대부터 점진적으로 나타나고 있는 사회인구적 변화 즉, 이혼, 출산율 감소 등으로 인한 새로운 형태의 가족구성도 가구별 구매력과 소비행태에 영향을 주고 있다.

2) 젊은 소비계층

중남미는 젊은 세대 비중이 큰 시장이다. 전체 인구의 28%가 0~14세이며 0~24세 인구가 전체의 40%에 해당하는 255백만 명이다. 15~64세 인구는 약 4억 명으로 전체인구의 2/3를 차지하고 있다.

2040년 중남미 전체 노동인구는 470 백만 명으로 전망되고 있는데 이는 2007년 대비 85백만 명이 증가한 것이다. 노동인구 증가는 경제성장의 동력일 뿐만 아니라 소비시장을 확대시키는 중요한 원동력이다.

어린이들도 매우 세련된 소비계층으로 등장하고 있다. 이들은 가구의 구매의사결정에 중요한 영향을 준다.

중남미 젊은 소비자 시장은 선진국의 노인 소비자 시장과 비교해 훨씬 동적이며 확장가능성이 크다.

3) 노인 소비계층

중남미 소비시장에서 젊은 세대의 중요성은 아무리 강조해도 지나치지 않지만 노인 세대의 소비시장에서의 중요성도 간과할 수 없다. 중남미 65세 이상 노인인구는 2020년 83백만 명으로 점점 비중이 커지고 있다. 노인 소비자의 보건의료부문 서비스 수요증가는 불가피하다.

4) 연결성(Connectivity)

세계화의 진행은 역내 스마트 통신기술과 기기의 사용을 확산시켜 가족 및 공동체 간 소통을 원활하게 하였다. 특히 중남미 특유의 가족 및 공동체 연대문화 속에서 통신서비스 시장은 크게 성장했다.

2012년 중남미 정보통신 지출규모는 여타 지역보다 1.8배 많았다. 그 규모는 정보통신 관련 하드웨어, 소프트웨어, 서비스 등 모두를 포함해 970억 불에 이르렀고 성장률은 12.2% 이었다. 역내 통신서비스 시장은 앞으로도 빠르게 성장할 것으로 전망되고 있다.

통신서비스 개선과 이용확대로 소비자들은 소비시장 경향, 상품 및 서비스 옵션, 가격비교, 판촉행사 등에 대한 다양한 정보를 확보하고 온라인으로 빠르고 저렴한 구매를 할 수 있는 기반을 가지게 되었다.

특히 중남미 소비자들은 디지털 기술과 통신이 융합된 새로운 소비 플랫폼 구축과 이용에 잘 적응하고 있는 것으로 평가되고 있다.

5) 사회규범과 가치관 변화

중남미인들은 상대적으로 전통적이며 보수적인 성향을 가지고 있다. 이는 가톨릭교의 종교적 믿음과 가족 간에 형성된 강한 의무관계가 개인행동과 사회규범을 규정하고 있기 때문이다. 여기에 중남미인들의 사회적 권위에 대한 높은 존중심과 남성중심 사회적 분위기도 일정부문 영향을 주고 있다.

그러나 이러한 전통적 가치들은 점점 근대적 가치들의 영향을 받으면서 변화하고 있다. 이 결과 개인주의, 사회적 관용, 지속가능한 환경보호에 대한 관심 등의 가치들이 중요한 이슈로 떠올랐다.

우선 개인주의 확산으로 소비자들은 상품과 서비스를 구매할 때 자부심이나 자기실현의 욕구를 충족하는 것을 원하는 경향을 보이고 있다. 따라서 상품과 서비스 공급업자들은 당연하게 이들의 소비조건을 충족하기 위한 방향으로 그 속성과 구성을 바꿔야 한다.

역내 전체적으로 사회적 관용이 확대되고 있는데 아르헨티나, 브라질, 멕시코, 콜롬비아, 에콰도르 등에서 성소수자를 인정하고 보호하는 입법을 추진하고 정책을 실시하고 있는 것이 그 사례이다. 전통적으로 보수성향을 유지해왔던 가치관들이 진보성향을 흡수하며 새로운 틈새시장이 형성되고 있다. 즉 관용적이며 배타적이지 않은 가치관의 등장이 새로운 소비시장을 형성하고 있다.

무분별한 자원개발 분위기 속에서 지속가능한 환경보호 등의 이슈가 역내 중요한 관심사가 되었다. 역내 국가들은 경제성장을 통한 복지확대를 명분으로 무분별한 자원개발 프로젝트를 추진해왔지만 동시에 환경오염과 파괴라는 부정적 결과도 가져왔다.

예를 들면 아마존 우림을 흐르는 징구 강(Xingu River)에 건설되는 벨로 몬테(Belo Monte) 수력발전 프로젝트는 이 지역의 철광 및 알루미늄 추출 및 제련에 소요되는 전력을 생산하여 경제성장에 필요하고 도움이 되었지만 환경오염과 파괴라는 환경적 그리고 사회적 문제를 일으켰다. 이는 브라질 국내 이익단체뿐만 아니라 아마존지역 보호를 위한 국제단체까지 함께 관심을 가지고 저지하는 움직임을 보여주었다.

한편 환경보호에 대한 관심 증대는 환경보호산업에 대한 새로운 소비시장이 형성되고 있다는 것을 보여주고 있다.

다. 지리적 동력

1) 지리적 단편화(Fragmentation)

중남미는 지리적 단편화(geographical fragmentation)가 매우 큰 지역이다. 우선 크게 열대고원지대, 태평양연안 저지대, 대서양연안 저지대, 아마존, 온난한 남부 삼각지대, 건조한 남부고원 삼각지대, 미국-멕시코 국경지대 등 7개로 단편화 된다.

조금 더 세부적으로 보면 남북으로 길게 뻗은 안데스 산맥, 안데스 산맥 등성이에서 대서양 방향으로 넓게 자리한 아마존 우림, 세계에서 가장 건조한 아타카마 사막, 볼리비아 안데스 고원, 황량하고 뜨거운 차코, 구릉조차 보이지 않는 끝없는 팜파스 평원, 산, 숲 그리고 호수가 상징인 남부의 건조한 파타고니아 등으로 대표되는 특이한 지형은 같은 대륙이지만 서로 다른 공간에서 거주하고 있는 것과 같다.

또한 같은 지리적 영역에 속해 있다고 하더라도 다시 지리적 단편화가 이루어져 있다. 안데스 산맥 끝자락에 위치한 에콰도르, 콜롬비아, 페루는 서로 국경을 접하고 있고 동일한 지리적 권역에 속해 있지만 산맥에서 발원하는 강, 높고 험한 산악과 계곡, 아마존 열대우림 등으로 교통이 원활하지 못해 서로 지리적으로 고립되어 있다.

역내 지리적 단편화는 소비시장 형성과 성장에 직접적인 영향을 주고 있다. 즉 지리는 기후, 보건, 농업생산, 노동생산성, 자연재해, 시장접근 등에 영향을 주기 때문에 소비시장의 성장과 발전에도 지역 간 차이를 가져온다. 연안지방이 내륙지방보다 외국인투자 유입이 유리하다는 것이 그 사례이다.

지리적 단편화는 소비시장의 단편화로 나타나며 이에 따라 구매력 규모, 소비행동, 소비구성 등이 서로 다르다.

2) 도시화(Urbanization)

중남미 도시거주 인구비율은 80%를 상회하는 매우 높은 수준이다. 역내 전체적으로 20만 명 이상 인구 보유 도시가 200개 이상인데 여기에서 역내 전체 국내총생산의 60%가 이루어지고 있다. 이 중에서도 멕시코시티, 상파울루, 부에노스아이레스, 리우데자네이루, 리마 등을 포함한 10대 도시가 50%를 담당한다.

맥킨지(McKinsey Global Institute)사는 2025년 역내 200대 도시의 국내총생산과 1인당 국내총생산이 각각 3,800 십억 불과 23,000 불에 도달할 것으로 전망하고 있다.

도시화 이익은 도시의 기능집중과 인구증가로 시장이 확대되기 때문에 규모의 경제가 이루어질 수 있고 이에 따라 생산성 향상과 효율적인 유통 등을 도모할 수 있다는 것이다.

그러나 현실적으로는 도시화 진행에 필요한 도로, 전기, 수도, 가스, 하수 등 물리적 인프라 확충이 이루어지지 못하고 기존 인프라마저 노후화고 있는데 이는 소비시장의 규모 확대와 질적 향상에 적대적 환경이 되고 있다. 여기에 도시 빈곤층 증가에 따른 치안악화 등 사회적 문제가 점점 늘어나고 있다.

소비시장은 이러한 문제점을 극복하기 위해 소비자들이 쇼핑을 편리하게 하고 시간을 절약할 수 있는 근린 편의점을 많이 개설하고 배달서비스를 확대하는 등 시간절약과 간편함을 우선적으로 고려한 대안을 마련하고 있다.

역내 몇몇 주요 도시들은 경제사회적 관점에서 개별적 특성을 가지고 있다. 이러한 특성은 시장에서 소비자들의 상품과 서비스에 대한 인식과 가치부여에 영향을 준다.

멕시코의 몬테레이는 기술집약적 클러스터를 가지고 빈곤층 비중이 상대적으로 적은 곳이다. 브라질의 쿠리치바, 콜롬비아의 메데인, 파나마시티, 칠레의 비냐 델 말 등은 모두 지속가능하고 혁신적인 생태환경을 조성하는 도시들로 알려지고 있다. 한편 멕시코시티, 상파울루, 부에노스아이레스 등은 모두 인구가 1천만 명을 넘는 대도시이다.

4. 연결성(Connectivity)

연결성은 중남미 소비자 구매력의 큰 원동력이다. 연결성을 높이는 원격통신 시스템 인프라 건설 그리고 각종 통신장비와 서비스에 대한 수요가 급격하게 늘어났다.

이에 따라 소비시장에서도 구매행태가 변화하기 시작했다. 우선 무선통화를 위한 기기와 서비스에 대한 수요가 크게 확대되었는데 이는 브라질, 멕시코, 아르헨티나, 칠레 등 역내에서 경제적 비중이 큰 국가들에서 두드러졌다.

브라질 통신시장은 역내에서 가장 크며 세계 5위를 차지하고 있고 국내총생산 기여비중이 4%에 달하고 있다. 브라질에서 활동하고 있는 통신회사는 스페인 Telefonica, 멕시코 America Movil, 포르투갈-브라질 합작회사 Oi 그리고 GVT 이다. 이중 America Movil이 시장을 주도하고 있다.[213]

멕시코는 중남미에서 두 번째 큰 통신시장이며 국내총생산 기여비중은 3.5%이다. 국내 통신시장은 2017년 기준 America Movil 소유 Telcel이 67%를 장악하며 주도하고 있다. 이어서 Telefonica 소유 Movistar가 24% 그리고 AT&T가 9%를 차지하고 있다.

아르헨티나는 칠레와 함께 역내에서 가장 발전된 광역통신망을 가지고 있다. 통신시장은 Telecom Argentina, Movistar, Claro, Telecom Personal 순으로 시장을 지배하고 있다. 고정전화선은 Telecom Argentina, Telefonica de Argentina가 그리고 광역통신망 시장은 Telefonica de Argentina, Telecom Argentina, Grupo Clarin 순으로 장악하고 있다.

칠레의 광역통신망 설치수준은 역내 다른 국가들에 비해 매우 높다. 칠레는 매우 견고한 경제성장세를 유지해왔기 때문에 역내에서 1인당 국민소득이 가장 높은 국가로 통신서비스와 하이테크 기기를 이용하는데 어려움이 없었다. 칠레 통신시장은 Telefonica의 Movistar, Almendral의 Entel, America Movil의 Claro 등이 장악하고 있다.

역내 인터넷 접근성은 남미, 중미와 멕시코, 카리브 등 지역 간 차이가 있

---

213 Frontera, Analyst Outlook: The Four Largest Telecommunications Stocks in Latin America, by Ridhl Khaitan, 04 Sep 2017

다. 2021년 기준 인터넷 접속률을 보면 남미 72%, 중미와 멕시코 67%, 카리브 62%이다.[214]

주요 국가별 인터넷 사용자 규모는 2021년 기준 브라질 160 백만 명, 멕시코 92 백만 명, 아르헨티나 36 백만 명, 콜롬비아35 백만 명, 베네수엘라 21 백만 명, 페루 20 백만 명, 칠레 16 백만 명, 과테말라 12 백만 명, 에콰도르 10 백만 명, 볼리비아 6 백만 명, 파라과이 5 백만 명 이다.

최근 몇 년 동안 중남미 전자상거래는 꾸준한 성장을 해왔다. 특히 코로나 팬데믹 상황으로 중남미 전체 전자상거래 규모는 2020년 4월 기준 230% 성장했다. 역내 국가 중 페루와 멕시코가 각각 900%, 500% 성장해 가장 높은 성장세를 보여주었고 브라질과 콜롬비아는 중남미 전체 평균보다 낮은 130% 성장을 기록했다.

중남미 전자상거래 시장은 코로나 팬데믹 상황 종료 후에도 계속 성장할 것으로 예상되고 있다. 중남미 전자상거래 시장조사에 따르면 전체 응답자의 78%가 코로나 팬데믹이 종료된 이후라도 온라인 쇼핑을 계속할 것이라는 의사를 표명했으며 특히 시장이 큰 브라질은 이보다 높은 82% 이었다.[215]

5. 소비형태

가. 소비자 특성(Consumer Profile)

중남미 소비자들은 젊음, 도시적, 가족중심적, 다정다감하고 따듯함, 전

---

214 Statista, Internet penetration rate in Latin America and the Caribbean as of January 2021, by region.

215 E-Commerce in Latin America: The Rapid Shift as a Result of COVID-19, Trey Coleman, August 11, 2020, colibricontent.com

통성, 보수성, 종교성 등 다양한 특성을 가지고 있다. 물론 개별 국가별로 지리적, 문화적, 경제적 환경이 다르기 때문에 소비자 특성도 이에 따라 차이가 있다.

예를 들면 중남미에서 젊은 세대와 노인 세대의 인구비중이 국가별로 다른데 양 세대 간 서로 다른 문화적 가치관의 차이로 국가별 소비특성도 서로 다르게 나타난다.

또한 언어와 인종구성에 따라 국가별 소비특성이 다르다. 브라질은 포르투갈어를 사용하는 국가로 스페인어를 사용하는 여타 국가들과 다소 다른 문화적 배경이 소비특성에 반영되어 있으며 멕시코, 중미, 안데스 국가의 인디오 원주민, 콜롬비아, 브라질, 카리브 국가의 아프리카 이주민 후손 등의 인종적 배경도 역내 소비특성 형성에 영향을 주고 있다.

개별 기업이 중남미 비즈니스에 성공하기 위해서는 역내 전체적으로 적용되는 공통적인 소비특성의 중요성을 간과하지 않으면서 각 국가 별로 형성되어 보다 특화된 현지 소비특성을 이해하고 적응하는 것이 필요하다.

나. 소비자모순과 가치충돌 ─────────────

중남미 소비자들은 앞서 언급한 여러 가지 원동력의 영향을 받아 생활방식과 소비형태를 새롭게 바꾸어 왔다. 그러나 이들은 동시에 전통과 관습에 매우 충성스러운 자세를 유지하고 있다. 이 배경 속에서 전통적인 것과 새로운 것의 충돌 해소를 위해 또 다른 소비특성이 나타나기도 한다.

1) 개인주의와 공동체주의 모순

중남미 소비자들은 전통적인 공동체 가치를 지키는 것과 개인주의적 성향을 따르는 것 사이에서 딜레마를 가지고 있다.

가족, 이웃, 친구 들 간에 강력하게 형성된 전통적인 공동체 가치관은 자립과 자존에 바탕을 둔 개인주의적 가치관보다 개인에게 안정감을 제공한다. 따라서 중남미 소비자들은 전통적으로 가족에 대한 충성심이 매우 강해 상품구매에 있어서도 가족 전체를 고려한 구매행태를 보여준다.

그러나 한편 중남미 소비자들은 젊은 세대를 중심으로 점차 개인 취향이 반영된 상품과 서비스에 대한 관심과 욕구를 가지고 구매 결정을 하는 경향을 보여주면서 전통적인 공동체 집단주의적 소비특성으로부터 이탈하고 있다.

이러한 현상은 중남미 개별 가구 구성원 규모가 점차 감소하면서 더욱 더 뚜렷해지고 있다. 특히 멕시코, 브라질, 아르헨티나 등 대도시 전문인들을 중심으로 1인 가구 수가 증가해 핵가족화 하면서 이러한 소비특성이 더욱 강화될 추세에 있다.

그 구체적인 증거로 냉동식품이나 소형포장 1회용 즉석식품에 대한 수요가 증가하고 있다. 구매 장소에 대한 선호도 변화하고 있다. 대가족 구매에 적합한 대형 슈퍼마켓보다는 주거지 근처의 소형 상점을 선호되고 있다.

2) 회의주의(Skepticism)와 신뢰모순(Trust Contradiction)

중남미 소비자들은 대부분 범죄와 폭력, 부패, 국가와 기업의 투명성 부족 등 부정적 환경 속에서 지내오며 뿌리 깊은 불신의식을 가지고 있다. 역내 정권들은 이 문제 해결을 위해 많은 노력을 해왔지만 앞서 언급된 부정적 환경이 본질적으로 개선되지 못해 성과를 보지 못했다.

이 결과 중남미 소비자들은 위험회피 의식이 매우 강하며 불확실성에 대한 거부감이 매우 높다. 개별 국가별로 차이가 있지만 역내에 콜택시가 다양한 형태로 존재하는 것이 한 사례이다. 이는 도시 내 일반 택시는 종종 강도나 납치 등 범죄에 노출되는 등 안전성에 문제를 가지고 있기 때문이다.

중남미 여론조사기관인 라틴 바로메트로(Latinbarometro)에 따르면 강도, 납치, 살인 등 도시 폭력이 가장 많이 발생하고 있는 역내 국가는 과테말라, 엘살바도르, 브라질, 멕시코, 온두라스, 볼리비아. 콜롬비아, 아르헨티나 등이다.

또 다른 여론조사기관인 닐슨(Nielson)에 따르면 응답자의 92%가 물품 구매 정보원으로 가장 신뢰하는 것은 개인의 인적접촉이라고 응답했으며 그 다음으로 잘 알려진 웹 사이트로 나타났다.

중남미 소비자들은 구매의사를 결정할 때 가족이나 친구 등 지인으로부터 오는 정보를 가장 신뢰한다. 또한 잘 알려진 웹 사이트나 방송 등 사회통신망의 평가나 등급에 대한 의견에 의존하는 경향이 강하다.

따라서 투자기업이 중남미 소비자들의 지속가능한 신뢰를 확보하기 위해서는 서두르지 않고 많은 시간과 노력을 투입하는 것이 필요하다.

3) 빠르고 안이함과 느리고 복잡함

중남미에서도 느린 일상생활 문화가 사라져 가고 효율성을 추구하는 빠른 일상생활이 일반화되고 있다. 도시화가 빠르게 진행되면서 중남미 소비자들은 부족한 시간을 메꾸기 위해 온라인으로 금융 업무를 처리하거나 구매를 하는 등 시간관리를 효율적으로 하기 시작했다. 모바일 뱅킹이나 온라인 구매는 이제 선택이 아니라 일상이 되어 앞으로 소비행태의 주류가 될 전망이다.

4) 수동성과 능동성

개인주의 성향이 점점 강해지고 디지털 통신기술이 발전하면서 중남미 소비자들은 객체적 지위에서 벗어나 주체적 지위를 가지고 소비에서 자신들의 생활양식을 통제할 수 있다는 것을 인식하기 시작했다.

스스로 자신감을 회복한 이들은 일상적 소비생활에서 차량이나 자전거 공유서비스 등과 같은 협업적인 상품 및 서비스 수요와 모델을 만들어 냈다.[216]

또한 중남미 소비자들은 자신들이 자연환경이나 생활의 질을 개선에 영향력을 행사할 수 있다는 것을 인식하기 시작했다. 이러한 인식과 자신감은 소비행위를 넘어 부패, 폭력, 비윤리적 행위, 권력남용, 민주주의 부재 등 사회적 이슈들에 소비자들이 능동적이고 적극적인 행동을 하였다.

소비자 적극적 행동의 대상이 되는 사회적 이슈들은 시간이 지나감에 따라 해결되거나 관심에서 멀어져 갔다. 그러나 곧 바로 새로운 이슈들이 등장해 이들의 적극적 행동양식은 계속 이어지고 있다.

다. 주요국별 소비형태 ─────────────

1) 브라질 소비시장

브라질은 인구 2억 명을 가진 중남미 최대 경제규모를 가지고 있는 국가이다. 2020년 브라질 전체 가구 소비규모는 3조 5,300억 불에 달하고 있는데 이 는 2011년 대비 50%가 확대된 것이다. 브라질은 전통적으로 매

---

[216] 차량공유서비스는 개별 국가별로 다양한 이름의 플랫폼을 통해 이루어졌다. 예를 들면 아르헨티나 "Vayamos Juntos', 칠레 'En Camino", 브라질 "Caronetas', 콜롬비아 "Pico y Placa", 멕시코 "Aventones', 우루과이 'Voy Contigo' 등이다.

우 낙관적인 소비자 계층과 능동적인 상품 및 서비스 공급자 계층을 가지고 있다.

브라질 소비자들은 고급 제품과 신제품에 대한 강한 관심과 구매 욕구를 가지고 있어 역내 다른 국가들보다 전통 가치에 대한 집착이 강하지 않다.

기술 제품에 대한 수요도 강하다. 세계에서 세 번째로 큰 컴퓨터 시장이며 네 번째로 큰 자동차 시장이다. 또한 브라질인들은 매우 적극적인 관광 소비자들이다.

브라질에서 일차산품 국제가격 호황시기에 새롭게 형성된 중산층은 일반 소비제품 뿐만 아니라 금융서비스, 의약품, 주택, 공공인프라 등의 영역에서도 적극적인 소비계층으로 등장했다.

이들은 고급 브랜드 상품에 대한 충성심이 기대보다 강한 것으로 나타나고 있다. 그 이유는 이들이 고급 브랜드 제품을 구입하면서 자긍심과 사회적 위치를 확인하고자 하는 욕구 때문인 것으로 분석되고 있다.

2) 칠레 소비시장

칠레 인구는 1,700만 명이며 1가구당 소득이 역내 최고인 연 30,000불을 상회하고 있다. 칠레는 21세기 들어 가구당 소득 증가로 국내수요도 강하고 동시에 광산, 에너지, 인프라 투자도 계속 증가하고 있어 안정적 경제성장세를 보여주고 있다. 정치사회적 상황도 인근 국가들보다 안정되어 있다.

칠레 소비자는 역내에서 가장 효율성을 추구하며 근면한 성향을 가지고 있다. 그러나 동시에 보수적이면서 위험회피 성향이 강한데 이는 소비성향에 그대로 반영되어 있다. 다른 국가보다 저축률이 높은 것이 그 사례인데 이는 현명한 소비로 저축성향이 강하기 때문이다. 신용카드를 활용한 할부지불이 일반화되어 있고 소비자들은 이를 적절하게 잘 활용하고 있다.

칠레 소비자들은 환경과 사회적 이슈와 연관된 소비행위에 높은 관심을 가지고 있다.

3) 멕시코 소비시장

멕시코는 1억2천만 명의 인구를 가진 역내에서 두 번째로 큰 소비시장이다. 멕시코 소비자들은 대체적으로 브라질 소비자들보다 미래에 대해 덜 낙관적인 모습을 보여 왔다. 그러나 북미자유무역협정 발효이후 계속 이어지는 경제성장으로 이러한 분위기는 상당하게 개선되었다.

멕시코 소비자들은 역내 다른 국가들에 비해 지리적으로 국경을 접하고 있는 미국의 소비성향으로부터 크게 영향을 받고 있다. 미국 등 외국의 고급 브랜드 상품에 대한 충성도가 매우 높아 과다지출을 하는 경우가 많다.

한편 전통적으로 문화적 동질성과 공동체 가치를 중요시하기 때문에 멕시코 문화에 친화적이고 지역공동체에 중요하다고 여기는 상품과 서비스에 대해서는 매우 적극적인 반응을 나타낸다.

6. 소비시장 접근

가. 개요

21세기 두 번 째 10년 시기에 들어 중남미 소비자들은 과거 전통적 소비 패턴에서 벗어나 보다 세련되고 분별력이 있으며 덜 검소한 형태로 변화하고 있다. 이러한 변화는 역내 경제가 앞으로 더 성장할 것이라는 기대감 속에서 개인도 더 발전할 수 있다는 확신에 따른 것이다.

이 시기 브라질을 포함한 역내 국가 정부들은 일차산품의 긴 호황기를 맞아 각종 사회보장정책을 확대하였는데 이는 역내 빈곤감소와 계층이동이라는 긍정적 성과를 가져왔다. 특히 피라미드 하위계층에 속한 극빈계층도 경제에 대한 정부역할 증대로 교육, 보건, 주택 등 복지혜택에 접근할 수 있게 되었으며 피라미드 상위계층도 경제호황이라는 비즈니스 기회를 활용해 추가적으로 부를 축적할 수 있었다. 이는 전체적으로 소비시장에서 과거보다 더 큰 구매력 창출로 이어졌다.

20세기 말까지 다양한 경제위기를 겪어온 노인세대들의 소비가치관은 보다 나은 경제상황 속에서 살아가고 있는 청년세대들에게 공유되지 않았다. 청년세대들은 과거보다 낙관적 소비자 가치관을 가지고 새로운 유행을 찾아가는 계층으로 등장해 역내 소비시장 성장의 미래 동력이 되었다. 높은 인플레, 실업, 소비지출 자제 등 과거 위기들에 대한 기억은 점점 희미해졌다.

그럼에도 불구하고 중남미 소비자들은 전체적으로 볼 때 노인세대와 청년세대 간 소비문화의 모순을 해결하고 양자 간 균형 속에서 새로운 소비우선순위와 가치관을 형성하기 시작했다.

중남미 소비자들은 과거보다 개인주의적 소비성향을 보이며 상품과 서비스제품에 대한 정보를 중요하게 생각하고 돈에 대한 주의성이 높다. 동시에 식생활, 보건, 사회적 책임, 안전, 치안 등과 같은 민생에도 높은 관심과 기대감을 가지고 있다. 그리고 어떤 가치가 소비생활에 더욱 핵심적 또는 종속적인가에 대해 판단하기 시작했다.

기업인들은 새롭게 형성되고 있는 중남미 소비자들의 소비가치관 변화 속에서 이들에게 다가갈 수 있는 적절한 전략을 마련해 운용할 필요가 있다.

나. 소비자 우선순위 및 가치관 ─────────

1) 핵심적 가치
─────────

가) 점점 강해지는 '자신(Me)'에 대한 정체성

개인주의, 자긍심, 모더니즘 등은 중남미 소비자들이 강한 정체성을 갖도록 하는 결과를 가져왔다. 중남미 소비자들은 국가별로 서로 다른 사회적 환경 속에 있으므로 소비자들의 개인주의는 모두 다양한 지역적 특성을 가지고 있다. 지역적 특성에 영향을 주는 것은 먼저 소비자들의 국가와 거주 도시 그리고 축구, 음악, 음식 등 지역적으로 선호하는 것 들이다.

예를 들면 아르헨티나의 부에노스아이레스 시민들은 '항구에 사는 사람'의 의미를 가지고 있는 '포르테뇨(Porteño)'로 불린다. 그러나 이 말은 부에노스아이레스 시민들의 자아상(self-image)으로 아르헨티나인의 강한 자존심, 축구에 대한 지지, 소고기와 탱고에 대한 열정 등을 포함한 복잡한 느낌의 표현이다.

또 다른 예로 리우데자네이루 시민들을 '카리오카(Carioca)'라고 부르는데 이는 '삼바(samba)에서 변형된 춤'이라는 의미이다. 그러나 이 말은 리우데자네이루 시민들의 격식을 차리지 않는 느긋한 삶의 방식, 즉 아름다운 도시 리우데자네이루에서 살아가는 사람들의 심미적 관점에 우선적 가치를 두는 표현이다. 이들은 축구와 음악 그리고 식문화와 몸매 만들기에 열정을 보여주고 있다.

멕시코시티 시민을 '칠랑고(Chilango)'라고 부른다. '칠랑고' 어원은 인디오 원주민 언어로부터 유래된 것으로 인디오 원주민 사회에서 지배계층이 하류계층을 지칭하는 말이었던 것으로 알려지고 있다. 그러나 지금은 정치, 경제, 패션, 음식, 음악, 여가 등 활력의 중심지로서의 특징을 가지고 있는 멕시코시티 시민을 긍정적으로 지칭하고 있다.

이와 같이 중남미인들은 국가와 사회라는 집단적 틀과 개인이라는 틀 속에서 자신들의 정체성을 찾는데 여기에는 소비행위에 영향을 주는 가족, 친구, 이웃, 도시, 국가 등 다양한 레이어가 포함되어 있다. 따라서 중남미 소비자들을 간단하게 일반화하는 것은 어렵고 위험하다. 개별 국가 또는 지역에 대한 보다 깊은 이해가 필요하다.

나) 소비여력과 현금선호

2008년 금융위기 이후 경제침체와 성장부진을 겪은 뒤 중남미 소비자들은 소비증가에 대한 우려가 많아졌다. 따라서 이들은 미래의 고용과 임금상승에 대해 낙관적인 기대감을 가지고 있음에도 불구하고 고급 브랜드 상품과 서비스 보다는 가성비가 좋은 상품과 서비스에 대한 관심이 높아졌다. 아울러 소비계획을 세운다거나 지출기록 등을 통해 미래를 위한 소비 자제를 해야 한다는 의식도 강해졌다.

한편 중남미 소비자들은 은행 등 금융제도에 대한 불신이 높아 신용보다는 현금거래를 선호한다.

다) 신속함과 편리성

최근 들어 중남미 소비자들은 바빠진 일상생활에 적극적으로 대응하기 위해 시간절약과 단순성을 중요하게 생각하고 있다. 즉 시간낭비를 줄일 수 있는 빠르고 단순한 소비 방안을 찾아내기 위해 노력한다.

스마트 폰 기술을 활용한 전자지불은 점점 사용압력이 커져가고 있어 앞으로 중남미 소비자들의 매우 중요한 지불수단으로 활용될 것으로 보인다. 전자지불의 장점은 시간 편의성인데 소비자들의 시간부족, 급박한 지불마감일, 배달서비스 증가 등 환경적 요인이 새로운 지불방식을 확대시키고 있다.

라) 정직함과 신뢰성

중남미 소비자들은 오랜 기간 동안 부패, 부정행위, 신뢰부족 등 사회적 부조리에 염증을 가지고 있다. 이들은 가짜 또는 해적 상품에 대한 식별을 쉽게 하며 매우 깊은 저항감을 가지고 있으며 진품거래를 위한 보다 큰 투명성을 요구하고 있다.

마) 보건과 안정성

개인의 보건과 건강에 대한 관심증가로 중남미 소비자들의 보건의료 부문에 대한 소비는 계속 증가할 전망이다.

치안확보와 유지는 역내 모든 국가들의 최대 관심사안 이다. 현재와 같이 범죄와 폭력이 계속 증가하고 있는 환경은 소비자행동에 중요한 영향을 미친다. 그 예로 치안이 불안한 지역에서는 배달이 활발하다.

바) 소비자 주권

중남미 소비자들은 그들의 소비행위가 세상을 변하게 할 수 있다는 인식 즉 소비주권에 대한 인식을 가지기 시작했다. 소비자들의 소비자 주권 의식은 역내 국가 중 아르헨티나, 브라질, 멕시코, 콜롬비아 등에서 강한데 이들 모두 세계평균보다 높은 수준에 있다. 소비자 주권 의식은 점차 중남미 소비자의 중요한 가치가 되어가고 있으며 항상 소비자 행동이 예정되어 있다.

사) 사회적 연결성

중남미 소비자들은 사회적 연결성을 매우 중요하게 생각한다. 디지털 기술과 이와 연관된 소셜 미디어는 중남미 소비자들의 사회적 연결성을 확대하고 효율화 시키는데 막대한 기여를 하고 있다. 소셜 미디어에 많은 시간을 투자하는 세계 10대 국가에 브라질, 아르헨티나, 멕시코, 페루, 칠레 등 중남미에서 5개 국가가 포함되어 있다.

2) 주변적 소비자 가치

중남미 소비자의 구매의사 결정에 직접적인 영향을 주는 핵심가치는 아니지만 품질, 인기, 독창성, 참신성, 소비경험, 세계화 등 소비선택에 영향을 주는 주변가치들이 있다.

주변가치에 대한 역내 소비자들의 가치부여와 우선순위는 특정 세분시장이나 특별한 소비상황에서 매우 중요한 역할을 한다. 예를 들면 피라미드의 최하위계층에게 세계화는 크게 중요하지 않은 가치이만 품질, 인기, 독창성, 참신성 등을 추구하는 풍요한 소비계층에게는 매우 중요한 가치이다.

다. 브랜드 세우기 ─────────────

1) 개요

기업이 중남미 상품 및 서비스 시장에서 성공하기 위해서 소비자 가치관에 부응하는 브랜드를 형성하고 이를 통해 소비 목표를 달성하도록 하는 것이 필요하다. 브랜드는 매우 중요한 가치자산으로 기업은 이를 통해 평판을 높이고 유지시키므로 강력한 브랜드 가치를 형성하는 것이 비즈니스를 성공시키는데 있어 가장 핵심적 도전사항이다.

브랜드는 기업이 시장에서 소비자에게 주는 기업의 책임과 약속을 압축한 메시지이다. 브랜드를 형성하기 위해서는 시장에서 소비자들의 가치 우선순위를 분석하고 통합해 소비자 니즈를 파악해야 한다.

기업이 검토해야할 소비자 가치는 정체성, 낙관주의, 자신감, 신뢰, 투명성, 진정성, 용이함, 편리함, 빠름, 가격 대비 성능, 환금성, 안전성, 사회적 문제 해결능력, 연결성 등 다양하게 많다. 그러나 기업이 소비자들의 모든 가치를 브랜드에 담아낸다는 것은 현실적으로 어렵다. 다만 소비자들이 기대하는 핵심 가치들을 최대한으로 분석 통합한 뒤 이를 브랜드 설계에 반영해야 한다.

2) 중남미 브랜드 구조

기업은 경제적 가치를 창조하고 소비자들의 호응을 이끌어 낼 수 있는 브랜드를 만들기 위해 체계적인 개발전략을 수립하고 실행해야 한다.

브랜드는 몇 개의 빌딩 블록으로 구성된다. 가장 첫 번째 빌딩블록은 브랜드 현저성(brand salience)으로 이는 소비자의 공명을 유도하면서 경쟁 브랜드와 차별화되는 정체성이다. 기업이 브랜드 현저성을 구현하기 위해 가장 먼저 필요한 것은 소비자와 원활한 소통이다. 기업은 시장에 공급하는 상품 및 서비스의 현저성을 자료 제시 등의 방법을 통해 소비자들의 이성적 판단에 호소하고 설득하며 신뢰를 얻어야 한다.

특히 일상적 소비제품인 경우에는 상품으로부터 얻을 수 있는 생활에서의 혜택을 여러 가지 방법으로 제시하는 노력이 필요하고 가격대비 성능이 좋다는 메시지를 만들어 계속 전달해야 한다.

두 번째는 브랜드 개성(brand personality)으로 이는 중남미 소비자 감성에 호소하는 것이다. 이를 위해 전통, 역사, 브랜드 특징 등과 함께 브랜드에 내재되어 있는 따듯함 등 느낌을 전달한다.

2008년 금융위기 이후 어두워진 중남미 분위기를 감안해 코카콜라가 내건 'Open Happiness'는 역내 소비자들에게 낙관주의와 자신감을 회복시키는 슬로건으로 큰 반향을 일으킨 것이 한 사례이다.

세 번째는 소비자가 브랜드를 선택하도록 유도하는 것으로 이는 경쟁 브랜드와 비교한 기능적 우수성, 가격대비 성능, 소비자 우선순위 적합성 등을 암시하는 것이다.

네 번째는 브랜드 공명(brand resonance) 단계로 이는 기업이 브랜드를 통해 보여주고 싶은 이타적 소망이다. 기업이 중남미 소비자들이 우려 등 관심을 가지고 있는 사회적 또는 환경적 문제해결에 소비자들이 브랜드 상품과 서비스 사용을 통해 긍정적인 기여를 할 수 있다는 믿음을 심어주는 것이 한 사례이다.

이미 세계적 인지도를 보유한 다국적기업 브랜드는 세계적 플랫폼의 기본 골격은 그대로 유지하며 지역특화전략을 마련해야 한다. 한편 개별 국가에 특화되어 형성된 브랜드는 그 정체성을 잃지 않으면서 중남미 역내 전체 소비자를 설득하는 마케팅 전략이 필요하다.

프랑스 하바스 미디어 그룹(Havas Media Group)이 2013년 발표한 보고서에 따르면 중남미 역내에서 성공한 상위 브랜드는 Colun(에너지), Danone(식품), Tetra Pak(포장), Bimbo(제빵), Carozzi(제빵), Nestle(식품), Iansa(설탕), Soprole(유제품), Coca-Cola(음료), Jumex(과일쥬스), Nike(스포츠제품), La Costena식품), Del Valle(과일쥬스), Petrobras(석유), La Serenisima(유제품), Natura(화장품), Bonafonte(음료) 등이 있다. 다만 상위 브랜드 대부분이 식음료 부문에 집중되어 있는 것이 특징이다.

라. 중남미 미디어 형태 및 활용 ────────────

1) 미디어 형태
───────

중남미 시장에서 미디어를 통한 마케팅은 과거는 물론이고 현재와 미래에도 매우 중요하다. 무료 TV, 옥외 광고, 라디오, 신문 등 전통적 미디어를 활용한 마케팅은 현재에도 여전하게 유용하다. 중남미 소비자들의 무료 TV 시청시간은 세계 평균보다 더 많으며 신문구독과 라디오 청취는 선호도가 줄어들고 있지만 아직도 높은 수준이다. 유료 TV 시청 인구는 점점 늘어가고 있다.

이와 함께 인터넷, 소셜 미디어 등 새로운 미디어 매체의 등장은 미디어 마케팅 시장에 질적 및 양적 변화를 가져왔다. 우선 전통적 미디어에 전적으로 의존했던 미디어 마케팅 시장은 인터넷을 기반으로 한 새로운 미디어 매체와 다양한 미디어 플랫폼의 등장으로 그 수단이 많아지고 광고의 범위가 넓어지는 등 질적으로 크게 달라졌다.

중남미 인터넷 사용인구는 2020년 기준 전체인구 652백만 명의 67.2%에 해당하는 438백만 명이다. 이를 역내 주요 지역별로 보면 남미지역은 전체인구 428백만 명의 71.8%인 308백만 명, 멕시코 포함 중미지역은 전체인구180 백만 명의 61.1%인 110백만 명, 카리브지역은 전체인구 44백만 명의 47.5%인 21백만 명이다.[217] 이는 세계평균 55.0%를 크게 상회하는 수준이다.

주요 국가별 인터넷 사용 인구 비중을 보면 아르헨티나 93.1%, 볼리비아 78.6%, 브라질 70.7%, 칠레 77.5%, 콜롬비아 63.2%, 코스타리카 86.7%, 쿠바 40.3%, 도미니카공화국 61.1%, 에콰도르 79.9%, 엘살바도르 57.7%, 과테말라 42.1%, 온두라스 38.2%, 멕시코 65.0%, 니카라과 43.0%, 파나마 69.7%, 파라과이 89.6%, 페루 67.6%, 트리니다드토바고 73.1%, 우루과이 88.2%, 베네수엘라 53.1% 등이다.

인터넷을 기반으로 한 다양한 미디어 및 온라인 광고와 마케팅 플랫폼이 사용되고 있고 그 성과도 다양하다. 기업들은 기존 플랫폼을 활용하기도 하지만 독자적으로 플랫폼을 개발해 이용하고 있다.

---

217 www.internetworldstats.com, Internet World Stats, Internet Usage Statistics for all the Americas,

모바일 통신을 통한 소통이 활발해지고 스마트 폰 활용이 크게 증가하자 이를 활용한 미디어 마케팅이 확산되고 있다.

글로벌모바일시스템협회(GSMA) 전망자료에 따르면 2019년 중남미 모바일 통신 가입자는 전체 인구의 68%인 428백만 명이며 2025년에는 인구의 73%인 484백만 명에 이르게 된다.

모바일 인터넷 사용자도 2019년 인구의 55%인 343백만 명에서 인구의 64%인 423백만 명으로 늘어난다. 스마트 폰 보유자 비중은 2019년 전체 모바일 가입자의 69%인데 2025년에는 80%까지 커질 전망이다.

2019년 모바일 산업의 역내 국내총생산에 기여한 수준은 7% 비중인 421 십억 불이며 직접고용 620천 명 그리고 간접고용 810천 명이다.

주요 국가별 2025년 모바일 통신 가입과 스마트 폰 보유율을 보면 아르헨티나 79%/77%, 브라질 75%/89%, 칠레 84%/91%, 콜롬비아 75%/82%, 코스타리카 81%/75%, 멕시코 70%/74%, 페루 76%/70%이다.[218]

중남미 소비자들의 소셜 미디어 활용이 크게 늘어나자 이를 활용한 미디어 마케팅도 활발하다. 중남미 소비자들이 가장 많이 활용하는 소셜 미디어는 Whatsapp, Facebook, Youtube, Instagram, Twitter 등이다. 이 중 Whatsapp 가입자는 약 415백만 명으로 인구의 64%가 사용하고 있는 것으로 추정되고 있다. Facebook은 약 390백만 명이 가입하고 있다. Youtube, Instagram, Twitter에는 각각 233백만 명, 150백만 명, 102백만 명이 가입하고 있는 것으로 추정된다.[219]

소셜 미디어는 중남미 소비자 구매의사 결정에 매우 중요한 영향력을 주고 있는 것으로 조사 발표되었는데 이에 따르면 소셜 미디어 사용자 중 62%가 소셜 미디어 정보를 활용해 구매의사를 결정하고 59%가 구매정보

---

218 GSMA, The Mobile Economy Latin America 2020

219 www.colibricontent.com, A Marketer's Handbook to Social Media Usage in Latin America, by Alejandro Carrasquilla on August 21, 2019

를 찾고 있는 것으로 알려졌다.

2) 광고비용

전통적인 미디어나 새로운 미디어를 막론하고 이들을 활용한 마케팅에는
많은 비용이 발생한다. 2020년 국가별 광고비용을 보면 브라질이 14,528
백만 불로 가장 많고 이어서 멕시코 4,146백만 불, 콜롬비아 1,608백만 불,
페루 991백만 불, 아르헨티나 860백만 불, 우루과이 277백만 불, 에콰도르
274백만 불 등으로 국가별 편차가 매우 크다.

TV 광고 규모는 2019년 14.7십억 불이었는데 점점 감소세를 보이고 있
다. 2022년에는 13.7십억 불에 머물 것으로 예상하고 있다.

한편 인터넷 광고비용은 크게 증가하고 있다. 2010년 0.61십억 불이었
던 광고비용이 2015년 4십억 불, 2020년 9.3십억 불로 증가해 역내 전체
광고시장의 40%를 차지했다. 앞으로 더 빠른 속도로 성장할 것으로 전망
되고 있다.

국가별 인터넷 광고비용 성장률은 2020년 기준 콜롬비아가 11.2%로 가
장 높고 이어서 칠레 5.9%, 브라질 5.2%, 아르헨티나 4.4%, 멕시코 4.1%,
페루 2.4% 순서이다. 세계 10대 인터넷 광고 성장국가 중 6개가 중남미 국
가이다.[220]

이 결과 중남미 전자상거래 시장은 2020년 기준 19.4% 성장했다. 멕시코
(20.9), 아르헨티나(18.0), 브라질(22.6%)이 성장을 주도했고 여타 국
가 전체도 22.6%의 성장세를 보였다.

중남미 소비자에게 효과적으로 접근하기 위해서는 미디어 광고가 필수적

---

220 Insider Intelligence, eMarketer, Digital Ad Spending in Latin America Is Growing Despite Market Volatility, by Matteo Ceurvels, Jul. 17, 2020

이다. 최근 새로운 미디어 방식을 통한 광고가 효율성이 높은 것으로 분석되고 있다. 그러나 한편으로 중남미 소비자들은 TV나 라디오 그리고 신문 등 전통적 미디어 수단에 대한 의존성도 높다. 따라서 기업가는 개별 국가별로 현지 시장특성을 감안해 전통적 그리고 새로운 미디어 포트폴리오를 적절하게 구성해 운용할 필요가 있다.

마. 소매시장

1) 개요

소매시장은 소비자들이 자신들의 필요를 충족시키며 가치를 구현하는 플랫폼이다. 현재의 소비시장 플랫폼은 전통적인 것과 현대적인 것이 공존하고 있는데 점점 변화하는 생활양식, 가치관, 기술발전으로 계속 진화하고 있다.

중남미 도시화가 진행되면서 대부분의 현대적 소비 플랫폼은 대규모 메트로폴리탄 도시를 중심으로 건설되었고 중소규모 도시로까지는 충분하게 확산되지 못했다. 한편 동네 소규모 구멍가게, 편의점 등 소매시장 플랫폼은 지역주민들의 계속되는 활용으로 활기를 잃지 않고 있다.

2) 소매시장 매력

중남미는 소매 투자와 성장을 이끄는 제반 요소들, 즉 도시 중산층 인구 집중, 실질 가처분 소득 증가, 소비금융확대, 소비자 자신감 개선, 중소도시 소매시장 개발확대 등이 함께 작용하여 세계에서 가장 매력적인 소매시장으로 변화했다.

중남미는 도시화가 급격하게 진행되어 인구의 80%가 도시에 거주하고 있다. 맥킨지 글로벌 연구소(Mckinsey Global Institute) 보고서(2011)에 따르면 중남미에 20만 명 이상의 인구를 가진 도시는 198개로 역내 전체 국내총생산의 60%를 담당하고 있다.

예를 들면 멕시코시티는 2,200만 명의 인구를 가진 중남미 최대 메트로폴리탄 도시 중 하나로 연간 소득 10만 불 이상 가구 수가 200만을 상회하고 있으며 소매시장이 매우 활성화 되어 있다. 또한 미래 성장잠재력이 크게 기대되는 인구 50만 명 이상 도시가 25개이다.[221]

글로벌 경영컨설팅 회사인 AT Kerney 사가 시장매력도, 시장포화도, 진입긴급성, 투자위험도 등 지표로 평가한 2019년 글로벌소비시장지수(Global Retail Development Index) 상위 30개 국가 중 중남미 역내에서 콜롬비아(10위), 페루(13위), 도미니카공화국(14위), 브라질(16위), 파라과이(21위), 과테말라(29위) 등 5개 국가가 포함되어있다.[222]

중남미 소매시장은 소매점 수의 확대와 규모도 점점 커져 소비자들에게 과거보다 많은 소비 기회를 제공하고 있다. 소비자들도 이러한 상황에 맞춰 자신들의 구매력에 따른 소비가치를 실현하고 있다.

·

3) 소비자 구매 가치관

중남미 소비자들의 소비가치는 곧 바로 구매가치와 기대로 바꾸어지는데

221 Business Monitor International(2013), www.businessmonitor.com Latin American retail trends and country reports for Argentina, Brasil, Chile, Colombia, Mexico, Peru and Venezuela.

222 Kerney Consumer Institute, A mix of new consumer and old traditions, The 2019 Global Retail Development Index

이는 감성, 이성, 거래 등 세 부문으로 나누어 볼 수 있다.

첫째 감성부문의 소비가치는 징체성과 자신감, 신뢰와 투명성 그리고 정직성, 자긍심(empowerment) 등이다. 정체성과 자신감은 쇼핑경험 즉 스스로 이 정도의 상품을 구매할 자격이 있다는 구매가치를 의미하는데 소비자는 구매 장소에서 구매에 상응하는 존경 등 대우를 기대한다.

신뢰와 투명성 그리고 정직성은 판매자에 대한 신뢰여부, 즉 '과연 이 판매자는 믿을 만한가'라는 구매가치로 해석되는데 소비자는 과거 구매경험을 상기하거나 판촉가격의 신뢰성 여부를 검토한다.

자긍심(empowerment)은 자신은 타인과 다르게 사회적 그리고 환경적 이슈에 관심을 가지고 있다는 것을 보여주고 싶은 구매가치이다. 환경 친화적 또는 재생원료로 생산된 물품에 관심을 보여주는 등의 구매행태를 보여준다.

둘째 이성부문 소비가치는 가격 대비 가치, 유동성, 안전성 등이다. 가격 대비 가치와 유동성은 해당 상품을 구입할 수 있는 여유가 있는지 여부를 판단하는 구매가치로 나타난다. 소비자는 상품의 질과 유용성, 할부플랜 등을 고려해 자기에게 적합한 소비행위를 선택한다.

안전성은 자신과 자산을 보호하는 구매가치로서 상품의 품질, 판매처의 안전과 청결 여부, 안전배달 등의 상황을 검토한다.

셋째 거래부문 소비가치는 단순성, 신속성, 편리성, 연결성이다. 단순성과 신속성 그리고 편리성은 실용성과 효율성이라는 구매가치로 나타난다. 구체적으로는 구매시간을 효율적으로 관리할 수 있는가 여부를 판단하는데 소비자는 구매 장소의 접근 용이성, 판매자의 친절함과 전문성 등을 기대한다.

연결성은 모든 단계에 적용되는 구매가치로 통신기술의 발전이 높은 수준의 구매와 판매환경을 만들어 소비자와 판매자 모두에게 편리함과 비용절감을 가져오는 것을 기대하는 것이다. 충성고객확보 프로그램 개발운영, 고객대상 상품정보제공 등 활동을 이동통신기기와 시스템을 활용해 제공하는 것 등이 주요 사례이다.

4) 소매전략

　중남미 소비자들을 향한 소매전략은 당연하게 이들의 구매가치를 충족시켜주는 방향으로 가야한다. 우선 소매업자들은 소비자들을 유인하기 위해 차별화된 가치제안(value proposition)을 해야 한다. 이 가치제안은 소매업자가 소비자가 기대하는 구매가치 수준에 최대한 접근하는 방향으로 이루어져야 한다.

　첫째 감성부문의 정체성과 자신감이라는 소비자 가치를 실현해주기 위해서 소매업자들은 서비스 수준과 쇼핑환경을 개선해야 한다. 신뢰와 투명성을 확보하기 위해서 과거의 사용경험 공유, 품질보장기간 제시, 반품가능 등의 가치제안이 필요하다.

　또한 자긍심을 확보해 주기 위해 환경보호를 위한 공동체 행사 등의 참여를 권유하는 등 사회 또는 환경관련 정책과 사업에 대한 관심을 표시해주는 것이 필요하다.

　둘째 이성부문 소비자 가치인 가격 대비 가치, 유동성, 안전성이라는 소비자 가치를 실현시켜 주기 위해서 소매업자들은 소매방식에 대한 프로그램을 만들어 운용해야 한다. 가격 대비 가치와 유동성 구매가치에 대응하기 위해 상품믹스, 할인 및 할부 프로그램 등의 소매 포맷이 요구된다.

　안전성을 확보하기 위해서 소매업자는 판매장소의 치안을 확보하고 매장을 청결하게 유지해야 한다.

　셋째 거래부문 소비자가치인 단순성과 신속성 그리고 편리성, 연결성에 대응하기 위해서 소매업자들은 실용성과 효율성이라는 구매가치를 고려해야 한다. 구체적으로 소비자들이 구매시간을 효율적으로 관리할 수 있도록 판매와 배달 방식을 개선해야 하는 등 소비자에게 친화적인 판매방식을 개발해야한다.

　연결성은 모든 단계에 적용되는 구매가치이다. 통신기술의 발전은 수준 높은 구매와 판매환경을 만들어 소비자와 판매자 모두에게 보다 많은 편리함과 비용절감 기회를 제공한다. 구체적으로는 이동통신기기와 시스템을 활용한 다양한 소매 포맷이 필요하다.

Part 00.
참고문헌

서적(Books)

- Brian W. Blouet, Olwyn M. Blouet, (2010), Latin America and The Caribbean, A Systematic and Regional Survey, 6th Edition, John Wiley & Sons. Inc.
- Fernando Robles, Nila M. Wiese, Gladys Torres-Baumgarten, Business in Emerging Latin America, (2015), Routledge, Tayor & Francis Group
- Neil M. Coe, Philip F. Kelly, Henry W.C.Yeung, Economic Geography, A Contemporary Introduction, (2007), Blackwell Publishing
- Javier A. Reyes and W. Charles Sawyer, Latin American Economic Development, (2011), Routledge, Tayor & Francis Group
- Tulio Halperin Donghi, (2002), The Contemporary History of Latin America, Duke University Press
- Ralph B. Edfelt, (2010), Global Comparative Management, A Functional Approach, SAGE Publications, Inc.
- Patricio Franko, (2007), The Puzzle of Latin American Economic Development, Rowman & Littlefield, Publishers, Inc.
- Jose Antonio Ocampo, Jaime Ros, (2011), The Oxford Handbook of Latin American Economics, Oxford University Press
- Robert N. Gwynne and Cristobal Kay, (2004), Latin America Transformed, Globalization and Modernity, Arnold, Hodder Headline Group London
- Howard J. Wiarda and Harvey F. Kline, (2014), Latin American Politics and Development, Westview Press, Perseus Books Group
- Peter H. Smith, (2008), Talons of The Eagle, Latin America, The United States and The World, Oxford University Press
- Robert T. Buckman, The World Today Series, Latin America, 46th
- 48th 51st 53rd(2019-2020), Edition, Stryker-Post Publications
- David L. Clawson, (2006), Latin America and the Caribbean, Lands and Peoples, 4th Edition, Oxford University Press
- Terri Morrison and Wayne A. Conaway, (2006), Kiss, Bow, or Shake Hands, 2nd Edition, Adams Media, a division of F+W Media, Inc.
- Vitor Bulmer-Thomas, (2008), The Economic History of Latin America since Independence, 2nd Edition, Cambridge University Press
- Jan Knippers Black, Latin America, Its Problems and Its Promises, A Multidisciplinary Introduction, 5th Edition, Westview Press, a member of Perseus Books Group
- Axel Lopez, (2014), How to do successful business in Latin America, American Business Links Inc.
- Stephen B. Kaplan, (2013), Globalization and Austerity Politics in Latin America, Cambridge University Press
- Il Sakong and Youngsun Koh, La Economia Coreana Seis décadas de crecimiento y desarrollo, Cepal, KDI, KCLAC

- Thomas C. Holt and Peter Wade, (2003), Race and Nation in Latin America, North Carolina University Press
- Edward L. Jackiewicz and Fernando J.Bosco, (2012), Placing Latin America, 2nd Edition, Rowman and Littlefield Publishers, Inc.
- Eduardo Galeano, Open Veins of Latin America, 25th Edition
- Thomas E. Skidmore, Peter H. Smith, James N. Green, (2010) Modern Latin America, 7th Edition, Oxford University Press
- William Ascher and Natalia Mlrovitskaya, (2012), Economic Development Strategies and the Evolution of Violence in Latin America, Palgrave macmillan
- Jeffry Friedman, Manuel Pastor Jr., Michael Tomz, (2000), Modern Political Economy and Latin America, Westview Press, a member of Perseus Books Group
- Henryk Sztajfer, (2013), Economic Nationalism and Globalization, Lessons from Latin America and Central Europe, Haymarket Books
- Robert H. Holden and Eric Zolov, (2011), Latin America and the United States, A Documentary History, Oxford University Press
- Charles H. Blake and Stephen D. Morris, (2009), Corruption and Democracy in Latin America, University of Pittsburgh Press
- Joseph S. Tulchin and Ralph H. Espach, (2000), Woodrow Wilson Center Press
- Clifford L. Staten, (2003), The History of Cuba, Palgrave macmillan
- Kevin Michael Diran, (2009), How to Say It: Doing Business in Latin America, A Pocket Guide to the Culture , Customs and Etiquette, Prentice Hall Press, Penguin Books Ltd.
- Rosemary Thorp, (1998), Progress, Poverty and Exclusion, An Economic History of Latin America in the 20th Century, Johns Hopkins University Press for Inter-American Development Bank
- Ernesto Stein, Mariano Tommasi, Koldo Echebarria, Eduardo Lora, Mark Payne, (2006), The Politics of Policies, Economic and Social Progress in Latin America, Inter-American Development Bank
- Fernando Robles, Francoise Simon, Jerry Haar, (2002), Winning Strategies for the New Latin America, Pearson Education
- Kurt Weyland, Raul L. Madrid, Wendy Hunter, (2010), Leftist Governments in Latin America, Successes and Shortcomings, Cambridge University Press
- Lawrence W. Tuller, (2008), An american's Guide to Doing Business in Latin America, Adams Media, a division of F+W Media, Inc.
- Ade Asefeso, (2014), CEO Guide to Doing Business in Mexico, AA Global Sourcing Ltd.
- Ade Asefeso, (2014), CEO Guide to Doing Business in Brasil, AA Global Sourcing Ltd.
- Julia E. Sweig, (2009), Cuba, What Everyone needs to know, Oxford University Press
- Aviva Chomsky, Barry Carr, and Pamela Maria Smorkaloff, (2003), The Cuba Reader, History, Culture, Politics, Duke University Press
- Fernando Calderon and Manuell Castells, (2020), The New Latin America, Polity Press

- Patrick O' Brien, (2010), Atlas of World History, 2nd Edition, Oxford University Press
- Robert L. Scheina, (2003), Latin America's War, The Age of the Caudillo, 1791-1899, Potomac Books, Inc.
- Robert L. Scheina, (2003), Latin America's War, The Age of the Professional Soldier, 1900-2001, Potomac Books, Inc.
- John E. Spillan, Nicholas Virzi, and Mauricio Garita, (2014), Doing Business in Latin America, Cjallenges and Opportunities. Routledge
- Alfredo Behrens, (2009), Culture and Management in the Americas, Stanford Business Books, Stanford University Press
- Robert B. Kent, (2016), Latin America, Regions and People, 2nd Edition, The Guilford Press
- Javier A. Reyes and W. Charles Sawyer, (2011), Latin American Economic Development, Routledge
- Alfredo Toro Hardy, (2018), Understanding Latin America, A Decoding Guide, World Scientific
- James Petras and Henry Veltmeyer, (2011), Social Movements in Latin America, Neo Liberalism and Popular Resistance, Palgrave macmillan
- Richard Stahler, Henry E. Vanden and Glen David Kuecker, (2008), Latin American Social Movement in the Twenty-First Century, Resistance, Power, and Democracy, Rowman & Littlefield Publishers, Inc.
- Gary Prevost, Carlos Oliva Campos, and Harry E. Vanden, (2012), Social Movements and Leftist Governments in Latin America, confrontation or co-optation?, Zed Books
- Daniel Mendez Moran, (2018), 136:El Plan de China en America Latina
- Rebecca Ray, Kevin Gallagher, Andres Lopez and Cynthia Sanborn, (2017), China and Sustainable Development in Latin America, The Social and Environmental Dimension, Anthem Press
- Shuangrong(CASS), (2011), China-Latin America Relations, Review and Analysis, Paths International Ltd.
- Alex E. Fernandez Jilberto and Barbara Hogenboom, (2010), Berghahn Books
- Steven Topik, Carlos Marichal, and Zephyr Frank, (2006), From Silver to Cocaine, Latin American Commodity Chains and the Building of the World Economy, 1500-2000, Duke University Press
- Paul A. Haslam and Pablo Heidrich, (2016), The Political Economy of Natural Resources and Development, From neoliberalism to resource nationalism, Routledge, Taylor and Francis Group
- Barbara Stallings, (2020), Dependency in the Twenty-First Century? The Political Economy of China-Latin America Relations, Cambridge University Press
- Carlos Parodi Trece, (2019), Los Laberintos de America Latina, economia y politica, 1980-2016, Fondo Editorial, Universidad del Pacifico
- Maristella Svampa, (2019), Neo-Extractivism in Latin America, Socio-environmental Conflicts, the Territorial Turn, and New Political Narratives, Cambridge University Press

- Daniel M. Brinks, Steven Levitsky and Maria Victoria Murillo, (2019), Understanding Institutional Weakness, Power and Design in Latin American Institutions, Cambridge University Press
- John Luke Gallup, Alejandro Gaviria, and Eduardo Lora, (2003), Is Geography Destiny?, Lessons from Latin America, Inter-American Development Bank
- Deborah J. Yashar, (2018), Homicidal Ecologies, Ilicit Economies and Complicit States in Latin America, Cambridge Press
- Tim Marshall, (2016), Prisoners of Geography, Endbooks
- Nicola Foote, Michael Goebel, (2016), Immigration and National Identities in Latin America, University Press of Florida
- Matteson Ellis, (2016), The FCPA in Latin America, Common Corruption Risks and Effective Compliance Strategies for the Region
- Leslie Holmes, (2015), Corruption, Oxford University Press
- Daniel C. Hellinger, (2011), Comparative Politics of Latin America, Democracy at Last?, Routledge, Taylor & Francis Group
- Scott B. Macdonald and Georges A. Fauriol, (2017), Fast Forward, Latin America on the Edge of the 21st Century, Routledge, Taylor & Francis Group
- Thomas H. Becker, (2011), Doing Business in the New Latin America, Key to Profit in America's Next-Door Markets, 2nd Edition, Praeger
- Jorge I. Dominguez and Rafael Fernandez de Castro, (2010), Contemporary U.S.-Latin American Relations, Cooperation or Conflict in the 21st Century?, Routledge, Taylor & Francis Group
- Peter N. Stearns, (2001), Cultures in Motion, Mapping Key Contacys and Their Imprints in World History, Yale University Press
- George Anderson, Mexican Drug War, Wikifocus Book International
- Peter Kingstone, (2011), The Political Economy of Latin America, Reflections on Neoliberalism and Development, Routledge, Taylor & Francis Group
- Sebastian Edwards, (2010), Left Behind, Latin America and the False Promise of Populism, The University of Chicago Press
- Frank C. Newby, (2011), Mexico, Drug Merchant to the World, The Border Reporter.Com
- Teresa A. Meade, (2010), A History of Modern Latin America, 1800 to the Present, Wiley-Blackwell, A John Wiley & Sons, Ltd., Publications
- Charles A. Mills, (2010), U.S. Intervention in Latin America 1898-1948
- Thomas L. Pearcy, (2006), The History of Central America, Greenwood Press
- A Journal of Contemporary World Affairs, Latin America, Feb. 2011
- Jerrry Langton, (2012), Gangland, The Rise of the Mexican Drug Cartels from El Paso to Vancouver, Wiley, John Wiley & Sons Canada Ltd.
- Francis Fukuyama, (2010), Falling Behind, Explaining the Development Gap between Latin America and the United States, Oxford University Press

- Rosanna Zaza, (2010), Argentina 2001-2009 From the financial crisis to the present
- Lael Brainard, Leoardo Martinez-Diaz, (2009), Brazil as an Economic Superpower? Brookings Institution Press
- Todd L. Edwards, (2008), Argentina, A global Studies Handbook, ABC-CLIO, Inc.
- Hal Weitzman, (2012), Latin Lessons, How South America Stopped Listening to the United States and Started Prospering, Wiley, John Wiley & Sons Canada Ltd.
- Gian Luca Gardini, (2012), Lati America in the 21st Century, nation, regionalism, globalization, Zed Books
- Robert H. Holden and Rina Villars, (2013), Contemporary Latin America, 1970 to the Present, Wiley-Blackwell, A John Wiley & Sons, Ltd. Publications
- Sylvia Longmire, (2011), Cartel, The Coming Invasion of Mexico's Drug War, Palgrave macmillan
- Rene de la Pedraja, (2013), Wars of Latin America, 1948-1982, The Rise of the Guerillas, McFarland & Company, Inc., Publishers
- Rene de la Pedraja, (2013), Wars of Latin America, 1982-2013, The Path to Peace, McFarland & Company, Inc., Publishers
- Gabriela Castro-Fontoura, (2012), Doing Business with Latin America, A Brightword book, Harriman House Ltd.
- Ondina E. Gonzalez and Justo L. Gonzalez, (2008), Christianity in Latin America, Cambridge University Press
- Duncam Green, (2013), Faces of Latin America, 4th Edition, Monthly Review Press
- Roger Burbach, Michael Fox, and Federico Fuentes, (2013), Latin America's turbulent transitions, the future of twenty-first century socialism, Zed Books
- Luis Fleischman, (2013), Latin America in the Post-Chavez Era, Potomac Books
- CIA, CIA World Factbook 2012-13, 50th Anniversary Edition
- John Forrest and Julia Porturas, (2006), Peru, the essential guide to customs & culture, Kuperard, an imprint of Bravo Ltd.
- Russel Maddicks, (2012), the essential guide to customs & culture, Kuperard, an imprint of Bravo Ltd.
- Elizabeth Lokey, (2009), Renewable energy Project Development under the Clean Development Mechanism, A Guide for Latin America, Earthscan
- Howard J. Wiarda and Harvey F. Kline, (2014), Latin American Politics and Development, 8th Edition, Westview Press, A Member of the Perseus Books Group
- Malcom Beith, (2011), El Ultimo Narco, Penguin Books Ltd.
- Victor Alarcon Miovich, (2004), Una Propuesta para el Peru, Perugrafica SAC
- Arthur Noll, History of Mexico, From the Aztecs to Porfirio Diaz
- Jeffrey J. Schott, Barbara Kotschwar, and Julia Muir, (2013), Understanding the Trans-Pacific Partnership, Peterson Institute for International Economics
- Peter A. Petri, Michael G. Plummer, and Fan Zhai, (2012) The Trans-Pacific Partnership and

Asia-Pacific Integration: A Quantitative Assessment, Peterson Institute for International Economics

- Luis Aberto Romero, (2014), A History of Argentina in the Twentieth Century, Updated and Revised Edition, The Pennsylvania State University Press
- Frederick Stirton Weaver, Latin America in the World Economy, Mercantile Colonialism to Global Capitalism, Westview Press, A Member of the Perseus Books Group
- S. Tamer Covusgil, Pervez N. Ghauri, and Ayse A. Akcal, (2008), Doing Business in Emerging Markets, SAGE
- Ricardo Hausman and Francisco Rodriguez, (2014), Venezuela before Chavez, Anatomy of an Economic Collapse
- Henry Veltmeyer and James Petras, (2014), The New Extractivism, A Post-neoliberal Development Model or Imperialism of the Twenty-First Century? Zed Books
- Dora Iakova, Luis M. Cubeddu, Gustavo Adler, and Sebastian Sosa, (2014), Latin America: New Challenges to Growth and Stability, IMF
- Vito Tanzi, (2007), Argentina: An Economic Chronicle, How one of the richest countries in the World lost its wealth, Jorge Pinto Books Inc.
- Mauro Guillen, Faquiry Diaz Cala, and Gustavo Arnavat, (2015), The Road to Cuba, The Opportunities and Risks for US Business, Wharton Digital Press
- Sinerlex, (2014), Foreign Investment in Cuba
- Hill Krishnan, Bully from the North, A brief Overview of US Foreign Policy in Latin America
- Gary Clyde Hufbauer and Barbara Kotschwar, (2014), Economic Normalization with Cuba, A Roadmap for US Policymakers, Peterson Institute for International Economics
- Miguel Tinker Salas, (2015), Venezuela, What Everyone Needs to Know, Oxford University Press
- Dennis Gilbert, (2017), The Oligarchy and the Old REgime in Latin America, 1880-1970, Rowman & Littlefield
- John A. Booth, Christine J. Wade, and Thomas W. Walker, (2015), Understanding Central America, Global Forces, Rebellion, and Change, Westview Press, A Member of the Perseus Books Group
- Victoria Jones, (2010), Doing Business in South America, DK, the Penguin Group
- Sergio Guerra Vilaboy and Roberto Gonzalez Arana, (2015), Cuba a la Mano, Universidad del Norte
- Kevin P. Gallagher, (2016), The China Triangle, Latin America's China Boom and the Fate of the Washington Consensus, Oxford University Press
- Luis Bertola and Jose Antonio Ocampo, (2013), El Desarrollo economico de America Latina desde la Independencia, Fondo de Cultura Economica
- Speedy Publishing LLC, (2014), Nations of South America
- Richard E. Feinberg, (2016), Open for Business, Building the New Cuban Economy, Brookings Institution Press

- Henry Freeman, (2016), The History of Cuba in 50 Events
- Margaret Myers and Carol Wise, (2017), The Political Economy of China-Latin America Relations in the New Millenium, Routledge
- David Cameron, (2016), Against Corruption, www.gov.uk
- Matteo Grazzi and Carlo Pietrobelli, (2016), Firm Innovation and Productivity in Latin America and the Caribbean, The Engine of Economic Development, Palgrave macmillan
- Fabio de Castro, Barbara Hogenboom, and Michiel Baud, (2016), Environmental Governance in Latin America, Palgrave macmillan
- Gullermo Capriles, (2017), Venezuela, Su verdadera y breve historia, Ediciones de La Parra
- David B.H. Denoon, (2017), China , the United States, and the Future of Latin America, New York University Press
- Lawrence A. Clayton, Michael L. Conniff, and Susan M. Gauss, (2017), A New History of Modern Latin America, 3rd Edition, University of California Press
- Margit Ystanes and Iselin Asedotter Stronen, (2018), The Social Life of Economic Inequalities in Contemporary Latin America, Decades of Change, Palgrave macmillan
- Felipe Korzenny, Cindy Chapa, and Betty Ann Korzenny, (2017), Hispanic Marketing, The Power of the New Latino Consumer, 3rd Edition, Routledge, Taylor & Francis Group
- Jonathan M. Harris and Brian Roach, (2018), Environmental and Natural Resources Economics, A Contemporary Approach, 4th Edition, Routledge, Taylor & Francis Group
- Barry C. Field, (2016), Natural Resources Economics, An Introduction, 3rd Edition, Waveland Press, Inc.
- Roberto Dominguez, (2015), EU Foreign Policy towards Latin America, Palgrave macmillan
- Benjamin Lessing, (2018), Making Peace in Drug Wars, Crackdowns and Cartels in Latin America, Cambridge University Press
- Marcelo Bergman, (2016), Drogas, narcotrafico y poder en America Latina, Fondo de Cultura Economica
- Bruce M. Bagley and Jonathan D. Rosen, (2017), Drug Trafficking, Organized Crime, and Violence in the Americas Today, University Press of Florida
- Eduardo Cavallo and Tomas Serebrisky, IDB, (2016), Saving for Development, How Latin America and the Caribbean can save more and better, Palgrave macmillan
- Iselin Asedotter Stronen, (2017), Grassroots Politics and Oil Culture in Venezuela, The Revolutionary Petro-State, Palgrave macmillan
- Peter Chalk, (2011), The Latin American Drug Trade, Scope, Dimensions, Impact, and Response, Prepared for the US Air Force by RAND Corp.
- Peter J. Montiel, (2011), Macroeconomics in Emerging Markets, 2nd Edition, Cambridge University Press
- Marta M. Elvira and Anabella Davila, (2005), Managing Human Resources in Latin America, Routledge Taylor & Francis Group
- Tom Long, (2015),, Latin America Confronts The United States, Asymmetry and Influence, Cambridge University Press

- CRS Report for Congress/Prepared for Members and Committees of Congress:
- Mexico's Drug Trafficking Organization:Source and Scope of the Rising Violence: June S. Beittel Analyst in Latin American Affairs (September 7, 2011)
- Latin America and the Caribbean: Key Issues for the 113th Congress(February 9, 2013)
- Latin America and the Caribbean: Fact Sheet on Leaders and Elections: Julissa Gomez and Mark P. Sullvan(September 21, 2011)
- Trafficking in Persons in Latin America and the Caribbean: Clare Ribando Seelke(September 9, 2011)
- Venezuela: Issues for Congress: Mark P. Sullivan(March 11, 2011)
- Latin America and the Caribbean: Illicit Drug Trafficking and U.S. Counterdrug Programs: Clare Ribando Seelkee, Liana Sun Wyler, June S. Beittel(January 25, 2011)
- U.S.-Latin America Trade: Recent Trends and Policy Issues: J.F. Hornbeck(February 8, 2011)
- Peace Talks in Colombia: June S. Beittel(March 1, 2013)
- The Dominican Republic/Central America/United States Free Trade Agreement(CAFTADR): Developments in Trade and Investment: J.F.Hornbeck(April 9, 2012)
- Peru in Brief: Political and Economic Conditions and Relations with the United States: Maureen Taft-Morales(October 19, 2012)
- Gangs in Central America: Clare Ribando Seelke(November 26, 2012)
- Hugo Chavez's Death: Implications for Venezuela and U.S. Relations: Mark P. Sullivan(March 8, 2013)
- Latin America: Terrorism Issues: Mark P. Sullivan and June S. Beittel(April 5. 2013)
- Argentina's Defaulted Sovereign Debt: Dealing with the "Holdouts": J.F.Hornbeck(February 6, 2013)
- Colombia: Background, U.S. Relations, and Congressional Interest: June S. Beittel(November 28, 2012)
- Ecuador: Political and Economic Conditions and U.S. Relations: June S. Beittel(July 3, 2013)
- Latin America and the Caribbean: Fact Sheet on Economic and Social Indicators: Daniel Robinson and Barbara Salazar Torreon(May, 30, 2013)
- Trans-Pacific Partnership(TPP) Countries: Comparative Trade and Economic Analysis: Brock R. Williams(June 10, 2013)
- ECLAC(Economic Commission for Latin America and the Caribbean:
- Latin American Economic Outlook 각 년도
- Social Panorama of Latin America 각 년도
- International Trade Outlook for Latin America and the Caribbean 각 년도
- Foreign Direct Investment in Latin America and the Caribbean 각 년도
- Anuario Estadistico de America Latina y El Caribe 각 년도
- Opciones para la convergencia entre La Alianza del Pacifico y el MERCOSUR en facilitacion del comercio, Dec. 2021 등 다수

문서(Documents)

- David R. Mares. Ph.D. Resource Nationalism and Energy Security in Latin America: Implications for Global Oil Supplies, January 2010
- GAN Business Portal, Corruption Report, 2018
- Woodrow Wilson International Center for Scholars, Drug Trafficking and Organized Crime in the Americas, Major Trend in the Twenty-First Century, August 2012 등 다수

웹 사이트(Websites)

- 미주개발은행(www.iadb.org)
- 국제통화기금(www.imf.org)
- 중남미개발은행-안데스개발공사(www.caf.com)
- 유엔중남미경제위원회(www.cepal.cl)
- 유엔마약범죄사무소(www.unodc.org)
- 국제투명성기구(www.transparency.org)
- 경제협력개발기구(www.oecd.org)
- EIU(www.eiu.com)
- LANIC(www.lanic.utexas.edu)
- statista(www.statista.com)
- 브리타니카(www.britanica.com)
- 중남미경제포털-경제개발기구(www.latameconomy.org)
- 위키피디아(www.wikipedia.org)
- 파이낸셜 타임즈(www.ft.com)
- 다음 포털(www.daum.net) 등 다수